방촌 황희와 서원

| 방촌학술총서 제4집 |

백성의 臣 방촌 황희

방촌 황희와 서원

(사)방촌황희선생사상연구회 편저

〈옥동서원, 상주시 모동면 수봉2길 29/ 국가지정문화재 사적 제532호〉

발간사

방촌황희연구소에서 이번에 또 방촌 학술총서《논총 4집》을 발간하게 되었습니다. 만방에 자랑할 만한 연구소의 풍성한 결실이기 때문에 기쁜 마음 금할 길 없습니다.《논총 4집》책 제목은《방촌 황희와 서원(書院)》으로 하였습니다.

모두가 잘 아는 바와 같이, 서원(書院)은 명현(名賢)을 제사하고 인재를 키우기 위하여 세워진 유서 깊은 교육기관입니다. 일찍이 중국 송(宋)나라 때 지방의 사숙(私塾)에 조정으로부터 서원이란 이름을 내려 준 데서 학교의 명칭이 되었습니다. 특히 주자(朱子)선생이 강론했던 백록동서원(白鹿洞書院)은 유명합니다.

우리나라에서는 42년(중종37) 경상도 풍기군수(豊基郡守) 주세붕(周世鵬)이 관내 순흥(順興) 백운동(白雲洞)에 고려 유학의 중흥자인 안향(安珦)선생의 옛집이 있음을 알고, 거기에 사우(祠宇)를 세워 제사지내고 서적을 구입하여 유생(儒生)을 모아 가르쳤으니, 이곳이 바로 그 유명한 최초의 서원인 백운동서원(白雲洞書院)입니다.

방촌 황희선생과 후학들을 모시고 그 학덕을 기리며 후세들을 가르쳤던 서원도 각처에 여러 곳이 현존하고 있습니다. 앞으로 계속 연구하여 논총으로 발간할 계획을 갖고 있습니다. 이번《논총 4집》은 옥동서원(玉洞書院)과 태악서원(台嶽書院)을 중심으로 서원의 역사, 그리고 방촌 황희와 그 후학들의 학맥과 사상을 밝히는 것을 주 내용으로 하였습니다.

지난 2019년 9월 21일에는 황희선생, 황맹헌선생, 황효헌선생의 학문과 덕행을 추모하기 위하여 건립된 유서 깊은 옥동서원에서, 백성의 신(臣) 황희선생과 축옹 황효헌선생의 학문과 사상을 조명하는 학술대회를 개최하였습니다. 이 대회에서 〈옥동서원의 학맥과 학풍〉, 〈방촌 황희와 유교〉, 〈축옹 황효헌의 생애와 학문〉 등 대학자들의 연구논문이 발표되어 방촌 황희와 옥동서원의 학맥과 학풍이 자세하게 밝혀졌습니다.

그리고 2019년 11월 16일에는 세종특별자치시 조치원읍 세종시민회관에서 〈태악서원(台嶽書院)의 역사와 그 의의〉, 〈율촌(栗村) 박배(朴培)의 생애와 학풍〉 등의 논문이 최고 전문 교수들의 연구 결과로 발표되었습니다. 특히 이 학회는 방촌 황희선생과 서원에 대한 새로운 자료가 최초로 발굴되는 역사적이고 획기적인 학술대회였습니다.

구전으로만 존재했던 태악서원은 조선조 16세기 유학자 율촌 박배선생의 실기(實記)라는 책 속에 고스란히 실재하고 있었습니다. 그 소중한 자료가 다행스럽게도 후손인 충남대학교 철학과 명예교수이면서 (사)방촌황희선생사상연구회 이사장을 맡고 있는 황의동 박사님의 손에 들어와 비로소 태악서원의 실체가 세상에 드러나게 되었던 것입니다. 이러한 소중한 논문들을 《논총 4집》에 모두 담았습니다.

아울러 지난 2019년 11월 2일에는 우리 방촌황희연구소 정기 학술대회가 서울 파고다 어학원 세미나실에서 성대하게 개최되었습니다. 이 학술 대회에서는 〈방촌과 세종의 리더십〉, 〈지천(芝川) 황정욱(黃廷彧)의 생애와 현실인식〉, 〈지천 황정욱 문학에 나타난 강건(剛健)함〉, 〈독석(獨石) 황혁(黃赫)의 시대상황과 생애〉, 〈강한(江漢) 황경원(黃景源)의 시세계〉 등의 논문이 발표되었습니다. 이 주옥같은 논문들이 더하여져 《논총 4집》이 더욱 풍성하게 꾸려지게 되었습니다.

방촌황희연구소가 이렇게 날로 발전하고 있는 것은 황의동 이사장님을 비롯하여 모든 회원님들, 그리고 황주연 장수황씨대종회 회장님을 비롯한 문중 모든 분들의 적극적인 후원이 아니면 불가능한 일입니다. 이에 감사를 드립니다. 그리고 소중한 논문을 연구 발표해주신 여러 교수님들에게 거듭하여 존경과 아울러 감사를 드립니다.

감사합니다.

2020년 1월 30일

방촌황희연구소장 최영찬

| 차 례 |

제3부. 방촌 황희의 후예들

제1부

방촌 황희의 삶과 학문

〈세종임금이 방촌선생에게 하사한 옥벼루(파주시 방촌기념관)〉

방촌 황희의 생애와 현실인식[1)]

김경수[2)]

1. 머리말
2. 황희의 생애와 관력
3. 황희의 현실인식
4. 맺음말

1. 머리말

영의정은 군주를 가장 가까운 거리에서 보좌하며 백관을 대표했을 뿐만 아니라, 국정 운영의 법제적 및 실질적인 임무를 수행했다. 본인의 의지와 무관하게 언제나 현실 정치의 중심에 있었으며, 어떤 상황에서든 현실 정치로부터 자유롭지 못했다. 따라서 영의정의 삶은 개인의 삶으로 그치는 것이 아니라, 당대 역사의 실질적인 전개 과정과 직결된다고 할 수 있다. 특히 정치와 경제, 사회와 문화, 군사와 외교 등 국정 운영과 관련된 정책의 입안과 집행 과정에서 핵심적인 역할을 수행했던 점에서 볼

1) 이 글은 (사)방촌황희선생사상연구소 주최, 방촌황희연구소 주관한 2018 제3회 방촌황희선생 정기학술대회, 성균관 유림회관, 2017.11.03.에서 발표하고, 수정 보완하여 〈황희의 생애와 현실인식〉,《韓國史學史學報》36호, 한국사학사학회, 2017. 게재한 논문이다.

2) 청운대학교 교양학부 교수

때, 군주와 더불어 당대 정국 운영의 핵심이었다는 판단이 가능하다.[3)]

조선시대 수많은 인물이 영의정을 역임했지만,[4)] 일반인들에게 가장 널리 알려진 영의정은 황희(1363~1452, 자; 懼夫, 초명; 壽老, 호; 厖村, 본관; 長水)[5)]이다. 그는 1432년(세종 13) 9월 3일 영의정에 제수되어,[6)] 1449년(세종 31) 10월 5일에 致仕[7)]할 때까지 18년 동안 영의정을 역임한 '영원한 영의정'이었다. 역대 영의정 중 재임 기간이 가장 길었을 뿐만 아니라, 태조 이후 태종과 세종 조의 창업기와 수성기에 핵심 관료로서의 역할과 임무를 수행했다. 학문과 실천력을 겸비한 최고 관료로서 숱한 업적을 남겼으며, 세종의 묘정에 배향되는 영예를 누리기도 하였다. 그런 점에서 볼 때, 황희의 생애와 활동은 상징성과 역사성이 매우 크다고 할 수 있다.

부드러운 성품에 해박한 식견과 도량을 바탕으로 군주의 선정(善政)을 보좌하고, 도덕과 풍습을 다스렸으며, 국정 운영과 관련된 정책의 입안과 집행 과정에서 발군의 역량을 발휘했다. "세종 당시에 정승의 지위에 있으면서 교화를 편 사람은 황희와 허조뿐"[8)]이라는 기사에서 보듯이, 그의 국정 운영 능력이 당대와 후대까지 상당히 인정받았음을 알 수 있다. 세

---

3) 영의정이 속했던 의정부의 역할과 활동, 정치 운영에 대해서는 한충희의 글(《조선전기 의정부와 정치》, 계명대출판부, 2011)이 참조된다.

4) 태조 조 배극렴부터 고종 조 김홍집까지 영의정 역임자가 162명이라는 분석이 있다(조인현, 《조선의 영의정》, 역락, 2017).

5) 자(字)의 의미는 두려움이 많다는 의미인데, 매사 신중하게 처신한 성품을 반영한다고 생각된다. 초명(壽老)에 따라 90까지 장수하였다.

6) 《세종실록》 권53, 13년 9월 3일(甲子).

7) 《세종실록》 권126, 31년 10월 5일(壬子).

8) 《중종실록》 권32, 13년 3월 25일(甲子).

종 당대 국정 운영의 체제 변화와 상관없이 그 중심에 황희를 비롯한 의정부와 대신들이 있었다는 분석[9]처럼, 세종시대가 그를 필요로 했고, 그는 세종시대의 정치와 문물의 기틀을 잡는 데 기여했던 것이다.[10]

일반인들은 훌륭한 정치가로서의 황희보다, 부정부패하지 않은 청백리의 상징으로 이해하는 경향이 크다. 그런데 황희의 생애를 청백리의 삶으로만 이해하는 것이 과연 옳은 것일까? 조선시대 관료들은 청백리로 인정받는 것을 가장 이상적으로 생각했다. 그러나 청백리의 삶으로만 국한시키기에는, 국정 운영 과정에서 보인 황희의 역량이 지나치게 크다는 사실이다. 여말 선초의 격변기에 관료이자 학자, 행정가이자 정치가로 활동했던 그의 삶은, 당대사의 흐름과 무관하지 않다고 생각되기 때문이다. 따라서 그의 생애와 관력, 현실인식에 대한 이해는 조선 초기 역사의 이해와 직결된다고 할 수 있는 것이다.

영의정이든 청백리든 일반인에게 널리 알려진 황희의 명성에 비해, 이제까지 그에 대한 선행 연구[11]는 조선 전기 다른 인물에 비해 상대적으로 매우 부족하다. 본고에서는 황희의 생애와 관력, 관료 생활 동안 발휘

---

9) 최승희, 〈세종 대의 왕권과 국정 운영 체제〉, 《한국사연구》87, 1994.

10) '시대가 영웅을 만드는가, 영웅이 시대를 만드는가'라는 명제가 있다. 황희는 두 경우 모두에 해당된다고 본다. 세종시대가 황희를 요구했고, 황희가 세종시대를 만들었다고 생각되기 때문이다.

11) 황희에 대한 선행연구로 정두희(《조선시대 인물의 재발견》, 일조각, 1997)와 이성무(《방촌 황희 평전》: 조선의 기틀을 다진 탁월한 행정가이자 외교가, 민음사, 2014), 이영춘(《조선의 청백리》, 가람기획, 2012), 김선(《황희 정승과 청백리》, 빛샘, 1997), 황영선(《황희의 생애와 사상》, 국학자료원, 1998), 오기수(《황희, 민본시대를 이끈 행복한 2인자》, 고반, 2017) 등의 단행본과 그동안 발표된 황희 관련 연구논문을 망라하여 편집한 (사)방촌황희선생사상연구회의 《방촌 황희의 학문과 사상》(책미래, 2017) 등이 있다.

하였던 현실인식에 대해 살피고자 한다. 이를 통해 조선 건국 이후 집권 체제의 정착과 발전을 위해 기여했던 황희의 면모를 파악할 수 있으리라 기대된다. 비록 특정 역사서를 남긴 것은 아니지만, 관료 생활 동안의 활동을 통해 당대 역사의 흐름을 살필 수 있다는 점에서, 역사적 의미 찾기가 가능하다고 생각되는 것이다.

2. 황희의 생애와 관력

황희는 1363년(공민왕 12) 개성의 가조리(可助里)에서 판 강릉부사 황군서의 아들로 태어나 비교적 유복한 가정환경에서 어린 시절을 보냈다.[12] 어머니는 감문위 호군을 역임한 용궁 김우의 딸이다.[13] 첫째 부인은 판사복시사 최안의 딸이었는데, 딸 하나를 낳고 일찍 세상을 떠났다. 둘째 부인인 공조전서 청주 양진의 딸과 3남 1여를 두었다.[14]

14세 때인 1376년(우왕 2) 음직으로 복안궁의 녹사로 출사하였다. 21세 때 사마시, 23세 때 진사시를 거쳐, 26세 때인 1388년(창왕 원년) 문과에 급제하였다.

---

12) 황희의 어린 시절에 대해서는 기록의 미비로 알기 어렵다. 다만 첫 관료생활을 문벌 가문의 자손들이 출사의 기회로 이용했던 '음서'였다는 점과 아버지가 강릉부사를 역임했다는 점에서 볼 때, 상당히 유복했음을 추정해 볼 수 있다.

13) 황희가 얼자 출신이라는 기록이 있는데,(《단종실록》 권2, 즉위년 7월 4일(乙未)) 그의 외할어머니가 노비 출신이라는 것이다.

14) 첫째 부인과의 사이에서 태어난 딸은 이천 서달(徐達)과 혼인했다. 둘째 부인과의 사이에서 치신, 보신, 수신 등 3남(《문종실록》 권12, 2년 2월 8일(壬申))과 강화부사 기찬과 혼인한 딸 하나를 두었다. 둘째 부인과의 사이에서 넷째 아들이 있었다는 기록도 있지만, 여기서는 실록의 기사를 따랐다. 그리고 내섬시 여종과의 사이에서 황중생을 낳기도 하였다(《세종실록》 권91, 22년 10월 12일(辛巳)).

문과 급제 후 3년 만에 역사적 격변을 경험했다. 안으로는 고려의 멸망과 조선의 건국, 밖으로는 원·명 교체기라는 미증유의 역사적 상황에 직면했던 것이다. 이때 충신은 두 임금을 섬기지 않는다는 유교의 가르침에 따라 70여 명의 유신들과 함께 두문동으로 들어갔다.15) 새 왕조의 회유와 몰살시킨다는 협박에도 나오지 않다가, 충절을 지키는 것도 중요하지만 백성을 외면하는 것 역시 능사가 아니라는 판단에 따라 출사하였다.16)

출사 직후인 태조와 정종 재위 기간에는 해임과 복직이 반복되는 등 관료생활이 순탄치 못했다. 39세 때인 1403년(태종 3) 지신사 박석명의 천거 이후, 태종을 보좌하기 시작하면서 국정 운영의 핵심으로 부상하였다.17) 그가 태종 3년 이후 핵심 관료로 등장하게 된 실질적인 배경은 무엇일까? 전임 지신사였던 박석명의 천거가 가장 중요한 배경이 되기는 했지만, 황희의 학문과 능력, 태종의 병권 장악에 기여했던 점이 작용했

15) 두문동에 대한 이야기는 정사가 아닌 야사에서 볼 수 있고, 조선 후기의 기록이므로 별도의 구체적인 확인과 분석이 요구된다.

16) 조선왕조 건국 이후 인재가 필요했던 시대적 상황에서, 문과 급제자였던 황희는 태조와 공신들에 의해 발탁되었던 것으로 보인다.

17) 박석명(1370~1406)의 부인이 王瑀(공양왕의 동생)의 딸이었던 관계로, 조선왕조 건국 이후 7년간 은거해야 했다. 1399년(정종 1) 등용되어 조정에 나온 뒤, 1400년 1월 28일에 발생한 2차 왕자의 난에 공을 세워 좌명3등공신에 책봉되었다. 이후 그는 1400년 11월 13일 정종의 선위교서를 태종에게 전달하는 등 태종 정권 수립에 상당 부분 기여하였다. 정종과 이불을 덮고 자다가 용꿈을 꾸었는데, 그 용이 태종이었다는 고사(《연려실기술》 권3, 정종조고사본말)는 정종 및 태종과의 관계가 다른 인사들과 달리 상당히 친밀했음을 잘 보여 준다. 그리고 박석명의 아들(去疎)이 세종의 장인이었던 심온의 딸과 혼인하여, 세종과의 인연도 상당히 깊다. 따라서 박석명에 의한 천거는, 태종과 세종 조에 황희가 국정 운영 과정에서 중요한 역할을 보장받는 요인이 되었다고 생각된다.

던 것으로 보인다. 태종의 병권 장악 당시 사실을 보자.

태종 2년 부친상 중이었던 황희는 3년상을 치르기 위해 관직에서 물러나 있었다. 태종은 무신의 경우 친상을 당한 지 100일이 지나면 복직시킬 수 있다는 관례를 들어, 황희를 무관직인 대호군에 임명하고 승추부의 경력을 겸임시키면서 기복하도록 하였다.[18] 왕자의 난을 일으켜 집권에 성공했던 태종은, 왕권 강화를 위해서는 병권의 장악이 가장 중요하다고 생각하였다. 사병의 혁파와 兵制의 확립에 주력하면서, 병권을 왕에 귀속시키는 조치의 하나로 중추원을 혁파하고 정치 개혁의 하나로 승추부를 세웠던 목적이 여기에 있다.[19] 이때 태종이 승추부의 경력에 황희를 제수한 것은 병권의 장악과 병제의 확립에 적합하다고 판단한 결과였음은 물론이다. 태종의 병권 장악과 병제 확립에 기여했던 황희는, 이후 태종 4년에 우사간대부,[20] 5년에 지신사에 제수되면서[21] 정국 운영의 핵심으로 부상하였던 것이다.

황희를 통해 병권을 장악했던 태종은, 공신 등 원로대신들의 견제 시에도 황희를 통해 해결하고자 하였다. 1408년 좌우정승에게 이조와 병조의 판서를 겸임시켰을 때의 기사를 보자.[22]

좌정승 성석린으로 겸 판이조사를, 우정승 이무로 겸 판병조사를 삼았

---

18) 《태종실록》 권6, 3년 11월 22일(丙申).

19) 정두희, 《조선시대 인물의 재발견》, 일조각, 1997.

20) 《태종실록》 권8, 4년 10월 23일(辛卯).

21) 《태종실록》 권10, 5년 12월 6일(戊辰).

22) 좌정승이 판이조사를, 우의정이 판병조사를 겸임하면서 문반과 무반의 인사권을 행사한 것은 1436년(세종 18)까지이다.

다. 예전 제도에 좌·우정승이 이조와 병조를 겸해 맡아서 전선을 관장하였는데, 지신사 황희가 지이조로서 중간에서 용사한 지가 오래되어, 비록 가)두 정승이 천거한 자라도 쓰지 않는 것이 많고, 자기와 친신한 사람을 임금께 여러 번 칭찬하여 벼슬에 임명하게 하니, 나)재상이 매우 꺼려하였으나 어찌할 수 없으므로, 매양 전선할 때를 당하면 사양하고 회피하여 물러갔다.23)

이 기사는 좌정승 성석린, 우정승 이무가 각각 겸판이조사와 겸판병조사를 겸임할 당시 황희가 이조참판이었음을 보여 준다. 그런데 기사의 가) 내용대로라면, 두 정승이 천거한 사람을 등용하지 않고, 자신과 친한 사람을 등용시키는 등 인사권을 농단한 것으로 이해된다. 그런데 나)의 기사는 태종의 신뢰를 바탕으로 대신들의 견제가 가능했음을 잘 보여 준다. 따라서 이 기사의 실체는 태종이 정승들의 인사권 견제와 관료 체제의 정비 과정에서 원로대신들을 배제하려고 하였던 의도와 직결되는 것이다. 유사한 사례가 또 있다.

같은 해 8월 별시위의 우두머리를 선발하는 과정에서 탈락한 박유손이 황희의 집에 와서 행패를 부린 일이 있었다. 이때 황희는 군주를 모시는 사람이 욕을 당했으므로, 사직하겠다고 하였다. 그러나 태종은 오히려 박유손을 남포로 귀양 보냈다. 당시 정황을 기록한 기사를 보자.

별시위 패두(別侍衛牌頭) 위충이 득죄하매 병조에서 세 사람을 다시 의

23) 《태종실록》 권15, 8년 2월 4일(癸未).

망하였는데, 유손이 첫째이고, 황한우의 이름이 세 번째에 있었다. 임금이 한우에게 낙점하여 등용하였다. 유손이 지신사 황희의 집에 가서 노하여 말하기를, "패두(牌頭)의 망장(望狀)을 주상께서 친히 보시고 낙점하였는가? 주상께서 만일 아셨다면 어찌하여 끝의 사람에게 낙점하셨겠는가?"[24]

위 기사 중 밑줄 친 내용은 황희의 판단에 의해 인사가 결정되었음을 보여 주고 있다. 지신사 황희의 판단이 인사 결정의 중요한 요인이었음과, 태종이 이를 적극 수용하였음을 확인할 수 있는 것이다. 그만큼 황희에 대한 태종의 신뢰가 컸음을 증거하는 사례라고 할 수 있다. 태종의 황희에 대한 신뢰를 더 보자.

태종과 황희가 이야기를 나누던 중, "이 말이 누설된다면, 내가 아니면 네 입에서 나온 것"[25]이라고 한 태종의 언급은, 비밀스런 일조차 공유하고자 했던 신뢰감의 깊이를 확인할 수 있다. 1409년(태종 9) 5월, 태종은 세자를 비롯하여 4명의 왕자를 불러 형제간 화목을 언급하는 자리에 황희를 동석시켰다. 자리를 끝낼 때, 태종은 세자로 하여금 전문(殿門)까지 나가 배웅하도록 하였다.[26] 그리고 황희에게 "그대는 나의 구신이므로 내 뜻을 미루어 알 것"이라는 말을 하였다. 이러한 정황 역시 황희에 대한 신뢰가 상당히 컸음을 잘 보여 준다. 태종 14년 황희가 병으로 사직하

24) 《태종실록》 권16, 8년 8월 18일(癸巳).

25) 《태종실록》 권14, 7년 11월 11일(辛酉).

26) 《태종실록》 권17, 9년 5월 19일(庚寅).

자,[27] 20여 일 뒤 병을 낳게 한 검교 한성윤 양홍달·판전의감사 조청에게 저화 각각 100장의 상을 내려준 것[28] 역시 마찬가지이다.

그런데 54세 때인 1416년(태종 16), 세자의 문제로 두 사람의 신뢰가 무너지는 일이 발생하였다. 이 문제로 그는 공조판서로 좌천되었고,[29] 이듬해 2월에는 평안도 도순문사 겸 평양윤으로 나가야 했다.[30] 1417년 12월 형조판서로 복귀하였으나,[31] 1418년 5월 국문을 받은 뒤, 폐서인되어 교하를 거쳐 남원으로 유배 갔다.[32] 국문 당시 태종은, "…황희를 나는 수족이나 이목과 같이 보았는데…",[33] "…사람들이 모두 황희를 간사하다고 하나, 나는 간사하다고 생각하지 않고 심복에 두었는데…"[34]와 같은 신뢰감을 드러냈다. 유배를 떠나는 황희를 압령하지 않도록 하고, 노모를 모시고 갈 수 있도록 배려하기도 하였다.[35] 그러나 이 사건 이후 5년간 조정에서 물러나야 했다.

태종의 신임을 바탕으로 다소 순탄한 관료생활을 하던 황희가, 양녕대군의 문제에 대해 태종과 다른 의견을 낸 이유가 무엇일까? 첫째 건국초 태조가 방석을 세자로 책봉한 이후 발생한 왕자의 난을 직접 목격했

27) 《태종실록》 권27, 14년 2월 13일(丁巳).

28) 《태종실록》 권27, 14년 3월 6일(己卯).

29) 《태종실록》 권32, 16년 11월 2일(己丑). 당시 태종은 황희가 민무구와 민무질 형제를 제거하고 자손들의 안전을 위해 세자 편을 들었다고 오해하였다.

30) 《태종실록》 권33, 17년 2월 22일(己卯).

31) 《태종실록》 권34, 17년 12월 3일(甲申).

32) 《태종실록》 권35, 18년 5월 28일(丁丑).

33) 《태종실록》 권35, 18년 5월 14일(癸亥).

34) 《태종실록》 권35, 18년 5월 15일(甲子).

35) 《태종실록》 권35, 18년 5월 28일(丁丑).

던 황희는 또 다른 형태의 왕자 간 문제 발생을 우려한 것으로 생각된다. 왕실의 혼란은 국정의 난맥으로 이어지고, 그것은 곧바로 민생에 영향을 준다고 인식했던 것으로 생각된다. 두 번째는 적장자 승계의 왕통을 세워야 한다는 황희의 소신이었다. 태종 이후 왕위 승계와 관련해서 발생할 수 있는 문제의 소지를 미연에 방지해야 한다는 판단이었다.[36] 세 번째는 양녕대군이 아직 어리니 제대로 가르치면 현재의 잘못을 고치고 바로 잡을 수 있다는 확신이었다.[37] 그러나 태종의 완고한 주장을 꺾을 수 없었고, 결국 황희는 유배형에 처해졌다.[38]

유배형에 처해진 황희에 대한 처벌 요구는 대간을 중심으로 세종 즉위 이후에도 계속 이어졌다.[39] 심지어 황희의 사위가 조정에 있으면 안 된다는 요구까지 나왔다.[40] 그러나 태종의 배려에 의해 1422년(세종 4) 유배지인 남원에서 올라올 수 있었고,[41] 8일 뒤에는 직첩을 돌려받을 수

---

36) 황희의 적장자 승계 원칙이 세종에게 전해졌다고 생각된다. 기록이 없어 확인하기 어렵지만, 세종 스스로 문종으로의 왕위 승계를 강력하게 원했고, 관철시켰던 것에서 알 수 있다. 역시 기록의 미비로 확인하기 어렵지만, 황희를 추천했던 박석명의 문중 인사 박팽년을 비롯해서 사육신의 단종복위운동에 영향을 준 것은 아닌지 생각해 볼 일이다.

37) 실록에는 "양녕이 아직 어리니 문제될 것이 없다."는 황희의 주장이 있다(《태종실록》 권35, 18년 5월 12일(辛酉)).

38) 양녕대군의 폐위를 반대한 황희의 태도는, "옛적에 양녕을 폐할 때에 황희가 홀로 안 된다고 하였는데, 참으로 소견이 있다면 이와 같이 해야 할 것이다(《인조실록》 권47, 25년 2월 21일(戊戌))."와 같이 후대에 소신 있는 행동으로 회자되었다.

39) 《세종실록》 권1, 즉위년 10월 28일(甲辰), 《세종실록》권2, 즉위년 12월 14일(己丑), 《세종실록》권4, 1년 6월 12일(乙酉), 《세종실록》권4, 1년 6월 18일(辛卯) 등.

40) 《세종실록》 권3, 1년 4월 9일(癸未).

41) 《세종실록》 권15, 4년 2월 12일(己亥).

있었다.[42]

이후에도 대간의 지속적인 탄핵과 처벌 요구[43]가 있었지만, 세종은 모두 거부했다. 황희의 해배와 복직, 중용을 부탁한 태종의 뜻을 따를 뿐이었다. 이 사실은 황희의 졸기에서 확인할 수 있다.

> 태종이 1422년(세종 4) 2월에 황희를 불러서 서울에 돌아오게 하였다. 황희가 태종을 알현하고 사은하니, 세종이 곁에 모시고 있었다. 태종이 말하기를, "내가 이궁에 있을 적에 매양 경의 일을 세종에게 말했는데, 오늘이 바로 경이 서울에 오는 날이로다" 하고는, 명하여 후하게 대접하도록 하고, 과전과 고신을 돌려주게 하고, 세종에게 부탁하여 임용하도록 하였다.[44]

졸기의 기사대로라면, 황희의 해배와 세종의 중용 배경은 모두 태종의 요청에 의한 것이었음을 알 수 있다. 역설적이게도 유배형을 내린 태종에 의해 해배되고, 다시 중용되었던 것이다.[45]

여하튼 태종 3년 박석명의 천거로 요직에 진출한 이후 쌓았던 여러 분야에서의 실무 경험은, 해배 이후 세종 대의 국정 운영 과정에서 역량을 발휘하는 기반이 되었던 것으로 생각된다. 세종 대의 활동을 보자.

황희의 해배와 출사가 이루어진 세종 4년 이후 대간의 치죄 요청이 계

42) 《세종실록》 권15, 4년 2월 20일(丁未).

43) 《세종실록》 권15, 4년 2월 22일(己酉), 《세종실록》 권16, 4년 4월 16일(壬寅).

44) 《문종실록》 권12, 2년 2월 8일(壬申).

45) 태종은 황희가 남원에서 올라온 지 3개월 뒤에 훙거하였다(《세종실록》 권16, 4년 5월 10일(丙寅)).

속되었지만, 세종은 경시서의 제조,[46] 의정부의 참찬,[47] 명 사신의 원접사,[48] 예조판서[49] 제수 등 굳은 신뢰감을 보였다.[50] 세종 9년 한재의 책임을 지고 사직하겠다는 소를 올렸을 때[51]의 사실에서도 확인할 수 있다. 세종은 조정에 있는 신하로서 자기 직분을 다했다고 말할 수 있는 사람이 얼마이며, 한재의 책임을 지고 나간다면 조정이 모두 빌 것이라는 말로 반려할 정도였다. 같은 달 사위 서달이 신창의 아전을 죽인 일로 황희가 연루되었을 때에도, "대신을 퇴출시키는 일은 경솔히 할 수 없다."는 말로 대간의 치죄 요청을 거부하였다. 오히려 황희의 모친상에 쌀과 콩 50석과 종이 100권을 내리는 등 돈독한 믿음을 보낼 뿐이었다.[52]

부친상 때 태종에 의해 기복되었던 것처럼, 모친상 중에는 세종에 의해 3개월 만에 기복되었다.[53] 기복의 명을 거두어 상제를 마치게 한다면 효치가 빛나고 풍속이 장려될 것이라고 요청하였지만, 대신의 기복은 조

---

46) 《세종실록》 권18, 4년 10월 13일(丁酉).

47) 《세종실록》 권18, 4년 10월 28일(壬子).

48) 《세종실록》 권19, 5년 3월 8일(己丑).

49) 《세종실록》 권20, 5년 5월 27일(丙午).

50) 양녕대군의 폐위와 자신의 세자 책봉을 반대한 황희를 신뢰한 이유가 무엇일까? 일단 부왕 태종의 천거가 있었지만, 세종이 황희를 중용한 이유는 몇 가지로 해석된다. 첫째는 황희의 학문과 능력을 인정했으며, 태종 이후 수성기의 세종에게 가장 적합한 인사가 황희였다는 사실이다. 둘째는 태종에 의해 이미 검증되었고, 자신의 국정 운영과 철학에 부합되는 인사였다는 점이다. 그리고 신하들의 반대에도 불구하고 장영실을 등용했던 것처럼, 신분의 한계를 뛰어넘어 능력을 갖춘 인재를 알아보고 키울 줄 아는 세종의 혜안이 있었기에 가능했다고 생각된다.

51) 《세종실록》 권36, 9년 6월 17일(甲戌).

52) 《세종실록》 권37, 9년 7월 15일(辛丑).

53) 《세종실록》 권38, 9년 10월 7일(辛酉).

종이 세운 법이라며 허락하지 않았다.[54] 오히려 부모에 대한 효를 국가에 대한 충으로 승화시킬 것을 요구하였다. 상중임에도 황희를 곁에 두고자 했던 세종의 의지를 읽을 수 있는 것이다.

같은 해 11월 황희의 거듭된 기복 철회 요청에 대해, 세종은《육전》에 실린 일이므로 허락할 수 없다고 하였다.[55] 오히려 건강을 위하여 보름 뒤 고기를 먹도록 조치하였다.[56] 세종 11년에는 연로한 황희를 위해 5일에 한 번 상참에 참석하도록 하고, 조계 때에도 차례대로 입참하도록 배려하였다.[57]

69세 때인 1431년(세종 13) 9월 드디어 영의정에 제수되어 국정의 최고 책임자 자리에 올랐다.[58] 사간원에서 10개월 전의 문제[59]를 들어 황희의 파면을 다시 요청하였으나, 연관된 일이 애매하고 대신을 작은 과실로 가볍게 끊을 수 없다며 거부하였다.

사간원이 제기한 사실이 일부 맞기는 하지만, 태종이 총애한 대신이므로 처벌할 수 없다고 할 뿐이었다.[60] 오히려 황희와 같은 대신을 찾을 수 없을 뿐만 아니라, 연소한 신하의 말을 듣고 대신과의 관계를 끊을 수 없

---

54)《세종실록》 권38, 9년 10월 28일(壬午).

55)《세종실록》 권38, 9년 11월 12일(丙申).

56)《세종실록》 권38, 9년 11월 27일(辛亥).

57)《세종실록》 권44, 11년 4월 23일(戊戌).

58)《세종실록》 권53, 13년 9월 3일(甲子). 이후 그는 87세 때인 1449년(세종 31) 10월 치사할 때까지 정승의 자리에 22년, 영의정만 18년 역임하면서 세종시대를 굳건하게 다져놓았다. 따라서 세종 시대의 태평성대 구축은 황희의 노력과 역량으로 가능했다고 할 수 있다.

59)《세종실록》 권50, 12년 11월 14일(辛亥)과《세종실록》 권50, 12년 11월 21일(戊午).

60)《세종실록》 권53, 13년 9월 8일(己巳).

다는 말로 치죄 요청을 거부하였던 것이다. 이후 사간원의 연이은 파면 요청[61]과 고령을 이유로 황희의 사직 요청이 있었으나, 의지할 사람이 없다는 말로 거부하였다.[62] 오히려 5일 뒤 궤장을 내리고,[63] 자신이 가장 믿을 만한 신하(고굉)이므로 언제나 국정을 함께 운영하겠다는 의지를 보였다.

이후에도 천재지변[64]과 칭병[65] 등의 이유로 사직을 요청하였지만, 집에서 근무해도 좋다는 말과 함께 사직을 반려하였다.[66] 상참에 참여하지 않아도 되는 배려[67]와 초헌(軺軒) 하사,[68] 초하루와 16일 외에 조회 불참 허용,[69] 왕이 명한 공사 및 본부의 합좌와 관련된 일 이외의 일상 일은 하지 않아도 된다는 특혜를 주었다.[70] 세종 22년 아들 황중생의 절도사건[71]에 연루된 차남 황보신이 처벌받았을 때[72]의 사직 요청[73] 역시 허락하지 않았다. 계속된 사면 요청과 반려를 통해 두 사람 사이에

---

61) 《세종실록》 권53, 13년 9월 11일(壬申), 《세종실록》권53, 13년 9월 12일(壬申).
62) 《세종실록》 권56, 14년 4월 20일(戊申).
63) 《세종실록》 권56, 14년 4월 25일(癸丑).
64) 《세종실록》 권83, 20년 11월 19일(己亥).
65) 《세종실록》 권85, 21년 6월 11일(丁亥).
66) 《세종실록》 권85, 21년 6월 12일(戊子).
67) 《세종실록》 권86, 21년 7월 29일(乙亥).
68) 《세종실록》 권89, 22년 4월 3일(甲戌).
69) 《세종실록》 권93, 23년 8월 16일(庚辰).
70) 《세종실록》 권108, 27년 6월 19일(辛酉).
71) 《세종실록》 권91, 22년 10월 12일(辛巳).
72) 《세종실록》 권91, 22년 12월 20일(己丑).
73) 《세종실록》 권91, 22년 12월 21일(庚寅).

형성된 상호 신뢰[74]와 국정 소통을 위한 의지를 읽을 수 있다.

태종과 세종의 신뢰를 바탕으로 황희는 실질적이고 효율적인 국정운영을 전개할 수 있었다. 그러나 관료 생활 동안 자신의 입장과 처지를 정확하게 파악하고, 처리할 수 없는 일에 대해서는 사양하는 겸양의 미덕을 발휘하였다. "성격이 곧아서 바른 말을 과감히 하였다."라든가, "마음이 넓고 모가 나지 않았으며, 윗사람이나 아랫사람에게 한결같이 예의로써 대하고 국사를 의논할 때 전례를 잘 지켜 고치기를 좋아하지 않았다."와 같은 표현[75]은, 그의 평소 성품과 행동거지의 실체를 읽는 데 요긴하다. 공과 사를 엄격하게 구분하고, 일의 선후 및 해야 할 일과 하지 말아야 할 일을 정확하게 파악하고 실천했던 관료의 모습을 확인할 수 있는 것이다.

정승 역임 시 6진 개척의 영웅 김종서와의 일화는 관료 사회의 위계질서 확립을 위해 노력한 모습을 확인할 수 있다. "황희가 정승이 되고 김종서가 호조판서일 때, 일 때문에 종서에게 뜰에 내려가 조목(朝目)을 받게 했다"는 《선조실록》의 기사[76]는, 평소 온화한 성품의 소유자였던 황희가 기강을 잡기 위해서 상대의 위세와 상관없이 매우 엄정했음을 알 수 있다.

황희는 86세 때인 1449년(세종 31) 10월에 치사(致仕)하였다. "황희는 재상의 자리에 있기를 20여 년에 주장이 너그럽고 후한 데다가 분란을

74) 세종과 황희의 관계가 극진했다는 《명종실록》의 기사(권28, 17년 2월 25일(己卯))는 둘 사이의 신뢰 관계를 이해하는 데 매우 요긴하다.

75) 《연려실기술》 권3, 세종조고사본말.

76) 《세종실록》 권142, 34년 10월 25일(己丑).

좋아하지 않고, 나라 사람의 여론을 잘 진정하니, 당시 사람들이 명재상[眞宰相]이라 불렀다"77)는 치사 당시의 실록 기사를 볼 때, 국정 운영 능력과 함께 인간적 성품까지 인정받았음을 알 수 있다. 그는 문종 2년 2월 8일 90의 나이로 돌아갔다. 졸기의 내용 일부를 보자.

… 가)황희는 관후하고 침중하여 재상의 식견과 도량이 있었으며, 풍후한 자질이 크고 훌륭하며 총명이 남보다 뛰어났다. 집을 다스림에는 검소하고, 기쁨과 노여움을 안색에 나타내지 않으며, 일을 의논할 적엔 정대하여 대체를 보존하기에 힘쓰고 번거롭게 변경하는 것을 좋아하지 아니하였다. …

나)재상이 된 지 24년 동안에 중앙과 지방에서 우러러 바라보면서 모두 말하기를, '어진 재상'이라 하였다. …

다)성품이 지나치게 관대하여 제가에 단점이 있었으며, 청렴결백한 지조가 모자라서 정권을 오랫동안 잡고 있었으므로, 자못 청렴하지 못하다[簠簋]는 비난이 있었다. …

라)졸한 지 5일 만에 임금이 도승지 강맹경을 보내어 의정부에 의논하기를, "황희를 세종의 묘정에 배향시키려고 하는데 어떻겠는가?"하니, 김종서·정분·허후 등이 아뢰기를, "황희는 수상이 된 지 20여 년 동안에 비

77) 《세종실록》 권126, 31년 10월 5일(壬子).

록 전쟁에서 세운 공로[汗馬之勞]는 없지만, 임금을 보좌한 공로는 매우 커서 대신의 체통을 얻었으니 선왕에게 배향시킨다면 사람들의 청문에 충분할 것입니다"라고 하였다. 명하여 세종의 묘정에 배향시키게 하고 익성이란 시호를 내렸으니, 사려가 심원한 것이 익(翼)이고 재상이 되어 종말까지 잘 마친 것이 성(成)이다. …"78)

가)는 황희의 성품과 식견, 재상으로서의 자질, 평소의 생활 태도가 매우 뛰어났음을 보여 준다. 나)는 우의정79)과 좌의정80)에 제수된 이후부터 치사한 세종 31년까지 24년 동안 삼정승의 임무를 무리 없이 수행했다는 내용이다. 다)는 황희에게 장점만 있는 것이 아니라, 단점도 있었음을 보여 준다. 그러나 일부 단점에 가려 더 많은 장점이 가려서는 안 되고, 그의 업무 추진 능력과 성품이 과소평가되어서는 안 될 것이다. 라)는 대신의 풍모를 갖춘 황희의 자세와 세종의 묘정 배향, 시호의 의미 등을 밝힌 것이다.

《문종실록》에 수록된 졸기의 내용은 관료로서의 황희의 일생이 조선 초기 유교정치 체제의 정비와 확립에 크게 기여했음과 당대 및 후대의 관료들에게 긍정적으로 평가되고 있음을 보여 준다. 《문종실록》의 졸기 기사와 더불어 후대에 편찬된 실록에서도 그에 대한 칭송을 찾아볼 수 있다. 이를 보자.

78) 《문종실록》 권12, 2년 2월 8일(壬申).

79) 《세종실록》 권32, 8년 5월 13일(丙午).

80) 《세종실록》 권35, 9년 1월 25일(甲寅).

가) 세종 때 황희나 허조 같은 이는 세종께서 작은 잘못이 있어도 대간을 기다리지 않고 곧장 빈청으로 가서 직접 논계하였다 합니다. 그리하여 윤허를 얻지 못하면 물러가지 않고 계속 앉아 있다가 기어이 윤허를 얻고서야 물러갔다 합니다. 집으로 물러나온 뒤에도 의관을 정제하고 앉아 잠도 제대로 못 자며 잠시도 국사를 잊어 본 일이 없다 합니다. 대신은 진실로 이와 같아야 하는 것이 아니겠습니까?[81)]

나) 세종 조에 詔使가 오는 일로 황희를 기복했으니, 이번에도 정태화를 기복하소서.[82)]

다) 신하들이 노력하여 자중하기를 황희처럼 하고,…[83)]

라) 황희의 말을 세종이 따르셨다고 하니, 세종을 본받으소서.[84)]

마) 세종 때 황희와 같은 元臣·碩輔가 있었으니, 그 際遇가 융숭하고 功烈이 성대한 것이 어찌 지금 사람이 견줄 바인가.[85)]

바) 나라가 나라다워지려면 기강이 있어야 하는 법(황희처럼)[86)]

---

81) 《중종실록》 권33, 13년 5월 20일(戊午).
82) 《효종실록》 권3, 1년 2월 9일(壬辰).
83) 《효종실록》 권12, 5년 2월 13일(甲戌).
84) 《현종실록》 권7, 4년 9월 13일(丁丑).
85) 《영조실록》 권51, 16년 4월 22일(壬辰).
86) 《정조실록》 권29, 14년 2월 29일(庚辰).

가)는 황희를 통해 대신의 모범과 체통을 찾을 수 있다는 표현이다. 나)와 다), 라)의 《효종실록》과 《현종실록》의 기사는 황희와 같은 신하의 말은 군주도 따라야 한다는 것으로 세종과 황희가 이룬 군신공치의 실체를 보여 주고 있다. 마)와 바)는 영조와 정조시대에도 황희의 능력을 인정하고, 관료 사회의 모범으로 생각하고 있음을 보여 준다.

위 기사들은 한결같이 세종과 관료들 사이에서 '군신공치'[87]의 이념을 바탕으로 국정을 안정적으로 이끌었던 정치가와 행정가로서의 황희의 능력을 인정하고 있음을 확인할 수 있다.[88] 그의 국정운영에 대한 의미 부여가 가능한 이유이다. 이와 더불어 그는 청빈과 청렴을 실천한 청백리[89]의 대명사로 숭앙되고 있다. 이를 보자.

유교 국가였던 조선왕조는 도덕과 윤리를 무엇보다 중시하였다. 유교 경전이 과거의 시험 과목이었고, 급제 후 관료가 된 인사들은 기본적으로 윤리 도덕의 실천과 예의염치를 덕목으로 인식했다. 시간이 흐르면서 어느 정도 퇴색되었지만, 조선 사회에서의 청렴은 가장 중요한 가치이자 덕목이었다.

따라서 조선 사회에서는 관리들의 자질과 도덕성을 높일 목적의 하나

87) '군신공치'에 대해서는 이민정의 글(〈조선 세종 대 정치문화와 재상 황희의 역할 -군신공치를 중심으로-〉, 《방촌 황희의 학문과 사상》, (사)방촌황희선생사상연구회, 2017) 참조.

88) "세종을 도와 태평을 이루어 신하와 임금이 함께 영예로웠습니다."라는 《효종실록》의 기사(권13, 5년 11월 16일(壬寅)) 역시 세종 시대를 만든 황희의 역량을 확인하는 것이 가능하다.

89) 일반인들은 세종시대의 중흥을 이룬 정치가 황희보다, 청백리 황희로 이해하는 경향이 더 크다.

로, 청백리(淸白吏)나 염근리(廉謹吏) 90)를 선발하여 포상하였다. 청백리로 선발되면 당사자의 승진과 특전은 물론, 자손들에게 벼슬이 주어지는 혜택과 더불어 가문의 영광으로 인식되었다. 조선시대 청백리로 선발된 인사는 200여 명이 넘는 것으로 알려져 있지만, 기록 등 행적이 제대로 전해지는 인사는 그리 많지 않다.91) 그런데 청백리에 오른 인사 중 가장 오래도록 칭송을 받았던 사람이 바로 황희였다는 사실이다.

18년 동안 영의정을 비롯해서 50여 년 동안 관료 생활을 했던 황희가 정말 청빈했을까? 원래 물욕이 없기도 했지만, 고위직에 있었음에도 청빈한 자세로 일관했기에 후대의 교훈을 위해 일부 미화된 면이 있었던 것으로 생각된다. 그럼에도 불구하고 "… 황희는 정승을 30년 했지만, 가산을 돌보지 않아 그 집이 텅 비었습니다. …",92) "황희가 통나무집에 남루한 갓과 실띠를 맸던 검소함 …"93)과 같은 기사는, 그의 청렴함을 이해하는데 도움이 된다. 또한 수입의 대부분을 민생 구휼에 사용하였고, 가정생활이 넉넉하지 못했다는 기사94) 에서도 확인이 가능하다. 토지의 대

90) 염근리는 청백리에 선발되는 관리의 두 가지 요건인 '청렴'과 '근면'에서 글자를 조합하였다. 청렴하다는 명성만 있을 뿐, 정사를 게을리하여 직무를 방기하는 관리는 탄핵을 받았다. 따라서 두 요소는 관리의 기본적인 품성이었던 것이다.

91) 조선시대 청백리 선발은 일정한 제도적 장치가 마련되어 정기적으로 선발한 것이 아니었다. 때로는 많이 선발하기도 하고, 때로는 적게, 아예 선발하지 않은 시기도 있었다(이영춘 외, 《조선의 청백리》, 가람기획, 2003). 비교적 정리가 잘 되었다고 생각되는 《청선고(淸選考)》에는 186명의 명단이 수록되어 있다. 최근에 간행된 조성전의 저서(《조선의 청백리 222》, 조은출판사, 2017)에서는 221명이었다고 분석하였다.

92) 《성종실록》 권86, 8년 11월 19일(壬午).

93) 《정조실록》 권6, 2년 7월 20일(丁未).

94) 집안을 다스리지 못해 검소했다는 졸기의 기록을 통해 일부 확인할 수 있다(《문종실록》 권12, 2년 2월 8일(壬申)).

부분을 유이민(流移民) 안정에 썼으며, 절약을 위해 개를 키우지 않았다는 이야기 역시, 황희의 청빈한 생활과 청백리로 추앙받는 이유를 확인하는 데 도움이 된다.[95]

태조부터 세종까지 4명의 군주를 모셨던 황희의 국정 운영에 대한 실록의 기사는 상당히 풍부하지만, 청렴한 생활에 대한 기사는 상대적으로 소략하다. 그런데 동시대 인물이었던 신숙주(1417~1475)의 《보한재집》[96]에 수록되어 있는 〈익성공황공묘표〉와 〈익성황공묘지〉에는 황희의 청렴성이 구체적으로 서술되어 있다. 묘표에 기록된 내용을 보자.

> 가정생활에서는 청백하고 신중했으며, 친족 가운데 가난한 여자나 고아, 과부가 있으면 반드시 그들을 구제하고서야 그만두었다. … 가정생활에서는 청빈하고 검소하게 살면서 스스로 법도를 지켰고, 모든 일에 모범이 되었다. 생업을 일삼지 않아 몸소 수상이 되었으면서도 그 집안의 쓸쓸함이 마치 가난한 서생과 같았다.[97]

위 기록은 황희가 청렴하게 생활하였고, 어려운 친족들을 위해 아낌없

95) 청백리 황희의 모습은 이영춘의 글(〈방촌 황희의 청백리 논란에 대한 재검토〉, 《방촌 황희의 학문과 사상》, (사)방촌황희선생사상연구회, 2017) 참조.

96) 아들 정·준 등이 유고를 모아 편차한 것을 1487년(성종 18) 왕이 교서관에 명하여 간행한 것이 초간본인데 현재는 전하지 않는다. 그 뒤 임진·병자 양란을 거치면서 초간본이 거의 인몰되었다가 7세손 숙이 경상도 영천군수로 있을 때 완질을 찾아내어 1645년(인조 23) 이식의 발문을 붙여 간행하였다. 1922년에는 신홍우가 신용체의 발문을 첨가하여 청주에서 간행하면서 《해동제국기》를 속편 부록으로 함께 발간하였다. 권수에 서거정·홍응·김뉴·김종직·임원준 등 5인의 서문이 수록되어 있다(《민족문화대백과사전》, 보한재집조).

97) 《보한재집》 권17, 묘표.

이 구제하였음을 보여 주고 있다. 청빈과 검소, 법도, 모범 등의 표현과 가난한 서생처럼 집안이 쓸쓸했다는 것은 화려하거나 사치스럽지 않았던 그의 평소 생활 모습을 이해하는 데 매우 요긴하다.

신숙주는 황희보다 54년 후에 태어났지만, 문과에 급제한 1439년 이후 세종대 후반 13 년 정도 조정에서 함께 국정을 운영했다. 따라서 황희의 청렴한 생활에 대해 직접 목격했거나 들었을 개연성이 크다. 예문관의 대제학을 역임한 당대 최고의 문장가 중 한 사람이었던 신숙주가 남긴 글이라는 점에서, 신빙성이 떨어지거나 터무니없다고 말하기 어렵다.

따라서 신숙주의 문집이 1487년(성종 18)에 초간본 간행 이후 관료 사회에서 어느 정도 읽혀졌다고 가정할 때, 당대는 물론 후대에 끼친 영향이 적지 않았을 것으로 생각된다. 이는 실록의 기사[98]와 함께 황희가 청백리로 인식되는 계기 부여에 큰 영향을 주었다고 할 수 있다. 이제 그의 현실인식을 살펴보자.

3. 황희의 현실인식

황희의 현실인식을 살피는 것은, 그의 국정 운영 이념과 활동의 실체를 이해하는 것과 직결된다. 따라서 관료 겸 학자로 당대 정국을 주도하였던 황희의 현실인식을 이해하는 것은, 정국 운영 방법론과 그가 활동했던 시기의 당대사를 이해하는 것과 직결된다. 그 이유는 영의정을 비롯하여 핵심 요직을 두루 역임하였던 황희의 활동은 정치와 경제, 사회

---

98) 《숙종실록》 권17, 12년 11월 29일(己酉).

와 문화 등 당대 역사의 흐름과 직결되었다고 생각되기 때문이다.

태종 재위시기에 지신사와 6조의 판서를 두루 역임하였고, 세종 13년부터 31년까지 18년 동안 영의정을 역임했던 황희의 판단은 정책의 결정과 집행에 큰 영향을 주었을 것이 분명하다. 이런 점에서 볼 때, 황희의 현실인식은 조선 초기 정국 운영에 중요한 방향타가 되었을 것이라는 판단이 가능한 것이다.[99] 황희의 현실인식을 내치(內治)와 외치(外治)로 구분하여 살펴보자.

내치는 농본위민 및 숭유억불과 관련된 사항 중심으로, 외치는 명과의 사대 관계와 여진 및 왜와의 교린 관계 등 국방 정책과 연관된 사항 중심으로 살펴보고자 한다. 무엇보다 그가 활동한 시기가 조선 건국 직후이고, 체제를 정립시켜야하는 시점에서 농본위민과 숭유억불, 사대교린 등 건국이념의 안정적 추진은 다른 어떤 일보다 중요했을 것으로 생각되기 때문이다. 먼저 내치에 대해 살펴보자.

1) 내치

오랜 관료 생활 동안[100] 황희가 관여하고 추진하였던 정책은 매우 광범하고 다양하다. 그런데 복잡한 정치 현안을 농본위민과 숭유억불로 단순화하는 것은 무리일 수 있다. 그럼에도 불구하고 이러한 방법을 택한 것은 건국 직후의 창업기와 수성기의 국정 운영에서는 국정 좌표의 실천

---

99) 이는 조선 초기 새로운 역사를 만들어가는 과정과 다르지 않다고 본다.

100) 음직으로 출사했던 14세 때부터 관료생활을 했다고 할 수 없고, 실질적으로는 두문동에서 나온 이후라고 생각되기 때문에, 그의 실질적인 관료 생활 기간은 60여 년 정도라고 할 수 있다.

이 가장 중요하다고 생각되기 때문이다. 다만 내치와 관련된 내용 중 두 항목에 포함시키기 어려운 부분은 별도로 정리하였다.

(1) 농본위민(민생)

국정 운영에서 황희가 견지한 가장 기본적인 입장과 지향성은 민생 안정이었다. 고려 말 권문세족의 권력 농단과 부 독점으로 야기된 민생 파탄을 직접 목격했던 황희로서는, 민생의 안정을 가장 중요한 현안으로 인식했던 것이다.

1424년(세종 6) 강원도 관찰사 역임 시, 흉년을 구제하여 백성의 고통을 덜어 주는 등 큰 공을 세웠다. 강원도의 민생 현황을 정확하게 파악하고 대안까지 구체적으로 제시하였던 내용을 보자.

> 도내 백성의 총계가 1만 6,000여 호 내에서 환상곡을 먹지 아니하고 생활할 자가 얼마 되지 아니하며, 전혀 초식만 하여 겨우 생명을 보존하고 있는 터인데, 이제 만일 한 도내 인민 남녀의 명목을 수대로 핵실하여, 호조에 관문을 제출하여 회보가 오기를 기다린 뒤에 진휼하였다가는 한갓 구황하는 일만 늦춰질 뿐만 아니라 백성들의 생명이 염려되며, 곡식 종자로 환상곡을 절후에 따라 나누어 주지 못하게 되면, 반드시 농사가 失時될 것이니, 청하건대 의창의 환상곡 내에서 6만 2,400여 석을 먼저 기민에게 식구에 따라 양식과 종자를 계산하여 내어주고, 때에 따라 구황하여 주면서 농사를 권면하소서.101)

101) 《세종실록》 권23, 6년 2월 6일(壬子).

강원도의 총 인구수와 현실 상황의 문제점, 빈민구제를 위해 나누어 줄 환곡의 양까지 매우 상세하다. 이는 그의 민생안정 방안이 현장의 문제점을 바탕으로, 해결해야 하는 것이 무엇인지 정확하게 파악하고 있었음을 의미한다. 감사 임기를 마치고 한양으로 돌아갈 때, 백성들은 그의 은덕을 사모하여 행차가 멈춘 곳에 대를 쌓고 '소공대(召公臺)'라고 하였고, 후에 남곤이 글을 짓고 송인(宋寅)이 비를 세우기도 하였다. 이는 민생안정을 위한 그의 노력이 농민들이 받아들일 수 있는 현실적인 방안이었음을 의미한다.

황희는 태조 7년 순릉(度祖의 비)을 화려하게 꾸미는 것에 반대하다가,[102] 경원교수관으로 좌천되었다. 왕비의 능이라도, 검소하게 꾸며야 한다는 평소의 신념을 주장하다가 좌천된 것이었다. 예는 사치보다 검소한 편이 옳다는 것이 지론이었는데, 자신의 장례를 검소하게 치르도록 후손에게 요청하였던 실록의 졸기 기사 등을 통해서도 확인이 가능하다. 다음 기사를 보자.

> 가) … 내가 죽은 후에 상장의 예절은 한결같이 《가례》에 의거하되, 본토에서 시행하기 어려운 일을 억지로 따라 할 필요는 없다. 능력과 분수의 미치는 대로 집의 형세에 따라 알맞게 할 뿐이며, 허식의 일은 일체 행하지 말라. …[103]

> 나) … 세종대왕께서 민간에 자못 사치스러운 풍습이 있음을 늘 걱정하

102) 《태조실록》 권14, 7년 7월 5일(戊寅).

103) 《문종실록》 권12, 2년 2월 8일(壬申).

시어 정승 황희에게 말씀하시니, 황희가 대답하기를, "신이 마땅히 고치도록 하겠습니다" 하였었는데, 훗날 등대(登對)할 적에 황희가 굵은 베로 장복(章服)과 내의(內衣)를 지어 입고 들어와서 임금을 뵙고 말하기를, "신은 백관을 통솔하는 자로서 신 자신이 이런 차림새를 하였으니, 백관이 어찌 감히 사치를 범하겠습니까? 그러나 성상께서도 이러한 뜻을 이해하셔서 몸소 검약을 실천하여 보여 주심이 마땅합니다." 하였습니다. 세종께서 그 말을 받아들이시자 한때의 사치스러운 폐습이 크게 고쳐졌다고 합니다. …[104]

졸기의 가) 기사는 자신의 장례를 예에 맞추어 검소하게 하라는 내용이다. 사치하지 않고 부에 집착하지 않았던 평소의 검소한 생활 태도를 잘 보여 준다. 나) 기사는 세종 당시에 사치를 방지하기 위해 그가 기울인 노력이 어느 정도 적극적이었는지와 숙종 조에 미담으로 회자되었음을 의미한다.[105] 청백리의 대명사로 언급되는 이유를 이해하는 데 도움이 된다.

그는 평소에도 사치를 숭상하는 폐단의 금지 방안에 대한 제안[106]과 아록위전·국둔전의 혁파, 할 일 없는 관청 소속의 노비를 혁파한다면, 국고의 확충과 민생 안정이 가능하다는 구체적인 방안을 제시하였다.[107] 민생을 먼저 생각하는 관료의 고민을 읽을 수 있는 것이다. 효율성 제고

104) 《숙종실록》 권17, 12년 11월 29일(己酉).

105) 이 기사의 내용은 《정조실록》(권13, 6년 6월 2일(丁卯))에 거의 동일한 내용으로 수록되어 있어, 정조대에도 모범 사례였음을 알 수 있다.

106) 《세종실록》 권32, 8년 4월 9일(壬申).

107) 《세종실록》 권32, 8년 4월 28일(辛卯).

와 비용 절감을 위한 대안의 하나로 관직의 남설을 우려하기도 하였는데, 저비용 고효율의 관료 운용과 관련된 주장을 보자.

건국 초기 재추(宰樞)의 수가 40명 미만이었던 것이, 70명까지 늘어나자, 잘못된 관료 운용으로 비용이 낭비되는 폐단이 드러났다고 지적하였다. 이를 해결하려면 그동안 늘어난 인원을 줄이고, 불필요한 관리를 감하면 되며,[108] 그렇게 한다면 국가 재정이 절감되고 민생을 안정시킬 수 있다고 하였다.

세종 9년 개성 유후사가 토관직의 설치를 요청하였을 때, 서울과 가까운 지방에 토관직을 설치하는 것은 경관과 비슷하게 되는 일이니 옳지 않다고 반대하였다.[109] 수원에 판관을 한 명 더 설치해 달라는 의견이 제기되었을 때도 동일한 의견을 제시하였다. 즉 수원의 사무가 번잡한 것은 옛날과 지금이 동일하며, 판관을 혁파한 이후 일처리가 늦지 않았는데, 한 명 더 두어 비용만 허비할 필요가 없다는 판단이었다.[110] 저비용 고효율의 관료제 운용과 효율적인 지방관 운용만이 민생 안정과 직결된다고 확신하였던 것이다.

이러한 태도는 친가 쪽은 물론, 처가 쪽도 청렴하고 하자가 없는 사람을 지방관으로 임명해야 민생안정에 도움이 될 것이라는 주장[111]으로 이어졌다. 강계의 판관 설치[112]와 진도에 수령을 파견하는 문제[113]에

108) 《세종실록》 권20, 5년 5월 28일(丁未).

109) 《세종실록》 권36, 9년 5월 16일(癸卯).

110) 《세종실록》 권54, 13년 11월 5일(丙寅).

111) 《세종실록》 권55, 14년 2월 15일(甲辰).

112) 《세종실록》 권60, 15년 5월 21일(癸酉).

113) 《세종실록》 권61, 15년 윤8월 14일(甲子).

대해서도, 해당 지방의 민생을 살핀 후에 조치하는 것이 옳으며, 군사 훈련과 축성 사업[114] 역시 민생 안정이 먼저라는 입장이었다. 지방의 실상을 정확하게 알고 있는 관리를 임명하면 행정력의 불필요한 낭비를 막을 수 있고, 국가 재정의 절약과 민생 안정을 가져올 수 있다는 판단과 동일하다.

세종이 문제 있는 관찰사를 탄핵해야 한다고 한 적이 있었다. 이에 대해 관찰사의 조그만 착오를 비난하는 것은 온당하지 않으며, 만약 탄핵하게 되면 지방 행정이 제대로 돌아가지 않을 수 있고, 결국 민생의 피해로 이어질 것이라고 우려하였다.[115] 신천 군수 권자안이 현리 최곤을 죽이자, 곤의 아들이 억울함을 호소한 일이 있었다.[116] 그는 사소한 원망으로 수령을 모해하면 안 되고, 이민(吏民)들의 수령 고소가 남발되는 것을 막아야 한다고 주장하였다. 2년 전에 효과적인 지방관 임명과 관리 운영 방안의 하나로 '수령육기법'의 시행[117]을 주장한 것과 연관된다.

수령에게 일정한 권한을 주고, 그 권한을 지켜 주어야 민생이 안정될 수 있다는 판단이었다. 이는 2년 뒤 부민고소금지법[118]의 제정으로 이어졌다. 그가 주장한 관찰사의 탄핵 반대와 수령의 권한 부여, 부민고소금지법 제정 등의 최종 목표 역시 민생 안정이었던 것이다.

평소에도 검소를 숭상하고 사치를 억제하는 일이 정치의 최우선 과제

114) 《세종실록》 권60, 15년 5월 28일(庚辰).
115) 《세종실록》 권33, 8년 7월 17일(戊申).
116) 《세종실록》 권60, 15년 4월 24일(丁未).
117) 《세종실록》 권54, 13년 10월 17일(戊申).
118) 《세종실록》 권62, 15년 10월 24일(癸酉).

가 되어야 하며, 화려함과 부귀함은 자랑할 것이 못 된다고 하였던[119] 그는, 사치의 방지와 절검의 강조만이 민생의 안정과 국가 재정의 확충이 가능하다고 확신하였다. 여하튼 그가 가장 중요한 국정 과제이자 실행 목표의 하나로 생각했던 것은 농본과 위민이었다. "노비도 하늘 백성"[120] 이라는 말을 자손들에게 유언으로 남긴 것에서 볼 때, 애민 사상과 민생을 중시하는 민본주의적 지도자였다고 확신할 수 있다.

(2) 숭유억불

유교 질서 체제의 정착과 유교 정치 이념의 추진을 위해 고려 왕조의 통치이데올로기였던 불교의 배척은, 조선 건국 후 가장 중요한 국정 운영 목표 중 하나였다. 창업기와 수성기, 중흥기에 국정을 주도하였던 황희 역시 이의 실현을 위해 매진하였음은 물론이다. 이 문제는 조선적 체제를 구축하는 일과 직결되는 것으로, 새로운 역사만들기 사업과 다르지 않다고 생각된다.

1406년(태종 6) 인소전(신의왕후 한씨 혼전)을 건립하면서, 불당을 함께 건립하자는 논의가 있었다. 주변의 인사들이 불당을 짓는 행위는 그다지 큰 폐단이 아니므로 문제될 것이 없다고 하였지만, 황희는 후세에 법(교훈)을 남기게 되므로 불가하다고 하였다.[121] 당장은 큰 문제가 되지 않을 수 있겠지만, 선례가 되어 향후 관례로 굳어질 수 있으므로 처음부터 숭불의 단서를 용인하면 안 된다는 것이었다. 한 달 뒤 태상왕(태조)이 회암

119) 《세종실록》 권111, 28년 1월 23일(辛卯).

120) 《연려실기술》 권3, 세종조고사본말.

121) 《태종실록》 권11, 6년 5월 27일(丙辰).

사로 이동할 때, 직접 건립 반대 의견을 전할 정도[122]로 척불 입장이 강경했다.

광흥창과 풍저창의 야적한 곡식을 경복궁의 결채에 보관해야 하는 상황이 발생한 적이 있었다. 이때 그는 흉년이라 백성의 사역이 어려우므로, 각도의 승려 600여 명을 동원해서 처리하면 된다고 주장하였다.[123] 승려들을 지나치게 핍박하는 것이 아니냐는 태종의 우려에 대해, 아무런 문제가 없다면서 강행을 요청했다. 승려를 동원하여 사직단장(社稷壇場)과 창고 등을 짓는 일에 대해서도, 문제될 것이 없다는 입장이었다.[124]

유교를 숭상하는 그의 생각과 주장을 파악할 수 있는 기사로, 태종과 나눈 다음 내용을 보자.

> (태종이; 필자 주) 황희에게 이르기를, "예부터 임금이 굳세고 용감하면 능히 아랫사람을 제압할 수 있었고, 온유하고 나약하면 실패함이 많았다. 무릇 활 쏘는 것과 말 달리는 것은 굳세고 용감한 기질을 키우는 것이다. 지금 세자로 하여금 무사를 익히게 하는 것이 도리에 어떠하겠는가?" 하니, 황희가 대답하였다. "신의 어리석은 생각으로는 학문에 정진함이 마땅할까 합니다."[125]

병권의 장악에 관심이 컸던 태종이 '무'를 중시한 것은 어쩌면 당연한

122) 《태종실록》 권11, 6년 6월 9일(丁卯).
123) 《태종실록》 권12, 6년 8월 5일(辛卯).
124) 《태종실록》 권13, 7년 4월 8일(壬辰).
125) 《태종실록》 권17, 9년 3월 16일(己未).

일이었다. 이에 대해 황희는 '문' 공부가 먼저라고 하였다. 유학의 장려를 통해서만 문치주의 체제를 정착시킬 수 있으므로, 강경법과 유교 경전의 공부가 먼저라는 입장이었던 것이다.126)

세종 11년에는 인재 양성 방안, 경서 연구, 문무과의 활용, 구재 도회 과시(九齋都會課試)의 법 운용, 내외학 춘추 과시법(內外學春秋課試法), 유생 권면, 교수·훈도 운용 등 학문을 진흥시킬 수 있는 구체적인 방안을 제시하였다.127) 호학 군주 세종과 더불어 숭문 체제를 구축하기 위해 노력하였던 모습을 읽을 수 있다. 즉 성공한 군주와 군주의 성공을 이끌었던 참모의 원활한 소통을 확인할 수 있는 것이다.

그런데 수많은 국정 과제를 처리하는 과정에서 협치를 통해 체제의 안정을 이루었던 두 사람이 갈등을 일으키는 일이 벌어졌다. 내불당의 건립 과정에서 불거진 일이었다.

세종이 내불당을 설립하고자 하였을 때, 황희는 적극 반대하였다.128) 거듭된 반대 상소에 세종은 불편한 심기를 드러냈고, 평소의 신뢰 관계는 흔들리게 되었다. 신앙과 인간적인 입장의 세종과 정치적인 입장의 황희가 충돌한 것이다. 18년 동안 영의정을 맡겼던 세종의 신뢰가 무너지면서 갈등의 골이 깊어지게 되었음은 물론이다. 평소 합리적인 입장을 견지하였던 황희의 태도와는 다른 태도를 확인할 수 있는 사건이었다. 그만큼 그의 척불 입장이 매우 강경했음과 유교 사상의 확립에 매우 적극적이었음을 확인할 수 있다.

---

126) 《태종실록》 권21, 11년 5월 8일(戊辰).

127) 《세종실록》 권43, 11년 1월 3일(庚戌).

128) 《세종실록》 권121, 30년 7월 22일(丙午), 《세종실록》 권121, 30년 7월 26일(庚戌) 등.

(3) 기타 활동

농본위민과 숭유억불 정책과 더불어 언론 활동의 보장, 새로운 법제의 제정[129] 및 시행 등과 관련된 논의를 보자.

황희는 출사 초기 간쟁과 봉박의 기능을 담당했던 언관직(장무습유, 종6품)에서 활동하였다. 언관직 수행 당시 강직한 언론 활동으로 군주의 심기를 거스르는 경우가 많았는데, 태조 7년 정란(鄭蘭)의 기복에 서명하지 않은 일로 파직당했던 일이 그것이다.[130] 이듬해 3월에는 춘추관 학사 강은과 전 교수관 민안인을 탄핵하다가, 경원교수관으로 좌천되었다.[131] 정종 대에는 내시부의 관직이 지나치게 많은 것을 문제삼다가 파직 당하기도 했다.[132]

일정한 타협점을 찾아 유연하게 상황을 끌고 갈 수도 있었지만, 원칙과 기준을 지키려다 갈등을 일으키는 경우가 더 많았다. 태조와 정종 대 파직과 복직을 반복하게 된 것은 강경한 언론 활동에서 비롯되었던 것이다. 이에 따라 관직 생활은 부침을 거듭했지만, 건국 초 언론 활동의 정착과 활성화에 기여했던 것으로 이해된다.

1406년 정사공신과 좌명공신으로 태종의 최측근 공신 중 한 명이었던 이거이 부자(李居易와 李佇[133])가 역모 사건에 연루되었을 때, 고신을 돌

---

129) 황희는 《경제육전》의 '원집 상절(元集詳節)' 3권과 '속집 상절(續集詳節)' 3권 등 법전의 제정에 적극 참여하였다(《태종실록》 권23, 12년 4월 14일(戊辰)).

130) 《태조실록》 권12, 6년 11월 29일(丁丑).

131) 《태조실록》 권12, 7년 7월 5일(戊寅).

132) 《정종실록》 권2, 1년 9월 10일(丁丑).

133) 이거이의 아들 이저는 이성계의 장녀 경신공주와 다른 아들 이백강은 태종의 장녀 정순공주와 혼인하였다. 따라서 이거이 집안은 국혼으로도 권력의 정점에 있었다고 할 수 있다.

려주면 안 된다는 대간들의 요청이 있었다. 태종은 대간들의 요청을 받아들이지 않겠다면서, 아예 승정원의 문을 닫아버렸다. 지신사였던 황희는 "인주의 일언일동(一言一動)은 만세에 전하는 것"134)이라고 하면서, 언론을 막으면 안 된다고 주장하였다. 즉 "신 등이 여러 번 상소하였는데 모두 읽어 보지 않으시니, 언로가 이로부터 막혀서 성덕에 누가 될까 염려됩니다"135)라는 말로, 언로의 확장과 언론 활동의 중요성을 강조하였다.

그의 언론 활동이 매우 투철했음은 《영조실록》에,

> 세종조에 한 諫臣을 죄주었는데 황희가 사람을 시켜 대청(臺廳)을 헐었습니다. 세종께서 그 까닭을 물으시자, 황희가 대답하기를, "대각을 둔 것은 장차 그들이 말한 것을 쓰고자 해서인데 이제 말한 것으로 인해 죄를 얻었으니, 대청은 쓸데가 없습니다. 때문에 신이 과연 헐었던 것입니다." 하니, 세종께서 태도를 고쳐 가납하고 그 대신을 발탁해 썼습니다.136)

라는 기사에서도 확인이 가능하다. 국가의 언로란 사람의 핏줄과 같아서, 핏줄이 막히면 사람이 죽듯이, 언로가 막히면 나라가 망한다는 신념을 견지하였던 것이다. 언론 활동의 보장과 함께 법 집행과 관련된 그의 주장을 보자.

태종이 장형 이하의 죄를 저화로 속전시키고자 하자, "법이란 만세의

134) 《태종실록》 권12, 6년 윤7월 22일(己卯).

135) 《태종실록》 권20, 10년 7월 19일(甲申).

136) 《영조실록》 권35, 9년 7월 24일(己卯).

공공지기(公共之器)이니, 일시적 방법으로 가볍게 고칠 수 없다"137)면서 임시 변통 형식의 법집행을 반대하였다. 또한 대역죄에 연루된 전(前) 완산 부윤 한답(韓答) 등 29명을 용서하고자 하였을 때도, 주상의 명이라고 하더라도 종사에 관계되었으며, 지나치게 빠른 사면은 불가하다는 입장을 피력하였다.138) 온정을 베푸는 것보다 법질서의 확립이 먼저라는 입장, 즉 법질서의 확립을 위해서 예외를 두면 안 된다는 것이었다. 이러한 태도는 태종의 처남이 연관된 사건에서도 자신의 주장을 그대로 드러냈다.

민무회 사건이 발생했을 때, 서민들도 친한 사람에게는 허물을 말하지 않는데, 민무회는 척리로서 은혜를 입고도 행동이 옳지 못하므로 벌을 주어야 한다고 주장하였다.139) 자신이 모시는 군주의 처남이었지만, 법집행은 공정해야 한다는 입장이었다. 이러한 태도는 종친을 대우하는 문제에서도 확인할 수 있다.

종친의 광패한 행동은 엄벌에 처해야 하고, 문제를 일으킨 종친들의 직첩과 구사(丘史, 하인), 전토는 모두 거두어들이면 되며,140) 이렇게 한다면 다른 종친들도 함부로 행동하지 않을 것이라고 하였다. 나아가 "종친 중에 재능이 있으면 다른 사람과 같이 서용하고, 재주가 없으면 작을 준 뒤 시골에 물러가 살게 하면 된다"141)고 하여, 종친에 대한 별도의 특혜

137) 《태종실록》 권21, 11년 1월 13일(甲戌).

138) 《태종실록》 권21, 11년 4월 2일(壬辰).

139) 《태종실록》 권29, 15년 4월 15일(壬午).

140) 《세종실록》 권48, 12년 6월 18일(丁亥).

141) 《세종실록》 권59, 15년 2월 26일(庚戌).

규정은 옳지 않다고 주장하였다. 세종이 양녕대군을 접견하고자 하였을 때, 옳지 않은 일이라고 극력 반대하였던 것[142]도, 종친에 대한 예외적인 우대는 불가하다는 입장과 다르지 않다. 이는 왕실부터 모범이 되어야 하며, 종친의 사회적 책무가 중요하다는 것을 강조한 것과 동일하다.

그는《선원록(璿源錄)》·《종친록(宗親錄)》·《유부록(類附錄)》 등의 편찬에 적극 참여하는 등 왕통의 확립에 기여하였다.[143] 공사 비자(公私婢子)와 양인 소생의 자식은 아비의 신분에 따라 양인으로 삼자는 종부법(從父法)의 시행을 관철시키기도 하였다.[144]

세종이 장영실에게 호군을 제수하기 위해 황희와 상의하였을 때, 전례가 있으므로 문제될 것이 없다고 하였다.[145] 신분의 구애 없는 능력에 따른 인재 등용이 옳다는 입장이었다. 나이가 어리고 총명하며 민첩한 자만 취할 것이 아니라, 학문과 더불어 연륜과 행동거지, 예의와 인성을 갖춘 인재를 선택[146]하는 것이 옳다고 주장하였다. 혈연에 연연하지 않고 능력 있는 인재를 양성해야 한다는 용인술을 견지하였던 것이다.

모름지기 지도자는 자신에게 엄격하고, 타인에게 관대해야 하는 것이 기본이다. 이상의 사실에서 보았듯이, 황희는 지도자의 기본 원칙과 기준을 적극 실천하였다. 이를 통해 관료 사회의 위계 확립과 기강을 바로잡

142) 《세종실록》 권69, 17년 9월 19일(丁亥).

143) 《태종실록》 권24, 12년 10월 26일(戊寅). 세종 11년에도 《선원록(璿源錄)》의 편찬에 관여했다(《세종실록》 권45, 11년 9월 11일(甲寅)). 왕실의 족보를 정리하는 과정에서 적극 소통했던 태종과 황희는 양녕대군의 폐위 과정에서 완전히 틀어졌다. 이는 앞에서 살핀 바와 같이, 황희가 유배형을 받는 요인이 되었다.

144) 《태종실록》 권27, 14년 6월 27일(戊辰).

145) 《세종실록》 권61, 15년 9월 16일(乙未).

146) 《세종실록》 권61, 15년 9월 17일(丙申).

기 위해 노력하였으며, 문벌과 혈연 같은 배경보다 능력과 인성을 바탕으로 한 인재의 선발에 관심을 기울였다. 무엇보다 농본과 애민을 바탕으로 하면서, 당면한 국정 현안의 해결과 안정적인 운영을 도모하고자 하였음을 알 수 있다. 군주(세종)와 참모(황희)의 원활한 소통과 협치(군신공치)를 통해 조선 초기 중흥기를 이룰 수 있었던 요인은 이러한 배경에서 가능했다고 생각된다.

2) 외치(外治)

황희는 명과의 사대 관계와 여진 및 왜와의 교린 관계 등 외교와 국방에 대해 매우 구체적이고 실질적인 대안을 주장하였다. 외교 및 국방과 관련된 다양한 의견을 개진하는 과정에서, 당시 현실에 맞는 방향성을 제안하였다.

세종 16년 설순이 신석견·남수문 등의 중국어 학습을 그만두어야 한다고 하였을 때, 오히려 중국어를 더욱 학습시켜 명과의 사대외교에 도움이 되도록 하는 것이 옳다고 주장하였다.[147] 건국 초기의 긴박한 외교 상황에서, 명과의 원만한 외교 관계가 무엇보다 중요하다는 현실인식을 읽을 수 있다. 이러한 중국과의 사대 외교와 더불어 여진 및 왜와의 교린 외교에 대한 방안 역시 매우 치밀하였다.

세종 10년 10월 왕명으로 평안도의 성보(城堡)를 순찰한 뒤,[148] 11월에 변방 방어와 국방 강화를 위한 구체적인 대책을 보고하였다. 세종 14년 3월에는 경원성을 옮겨 쌓기 위해 호조판서 안순과 함께 파견되었다

147) 《세종실록》 권63, 16년 1월 10일(戊子).

148) 《세종실록》 권42, 10년 10월 24일(壬寅).

가,149) 한 달 뒤 축성과 군사 배치, 전략적 요충지 확보 등에 대해 상세한 대책을 제안하였다.150) 변경 방어와 국방 강화에 대한 관심이 매우 구체적이고 실질적이었음을 알 수 있다.

세종 10년 평안도에 파견되어 변방의 축성과 방어 대책을 구체적으로 제안하였던 경험을 바탕으로 국방 분야의 대안 강구 시 중요한 역할을 하였다. 세종 당시 4군 6진의 개척과 사민정책의 추진은 중요한 현안 중 하나였다. 1433년(세종 15) 평안도절제사 최윤덕은 압록강 건너 파저강까지 진격하여 큰 전과를 올렸다. 그리고 함길도절제사 김종서는 여진족의 내분을 틈타 두만강 부근의 여섯 곳을 정벌하기도 하였다. 그리고 1437년(세종 19)에는 이천를 절제사로 임명하여 압록강 지역 2차 정벌을 강행하였다. 이로써 압록강과 두만강을 연결하는 국경선을 형성하게 되었고, 이후 사민정책을 추진하면서 우리 영토로 확정지을 수 있었다.

이와 같이 여진족에 대한 정벌이 진행될 당시, 황희는 변방에서의 실무 경험을 바탕으로 구체적인 야인 정벌책을 제안하였다. 화포를 사용하여 물리쳐야 한다는 강경책과 선물을 보내 회유하자는 회유정책을 동시에 피력하였다. 전형적인 화·전양면의 교린외교를 추구하였던 것이다. 이후 대여진 문제가 발생할 때마다 각 사안에 대한 보고를 들은 뒤, 실행 방향을 정확하게 정하여 국방정책에 반영하였다.151)

일본인들이 범종을 늦게 구해 주었다는 이유로, 105명이 울산에 와서

149) 《세종실록》 권55, 14년 3월 6일(乙丑).

150) 《세종실록》 권56, 14년 4월 12일(庚子).

151) 이 문제에 대해서는 김순남의 글(〈조선초기의 비변 대책의 수립과 시행〉, 《조선시대사학보》42, 2008)과 이규철의 글(〈세종 대 파저강 재정벌과 대외정책〉, 《군사》95, 2015) 참조.

행패를 부린 일이 있었다.152) 이때 황희는 대의를 바탕으로 왜구의 행패에 대해 강력하게 대응할 것을 주장하였다. 나아가 이러한 일은 교린의 도리가 아니라고 하면서, 왜인들의 귀순을 받아들이면 안 된다고 하였다. 그리고 왜구의 통제를 위해서 병선을 미리 확보해야 한다는 유비무환의 대비책을 제시하기도 하였다. 한 달 뒤에는 대마도의 종정무에게 다음과 같은 글을 남겼다.

> … 뜻하지 않게 사인 등이 돌아가다가 김해부(金海府)에 이르러 까닭 없이 분을 내어서 감사와 부관에게 욕하고 심지어 칼을 뽑아 찌르고자 하였으니, 그 예의에 어그러짐이 심하였다. 교호의 뜻을 상할까 걱정하여 참고 돌려보내니, 족하가 대내전에 전달하여 공적으로 이러한 무리들을 징치하여서 다음을 경계하면 다행하겠다. …153)

위 기사의 핵심은 양국 간 교린 외교가 원활하게 추진되기 위해서는 대마도 왜인들이 예의를 지켜야 하며, 문제를 일으킨 자들은 엄하게 조치해야 한다는 것이다. 기본적으로 이러한 원칙과 기준을 유지하면서, 오랑캐와 적당한 거리를 두어야 한다는 입장이었다. 세종 16년 종정성이 말을 요구했을 때, 정인지는 전례가 있으므로 주어도 된다고 하였다. 그러나 오랑캐들은 만족을 모르기 때문에, 애초에 사단을 열면 안 된다고 강력하게 반대하였던 것도 동일한 경우이다.154)

---

152) 《태종실록》 권28, 14년 8월 7일(丁未).

153) 《태종실록》 권28, 14년 9월 16일(丙戌).

154) 《세종실록》 권63, 16년 3월 7일(甲申).

왜구의 이주에 대해서 부정적이었던 그는, 변방의 야인 이주에 대해서도 반대하였다. 오랑캐를 친근히 하여 화란을 부르지 말아야 하며, 진심으로 이주를 원하더라도 허락하지 않아야 한다고 하였다.[155] 국경 지역의 야인 중에서 자기 나라를 배반하고 우리에게 성심을 다하는 무리들조차, 믿을 수 없으며 이익보다 손해만 있을 것이라고 우려하였다.[156] 중국에 대한 유연한 외교관에 비해, 여진과 왜에 대해서 상당히 강경한 외교관을 견지하고 있었던 것이다.

의주의 호구가 줄어드는 문제에 대한 토관의 설치 문제가 야기되었을 때, 일부 논자들은 평양과 영변의 토관을 나누는 방안 혹은 의주에 신설하자는 의견을 제안하였다. 좌의정 맹사성과 우의정 권진 등은 평양의 토관을 나누어 설치하자고 제안하였다. 이에 비해 황희는 영변의 토관 117명 중에서 17명을 줄이고, 또 13명을 더 설치한 뒤 합계하여 의주에 토관 30명을 설치하는 것이 좋겠다는 의견[157]으로 관철시켰다. 필요한 토관의 숫자를 정확하게 제시하는 등 상당히 구체적이었음을 알 수 있다.

세종 15년에는 왕명에 따라 파저강 지역의 야인에 대한 접대 방식과 토벌 계책을 세웠고,[158] 세종 24년에는 국경 방어책에 대해 지역의 특성을 고려한 맞춤형 전략과 차별적인 전술을 제안하였다. 즉 갑산 방면은 적들과 인접한 지역이므로 병력을 증가시켜 대비해야 하며, 경상도의 사

155) 《세종실록》 권62, 15년 10월 29일(戊寅).

156) 《세종실록》 권74, 18년 7월 18일(辛亥).

157) 《세종실록》 권56, 14년 4월 13일(辛丑).

158) 이에 대한 논의는 2월 15일(《세종실록》 권59, 15년 2월 15일(己亥))부터 2월 18일(《세종실록》 권59, 2월 28일(壬子))까지 계속되었다.

천·고성·영해는 바다에 가까워 방어 대책이 시급한데, 읍성이 없으므로 다른 일보다 먼저 축조해야 한다고 하였다. 하삼도와 황해도 연변의 백성들은 육지 안쪽으로 옮겨 적의 피해를 입지 않도록 해야 하며, 각 고을의 성과 옹성·적대·지호는 일시에 만들기 어려우니 순차적으로 축조할 것과, 축성은 하삼도 연변부터 시작하여 내지 각 고을로 추진하는 것이 옳다고 하였다.159) 북방과 남방의 지역적 특성에 맞는 방어 전략을 구체적으로 제시하였던 것이다.

이와 같이 관련 분야에서의 오랜 기간 경험하였던 실무 지식을 바탕으로, 구체적이고 실효적인 국방 대책을 제안하였다. 무엇보다 관료들과의 논의를 통해 구체안을 강구하는 협치를 구현하고자 노력하였으며, 세종과 신하들 간의 갈등을 중재하는 정승의 역할도 무난하게 수행하였다. 그리고 근본에는 애민정신이 바탕이었음을 확인할 수 있다.

이렇듯 황희는 오랜 관료 생활 동안 많은 정책의 수립에 관여하였으며, 결정과 집행 중에서 중요한 역할을 수행하였다. 태종과 세종의 절대적인 신임을 바탕으로 수성기와 중흥기에 요구되는 국정 과제를 주도면밀하게 추진하면서 나라의 기틀을 잡았던 것이다.

능력 밖의 일은 사양했고, 탄핵을 받으면 곧바로 사직을 요청하는 등 언제나 겸양의 태도를 견지했다. 건국 직후의 혼란한 정치적 격변기에 자신의 권력 구축과 이익 추구에 앞서 나라를 먼저 생각하고 민생 안정을 위해 고민했다. 원칙과 기준에 입각해서 공무를 처리했기 때문에, 군주든 백성이든 그가 현실 정치에서 떠나는 것을 원치 않았다. 고령과 병을

159) 《세종실록》 권97, 24년 7월 20일(戊寅).

이유로 여러 차례 사직을 요청했음에도 불구하고, 세종은 끝까지 곁에 두고자 했고, 황희 역시 정치 현장에 있었던 사실에서 확인할 수 있다. 무엇보다 60여 년 동안 국정 운영 과정에서, 직권을 남용하여 사리사욕을 취하거나, 자신의 세력을 구축하지 않았던 사실이 주목된다.

모름지기 그는 태종의 왕권 강화 정책 추진에 적절한 관료였으며, 세종의 문화 사업 추진에 가장 적절한 정승이었다. 태종의 병권 장악과 왕권 강화에 기여하였으며, 집현전 학사들과 더불어 세종의 문치 체제 구축에 기여했던 것이다. 무엇보다 선공후사의 정신을 바탕으로 세종시대를 화려하게 전개할 수 있었던 것은, 황희의 노력이 큰 배경이 되었다고 생각된다.

재상으로서 관료들의 의견을 광범하게 수렴하고, 국왕을 적극 보좌하여 중흥기를 이루었다. 재상의 임무를 강화시켜 관료제의 안정적 운용을 도모하고자 하였던 세종 대의 의정부서사제에서, 자신에게 주어진 정치적 역량을 최고조로 달성하였던 것이다. 중종조 도학정치를 추구하였던 조광조가 정승으로서의 황희의 역량을 극찬한 것은, 당대를 넘어 조선 중기 이후 학문과 사상, 정국 운영 능력과 이념이 숭상되었음을 잘 보여준다.

이렇게 볼 때, 정치가요 관료이자 학자였던 황희의 노력으로 조선 초기 정국의 안정적 운영과 유교질서 체제의 확립 및 발전, 민생의 안정이 가능했다고 할 수 있다. 이는 결국 그의 활동(현실인식)이 당대사 만들기였다는 사실에 방점을 찍을 수 있는 근거라고 할 수 있다. 무엇보다 후대 실록의 긍정적인 평가를 볼 때, 그의 행적 일체가 관료 사회의 모범이 되었음을 확인할 수 있는 것이다.

4. 맺음말

역사학은 문학, 철학과 함께 인문학의 기초 영역을 형성한다. 이는 인간의 활동과 연관되지 않는 역사적 사실은 없으며, 역사란 인간의 활동에서 출발한다는 전제와 직결된다. 그러나 인간 개개인의 활동을 이해하고, 그에 대한 의미를 부여한다는 것은 대단히 어려우며 어느 면에서는 문제를 일으킬 소지가 있다. 따라서 특정 인물의 생애와 활동, 그에 대한 이해와 접근은 매우 조심스럽다. 특히 그 인물이 왕조 교체의 격변기나, 극심한 권력 투쟁이 전개된 시기에 활동했다면, 더욱 세심한 접근과 분석이 필요하다. 조선왕조 건국 이후부터 세종까지 4명의 군주를 모시면서, 격변기의 정국 운영을 주도하였던 황희에 대한 이해가 쉬운 일이 아닌 이유가 여기에 있다.

왕자의 난을 일으켜 반대파를 제거하고 즉위한 태종은 왕권 강화에 방해가 되는 요인은 일체 용납하지 않았으며, 왕권 강화에 모든 역량을 집중하였다. 재위 기간(1400~1418) 동안 사병의 혁파와 6조직계제의 시행 등 왕권 강화 정책을 적극 추진하였으며, 사원전의 몰수 및 호패법 시행 등 국역 기반의 확보에 매진하였다. 왕실의 안정을 도모한다는 이유로 장남 양녕대군을 폐위시키는 조치도 서슴지 않았다. 태종 대 추진된 일련의 정책에 따라 다소 혼란했던 정국이 안정되고, 왕권이 강화되는 기반이 마련될 수 있었다. 태종에 의해 강화된 왕권을 기반으로 즉위한 세종은, 유교 정치 체제의 확립과 문화 사업을 전개하여 중흥기를 이룩하였다.

수성기 태종과 중흥기 세종의 재위 기간 동안 가장 큰 역할을 수행한 사람이 황희였음은 본문에서 살핀 바와 같다.160) 특히 그의 활동은 조선 초기 역사 만들기와 직결된다는 점에서 더욱 주목된다. 성리학적 이념에 의하면, 군주가 되면 천명(天命)을 받았다고 하였으며, 군주가 행하는 정치는 하늘이 할 일을 대신한다는 의미의 천공(天工)이라고 하였다. 그는 천공이 성사될 수 있도록 최선의 노력을 경주하였고, 그 결과 태종과 세종조의 정국 안정과 발전, 문예 부흥을 이끌어 낼 수 있었던 것이다.

관료 생활 내내 부국강병과 민생 안정을 구현하는 데 집중하였다. "덕망의 중함은 동국에서 찾아볼 수 없다"161)는 표현은, 그의 능력과 위상을 이해하기에 충분하다. 또한 그는 청렴을 실천하고 탐욕을 경계하여 청백리의 대명사로 회자되었다.

세종조 정치 운영에서 행정 실무를 수행했던 6조의 결의 사항을 의정부 대신들이 합의 후 결정하여 왕의 재가를 받아 시행하였던 제도가 의정부서사제였다. 이 제도가 운영되던 당시, 영의정이었던 황희의 역할은 결코 작지 않았다. 세종 재위 당시 국정이 안정적으로 운영되고, 민생 안정이 구축되었다는 것은 황희의 능력과 역량이 그만큼 출중했음을 의미한다.

역사에서 참모가 군주보다 뛰어난 사례는 빈번하게 확인된다. 그러나 하늘은 군주에게 천명을 내리고, 참모는 군주를 통해 자신의 이상을 실현할 수 있을 뿐이었다. 참모가 가장 경계해야 하는 일은, 모시고 있는

---

160) "국조에 賢相을 일컬음에 황희와 허조, 다음에는 허종뿐이다."(《성종실록》 권265, 23년 5월 19일(戊子))와 "세종조에 지신사는 단지 황희만 일컫는다."(《성종실록》 권283, 24년 10월 24일(乙酉))와 같은 기사는, 그의 역량을 확인하기에 충분하다.

161) 《중종실록》 권24, 11년 3월 29일(庚戌).

군주의 후계 과정에 깊숙하게 관여하지 않는 것이었다. 후계 과정에 관여하다 생과 사의 다른 길을 걸어야 했던 인물들이 많았음은, 고금의 역사를 통해 확인할 수 있다. 황희가 양녕대군의 폐위 문제와 관련되어 유배당한 사실 역시 이와 무관하지 않다. 그러나 적자 계승의 소신과 성리학적 명분을 지키고자 항변하였음이 인정되면서, 사형이 아닌 유배형으로 그칠 수 있었다. 후계 과정에 사심이 없었음은, 유배형을 내린 태종에 의해 복직되었고, 세종에게 중용을 부탁했던 사실에서 알 수 있다.

역사 공부의 가장 큰 장점은 과거에 진행된 사실의 시작과 과정, 결말까지 알 수 있다는 데 있다. 그런데 역사는 우리에게 겸손해야 한다는 것을 가르치고 있다. 겸손한 마음으로 자신과 세상을 성찰하는 사람에게, 역사는 변함없이 미래의 문을 확실하게 열어 주었기 때문이다. 황희의 생애와 관력, 현실인식을 살피면서 역사에 겸손하고 국정운영에 성실했던 관료로서의 태도와 재상으로서의 리더십을 읽을 수 있다. 당대 최고의 정승이었던 그가 오늘까지 관료의 모범으로 숭앙되고 있는 이유를 확인할 수 있는 것이다.

황희가 특정의 역사서를 남긴 것은 아니지만, 그의 생애와 현실인식이 당대사 그 자체라는 점에서, 역사의 교훈을 확인할 수 있다. "익성공의 무덤을 알게 한다면, 그 앞을 지나는 자는 반드시 숙연해질 것이다"[162] 라는 정조의 언급은, 황희의 현실인식의 의미가 상당히 차별적이고 역사성이 크다는 판단을 가지게 한다.

162) 《정조실록》 권52, 23년 9월 17일(壬申).

방촌 황희와 유교(儒敎)[1]

-2인자로서 유교 국가를 실현하다-

황의동[2]

1. 시작하는 말

厖村 黃喜(1363~1452)는 조선조의 대표적인 유교 경세가라고 할 수 있다. 조선조 역사상 경세의 대가라고 하면, 조선의 건국 과정에서 유교국가의 디자인을 했던 三峰 鄭道傳(1337~1398)이 있고, 우리 역사상 가장 성공적인 시대로 불리는 세종시대의 주역 厖村 黃喜가 있고, 16세기 조선의 개혁에 구체적 대안을 제시했던 栗谷 李珥(1536~1584)가 있다. 그리

1) 이 글은 옥동서원 주최, (사)방촌황희선생사상연구회 부설 방촌황희연구소 주관, 2019 제3회 옥동서원 정기학술대회(2019.09.21.)에서 발표한 논문이다.

2) 충남대학교 명예교수

고 17세기 조선의 전면적인 개혁을 주장하며 그 청사진으로《磻溪隨錄》을 저술한 磻溪 柳馨遠(1622~1673)이 있으며, 18세기 조선의 실학을 집대성한 茶山 丁若鏞(1762~1836), 한말 개화사상가로서 근대적 유교경세론을 편 惠崗 崔漢綺(1803~1877)가 있다.

그런데 정도전, 이이, 유형원, 정약용, 최한기는 모두가 유학자이면서 경세가였지만, 오직 황희는 60여 년의 생애를 공직에 종사한 직업적인 관료요 행정가였다. 이 점에서 황희는 구별된다. 물론 그가 유교의 경전에 무식했다거나 유교적 소양이 없었던 것은 결코 아니다. 다만 그에게는 학자로서의 강학과 연구를 할 기회가 거의 없었다는 점이다.

그는 천성이 학문을 좋아하여 밤낮으로 공부에 힘썼고, 經史와 諸子百家의 글에 통달하지 않음이 없었다고 전한다.[3] 또 장계를 올려 왕세자에게 매일《尙書集註》10장을 세 번씩 읽을 것을 청하기도 하였다.[4] 27세에 문과에 급제하고 28세에 성균관 학관에 보직되었다. 태조는 경전에 밝고 操行이 단정한 황희를 世子右正字를 삼았다.[5] 이런 기록으로 보면 분명히 황희는 다른 유학자들과 마찬가지로 유교의 경서 공부에 게으르지 않았고, 경전에 밝아 성균관 학관이나 세자를 보필하는 일을 맡았던 것으로 보인다.

황희는 학통이라 할 만한 것도 드러나 있지 않다. 自得의 학술적 이론도 없고, 저술도 없고, 문인 제자도 없다. 그렇다면 전문성 있는 유학자라고 하기 어렵다. 황희의 삶은 兼善의 길이었다. 이 길은 모든 儒者의 꿈이

3)《방촌황희선생문집》, 〈연보1〉, 9년 계해 선생 21세 조.

4)《방촌황희선생문집》, 〈연보1〉, 10년 무신 선생 66세 조.

5)《방촌황희선생문집》, 〈연보1〉, 조선태조개국원년 임신 선생 30세 조.

다. 이 길은 본인의 선택만으로 가능한 것이 아니다. 遇, 不遇는 하늘의 소관 사항이라 한다. 황희는 儒者로서 최고의 성취를 이룬 大臣에 해당한다. 그는 성리학적 삶의 규범과 양식인 《朱子家禮》에 따른 삶을 살았다. 그는 불교에 대한 비판 또는 배척을 실행했고, 정책적으로 이를 관철하려 하였다.[6] 그는 대신의 덕목을 지니고 유교정치의 이상을 구현하려고 하였다.[7]

조선왕조의 기틀이 확고하게 자리 잡히던 태종과 세종 대 50여 년 간에 황희는 국가의 가장 중요한 직책을 맡고 있었다. 그러므로 그는 조선왕조의 역사상 가장 민감했던 시기에 정치적으로 매우 중요한 역할을 할 수 있는 위치에 있었다. 이처럼 황희는 이 시기에 나라의 가장 중요한 직책에서 가장 오랫동안 있었던 인물임에도 불구하고, 그가 청렴한 관리였다는 사실만이 야사처럼 전해질 뿐 국가경영에 미친 그의 정치적 역할은 거의 알려지지 않고 있다.[8]

본고는 황희를 유교 경세가라는 측면에서 검토해 보고자 한다. 그것은 조선이 바로 유교 입국을 천명한 나라였고, 황희는 조선 건국 초기 유교국가의 문물제도를 만드는 데 중심적 역할을 했기 때문이다. 위에서 들었던 대표적인 유교 경세가들은 시국을 진단하고 처방하는 데 탁월했던 학자들이었다. 그렇지만 오랫동안 임금의 절대적인 신임을 받으며 국정의 전반을 직접 추진하고 실천했던 이는 아마도 황희가 대표적인 사례가 될

6) 곽신환, 〈겸선의 유자 황희〉, 《백성의 신 황희와 그 후예들》, 책미래, 2018, 143쪽.

7) 이영자, 〈방촌 황희의 경세사상과 그 의의〉, 《방촌 황희의 학문과 사상》, 책미래, 2017, 93쪽.

8) 정두희, 〈조선 초기 황희의 정치적 역할〉, 《방촌 황희의 학문과 사상》, 책미래, 2017, 9~10쪽.

것이다. 정책을 이론으로 제시하는 것과 실제로 추진해 백성들에게 그 시혜를 베푸는 것은 차원이 다르다. 적어도 황희는 세종시대만 두고 보아도 18년간의 영의정 위치에서 한글창제를 비롯하여 육진사군의 개척, 원만한 외교관계, 집현전의 활성화, 과학기술의 개발, 예제의 정착, 민생의 안정 등 국정 전반에 관한 문제들을 안정적으로 추진함으로써 역사상 가장 성공한 세종시대를 실현했던 것이다. 유교의 정치이론에 기초하여 방촌의 경세활동을 새롭게 인식하고 평가해 보고자 한다.

2. 여말 왕조교체기 황희의 처세와 사도자임(斯道自任)

황희는 고려가 망하고 조선이 건국되는 왕조교체기를 살았다. 특히 고려는 불교국가였고 조선은 유교국가였기 때문에 지식인의 처세는 매우 중요한 문제였다. 특히 조선은 유교국가로서 不事二君의 忠節을 중시하는데, 황희가 고려 유민으로 조선의 조정에서 높은 벼슬살이를 한 것은 비난의 대상이 된다. 〈舊年譜〉와 〈程巾川文集〉에는 방촌의 조선왕조 출사에 대한 전말이 이렇게 전해진다.

> 선생이 평일에 梨花亭 李公과 情誼가 친밀하였는데, 고려 말엽에 정사가 어지러우니, 李公이 금강산에 들어가 숨어 버렸다. 고려가 멸망하고 조선이 들어섬에 미쳐 선생이 찾아가 함께 숨으려 하니, 이공이 듣지 않고 말하기를, "만약 그대가 나를 따른다면 저 東土의 億兆蒼生은 어이 하겠는가?"라고 하였다 하고, 또 "혁명이 일어나던 날에 선생이 麗朝의 舊臣 72인과 함께 杜門洞에 들어가니, 그들이 蒼生의 囑望으로서 선생을 천

거하여 부탁하거늘, 선생이 이에 벼슬길에 나갔다"고 하였다.9)

> 황희도 처음에는 杜門洞에 들어가 일생을 마칠 뜻을 두었다. 태조 원년(1392년)에 經學이 밝고 수행이 단정한 선비를 채택할 때 그를 여러 번 불렀으나 응하지 않다가, 두문동 諸賢들이 懼夫가 나가지 않으면 蒼生이 어떻게 되겠느냐고 권하고, 또 召命이 계속되자 할 수 없이 하산하게 되었다. 程巾川이 그의 부채에 "그대는 靑雲에 올라 떠나고, 나는 靑山을 향해 돌아섰네. 靑雲과 靑山이 이로부터 떨어지니, 눈물이 碧蘿衣에 젖는 구려"라는 唐人의 시를 적어주며 전송하였다.10)

황희가 조선의 건국을 맞이하여 杜門洞에 들어가 있었다는 일화는 正史 사료에는 확실한 근거가 있지 않다. 그러나 조선이 건국되고서 조정과 동료들의 요청으로 出仕한 것은 어느 정도 사실로 여겨진다.11) 이와 같이 황희는 고려가 망하자 두문동에 들어가 은둔하고자 하였으나 諸賢들이 나라와 백성을 위해 방촌의 현실참여를 권장하여 부득이 출사하게 되었다고 전해진다. 유교는 修己와 治人, 內聖과 外王을 그 내용으로 삼는다. 즉 한편 자기수양을 통해 지도자의 자질을 함양해야 하고, 또한 자신의 역량을 나라와 백성을 위해 바쳐야 한다. 따라서 수기가 없는 치인이나 수기만 있고 치인이 없다면 이는 유학자로서 부족하다고 보게 된

9) 《방촌황희선생문집》, 〈연보1〉, 조선태조개국원년 임신 선생 30세 조.

10) 《방촌황희선생문집》, 부록 상, 〈程巾川文集〉, 1465~1466쪽.

11) 소종, 〈조선 태종대 방촌 황희의 정치적 활동〉, 《방촌 황희의 학문과 사상》, 책미래, 2017, 124쪽.

다. 반드시 수기와 치인, 內聖과 外王을 겸하는 것을 이상으로 삼는다. 이런 유교의 관점으로 보면 황희야 말로 이성무의 평대로 '위인'의 반열에 설 만큼 훌륭한 인품의 소유자였고,[12] 나아가 6조 판서를 두루 역임하고, 대사헌, 한성부윤을 역임하고, 재상만 24년, 영의정을 18년간 봉직하여 국정전반에 걸친 행정책임자로서의 역할을 수행했던 것이다. 즉 황희는 이론으로 수기치인을 얘기한 것이 아니라 몸소 전 생애에 걸쳐 경세를 실천하였던 것이다. 황희는 상소문을 올리면서 "거의 죽게 된 신으로서는 더욱 마음이 아픕니다. 신은 보잘 것 없는 용렬한 사람으로서 지금 백관의 우두머리로 있고 斯文의 책임을 맡게 되었습니다. 신 자신만 顯達할 뿐 아니라 은총이 九族까지 미치게 되었어도 조금도 보답한 일이 없었습니다"[13]라고 하였다. 여기서 그는 자신을 가리켜 백관의 우두머리요 斯文의 책임을 맡게 되었다고 자부하고 있다. 이는 황희가 정부의 중요한 직책에 있지만 유교적 사명감에 충실함을 잘 보여 주는 사례다.

황희는 학문적으로나 실천적 차원에서 성리학에 대해 상당한 소양을 갖추었음을 충분히 짐작할 수 있다. 황희는 1389년(고려 창왕 1년)에 과거에 급제하였는데, 당시 과거를 주관한 座主는 이종학이었다. 이종학은 고려 말 성리학의 수용과 이해를 주도한 牧隱 李穡의 아들로, 그가 주관한 과거에 합격한 황희의 학문적 지향역시 이에서 크게 벗어나지 않았을 것으로 짐작된다.[14]

12) 이성무, 《방촌 황희 평전》, 민음사, 2014, 7쪽.

13) 《방촌황희선생문집》, 〈興天寺 舍利閣에 대한 慶讚을 그만두도록 한 상소〉, 46쪽.

14) 이민우, 〈세종대 공법제정에서 황희의 역할〉, 《방촌 황희의 학문과 사상》, 책미래, 2017, 306쪽.

특히 중종 대 靜庵 趙光祖(1482~1519)가 재상의 지위에 있으면서 교화를 편 사람은 황희와 허조뿐이라거나, 세종이 일세의 다스림을 이룰 수 있었던 것은 황희와 허조가 재상으로 있었기 때문이라고 지적했던 사실은 결코 간과되어서는 안 된다.[15]

황희는 당대의 기준에 비추어 보면 古制를 회복하여 일대의 제도를 수립하고 3代의 정치를 이루고자 하는 이상을 누구보다 적극적으로 추구한 인물이었다고 평가할 수 있다.[16] 이런 점에서 볼 때, 황희는 세종의 정치적 이상에 부합하는 적격의 인물이었던 것이다.

이렇게 볼 때, 황희는 여말교체기에 두문동에서 나와 伊尹과 같은 사명감으로 斯道를 自任하였던 것이며, 유교 국가 건설의 주역으로 활약했던 것이다.

3. 세종시대의 주역 –성군현상(聖君賢相)의 모범이 되다–

유교의 이상은 王道의 실현에 있고, 또 大同사회의 구현에 있다. 왕도나 대동이 유교의 정치적, 사회적 유토피아를 일컫는 말이지만, 그 내용은 민생의 안정과 윤리의 정립에 있다. 그리고 이를 실천하고 구현함에 있어서는 聖王과 賢相의 만남을 통해서 이루어진다. 성군이 있어도 현상이 없으면 왕도정치를 구현하기 어렵고, 또 아무리 훌륭한 현상이 있어도 성왕을 만나지 못하면 실제로 왕도정치를 이루기 어렵다. 그러므로

15) 《중종실록》, 권32, 중종 13년 3월 25일 갑자 조. 권35, 중종 14년 3월 1일 갑오 조.

16) 이민우, 〈세종대 공법제정에서 황희의 역할〉, 《방촌 황희의 학문과 사상》, 책미래, 2017, 308쪽.

중국이나 우리나라의 역사를 통해 聖君賢相이 만나 이상적인 정치를 실현한 경우는 실제로 매우 드물다. 중국의 경우 유교 경전에 나타는 성군 현상의 아름다운 미덕을 말하고 있지만, 이 또한 시대적으로 고대의 옛 얘기요 시간적으로 보아도 장기간에 걸쳐 안정된 태평성대는 아니었던 것이다.

그러나 조선조 세종시대는 1419년부터 1450년까지 약 31년에 해당한다. 그리고 황희는 1405년(선생 43세) 태종이 朴錫命의 추천으로 知申事(都承旨)로 임명한 이후 태종, 세종시대의 중요한 역할을 수행하였다. 조선 건국 후에는 새 왕조의 권력구조 개편을 둘러싸고 수많은 정쟁이 꼬리를 물고 이어졌다. 여기에 새 왕조의 왕권을 어떻게 정립할 것인가라는 문제가 겹쳐서 왕자들 간에 왕위다툼이 이어졌으며, 또한 당시 양반관료들의 정치적 이해관계가 겹쳐 사태를 더욱 악화시켰던 것이다. 이는 새 왕조의 운명에 심각한 위기를 조성한 것이었다. 조선왕조는 이제 왕권을 안정시키면서 양반관료들의 사적인 세력 확대를 저지시킬 수 있는 확고한 중앙집권적인 통치체제를 구축해야만 하였다. 태종대의 정치개혁은 바로 여기에 초점을 둔 것이며, 황희는 이러한 시대적 요청에 부응할 수 있는 인물이었다. 이것이 태종과 세종이 황희를 그처럼 신뢰한 까닭이었다.**17)** 황희가 죽은 후 조선의 사관들이 내린 다음과 같은 평가는 이를 뒷받침해 준다. 1452년(문종 2년) 황희가 90세로 세상을 떠남에 《문종실록》에 실린 그에 관한 〈졸기〉의 내용은 다음과 같다.

---

17) 정두희, 위의 글, 33쪽.

황희는 寬厚하고 沈重해 재상의 식견과 도량이 있었으며, 자질이 크고 훌륭했으며, 총명이 남보다 뛰어났다. 집을 다스림에는 검소하고, 기쁨과 노여움을 얼굴에 나타내지 않았으며, 일을 의논할 때는 正大해 大體를 보존하는 데 힘쓰고, 번거롭게 변경하는 것을 좋아하지 않았다. 세종이 중년 이후에는 새로운 제도를 많이 제정하니, 황희는 생각하기를, '祖宗의 옛날 제도를 경솔히 변경할 수 없다' 하고, 홀로 반박하는 의견을 올렸으니, 비록 다 따르지 않았으나 중지시켜 막은 바가 많았으므로 옛날 재상의 기풍이 있었다. 獄事를 議定할 때에는 寬容으로써 주견을 삼아서 일찍이 사람들에게 이르기를, "차라리 형벌을 가볍게 해 실수할지언정 억울한 형벌은 할 수 없다"라 했다. 비록 늙었으나 손에서 책을 놓지 않았으며, 항시 한 쪽 눈을 번갈아 감아 시력을 기르고, 비록 잔 글자라도 또한 읽기를 꺼리지 않았다. 재상이 된 지 24년 동안에 중앙과 지방에서 우러러 바라보면서 모두 말하기를, '어진 재상'이라 했다. 늙었는데도 기력이 강건해 紅顔白髮을 바라다보면 신선과 같았으므로 세상에서 그를 송나라 文潞公(文彦博)에 비했다.**18)**

이와 같이 황희는 寬厚하고 沈重해 재상의 식견과 도량이 있고 자질이 크고 훌륭했으며, 총명이 남보다 뛰어났다고 평하고 있다. 가정을 다스림에는 검소하고, 기쁨과 노여움을 얼굴에 나타내지 않았으며, 일을 의논할 때는 正大하여 大體를 보존하는 데 힘쓰고, 번거롭게 변경하는 것을 좋아하지 않았다고 한다. 재상이 된 지 24년 동안에 중앙과 지방에서

18) 《문종실록》, 권12, 문종 2년 2월 임신.

우러러 바라보면서 모두가 '어진 재상'이라고 불렀다고 한다.

李穆의 〈評事所記〉에서 "세종은 진정 동방의 舜이며 湯이다. 그러나 30년 동안의 태평을 이룬 것은 어진 재상을 얻었기 때문이다. 황희와 같이 大體를 아는 이와 許稠와 같이 正大한 이가 나와서 재상이 되었으니, 그 당시의 인재의 융성함을 이루다 말할 수 없다"[19]고 하였다.

1463년(세종 9년) 가을 황희는 어머니가 돌아가시자 관례에 따라 사직하였다. 그러나 세종은 친상을 당하면 관직을 버리고 3년상을 지내야 하는 조선 왕조의 관례를 깨고 황희를 다시 등용하였다. 그만큼 세종은 그를 필요로 하였다.[20]

許穆의 《眉叟記言》에 "黃相國은 태종과 세종을 도와 庶政이 모두 확장되고 백성이 생업에 安樂하여 사방에 걱정이 없었다. 태평을 이룩한 어진 보필이라 하여 지금까지 황상국과 병칭하고 있는 것은 이만한 까닭에서이다"[21]라고 적고 있다.

세종은 1431년(세종 13년) 69세의 황희를 영의정으로 임명하였다.[22] 그 이후 황희는 나이가 많다는 것을 이유로 여러 차례 사직을 원하였지만, 세종은 이를 허락하지 않았다. 황희가 83세가 되던 1445년(세종 27년) 6월에는 매일 출근하지 않고서도 일을 처리하도록 허용할 정도였다.[23] 그리고 그가 물러나도 좋다는 허락을 받은 것은 세종이 승하하기

19) 《방촌황희선생문집》, 부록 상, 野史節抄, 〈評事所記〉, 1448쪽.

20) 《세종실록》, 권38, 세종 9년 10월 임술조.

21) 《방촌황희선생문집》, 부록 상, 野史節抄, 〈眉叟記言〉, 1450쪽.

22) 《세종실록》, 권53, 세종 13년 9월 갑자조.

23) 《세종실록》, 권108, 세종 27년 6월 경신조.

불과 몇 달 전인 1449년(세종 31년) 10월이었으며,[24] 이때 황희의 나이는 87세였다. 이렇게 볼 때, 황희는 세종의 전 치세기간을 왕과 더불어 나라를 이끌어 갔던 것이다. 조선시대에 황희처럼 오랜 기간 동안 국가의 최고 지위라 할 수 있는 의정부의 대신 직을 역임한 사람은 거의 없었다.[25]

왕의 신임이 두텁고 그의 지위가 너무나 높았기 때문에 황희에 대하여 질시하는 사람이 없을 수 없었다. 그러므로 황희는 대간에 의해 여러 차례 탄핵을 당하기도 하였다. 그러나 세종은 그때마다 "태종도 황희의 재능을 지극히 아꼈는데, 내가 어찌 연소한 대간의 말에 따라 그를 등용치 않을 수가 있겠느냐"고 하며, 그러한 비난을 모두 일축하였다. 그만큼 세종은 황희를 믿고 의지하였다.

1431년(세종 13년) 9월 세종이 자신의 측근으로 지신사였던 安崇善(1392~1452)과 황희에 대하여 의견을 나눈 적이 있었는데 그 내용을 보기로 하자.

안숭선: 나라의 일을 의논하는 데 있어서 황희처럼 생각이 깊고 먼 앞날을 내다보는 통찰력을 갖춘 사람은 없습니다.

세종: 과연 그대의 말이 옳다. 지금 대신 중에 황희 같은 사람은 많지 않다. 예전의 대신들을 논한다면, 河崙, 박은(朴訔), 李原 같은 사람을 들 수 있으나, 이들은 모두 재산을 탐한다는 평을 듣고 있다. 하륜은 자신의 욕심을 추구하였던 사람이며, 박은은 임금의 뜻에 맞추기만 하는 신

24) 《세종실록》, 권126, 세종 31년 10월 임자조.

25) 정두희, 위의 글, 29쪽.

하였다. 그리고 이원은 이해관계가 얽히면 의리도 버리는 사람이다.

안숭선: 과연 임금님의 말씀과 같습니다. 당시의 사대부들이 말하기를, 하륜은 평소 가까운 사람들의 이름을 써서 주머니에 넣고 다니며 인사행정을 할 때 이를 이용하였다고 합니다.

세종: 그대의 말이 옳다. 태종이 황희를 지신사로 삼으려고 하륜에게 의논하였다. 그때 하륜은 황희는 간사한 소인이니 깊이 믿고 등용하면 안 된다고 답하였다. 태종은 하륜의 말을 듣지 않고 황희를 지신사로 임명하였다. 그래서 하륜이 인사행정을 장악하자 趙末生을 執義에 임명하였다. 그러나 당시 대사헌이었던 황희는 조말생의 告身에 서명하지 않았다. 하륜이 재차 황희의 집에 찾아갔지만 황희는 듣지 않았다. 이후 하륜은 "태종이 황희를 지신사로 임명할 때 나는 반대하였다. 황희가 이 말을 듣고 나서 나의 청을 이처럼 들어 주지 않는 것이며, 황희의 실책은 이미 역사책에 기록되어 있다"라고 공언하였다.[26)]

여기서 세종과 안숭선은 나라의 일을 의논하는 데 있어서 황희처럼 생각이 깊고 먼 앞날을 내다보는 통찰력을 갖춘 사람은 없다는 데 뜻을 같이한다. 그러면서 세종은 당시 대표적인 대신으로 河崙, 박은(朴訔), 李原 세 사람을 들고, 이들은 모두 재산을 탐한다는 평을 듣고 있다고 보았다. 또 하륜은 자신의 욕심을 추구했던 사람이며, 박은은 임금의 뜻에

26) 《세종실록》, 권53, 세종13년 9월 기사 조.

맞추기만 하는 신하였고, 이원은 이해관계가 얽히면 의리도 버리는 사람이라고 평가하였다. 세종은 하륜이 황희를 미워하고 부정적으로 보는 이유를 잘 알고 있었다.

1432년 4월 20일 황희가 영의정을 사직하고자 하자 세종은 이를 허락하지 않고 다음과 같이 비답하였다.

> 생각하건대 卿은 덕과 그릇은 크고 두터우며, 지식과 局量은 침착하고 깊어 큰일을 잘 결단하며 憲章을 밝게 익혔도다. 마침 國運이 창성한 시기에 재회하였으며, 밝으신 우리 先考(태종)에게 신임을 받아 일찍 喉舌(承旨)의 직에 복무하였고, 곧이어 가장 신임하는 重臣의 위치에 두어졌도다. 아름다운 문채는 국가의 빛이 되었으며, 삼가 三事를 밝히니 진실로 나라를 다스릴만한 그릇으로써 모든 官員을 마땅하게 바로잡았다.
>
> 내가 보잘것없는 몸으로 王業을 이어 받들게 되매, 깊은 못가에 선 것 같고 얇은 얼음을 밟는 것처럼 두려워하며 밤낮으로 오직 삼가니, 마땅히 오로지 대신들에게 맡겨서 前代의 끼치신 功業을 두텁게 하기를 바랄 뿐이다.
>
> 돌아보건대 그렇게 많던 대신들이 점점 새벽하늘의 별처럼 드물어지고, 오직 한 사람의 늙은 재상이 의젓이 높은 산처럼 우뚝 솟아 서서 시정을 모아 잡을 만한 人望이 공을 버리고 그 누구이겠는가? 이에 三公의 우두머리에 위치하여 신하와 백성들의 師表가 되게 하였도다. 아름다운 계책으로 임금에게 獻策하여 바야흐로 보살피고 의지하는 정이 깊더니,

몸을 보전하라는데 明哲하여 갑자기 물러가 한가롭게 지내기를 청하는가?

더군다나 卿은 나이가 아직 80, 90에 이르지는 않았으며, 병도 치료할 수 없을 만큼 固結함에 이르지는 않았으니, 기운과 힘이 오히려 굳세어서 서정을 균평하게 하는 임무를 담당할 수 있겠노라.[27)]

세종은 황희의 덕과 그릇은 크고 두터우며, 지식과 局量은 침착하고 깊어 큰 일을 잘 결단하며 나라의 憲章에 대해 밝게 이해하고 있다고 하였다. 마침 태종의 신임을 받아 일찍이 承旨의 직책을 맡으며 가장 신임하는 重臣이 되었다고 평가하였다. 그의 아름다운 문장은 국가의 빛이 되었으며, 正德, 利用, 厚生의 三事를 밝히니 진실로 나라를 다스릴 만한 그릇으로써 모든 관원을 마땅하게 바로잡았다고 평가하였다.

세종은 자신이 보잘것없는 몸으로 王業을 이어 받들게 되매, 깊은 못가에 선 것 같고 얕은 얼음을 밟는 것처럼 두려워하며 밤낮으로 삼가하여, 오로지 대신들에게 맡겨 前代에 부끄럽지 않기를 바랄 뿐이라 하였다.

그런데 그렇게 많던 대신들이 점점 새벽하늘의 별처럼 드물어지고, 오직 한 사람의 늙은 재상 황희만이 의젓이 높은 산처럼 우뚝 솟아 서서 시정을 모아 잡을 만한 人望이 있으므로 三公의 우두머리에 위치하여 신하와 백성들의 師表가 되게 하였다고 하였다. 여기서 세종의 황희에 대

27) 《세종실록》, 권56, 세종 14년 4월 20일 무신.

한 신망과 기대가 얼마나 큰 것인가를 짐작할 수 있다.

또한 그 해 4월 25일 세종은 사직하려는 황희에게 오히려 궤장(几杖)을 하사하며 다음과 같은 교서를 내렸다. 그 내용을 보면 세종의 황희에 대한 사랑과 존경이 어떠한지를 잘 수 있다.

> 정승인 신하가 이미 나이가 많고 학문과 덕행이 높으니, 군주는 마땅히 우대하는 은총을 내려야 하는 것이다. 이에 좋은 恩典은 사사로운 은혜는 아니니다. 卿은 세상을 도운 큰 재목이며, 나라를 다스리는 큰 그릇이다. 지혜는 일만 가지 정무를 통괄하기에 넉넉하고, 덕은 모든 관료를 진정시키기에 넉넉하도다. 우뚝 높은 지위와 명망, 의젓한 典型은 예스럽다. 몸소 4대의 임금을 섬겨 忠義는 더욱 두텁고, 壽는 70에 이르러 榮達함과 尊貴함이 갖추었으니, 진실로 국가의 주춧돌이며 寡人의 고굉(股肱: 다리와 팔)이로다. 의지하고 의뢰함이 깊음에 어찌 老成의 아름다움을 旌表하지 않을 수 있겠는가? 궤장(几杖)을 내려 일어서고 앉는 것을 온편(穩便)하게 하고자 함이니, 경은 氣體를 보전해 和氣를 기르고, 心力을 다해 정치를 보살피라! **28)**

세종은 황희를 가리켜 '세상을 도운 큰 재목', '나라를 다스리는 큰 그릇'이라 했다. 그리고 그의 지혜는 온갖 정무를 통괄하기에 넉넉하고, 덕은 모든 관료를 진정시키기에 넉넉하다고 했다. 그러기에 그의 모습은 우뚝 높은 지위와 명망, 의젓한 典型이 예스럽다고 묘사하였다. 또한 4대

28) 《세종실록》, 권56, 세종14년 4월 25일 계축.

임금을 섬겨 忠義가 두텁고 壽는 70에 이르러 榮達함과 尊貴함을 갖추어 진실로 '국가의 주춧돌'이며 '寡人의 股肱(다리와 팔)'이라고 하였다. 영의정을 사직하는 황희에게 오히려 궤장을 하사하며 내린 세종의 이 말은 더 이상 설명이 필요 없는 최상의 예우요 칭찬이다. 세종은 사의를 표명한 방촌에게 다음과 같이 나무란다.

> 廟堂에 무슨 의문이 생기면 卿이라야만 處決할 수 있고, 政刑에 무슨 의론이 있을 때도 경이라야만 꼭 알맞게 해낼 수 있다. 모든 施爲에 있어서도 모두 경만 쳐다보고 있는 참인데, 왜 風聞에 따라 탄핵받았다는 이유를 내세우고 갑자기 대신의 책임을 사면하려 하느냐. 내가 벌써 거기에 대한 사실은 환히 알도록 했는데 경은 무엇 때문에 아직껏 마음속에 끼고 있느냐.[29]

여기서 세종의 황희에 대한 신망은 극에 달한다. 마치 어린 아이가 엄마에게 매달려 의지하듯이 세종은 국정의 달인으로서 황희의 역량과 인품을 신뢰하고 존경한다. 그 임금에 그 신하라는 말이 어울리는 경우다. 우리 역사상 어느 임금이 이렇게 신하를 믿고 사랑하고, 어느 신하가 임금을 믿고 존경하며 충성을 다하였는가?

황희에 대한 신망과 역사적 평가는 역대 임금들이 내린 〈賜祭文〉에서도 마찬가지다. 정조는 "뛰어난 翼成이여! 고요(皐陶)와 기(夔)만이 짝할 수 있도다"라고 찬탄하였다. 고요와 기는 순임금의 신하인데, 마치 세종

29) 《방촌황희선생문집》, 〈좌의정을 사양한 상소〉, 방촌황희선생문집간행위원회, 2001, 31쪽

과 황희의 경우를 순임금과 고요, 기에 비유해 찬탄한 것이다.

또 순조는 "우리나라의 명상으로 翼成이 으뜸이었다. 漢의 蕭何, 曹叅과 宋의 韓琦, 富弼로 英陵이 大位에 계실 때 禮, 樂을 제정한 것은 사실 卿의 보필이었으며, 백성은 지금까지 그 덕을 기리고 있소"라고 찬탄하였다. 여기서 황희는 한나라의 소하, 조참, 송나라의 한기, 부필과 같이 조선의 예악을 제정한 인물로 평가되고 있다. 예악의 제정은 유교국가에 있어서는 가장 근본적인 제도의 구축이라는 면에서 황희의 유교적 업적을 간과해서는 안 될 것이다.

마찬가지로 순조는 "하늘이 나라를 창건하는 데는 반드시 어진 보필을 내는 법, 漢의 蕭何, 唐의 房玄齡 만이 경의 짝이 될 수 있네"30)라고 칭송하였다. 여기서 황희는 한나라의 소하나 당나라의 방현령에 비유해 일컬어지고 있다.

그의 〈墓誌銘〉에서는 "연세 90이 되어서도 총명이 감소되지 않아, 조정의 법도와 經, 史, 子書들을 촛불처럼 환히 기억하였고, 더욱이 算數에 있어서는 제아무리 젊은이라도 감히 공을 따를 수 없었으므로, 평론하는 이가 賢相을 칭할 때 으레 공을 우두머리로 쳤고, 그 勳業과 德量을 宋의 王文正 旦과 韓忠獻 琦에 비하였다"31)고 적고 있다. 여기서 황희는 賢相의 으뜸으로 칭송되고 있고, 송나라의 왕탄, 한기에 비유되어 일컬어지고 있다.

이상의 여러 자료를 통해서 볼 때, 황희는 위대한 세종시대의 주역으로 聖君 世宗을 도와 역사상 가장 훌륭한 유교적 이상 정치를 실현하는

---

30) 《방촌황희선생문집》, 부록 상, 〈순조조 사제문〉, 1354쪽.

31) 《방촌황희선생문집》, 부록 상, 〈묘지명〉, 1361~1362쪽.

데 중심적 위치에 있었다. 우리나라 역사상 聖君賢相의 가장 모범적인 사례가 바로 이 경우라 하겠고, 실제로 30여 년의 오랜 기간 임금과 신하가 뜻을 같이하여 君臣共治의 실적을 남긴 것도 처음이라 할 것이다.

4. 王道의 이상과 유교국가 건설

1) 인간의 존엄과 평등

황희의 인품을 여러 가지로 말할 수 있지만, 대체로 寬厚, 正大, 淸廉, 聰明으로 보는 것이[32] 비교적 정당한 평가로 생각된다. 특히 그의 인품에 대해 많은 사람들이 너그럽고 인자하다고 평가하고 있다. 그의 이러한 너그러운 성품, 모나지 않은 성격이 오랜 세월 동안 관직생활을 할 수 있었던 원동력이었고, 또 역대 임금들을 보필할 수 있었던 이유가 되고, 수많은 관료들 사이에서 원만하게 국정을 이끌고 어려운 시국 현안들을 해결하는 해결사로서 탁월했던 것이 아닌가 짐작된다.

《燃黎室記術》에 의하면 "우리 조선의 어진 정승을 논할 때면 반드시 공을 제일로 삼았으며, 공의 勳業이나 德量을 송나라의 王文正과 韓忠獻에 견주었다"고 기록하고 있다. 이렇게 황희는 조선 역사상 최고의 어진 재상으로 일컬어졌다. 寬厚란 '마음이 너그럽고 후덕하다'는 뜻이다. 아마도 황희에 관한 인물평이나 일화 속에서 가장 많이 나오는 것이 어질고 너그럽고 넉넉한 인품이다. 우리가 흔히 말하는 '덕이 있다'는 말은 이러한 표현과 상통한다고 볼 수 있다. 남에게 너그럽고 후덕하다는 말

32) 오기수 교수는《황희, 민본시대를 이끈 행복한 2인자》(고반, 2017)에서 황희의 인물됨을 寬厚, 正大, 淸廉, 聰明으로 평가하였다.

은 남을 사랑하고 포용하고 이해하는 폭과 깊이가 넓고 깊음을 말해준다. 즉 사람에 대해 귀천을 따지지 않고 대하고, 호불호를 따지지 않고 대하고, 신분과 직업을 따지지 않고 대하는데서 가능해진다. 이는 달리 말하면 인간에 대한 사랑, 인간생명에 대한 존엄을 근저로 하는 것이다. 소위 유학이 말하는 仁人이 이에 해당한다. 이제 황희의 생애 속에 나타난 너그럽고 넉넉한 일화를 살펴보기로 하자. 황희는 나이가 들수록 원숙하고 노련해져 형벌을 무겁게 매기지 않고, 특히 백성들의 어려움을 보살펴 주는 데 앞장섰다고 한다.[33] 蔣英實은 본래 그 아비가 원나라 소주, 항주 사람이고, 어미가 기생이었는데 솜씨가 뛰어나 태종이 보호하고 세종이 아껴 인재로 쓰려고 하니, 이조판서 許稠, 병조판서 趙末生 등이 반대를 했다. 다시 황희, 맹사성에게 의논하니 기꺼이 찬성하였다. 황희 같은 어진 재상이 있었기에 세종이 신분을 초월한 인사를 할 수 있었던 것이다.

1449년(세종 31년) 10월 황희가 87세에 관직을 물러나게 되었을 때, "황희는 수상의 지위에 20년이나 재직하였다. 항상 그가 논하는 바는 너그럽고 관대하였으며, 소란스럽게 이것저것을 자주 바꾸는 것을 좋아하지 않아서 나라 사람들을 능히 전정시킬 수가 있었다. 그래서 사람들이 황희를 두고 진정한 재상감이라고 칭하였다"[34]고 기록하고 있다.

또한 《大東野乘》에는 황희의 너그러운 인품과 일화에 대해 다음과 같이 자세히 소개하고 있다.

---

33) 이성무, 위의 책, 6쪽.

34) 《세종실록》, 권126, 세종 31년 10월 5일 임자 조.

익성공 황희는 세종조 때 수상이 되어 거의 30년이 되었으나 기쁨과 노여움을 말이나 얼굴에 한 번도 나타내지 아니하고, 종들을 대할 때도 사랑을 하여 일찍이 매질을 하지 아니하였다. 사랑하는 侍婢가 어린 종놈과 장난이 너무 심하여도 공은 보고 문득 웃었다. 일찍이 말하기를, "奴僕 또한 하느님께서 내린 백성인데 어찌 포악하게 부리겠느냐?"하고, 글을 지어 자손에게 끼쳐 주었다. 일찍이 홀로 동산을 거닐고 있었는데 이웃집에 철없는 아이들이 한창 무르익은 배에 돌을 던져 땅에 가득히 떨어졌다. 공이 큰 소리로 侍童을 부르니, 아이들은 시동을 부르는 것은 반드시 우리들을 잡아가려는 것이라 하고는 놀래어 모두 달아나 몰래 숨어 엿듣고 있었다. 그런데 시동이 오니 그릇을 가져오라 하여 "떨어진 배를 주워서 이웃집 아이들에게 주라" 하고는 아무 말도 아니하였다.

文康公 李石亨(1415~1477)이 장원급제하여 正言이 되어 공을 뵈니, 공은《綱目》과《通鑑》을 한 질씩 내놓고 그에게 제목을 쓰도록 명하였는데, 바로 못된 계집종이 간소한 음식을 차려가지고 공을 기대고 앉아서 문강을 내려다보다가 공에게 말하기를, "술을 드리겠습니다" 하니, 공이 나지막하게 "아직 두어라" 하였다. 계집종이 다시 공의 곁에 한참 서 있다가 성낸 소리로 "어찌 그리 더디시오" 하니, 공은 웃으면서 "가져 오너라" 하였다. 드린 즉 두어 명의 작은 아이들이 모두 떨어진 옷에 맨발로, 어떤 아이는 공의 수염을 잡아당기고, 어떤 아이는 공의 옷을 밟으면서 차려 놓은 음식을 모두 퍼먹고 또한 공을 두들기니 공은 "아프다. 아프다"라고만 하였다. 이 작은 아이들은 모두 노비의 자식들이었다.

황희는 노복들을 하느님께서 내린 백성이라 하고 그들에게 포악하게 매질을 하거나 함부로 대하지 않았다. 종들의 일상을 웃어넘기는 황희, 배를 따는 종들을 나무라지 않고 오히려 나누어 주는 마음, 어린 종의 자식들이 손님 앞에서 음식에 손을 대고 자신의 수염을 만지고 옷을 밟아도 아무렇지 않게 대하는 모습에서 그의 너그러운 인품을 볼 수 있다.

또한 徐居正의 《筆苑雜記》에는 다음과 같은 일화가 전한다.

> 익성공 황희는 도량이 넓어 대신의 체통이 있었다. 정승의 지위에 있는 지 30년이요, 향년이 90세였다. 국사를 의논하여 결정할 때는 관대히 하도록 힘썼으며, 평소에는 담담하여 비록 兒孫童僕들이라도 좌우에 늘어앉아 울부짖고 또는 껄껄 웃어대며 희롱하여도 꾸지람하거나 금하는 일이 없었다. 혹은 공의 멱살을 잡아당기고 뺨을 쳐도 그들이 하는 대로 따라갈 뿐이었다. 일찍이 각료들과 국사를 의논하며 붓으로 먹을 찍어 막 글씨를 쓰려 할 때 한 童奴가 그 위에 오줌을 쌌으나 공은 아무 노여운 기색도 없이 손수 그것을 훔칠 따름이었으니 德量이 이와 같았다. 일찍이 남원에 귀양살이를 할 때에는 7년간을 閉門端坐하고 賓客을 접하지 않으며, 다만 손에는 한 질의 詩韻을 들고 정신을 집중하여 주목해 읽을 따름이었다. 뒤에 나이가 많아서도 글 뜻 한 마디 글자 한 획을 백에 하나도 그르친 일이 없었다.

위와 비슷한 내용이지만 다시 인용하였다. 나랏일을 처리할 때는 늘 관대하기를 힘썼고 집안에서는 아이들이나 손자들이 웃거나 장난을 해도 다 용납하였다. 붓으로 글씨를 쓰려 하는데 어린 종아이가 그 위에 오줌을 쌌어도 혼내지 않고 걸레로 닦기만 했다 한다. 황희가 살았던 15세기의 역사적 배경을 생각하면 그의 이렇게 너그러운 처세가 얼마나 어려운 일인가를 짐작할 수 있다. 李墍의 《松窩雜記》에는 다음과 같은 일화가 전해진다.

> 黃翼成公 喜는 고려 말에 積城의 訓導로 있었다. 하루는 적성에서 松京으로 가는 길에 한 노인이 검은 소와 누른 소 두 마리로 밭을 갈다가 멍에를 떼어 놓고 나무 밑에서 쉬는 것을 보고 노인에게 묻기를, "소 두 마리 중 어떤 소가 일을 더 잘하느냐?" 하고 물었다. 그러자 노인이 공의 귀에 입을 대고 말하기를, "검은 소가 낫습니다" 하였다. 공이 묻기를, "그 말을 하는데 어찌 귓속말로 하느냐?"고 하니, 그 농부가 하는 말이 "비록 짐승이라 할지라도 제가 못한다 하면 섭섭하지 않겠습니까?" 하였다. 공의 한평생 겸손하고 仁厚한 덕은 그 노인의 한마디가 귀감이 되었던 것이다.35)

이 소에 얽힌 일화는 널리 알려진 것인데, 밭 가는 노인에게서 교훈을 얻어 평생 사람을 대함에 仁厚한 德을 실천했다는 것이다. 마찬가지로 이기의 《송와잡기》에는 황희의 '네 말도 옳다'는 유명한 일화가 다음과 같이 전해진다.

> 공은 정사에만 전념할 뿐 집안일에는 무관심하였다. 하루는 계집종 둘

35) 이 일화가 柳夢寅의 《於于野談》에는 황희가 암행어사로 민정을 살필 때의 일로 장소만 다르게 기록되어 있다.

> 이 다투더니 한 종이 공의 앞에 와서 말하기를, "저것이 이러저러했으니 간악한 년"이라 말하니, 공이 "네 말이 옳다" 하였다. 조금 뒤에 이제는 다른 종이 와서 "저년이 이러저러했으니 나쁜 년"이라 하니, 공이 또 "네 말이 옳다" 하였다. 그 말을 공의 조카가 듣고 있다가 공에게 "두 사람이 싸웠으면 시비를 가려 주어야지 둘 다 네 말이 옳다고만 하시니 그럴 수가 있습니까?" 하니, "네 말도 옳다"고 하며 계속 글만 읽고 있었다.

이 일화는 계집종 두 사람이 서로 다투다가 서로 황희 정승에게 자신의 정당성을 일러 바쳤다는 것이다. 그러자 황희는 두 계집종에게 '네 말이 옳다'고 각각 얘기해 주었다. 이를 옆에서 본 조카가 황희에게 시비를 분명히 가려 줄 일이지 두 사람에게 '네 말은 옳다' 또 '네 말이 옳다'고 하는 것은 옳지 않다고 하였다. 그러자 황희는 다시 조카에게 '네 말도 옳다'고 했다. 혹자는 이 일화를 황희의 우유부단한 성격과 태도라고 비판하기도 하지만, 여기에는 매우 깊은 논리와 철학이 담겨져 있다. 계집종 A와 B의 말다툼에 대해 황희는 각기 옳은 요소가 있다는 입장에서 '네 말도 옳다'고 했던 것이며, 또한 조카의 말에도 옳은 요소가 있으므로 '네 말도 옳다'고 한 것이다. 이는 서로 대립되는 세 가치를 상보적 관점에서 이해하는 것이다. 황희의 이 일화는 마치 동양철학의 陰陽妙合의 논리나 元曉의 和諍의 논리 그리고 율곡의 '理氣之妙'의 논리와 상통하는 것이다. 서로의 대립을 지양하여 소통하고 화합하는 민주적 조화의 사상이 내재해 있다. 나만 옳고 너는 틀렸다고 보는 것이 아니라, 나도 틀릴 수 있는 동시에 남도 옳을 수 있다는 것을 전제하는 것이다. 30개의 관현악 합주에서 볼 수 있듯이 저마다의 악기가 각기 자기 소리를 내지만 전체적으로는 하나로 和音되는 것이다. 황희의 이 일화도 이러한 논리와 정신을 담고 있다는 점에서 높이 평가된다. 황희가 이러한 너그러움과 남의 주장이나 의견을 포용하는 넉넉함이 있었기 때문에 24년간 재상의 지위에 있으면서 존경을 받고 봉사할 수 있었던 것이다. 또한 林泳의 《滄溪錄》에는 다음과 같은 일화가 전해진다.

> 방촌이 입궐한 뒤 부인이 배 몇 개를 얻어 공에게 드리려고 공의 침소 시렁 위에 넣어 두고 가까운 친가에 갔는데, 공이 퇴근하여 방에 보니 쥐가 시렁위에 들락거리면서 배를 물어가려고 애쓰다가 물어갈 수 없자 마침내 다른 쥐 한 마리를 데리고 와서 한 마리는 배를 안고 드러눕고 다른 한 마리는 배를 안고 있는 쥐를 물고 나갔다. 이렇게 몇 번을 들락거리더니 마침내 배를 다 물어갔다. 얼마 후에 부인이 들어와 배를 찾으니 없었다. 공은 무엇을 생각했던지 시치미를 떼고 보지 못했다고 했다. 부인이 집 보던 여종들을 추궁하니 모른다고 하므로 노하여 매를 들고 때리자 겨우 몇 대를 맞고는 제가 먹었다고 거짓 자백했다. 공은 그 일을 보고 크게 탄식하였다. 그 며칠 뒤 공은 조정에서 그 일을 이야기하고 지금 국내에는 매를 못이겨 애매한 형을 받은 자가 많을 것이라고 했다. 왕이 즉시 行會에 명하니 오랫동안 수감되어 있는 죄수를 석방하라고 하여 경향 각지의 옥이 텅 비었다.

황희는 집 안에서 배를 쥐가 물어갔는데 부인은 집을 보던 종을 의심해 매질을 하여 거짓 자백을 받은 사건을 보면서 깊이 깨달았다는 것이다. 오늘날도 그렇지만 고문과 가혹한 형벌로 거짓 자백을 받는 사법제도의 문제점을 지적한 것이다. 황희는 이 사건을 계기로 조정의 억울한 죄수들을 석방해 주고 범죄 조사의 과정에서 가혹한 고문이나 형벌을 배제하도록 노력하였다. 또 李尙震의 《晩庵集》에는 다음과 같은 일화가 전해진다.

> 黃公이 수상으로 있을 때 무슨 일이 있어 관료 수십 명과 함께 政廳에서 식사를 하게 되었는데, 황공이 밥을 덜어 놓으려고 할 때 밥 속에 벌레가 들어 있었다. 그러나 황공은 그 벌레를 덜어놓은 밥 속에 숨겨 버리고 아무 말 없이 밥을 먹었다. 관료 중에 그 사실을 안 사람이 있었으나 수상이 그러하므로 그도 아무 말 없이 밥을 먹었다. 만일 그 일이 탄로 나면 주방 하인들이 중죄에 걸릴 자가 많을 것이므로 공이 덮어 버린 것이다.

요즘도 있을 수 있는 일이지만, 황희가 정승으로 있을 때 政廳에서 수십 명이 함께 식사를 하는데 밥 속에서 벌레가 발견되었다. 황희는 그 일이 드러나면 음식을 한 여러 명이 다칠 것을 우려해 조용히 밥 속에 묻어 놓고 그냥 식사를 마쳤다. 사소한 일이지만 이러한 일화에서 황희의 남에 대한 배려와 이해 그리고 너그러운 인품을 읽을 수 있다. 이상 여러 가지 일화와 그의 삶 속에서 보통사람이 접하기 어려운 경지의 너그러움과 넉넉함을 볼 수 있었다. 그것은 그의 탁월한 장점이면서 그가 오랜 관직생활을 성공적으로 할 수 있었고, 또 24년 동안 재상으로 봉직하고, 18년 동안 영의정의 자리에 있을 수 있었던 소중한 자산이라고 볼 수 있다.

이상의 일화들 대부분이 종이나 하인들과의 관계에서 나온 것들이다. 당시 현실을 고려하면 한 나라의 재상으로서 종들의 인격을 존중하고, 종의 어린 아이들 실수를 아무렇지 않게 포용한다든지, 그들과 소통하고 지낸 것은 시대를 뛰어넘어 인간의 귀천을 따지지 않고 인간평등을 몸소 실천한 황희의 인품을 잘 말해 주는 것이다. 여기서도 황희의 경우는 다른 유학자들과 구별된다. 왜냐하면 다른 유학자들의 경우는 그들의 말과 글을 통해 인간의 존엄을 말하고 귀천의 평등을 주장하고 있지만, 방촌의 경우는 몸소 실천으로 보여 주고 있기 때문이다.

이러한 인간존엄과 평등의 실현은 그의 개인 생활에서 뿐만 아니라 그의 오랜 관직생활에서도 잘 나타난다. 즉 정책의 실현으로 나타나 있다.

> "한 죄인의 잘못으로 아무것도 모르는 그 처자를 모조리 緣坐시킨다면 너무 억울한 일이 아니겠습니까? 저들의 죄의 輕重을 구분하여 석방시키는 것이 옳겠고, 또 大小를 막론하고 公罪와 私罪를 구분하여 還收한 職牒도 되돌려주는 것이 타당할 듯합니다" 하니, 임금께서 "그렇게 하라"고 하였다.[36)]

여기서 황희는 연좌제의 문제점을 지적하여 한 번 죄를 저질렀다고 연좌의 책임을 묻는다면 이것은 너무도 억울한 일이므로 시정해야 한다고 건의하였다. 또 죄의 경중을 분명히 가리고 公罪와 私罪를 구분하여 처벌해야 한다고 하여 형벌의 공평성과 인권의 보호를 적극 주장하고 있

36) 《방촌황희선생문집》, 〈억울하게 연좌된 죄인을 석방하도록 한 議〉, 129쪽.

다. 유학은 王道정치, 仁政을 지향하는 바, 그 근본은 바로 백성의 생명과 재산을 보호하고 인간다운 대우를 하는 데 있기 때문이다. 황희는 또 장애자인 맹인에 대한 처우와 배려에 대해서도 다음과 같이 언급하고 있다.

> 지금도 맹인에게 官爵을 제수하는 것이 타당할 듯합니다. 그러나 我朝에는 檢校란 관직이 없고 다만 內侍府에만 검교란 직위가 있습니다. 지금부터 이 맹인에게 내시부 검교를 제수시키고 또 성적에 따라 司甕院 司直으로 승진하도록 하는 것이 어떻겠습니까? 그 계급에 있어서는 정4품으로 한정하는 것이 옳을 듯합니다.[37]

오늘날도 장애인에 대한 처우와 복지가 뜨겁게 논의되는 현실에서, 황희는 맹인에게도 관작을 제수하는 것이 옳다는 주장을 하고 있다. 당시 조선조 사회는 양반과 상민의 차별, 적서의 차별, 남녀의 차별, 지역적 차별 등이 심각했던 상황에서 방촌이 장애인들에 대해 차별 없는 취업과 승진을 주장하는 것은 시대를 뛰어넘는 선견으로 볼 수 있다. 황희는 또 "新白丁이 모두 도적이 아니니, 그 직업을 잡고 편안히 살아 평민과 같은 자도 매우 많습니다. 그런데 만약 죄악을 구분하지 않고 강제로 가산을 모두 방매하여 떠나게 한다면 억울함이 또한 지극할 것이니, 그 조처하는 법은 六典에 실려 있습니다."[38]라고 하였다. 이는 백정에 대한 신분보장과 인간적 대우 그리고 차별적 조치에 대한 언급으로 황희는 백정이라

37) 《방촌황희선생문집》, 〈맹인에게도 官爵을 주는 제도를 개진한 議〉, 164쪽.
38) 《방촌황희선생문집》, 〈신백정의 통치 방책을 아뢴 狀啓〉, 278쪽.

하더라도 억울한 대우를 받아서는 결코 안 된다고 주장하였다. 또한 황희는 걸인들에 대한 대책에서도 임금에게 획기적인 대안을 다음과 같이 제시하였다.

> "거지가 되어 떠돌아다니는 사람들은 심문당하는 것을 꺼려 원래 賑濟場에 들어오지 않고 모두 지름길로 말미암아 깊숙한 山林으로 들어가니, 구제하기가 매우 어렵습니다. 청컨대 그윽한 마을과 人家의 조밀한 곳에 진제장을 베풀어, 무릇 떠돌아다니는 자와 거지가 오거든 우선 安接시켜 구제하고, 서서히 根地를 물어 봄철이 되거든 본적지로 돌려보내게 하시옵소서" 하니, 임금께서 이를 따랐다.39)

어느 시대나 걸인들은 있게 마련이다. 가난하여 삶의 터전을 잃어 버리거나 부모의 부양을 받지 못하면 가난한 걸인이 된다. 황희에 의하면 당시 걸인들은 심문당하는 것이 싫어서 진제장에 들어가지 않고 깊은 산속으로 숨어 산다는 것이다. 그러므로 걸인에 대한 구제가 어려우니 그윽한 마을과 사람들이 많이 사는 곳에 진제장을 만들어 거지들의 안식처로 만들어 우선 구제하고, 봄철이 되면 본적지로 돌려보내도록 하는 것이 좋겠다고 하였다. 16세기 아산현감을 맡았던 土亭 李之菡(1517~1578)은 乞人廳을 만들어 그들의 자활과 생활안정을 도왔다고 하였는데, 15세기 황희는 걸인들을 위한 진제청의 역할을 강조하고 있다. 이와 같이 황희는 사회적 약자였던 죄인, 장애인, 걸인들에 대해 깊은 관

39) 《방촌황희선생문집》, 〈流離丐乞하는 사람을 구제하여 본적지로 돌아가게 하는 방책을 아뢴 장계〉, 303쪽.

심과 대책을 강구하였을 뿐만 아니라, 각 도와 고을의 노비를 혁파할 것을 청하여 임금의 허락을 받기까지 하였던 것이다.40)

이러한 황희의 인간 평등의식이나 인간 존엄에 대한 대책은 하나의 말이나 이론으로서가 아니라 실제의 생활로, 정책으로까지 실천되었다는 데서 다른 이들과 차별화되는 것이고, 이러한 인간존엄과 평등의 실현은 곧 유교 왕도정치 사상의 근본이라는 점에서 매우 중요한 의의가 있다.

2) 예(禮), 악(樂) 문화의 제도화

유학은 본래 禮와 樂을 문화의 근간으로 삼는다. 周公이 중국 유교문화에서 중요한 위상은 주나라의 문물제도를 갖추는 데 크게 기여했다는 점이다. 禮란 넓게 법까지 포함하는 질서의 개념이고, 樂은 음악을 비롯한 예술문화의 총칭이다. 禮는 백성에게 方正性을 준다면, 樂은 圓融性을 준다. 禮樂의 조화야 말로 유교의 이상이다. 규범과 질서가 잘 지켜지면서도 인간의 따뜻하고 아름다운 정서가 잘 발휘될 수 있다면 그것이 곧 예악이 조화된 세상이다.

이성계가 혁명을 통해 조선을 세운 것이 황희 30세의 일이고, 황희가 세상을 떠난 것은 조선이 세워진 지 60년이다. 따라서 황희의 시대는 건국 초기로서 유교 국가의 체제를 갖추는 데 정치적 역량이 집중되었던 때다. 유교적 법제와 유교적 예문화, 유교적 교육체제를 세우는 데 많은 노력이 필요했다. 이 와중에서 중요한 위치에서 중요한 역할을 했던 이가 바로 황희다. 《문종실록》에 실린 황희의 〈卒記〉에는 그가 어머니가 죽었

40) 《방촌황희선생문집》, 〈연보2〉, 14년 임자 선생 70세 조.

을 때 佛事를 일으키지 않고 일체《家禮》를 따랐으며, 황희가 3년상을 치르고자 하였으나 임금이 그를 起復시키고자 하여 여러 차례 사양했다는 기록이 보인다. 또한 그가 일찍이 遺書를 작성하여 자손들에게 보여주면서 자신이 죽은 뒤에 장례의 예는 일체《家禮》를 따르도록 했다는 일화가 전해진다.[41]

이 시기 朱子의《家禮》가 사대부 계층에서도 제대로 시행되지 않았으며, 설사 시행되었다 하더라도 그 내용과 의미를 완전히 이해하지 못하는 경우가 많았음을 고려하면,[42] 황희가 일찍부터《家禮》의 시행을 적극적으로 따랐을 뿐만 아니라 遺書를 통해 자손들에게 이를 당부했다는 사실은 그가 주자의 학문적 경향을 따르는 데에 상당한 수준에 이르렀음을 보여 준다. 그를 起復시키고자 하는 국왕의 의지에도 불구하고 3년상을 온전히 치르고자 했다거나, 1397년(태조 6년) 鄭蘭을 起復시키는 데 동의하지 않아 拾遺직에서 파직되었던 일화[43] 역시 마찬가지 맥락에서 이해할 수 있다.[44]

아울러 황희는 태종 재위 후반 이래 줄곧 조정에서 몇 손가락 안에 꼽히는 예제와 법제의 전문가로 활약하였다. 황희는 1413년(태종 13년)부터 1415년(태종 15년)까지 약 2년에 걸쳐 예조판서를 역임했는데, 태종대 6조의 판서를 두루 거친 그의 경력에서도 예조판서로 재임한 기간이 가장

41)《문종실록》, 권12, 문종 2년 2월 8일 임신 조.

42) 고영진, 〈15, 16세기 주자가례의 시행과 그 의의〉,《한국사론》, 21, 1989, 109쪽.

43)《태조실록》, 권12, 태조 6년 11월 29일 정축 조.

44) 황향주, 〈고려 기복제와 14세기 말 기복논쟁〉,《한국사론》, 2011, 57쪽 참조.

긴 편에 속한다.45) 세종 대에 이르러서는 다시 관직에 복귀한 지 1년 만인 1423년(세종 5년)에 다시 예조판서로 임명되기도 하였다.46)

특히 그는 세종 9년 이후에는 李稷, 許稠, 卞季良, 申商, 趙啓生, 鄭招, 金孝孫 등과 함께 세종 17년에 儀禮詳定所가 혁파될 때 까지 의례상정소의 提調직을 맡았다. 당시 의례상정소가 단순히 예조의 자문기구를 넘어 법전 편찬과 의례 상정의 업무를 통합적으로 수행하던 기구였다는 점을 고려하면, 황희는 이직, 허조 등과 더불어 예제와 법제에 관한 소수의 전문가 그룹의 일원으로 인정받았던 것이다.47)

황희는 어머니의 상을 당해 3년의 예를 갖추고자 하는데, 부득이 왕명으로 起復을 하게 하는 부당성을 다음과 같이 비판하고 있다.

> 옛날 성인이 부모상에 3년 복을 마련하여 온 천하 사람들에게 통용하도록 했다는 것입니다. 어진 이는 그대로 지키고 불초한 자도 그대로 꼭 따르도록 하였으니, 이 3년상이란 제도는 고금을 막론하고 제왕의 大典입니다. 신은 지나간 태종 2년(임오, 1402년)에 父喪을 만났을 때 겨우 석 달만에 起復하게 되어 3년 복을 제대로 입지 못했습니다. 그때는 몰아닥친 事勢가 끝내 피할 수 없어서 자식된 직분을 폐하게 되었으나, 생각할수록 슬픔과 느낌을 금할 수 없습니다. 지금 또 죄가 천지에 가득차자, 갑자기 화가 닥쳐서 어머님이 세상을 떠났습니다. 오직 정해진 喪制에

---

45) 소종, 〈조선 태종대 방촌 황희의 정치적 활동〉, 《역사와 세계》, 47, 2015, 108~110쪽.

46) 《세종실록》, 권20, 세종 5년 5월 27일 병오 조.

47) 이민우, 〈세종대 공법제정에서 황희의 역할〉, 《방촌 황희의 학문과 사상》, 책미래, 2017, 308쪽.

따라 망극한 마음을 펴려고 했는데, 또 겨우 석 달을 지나 起復하라는 敎命을 받게 되었으니, 하늘을 쳐다보아도 부끄럽고 땅을 내려다보아도 부끄러우며, 또 황공한 심정도 한량없습니다. 대개 親喪 중에 服을 입는 孝心을 뺏고 起復하도록 하는 것은 본래 좋은 법이 아닙니다. 혹 兵亂이 일어나 국가가 위급할 무렵에 安危의 책임을 가진 자에게 하는 수 없이 權道에 따르도록 하는 것입니다. 지금은 국가에 아무 일도 없는데 왜 하는 수 없이 權道로 시키는 이 제도를 못난 신에게 덮어씌워서, 고금에 통용하는 이 3년상 禮制를 무너뜨리게 합니까?[48]

황희는《家禮》뿐만 아니라 국가 典禮에 있어서도 깊은 관심을 가졌다.[49] 그는 의정부 참찬 시절 祭享에 쓰이는 돼지는 거세한 것을 미리 기르도록 하자는 예조의 건의에 적극 동의하면서 이를 시행하도록 하였다.[50] 또한 국가의 백년대계를 위해 왕실제사의 素膳을 주장하여 마침내 관철시키기도 하였다.[51]

팔도 유생들은 두 차례나 황희의 문묘종사를 조정에 청원하였는데, 그 이유는 황희가《國朝五禮儀》를 제정하여 문물제도의 기틀을 잡고, 이단을 배척하여 正學을 숭상하는 기풍을 굳건히 심어, 조선이 儒冠과 儒服, 儒行과 儒言에 힘쓰게 했다고 하였다고 주장하였다.[52]

---

48)《방촌황희선생문집》,〈起復就職을 사양한 편지〉, 56쪽.

49) 곽신환, 위의 글, 147~149쪽 참조.

50)《세종실록》, 6년 1424년 8월 11일 조.

51) 오기수,〈경세가 방촌 황희 –백성을 위한 왕실제사의 소선-〉,《오늘의 한국과 방촌 황희》, 방촌황희선생사상연구회, 2018. 11. 9.

52)《방촌황희선생문집》, 1581~1582쪽,〈請厖村先生陞廡疏〉참조.

《國朝五禮儀》의 제정은 《經國大典》의 완성에 짝하는 것이었다. 전자가 '禮'를 대표하는 것이라면, 후자는 '法'을 대표하는 것이었다. 이로써 조선왕조의 문물제도는 사실상 완비된 것이다.[53] 황희의 연보나 실록 기사를 보면 방촌이 조선의 禮制를 만드는 데 얼마나 기여했는지 잘 알 수 있다. 다음은 그 하나의 예라고 볼 수 있다.

"신 등은 이 《近思錄》과 《文公家禮》 등 두 서적을 보니, 옛 사람은 제사지낼 때 영정을 쓰지 않았다는 것이 틀림없습니다. 더구나 우리 태종께서 맨 처음 廣孝殿을 창건할 때 말씀 하시기를, '婦人은 畵像을 그리기 어려운 일이다' 하고 禮官에게 명하여 神主만 모시도록 했습니다. 이로 본다면 태종께서 하신 일이 先儒의 말과 꼭 부합되는 것입니다. 신 등도 이 原廟에는 태종께서 결정한 이 成憲에 따라 신주만 모시도록 하는 것이 타당할 듯합니다"라고 하니, 임금께서 그대로 따랐다.[54]

이와 같이 그는 관혼상제는 물론 국가의 典禮에 이르기까지 조선 초기 유교 예제의 확립에 있어서 중추적인 역할을 했던 것이다. 그는 또 유언에서 다음과 같이 유교 예법에 의한 장례를 자손들에게 당부하고 있다.

내가 죽은 후에 喪制에 대한 예절은 모두 家禮에 따르되, 만약 우리나

53) 최영성, 〈황희, 그 역사적 평가와 위상에 대한 일 고찰〉, 《백성의 신, 황희와 그 후예들》, 책미래, 2018, 223쪽.

54) 《방촌황희선생문집》, 〈原廟에 영정을 설치하지 말도록 한 啓〉, 95쪽.

> 라에서 행하기 어려운 일은 반드시 억지로 따를 필요는 없는 것이다. 힘과 분수에 맞추고 家勢有無에 맞추어 시행할 뿐이고 허례허식 하는 일은 일체 행하지 말며, 家禮 중에 음식일체를 꼭 그대로 하면 병이 날까 두려우니, 이는 尊長의 명령을 기다리기 전에 억지로라도 죽은 먹어야 할 것이며, 이미 전해 온 家法에 따라 행하고 佛家에서 하는 짓은 전혀 하지 말라. 빈소에 7일 동안 澆奠하는 일은 가례에 없는 일인 바, 부처를 좋아하는 자들이 모두 私見에 하는 것이니, 이는 절대 행하지 말라.[55]

또한 황희는 禮에 능하여 예제의 정립에 크게 기여했을 뿐만 아니라, 樂을 만드는 데도 중요한 역할을 했다. 李기의 《松窩雜記》에 의하면 "黃翼成은 英陵의 聖代를 만나 禮를 제정하고 樂을 만들며, 큰 일을 의논하고 큰 의논을 결정하면서 날마다 임금의 덕을 도와 정치를 성취시키는 데만 전념할 뿐, 家事의 크고 작은 것에는 일체 관심이 없었다"[56]고 하였다. 여기서 방촌의 역할은 禮뿐만 아니라 樂의 정립에도 크게 기여했음을 짐작게 한다.

오병무 교수는 말하기를, "방촌은 樂律에도 능했다. 당시 朴堧이 音律에 정통하여 儀禮祥定所를 설치했는데, 임금이 영의정 黃喜, 우의정 孟思誠, 좌찬성 許稠, 總制 鄭招 등 음악에 밝은 사람들에게 명하기를 박연과 함께 提調가 되어 樂律을 제정하도록 하였다"[57]고 평가하고 있다.

---

55) 《방촌황희선생문집》, 〈자손에게 유언한 글〉, 189~190쪽.

56) 《방촌황희선생문집》, 부록 상, 野史節抄, 〈松窩雜記〉, 1429쪽.

57) 오병무, 〈조선조의 명재상 방촌 황희의 생애와 사상〉, 《방촌 황희의 학문과 사상》, 2017, 책미래, 84쪽.

이와 같이 황희는 조선 초기 禮와 樂의 정립에 있어서 매우 중요한 역할을 했음을 알 수 있다.

3) 불교 배척과 유교 장려

황희는 조선 초기 유교 입국의 과정에서 야기되는 불교신앙의 문제에 대해 단호한 척불의 태도를 견지하였다. 물론 조선이 유교 입국을 천명하고 왕실에서 만백성에 이르기까지 유교적 예제와 생활을 계도하고 강요했지만, 아직도 신앙으로서의 불교는 소멸된 것은 결코 아니었다. 더구나 왕실에서조차 신앙의 차원에서는 불교가 용납되었고, 세종 역시 이에서 자유롭지 못했다. 이러한 상황 속에서 황희는 조선의 정체성을 유교에서 찾고자 했고, 이에 대한 확고한 신념으로 정책을 추진해 나아갔다.

> 저 佛氏의 탄생에 대해서는 先儒들이 다 변론하였고, 천하의 聖學으로서도 이 불교가 생민의 모적(蟊賊)이 된다는 것을 분명히 알고 계시니, 신이 무엇을 더 여쭐 것이 있겠습니까? 그러나 우리 聖朝 이후부터는 이 佛氏를 여러 차례 도태시킨 결과 국가를 손상시키고 백성을 좀먹는 폐단이 십분의 칠 쯤은 없어졌습니다. 신은 생각하기를 전하께서 그 근본을 뽑아 없애고 그 근원을 막아 버려서 점차 제대로 다 없어지게 되도록 하면, 장차 옛날 二帝三王의 至治를 다시 볼 수 있겠다 하고, 마음속으로 아주 慶幸스럽게 여겼던 것입니다. 왜 오늘날 새삼스럽게 慶讚까지 베풀려 하십니까? … 성상께서는 신의 간절한 이 마음을 보살피고 모든 여망을 따라 잘못된 이 일을 빨리 그만두도록 해야 장차 聖德에도 累가 없고 吾道에도 다행할 것이며, 斯民에 있어서도 크게 다행일 것입니

다.[58]

여기서 황희는 불교를 생민의 모적이라 비판하고 3할 정도 남은 불교 잔재를 없애 버려 三王의 至治를 이룩하자고 말한다. 아울러 이렇게 해야 장차 聖德에도 누가 없고 吾道에도 다행이고 斯民에도 다행일 것이라 하였다. 황희가 유교적 자긍을 吾道로 표현하고 斥佛을 통해 三代至治를 이루고자 한 데서 그의 유교적 신념을 확인하게 된다. 또 황희는 불교의 폐해를 다음과 같이 비판한다.

> 대개 釋氏의 학설이 백성만 괴롭히고 국가에도 아무 유익이 없다는 것은 성상께서도 벌써 밝게 아시는 바입니다. 늙은 신으로서 뭐 다시 여쭐 필요가 있겠습니까? 하지만 신의 생각에는 아무리 나라에 이익되고 백성을 편케 할 수 있는 일이라 하더라도 사람마다 싫어하면 그대로 따라야 할 줄로 압니다. 지금 이 佛宇를 세운다는 것은 다만 국가의 재정을 모손시키고 백성의 마음을 해롭히는 것 뿐 입니다. … 그런데 신은 예부터 佛宇를 세워 조상을 받들었다는 말은 듣지 못했습니다. 지금 전하께서 모든 여망에 따라 내리신 敎命을 다시 거두어들인다면 조상을 받드는 정성이 옛날 성현에게도 어긋나지 않고 간하는 말을 받아들이는 미덕도 길이 후세에 전해질 것입니다. 이 佛宇를 세우는 것은 전하께서도 이미 떳떳하지 못한 일인 줄 알고 폐지시킨 지가 벌써 오랜데, 왜 또다시 세워서 후세에 웃음거리를 남길 필요가 있겠습니까? 옛날 제왕은 아무

58) 《방촌황희선생문집》, 〈홍천사 사리각에 대한 경찬을 그만두도록 한 상소〉, 45~46쪽.

리 祖宗朝의 成憲이었다 하더라도 혹 時宜에 알맞지 않으면 시대에 따라 줄이기도 보태기도 한 것이 많습니다. 전하께서는 왜 이 佛堂을 祖宗朝에서 세웠다 하여 고치지 않으려고 합니까? 또 후세에서 전하를 어떻게 여기겠습니까?59)

황희는 여기서도 불교를 '백성만 괴롭히고 나라에 해로운 것'으로 규정하고, 조상을 위해 불당을 세우려는 왕실의 처사에 대해 강력히 비판하는 것이다. 그는 또 사찰의 불상 조성에 있어서 생기는 문제점 즉 불상과 불경을 금은으로 채색하는 사치스러움에 대해서도 다음과 같이 비판하였다.

이제 우리나라 사찰의 수가 幾千 혹은 幾萬인지 헤아릴 수 없는데, 큰 사찰에는 불상이 수백에 이르고 암자에도 또한 불상이 이십, 삼십 개가 되지 않는 곳이 없습니다. 塑像은 순금으로 도금을 하고 畵像은 彩色을 써서 금은을 사용하지 않는 불상이 없는데, 이 불상이 억만 개가 되는지 알지 못하고, 金字로 쓴 불경이 또한 몇 만 질이 되는지 알지 못합니다. 그런즉 불가에서 소모하는 여러 가지 금은이 어찌 한량이 있겠습니까? 만약 중국 사람들이 와서 본다면 우리나라에 황금이 없다고 이르지는 못할 것이니, 이도 또한 염려되지 않을 수 없는 일입니다.60)

황희는 말하기를, 지금 삭발한 僧徒들의 탐욕, 집착이 도리어 세속인

59) 《방촌황희선생문집》, 〈불당을 건축하지 말도록 한 상소〉, 51~52쪽.

60) 《방촌황희선생문집》, 〈불교배척을 청하는 서〉, 201쪽.

보다도 더욱 심하다[61]하고, 승려들의 세속화 현상을 부정적으로 보아 비판하고 있다. 아울러 홍천사의 불사에 대해 비판하면서 다음과 같은 논리를 펴고 있다.

> "전하는 학문의 聖德이 光明正大하여 만고에 초월하였고, 政事의 법도를 제정하여 옛날 성인과 부합되지 않는 바가 없사옵니다. 그런데 어찌 홀로 아비도 없고 임금도 없어 人倫을 끊게 하는 教를 깨끗이 버리지 못하여 이치에 어긋난다는 기롱을 받으며, 무슨 까닭으로 無益한 일을 하여 여러 사람의 노여움을 自招하십니까? 전하를 위하여 깊이 애석한 바이오며, 애석하다 못하여 눈물을 흘리옵니다. 엎드려 바라옵건대, 興天寺의 모임을 속히 파하여 태평성대에 한 점의 瑕疵를 제거 하시옵소서" 하니, 임금께서 윤허하지 않았다.[62]

여기서 황희는 불교를 부모를 부정하고 임금을 부정하는 반윤리적인 가르침으로 규정하고, 홍천사의 불사를 중지할 것을 임금에게 힘써 권고하고 있다. 또 그는 僧徒의 度牒을 고찰하여 도첩이 없는 자는 還俗하게 하라 하고, 집현전을 열어 儒賢을 선발하고, 그 額員을 보충하여 經史를 강론하게 하라 하였다.[63] 즉 도첩이 없는 승려들은 다시 환속하게 하고 대신 집현전을 활짝 열어 儒賢을 선발하고, 그 액원을 보충하여 經史를

61) 《방촌황희선생문집》, 〈불교배척을 청하는 서〉, 202쪽.

62) 《방촌황희선생문집》, 〈불교배척을 청하는 서〉, 204쪽.

63) 《방촌황희선생문집》, 〈僧徒를 考察할 것과 아울러 集賢殿을 열 것을 청하는 疏〉, 208쪽.

강론하게 함으로써 유교의 진흥을 꾀해야 한다 하였다. 조선 초기 유교 입국의 정체성 확립을 위해 斥佛의 기치를 높이 들었던 황희는 그의 죽음에 임해서도 家禮에 따른 상례를 후손들에게 당부했던 것이다.

> 내가 죽은 후에 喪制에 대한 예절은 모두 家禮에 따르되, 만약 우리나라에서 행하기 어려운 일은 반드시 억지로 따를 필요는 없는 것이다. 힘과 분수에 맞추고 家勢有無에 맞추어 시행할 뿐이고 허례허식 하는 일은 일체 행하지 말며, 家禮 중에 음식일체를 꼭 그대로 하면 병이 날까 두려우니, 이는 尊長의 명령을 기다리기 전에 억지로라도 죽은 먹어야 할 것이며, 이미 전해온 家法에 따라 행하고 佛家에서 하는 짓은 전혀 하지 말라. 빈소에 7일 동안 澆奠하는 일은 가례에 없는 일인 바, 부처를 좋아하는 자들이 모두 私見에 하는 것이니, 이는 절대 행하지 말라.64)

그러므로 일찍이 南孝溫은 《秋江冷話》에서 "佛法이 횡행하던 시기를 만나 혼자 세속에서 벗어나 바른 道만을 지키고 거기에 흔들리지 않은 이는 黃翼成 한 사람뿐이었다"65) 하였고, 한말 황희의 문묘종사를 청원했던 전국의 유생들도 그 청원의 이유로써 그의 斥佛 노력을 거론했던 것이다.

---

64) 《방촌황희선생문집》, 〈자손에게 유언한 글〉, 189~190쪽.

65) 《방촌황희선생문집》, 부록 상, 野史節抄, 〈秋江冷話〉, 1390쪽.

4) 백성을 위한 정책의 실현

유학의 정치 이상은 王道정치이고, 왕도의 내용은 민생의 안정과 윤리사회의 구현이다.[66] 이렇게 볼 때, 유교의 경세사상이 갖는 중요한 의의는 무엇보다 나라가 부강하고 백성들이 잘 사는 것이다. 물론 백성들이 잘 산다는 것은 먼저 경제적으로 안정되어야 하고, 인권과 자유 그리고 평등하고 정의로운 세상이 되어 행복해야 한다.

세종시대는 역사적으로 흔히 태평성대로 일컬어지며 內治와 外治가 모두 원만하게 조화된 그런 정치로 인식한다. 이러한 세종시대의 성공적인 구현에 있어서 황희의 역할은 매우 중요하다. 원만한 국제관계, 튼튼한 안보, 민생의 안정, 과학기술의 발달, 훈민정음의 창제, 문화예술의 융성, 인재의 발굴과 등용, 농사법의 개량 등 성공적인 치세를 이룩하였다.

황희는 "모든 백성은 국가의 근본이므로 이 근본이 튼튼해야 국가가 편안한 것입니다"[67]라고 하여, 백성의 생활 안정이 국가의 근본이라고 보았다. 그러므로 《조선왕조실록》에 보이는 황희의 장계 가운데 농업정책에 관한 문제가 15회, 굶주린 백성에 대한 구제책에 관한 것이 26회나 되며, 그것이 거의 윤허되었다.[68]

황희는 재직 중 농업정책에 유의하여 뽕나무 심기를 권장하고, 양을 기르도록 권장하였다. 그리고 곡식 종자의 예비와 배급, 농민의 노력 동원 감축, 농사의 작황 조사, 농민의 이민 실시 등 여러 가지 정책을 권장

66) 《孟子》, 〈梁惠王章 上〉.

67) 《방촌황희선생문집》, 〈驛吏가 民田을 빼앗아 부치는 폐단을 금하도록 한 議〉.

68) 오병무, 〈조선조의 명재상 방촌 황희의 생애와 사상〉, 《방촌 황희의 학문과 사상》, 책미래, 2017, 73쪽.

하고 규정을 만들었다. 또 흉년이나 그 밖의 재해 때 이재민과 빈민의 구제책, 또는 조세나 공물의 감면, 의탁할 곳 없는 사람이나 노인, 걸인 등에 대한 구호책, 관청 창고의 관리 책, 굶주린 백성의 구제에 소홀한 지방관에 대한 문책, 죄수를 죽게 하거나 옥에서 죽은 사람의 가족문제, 천민의 혹사문제 등 농민과 빈민, 또는 천민에 대한 구호 보호책에 대한 규정을 만들고 이에 관한 시책을 베풀었다.69) 이러한 민생 대책들은 현대적으로도 부족함이 없을 만큼 선구적인 것 들이다.

1423년(세종 5년) 7월 강원도에 혹심한 기근이 들었는데 강원도 관찰사 이명덕이 백성을 구휼하는 데 실패하였다. 이에 세종은 황희를 강원도 관찰사로 보냈는데, 황희는 정성을 다해 백성을 구휼하는 데 성공하였다. 이로부터 황희는 세종의 절대적인 신임을 받게 되었다. 이를 기념해 강원도의 백성들은 이른바 '召公臺'를 만들어 그의 공적을 기렸다.70)

황희가 내외 관직을 두루 하면서 가장 중요하게 생각한 행정의 잣대는 '백성'이었다.

> 굶주리면서 억지로 사는 백성은 제집 貢物도 다 제대로 바칠 수 없는 형편인데, 또 떠나간 백성의 공물까지 겹으로 바치게 되니, 폐단이 이보다 더 심한 것이 있겠습니까?71)

가난에 굶주리며 공물에 시달리는 백성의 고통과 아픔을 지적한 말이

69) 오병무, 위의 글, 73쪽.

70) 申叔舟가 지은 〈墓誌銘〉.

71) 《방촌황희선생문집》, 〈강원도 飢民에게 減貢하도록 청한 계〉, 90쪽.

다. 당시 조세제도는 백성들의 삶에 큰 부담이었다. 어떻게 합리적으로 세금을 부과하여 나라의 재정에 도움이 되고 백성들에게는 공평하고 부담이 되지 않도록 하는 것이 문제였다.

京外에 모든 관리가 받아들이지 못하고 그냥 손실된 잡물은 推徵하지 말도록 해야겠습니다. 또 세종 15년(계축, 1433년) 이전에 미납된 공물도 모두 면제해 주고, 그 중 흉년이 심한 평안, 황해, 두 도에 있어서는 지난해 還上穀을 每戶에 얼마만큼 줄여서 백성들을 돌보아 주어야겠습니다. 또 闕內와 각 관청에서 받아들여야 할 잡물도 혹 도적이 훔쳐갔거나 또는 파괴되어 쓰지 못하게 된 물품들은 더 이상 바치지 말도록 해야겠습니다.72)

백성들의 기초 생활을 보장해 주고 흉년이 든 평안도, 황해도에는 환상곡을 감면해 주며, 관청에서 받아야 할 잡물도 훔쳐갔거나 파괴되어 못쓰게 된 물품들은 더 이상 바치지 말도록 해야 한다 하였다. 마찬가지로 충청, 전라, 경상도, 경기좌도의 가뭄으로 인한 백성들의 고통을 말하고, 이를 위한 여러 가지 비상한 대책을 진언하여 결재를 득하였다.

"충청, 전라, 경상의 여러 도와 경기좌도의 여러 고을은 가뭄으로 인하여 백곡이 타서 추수의 희망이 이미 끊어졌으니, 민생의 문제가 크게 염려되옵니다. 금년에 납부 할 材木을 모두 탕감해 줄 것이요, 또 옛 규례에

72) 《방촌황희선생문집》, 〈京外의 각종 공물을 줄여 없애도록 한 議〉, 148쪽.

해마다 가을철에는 충청도의 백미를 수로로 운반하여 백관들의 春正月 녹봉을 주었습니다. 그런데 금년에는 가을부터 백성의 식량이 絶乏되었으니, 양곡의 上納을 중지시키고 명년 춘정월의 녹봉을 적당히 감하게 하시옵소서" 하니, 임금께서 이를 따랐다.**73)**

황희는 또 "지금 下三道에 큰 흉년이 들어 민생의 문제가 심히 염려되옵니다. 이제 파견하는 敬差官은 각 고을을 巡行하고 査察하여, 만약 굶주려 부황난 백성이 있거든 그 고을 수령 三品 이상은 狀啓를 올려 죄에 처하고, 四品 이하는 법에 의하여 즉시 처단하게 하시옵소서"**74)** 하고 건의를 하여 임금의 허락을 받았다.

이와 같이 그는 민생의 안정, 백성들의 삶을 정치와 행정의 가장 중요한 척도로 삼고, 국정 전반에 있어 섬세하게 대책을 마련하여 실천하였던 것이다. 이러한 민본정책의 실현은 우선 그 의지와 지향이 분명해야 하는 것이고, 또 하나는 구체적으로 이를 실현할 방책이 마련되어야 그 실효를 볼 수 있는 것이다. 이 점에서 방촌은 6조 판서를 두루 역임하고, 지방관의 경험을 통해 원만한 국정수행과 해결사로서의 역할을 할 수 있었던 것이다.

---

73) 《방촌황희선생문집》, 〈가뭄이 심한 각도에 부역 탕감하기를 청하는 장계〉, 290쪽.

74) 《방촌황희선생문집》, 〈下三道의 飢民구제에 태만한 수령의 죄를 다스리기를 청하는 장계〉, 299쪽.

5. 공법제정을 통해서 본 정책결정 과정의 민주화

세종은 집권하면서 고려시대의 조세법인 踏驗損實法을 중국식 공법으로 개정하고자 했다. 이것은 이론적으로는 좋은 세법이었지만, 관리들의 재량권이 너무 커 관리의 부정이 문제였다.

이에 1428년(세종 10년) 세종은 처음으로 이 문제를 좌의정 황희와 호조판서 안순에게 상의하였다. 황희는 세종의 공법안에 반대하였고, 이후 세종은 황희는 물론 많은 관료들과 이 문제를 협의하면서 합리적인 대안을 도출하는 데 정성을 다하였다. 이를 위해 세종은 역사상 누구도 따라할 수 없는 과거시험의 출제, 여론조사 및 25년간의 연구, 15년간의 조정에서의 논의 등의 과정을 거쳐 완성하였다.[75]

심지어 세종은 문과 과거시험에 "공법을 사용하면서 이른바 좋지 못한 점을 고치려 한다면 그 방법은 어떻게 해야 하겠는가?"라는 출제를 하여[76] 새로운 공법의 대안을 모색하기도 하였다.

그는 또 5개월 동안의 여론조사를 실시하였는데, 《세종실록지리지》에 실린 조선의 인구가 692,477명인 것을 고려하면, 인구의 4분의 1인 172,806명이 참여한 것이다. 이때 찬성이 57.1%, 반대가 42.9%였지만 세종은 바로 시행하지 않았다. 그 이유는 황희를 비롯한 조정 대신들의 반대가 너무 컸기 때문이다. 반대하는 대신들은 무려 90.2%에 달하였

---

75) 오기수, 〈조세의 중립과 공평을 추구한 황희의 위민사상〉, 《방촌 황희의 학문과 사상》, 책미래, 2017, 243쪽.

76) 위의 글, 248쪽.

다.77)

황희는 세종이 가장 혼신을 다해 혁신하고자 한 공법을 처음부터 끝까지 반대한 사람이다. 세종이 공법을 개혁하고자 하여 첫 번째로 논의한 상대가 세종 10년에 좌의정 황희였다. 이때부터 황희는 세종의 공법에 대해 무려 15년 동안 끝까지 굽히지 않고 반대 의견을 내었다.78)

황희가 공법을 반대한 이유는 貧益貧富益富 현상을 우려했기 때문이다. 그 결과 황희는 세종이 백성을 위해 더 공평하고 편리한 공법을 만들도록 하였다.

황희가 말하기를, "만일 지금 田分 6等과 年分 9等의 제도가 완성되면 조세법이 바르게 될 것입니다"79)라고 하였다. 이것은 중국의 제도를 모방하는 것이 아니라 우리나라 실정에 맞는 백성을 위한 조세제도의 창안이었다. 즉 이 최종 공법은 田畓을 肥沃度에 따라 6개의 등급으로 나누어 1結의 면적을 계산하여 1차적인 공평성을 실현하고, 다시 그해 농사의 豊凶에 따라 9개의 등급으로 나누어, 1결당 20말에서 4말까지 차등 있게 세액을 산정하고 징수하게 하여 2차적인 공평을 실현하도록 하였다. 백성이 소유한 각 토지의 조세 등급을 무려 54단계로 세분하여 공평과세를 실현한 것이다. 이는 세종의 훌륭한 리더십의 결과라고 할 수 있지만, 황희와 같은 뛰어난 재상이 있었기에 가능한 것이었다.80)

세종은 황희 등의 뜻을 받아들여, 頃畝法을 결부법, 田分 5等을 田分

77) 위의 글, 252쪽.

78) 위의 글, 246쪽.

79) 《세종실록》, 28년 4월 30일 조.

80) 오기수, 〈조세의 중립과 공평을 추구한 황희의 위민사상〉, 《방촌 황희의 학문과 사상》, 책미래, 2017, 277쪽.

6等으로 수정한 공법을 제안하여 확정하였다. 황희 등의 경무법에 대한 비판을 수용한 것이다. 이로써 田分 6等, 年分 9等의 공법이 최종 확정되었다.[81] 세종대왕은 조세인 田稅를 징수할 때 공평하고 편리하며 관리들의 농간을 배제하는 조세법으로서 貢法을 입법하고자 하였다. 그래서 세종대왕이 입법한 공법은 공평과세와 징세의 편의, 징세비의 최소화를 위한 조선 최고의 체계화된 조세법이었다.[82]

세종은 공법 도입을 직접 제안했을 뿐만 아니라 공법 도입에 대해 강력한 의지를 지니고 있었다. 그러나 세종은 황희가 공법에 대해 줄곧 반대 입장을 고수하였음에도 불구하고 공법에 대한 논의에서 황희의 의견을 끝까지 존중하였을 뿐 아니라 그에게 직접 공법의 절목들을 마련하는 책임을 맡기기까지 하였다. 황희 역시 공법에 대해 일관된 반대 의사를 표명하면서도 세종의 지시에 따라 공법 제정에 적극적으로 참여하였다. 실제로 세종 18년~19년의 공법 시행안은 세종이 황희, 안순, 신개, 하연, 심도원 등에게 명하여 마련하도록 한 것이었다.[83]

이러한 공법 제정의 과정을 검토해 볼 때, 세종과 황희가 보여 준 리더십은 오늘날 현대에도 감히 따라갈 수 없는 높은 수준의 민주적 과정이었다. 임금이 제시한 안을 어느 누가 반대하는가? 그것도 한두 번이지 15년 동안 반대하며 소신을 내세운 신하를 용납하는 군주로서의 세종은 이 시대에 평가해도 훌륭한 지도자임에 틀림없다. 우리가 세종을 성군이

81) 오기수, 《황희, 민본시대를 이끈 행복한 2인자》, 고반, 2017, 163쪽.

82) 오기수, 〈조세의 중립과 공평을 추구한 황희의 위민사상〉, 《방촌 황희의 학문과 사상》, 책미래, 2017, 243쪽.

83) 이민우, 〈세종 대 공법제정에서 황희의 역할〉, 《방촌 황희의 학문과 사상》, 책미래, 2017, 305쪽.

라 하는 이유가 결코 헛된 얘기가 아님을 보여 준다.

또한 방촌은 신하로서 임금의 정책에 대해 일관된 소신으로 반대하며 대안을 제시하고, 그 책임을 맡아 마침내 훌륭한 세법을 만들어 냈다. 오늘날 어느 누가 대통령의 정책에 반대하며 그것을 바꾸고 보완하고 고치도록 할 수 있는가? 눈치 보기에 급급하고 출세와 영달에 매달리는 현실에서 나라와 백성을 위한 일관된 소신으로 임금의 정책 마련에 17년 동안 소신으로 일관한 방촌에게서 관료의 모범을 배우게 된다.

1428년(세종 10년)부터 1444년(세종 26년)까지 추진된 세종의 공법 제정 과정에서 보여 준 세종과 황희의 민주적 리더십은 오늘날 현대에도 큰 교훈을 준다.

6. 文廟從祀의 청원과 書院 享祀를 통해서 본 유교적 위상

전통적으로 유교에 있어서 문묘종사는 매우 중요한 일이다. 그것은 유교가 堯, 舜, 禹, 湯, 文, 武, 周公, 孔子의 道統을 중시하듯이, 유교가 전승되어 내려온 學統과 道統을 아울러 중시하기 때문이다. 우리나라의 경우도 성균관을 비롯하여 각 향교에 유학자들을 봉향하는데, 이 종사는 매우 엄격한 절차와 공론을 거쳐 시행되어 왔다. 그 결과 우리나라의 경우 18분이 배향되어 있는데, 崔致遠, 安珦, 鄭夢周, 金宏弼, 鄭汝昌, 趙光祖, 李彦迪, 李滉, 金仁厚, 李珥, 成渾, 金長生, 趙憲, 金集, 宋時烈, 宋浚吉, 朴世采가 있다. 비록 황희가 문묘에 배향되지는 못했지만, 문중과 팔도 유생들에 의해 문묘 종사 청원운동이 활발하게 전개되었음을 알 수 있다.

방촌 황희에 대한 문묘종사를 청하는 상소는 1점 남아 있다. 공주 유학 宋智修를 疏首로 경상도와 전라도 유생 약 200여 명이 연명한 것이다. 이 상소가 現傳하는 것은 당시 올리지 못하였기 때문으로 보인다. 실제로 황희의 문묘 종사운동은 19세기 들어 모두 네 차례가 있었다. 이들은 각기 다른 곳에서 진행된 것이었지만, 방촌의 主享處인 玉洞書院이 주도하여 추진한 사실들도 여러 교원의 통문에서 확인이 된다.

《고종실록》과 《승정원일기》에는 황희의 문묘종사와 관련된 상소가 네 차례 나타난다. 황희의 문묘 배향에 대하여 처음 거론한 것은 1883년(고종 20년) 12월 22일 경기도에 사는 후손 黃心顯의 상소였다. 그는 황희의 업적과 선유들의 그에 대한 칭송을 제시하며 문묘에 배향해 줄 것을 요청했지만, 고종은 문묘에 배향하는 일은 중대한 예법이며, 갑자기 시행할 수 없으니 다시 후일의 공론을 기다리라고 비답하였다. 이어 1884년 4월 4일에 팔도 유생 李承璪 등이 상소하여 儒林의 公議로서 황희의 문묘종사를 청한다고 하였다. 그러나 고종의 비답은 마찬가지로 거절되었다. 1884년 6월 6일 李世夏를 疏首로 해서 다시 황희의 문묘 배향을 요청하는 상소를 올렸지만 다시 윤허되지 않았다. 이후 한동안 陞廡疏는 등장하지 않다가 5년 후인 1891년 6월 4일에 李穡과 黃喜를 문묘에 배향할 것을 청하는 洪在衡 등의 상소가 있었다. 이에 다시 비답을 내려 황희가 憲章을 제작한 것과 李穡이 후학에게 사표가 된 것은 의당 그 공에 대해 의논이 있어야 하지만, 문묘에 배향하는 것은 지극히 신중하여 가볍게 논할 수 없으니 물러가라 하였다. 관찬 자료에는 남아 있지 않지만, 英陽鄕校에 남아 있는 통문을 보면, 李承璪, 李世夏 외에 5명이 연명하여 보낸 것으로 1894년 2월 27일 황희의 陞廡疏를 들고 한양에 입성하여 유림들의 의견을 전달하였고, 긍정적인 비답을 듣고 재차 상소를 올리기 위해 빚을 내어 체류하는 모습을 확인할 수 있다.[84] 이렇게 볼 때, 황희에 대한 문묘종사 운동은 비록 실패했지만, 상주뿐만 아니라 전국적으로 일어났었다는 점에서 방촌의 유림사회에서의 위상을 짐작해 볼 수 있다.

黃夔仁은 〈방촌선생의 文廟配享을 청한 實事序〉에서 방촌의 문묘 배향 이유를 이렇게 설명하고 있다.

> 우리 태조가 건국한 초기에 杜門洞의 諸賢은 모두 선생에게 세상을 濟度할 임무를 지우면서 나갈 것을 권유하였고, 선생은 그 임무를 스스로 지고 나왔으니, 그 마음은 伊尹이 湯에게 나아간 것과 같고, 그 義는 箕子가 武王에게 洪範을 전수한 것과 같다. 또한 세종조에 이르러 禮를 제정하고 樂을 만든 것은 周公의 규모요, 邪를 배격하고 正을 붙잡은 것은 맹자의 道統이며, 冠婚喪祭의 禮가 문란하지 않고 孝悌忠信의 行이 알지 못하는 가운데 실현되었으니, 400여 년 이래 儒冠, 儒服과 儒行, 儒言이 모두가 어찌 선생의 遺澤에서 나온 바가 아니겠는가? 위로는 圃隱, 牧隱을 계승하고, 아래로는 晦齋, 退溪에게 전수하여 원만히 우리 儒道의 宗師가 된 것이다. 이는 괜히 아첨하는 말이 아니라 부녀자와 어린애까지도 다 아는 사실이며, 더욱이 역대 왕조의 제문이 뚜렷하고 선배들의 공론이 정확함에랴. … 또한 南秋江(孝溫)은 "佛法이 횡행하던 시기를 당하여 홀로 세속에서 벗어나 바른 도만을 지키고 거기에 흔들리지

---

84) 경상북도, 〈상주 옥동서원 사적 지정 자료보고서〉, 2014, 43~44쪽 참조.

않았다" 하였고, 趙靜庵은 "經筵에서 자주 士氣를 배양시켰다"고 칭찬하였으며, 先生實記에는 "어려서는 性理의 글을 배우고 장성하여서는 聖明한 임금을 만나 그 실천이 독실하고 효용이 뚜렷하다" 하였다.

이밖에도 여러 군데 散在되어 있는 좋은 언행들을 이루 다 서술할 수 없지만, 만약 선생이 없었던들 圃隱, 牧隱의 개발은 마치 꿰어 놓지 않은 돈과 같고, 晦齋, 退溪의 계승은 높은데 오를 때 사다리가 없는 것과 같았을 터이니, 그 덕을 어디서 상고하겠는가? 그 道學의 淵源과 脈絡이 이처럼 뚜렷한데도 선생만이 文廟의 配享을 받지 못하고 있으니, 어찌 國典의 欠缺이며 士林의 억울함이 아니겠는가?[85)]

또한 방촌의 문묘 배향을 청원한 상소에서는 다음과 같이 그 이유를 설명하고 있다.

엎드려 생각하건대, 고 영의정 翼成公 黃喜의 나라를 경륜하는 典禮와 백성을 다스리는 憲章을 보면 참으로 우리 東方의 眞儒이며 百世의 宗師입니다. … 대저 道學이란 사람의 생명이며 만물의 원칙입니다. 이는 천지를 다하고 만고를 통하여 변함이 없는 것으로, 二帝 三王과 孔, 孟, 程, 朱로부터 우리 동방의 晦軒선생 安裕와 圃隱선생 鄭夢周에까지 이르렀습니다. 翼成의 이것으로써 전수받고 또 이것으로써 전수해 준 사실이 국사에 뚜렷이 기재되어 날날이 상고할 수 있으며, 역대 聖祖에서 내

85) 《방촌선생문집》, 잡록, 〈방촌선생의 문묘배향을 청한 실사서〉, 1579쪽~1581쪽.

린 祭文에도 융숭하고 장중하게 언급되어 있습니다.

또한 文貞公 臣 南孝溫은 正道만을 지키고 邪道에 흔들리지 않은 이는 黃翼成 한 사람이었다 하였고, 文正公 臣 趙光祖는 經筵에서 자주 士氣를 배양시켰다고 칭찬하였습니다. 역대 聖祖의 영령을 위로한 바와 두 賢人의 공로를 추앙한 바로 보아 百世의 恩典과 多士의 본보기가 어떠하다는 것을 알 수 있습니다. 그런데도 지금까지 문묘에 배향되지 아니한 것은 참으로 士林의 억울한 일이며 국가의 欠缺된 일입니다. … 지금 翼成을 문묘에 배향하자는 奏請에 있어 정식으로 접수된 소는 두서너 장에 불과하지만, 士論에 發起된 지는 벌써 수십 년이 넘었습니다. 아! 우리 전하는 上聖의 자질로 中興할 國運을] 만나시고 東宮邸下도 明哲한 계승이 마치 堯의 舜과 같으시니, 이는 바로 儒風을 드러내고 士類를 仰揚시켜야 할 기회입니다.

신 등이 외람됨을 불고하고 다시 정성을 드리오니, 엎드려 바라건대 전하는 깊은 생각을 돌리시고 대중의 바람에 따르시어, 翼成公 臣 黃喜를 文廟에 從祀시키라는 특명을 내려 주소서. 신 등은 그저 기원하면서 두근거리고 황공해 하면서 기대가 간절할 뿐이옵니다.[86)]

이러한 상소에 대해 임금은 문묘 배향은 결코 경솔히 할 수 없다 하고, 그대들은 물러가 학업에나 힘쓰라고 비답하였다. 이상의 문묘 배향

86) 《방촌선생문집》, 잡록, 〈방촌선생 문묘배향을 청한 소〉, 1582쪽~1584쪽.

청원 상소의 내용을 종합해 보면, 400여 년 이래 儒冠, 儒服과 儒行, 儒言이 모두 황희의 遺澤에 힘입은 바라고 평가하고 있고, 또한 불교를 배척하고 正道를 바로 세운 공로를 높이 평가하고 있다.

다음은 書院 享祀를 통한 황희의 유교적 위상에 대해 검토해 보기로 하자. 성균관과 향교에 배향하는 것은 조정의 공인 절차를 통한 것이었다면, 서원 향사문제는 지역 유림들의 공의가 중요한 역할을 하였다. 이런 점에서 방촌의 서원 향사문제는 그의 유교적 위상을 살펴보는 데 중요한 근거가 된다. 황희는 유학자가 아님에도 불구하고 충청, 전라, 경상, 강원도 등 전국적으로 서원에 향사되고 있다. 그 과정과 전말을 간단히 살펴보기로 하자.

1580년(선조 13년) 황희의 5세손 현감 惇 등이 白玉洞 影堂을 상주 中牟縣 壽峰村에 세웠다. 이 마을은 곧 그의 仲子 少尹公의 別業인데, 황희가 일찍이 이곳에 와서 逍遙하였다. 이 마을에 사는 후손이 그 遺躅을 사모하여 影堂을 지어 遺像을 받들고 春秋로 享祀하였다.[87]

1693년(숙종 19년) 장수현감 閔鎭崇이 본 현의 사림과 더불어 滄溪書院을 현 북쪽 杻嶺 아래 仙倉村에 세웠다. 烈成公과 兪好仁, 張應斗를 함께 配享하였다.[88] 1714년(숙종 40년) 상주사림이 白玉堂 影堂을 승격시켜 서원으로 만들었다. 처음에는 忠簡公 全湜을 배향하였다가, 1786년(병오)에 황희의 현손 이조참판 黃孝獻과 7세손 지평 黃杻를 함께 배향하였다.[89]

---

87) 《방촌황희선생문집》, 〈연보4〉, 1338쪽.

88) 《방촌황희선생문집》, 〈연보4〉, 1339쪽.

89) 《방촌황희선생문집》, 〈연보4〉, 1339쪽.

1727년(영조 3년) 황희의 13세손 忠烈公 黃璿이 白玉洞의 遺像을 모사하여 伴鷗亭과 滄溪書院에 봉안하였다.[90] 1788년(정조 12년) 남원 사림이 楓溪書院을 府 서쪽 楓山 아래 見所谷坊 山水村에 세우고 遺像을 奉安하였다.[91] 1790년(정조 14년) 공주 사림이 岐湖書院에 배향하였고,[92] 1856년(철종 7년) 연기 사림이 台嶽書院을 縣 서쪽 台山村에 세웠다.[93] 이 태악서원은 그동안 문헌이 부족해 그 실체를 알 수 없었는데, 최근 상주 박씨 문중(박창섭)이 보관해 오던《栗村先生實記》가 세상에 밝혀지면서 그 전모가 밝혀지게 되었다.

또한 1857년(철종 8년)에는 삼척 사림들이 山陽書院을 府 남쪽 召公臺 아래에 세웠고,[94] 고종 말에 전주 사림들이 완주군 용진면 구억리에 龍進書院을 세우기도 하였다.[95]

사실 서원은 대체로 훌륭한 유학자를 主享者로 하여 그 문인들에 의해 현창해 온 것이 일반적이다. 황희의 경우는 유학자도 아니고 문인도 없는 현실에서 전국 곳곳의 서원에서 향사의 영예를 갖게 된 것은 결코 우연이 아니며, 적어도 조선 초 건국의 과정에서 불교를 배척하고 유교를 정도로 세우고자 한 공로와 조선 초 예악의 제도화에 기여한 공로가 인정된 것으로 보인다.

90)《방촌황희선생문집》,〈연보4〉, 1340쪽.

91)《방촌황희선생문집》,〈연보4〉, 1341쪽.

92)《방촌황희선생문집》,〈연보4〉, 1342쪽.

93)《방촌황희선생문집》,〈연보4〉, 1343쪽.

94)《방촌황희선생문집》,〈연보4〉, 1344쪽.

95)《방촌황희선생문집》,〈연보4〉, 1344쪽.

7. 맺는 말

본고는 방촌 황희를 유교적 관점에서 조명해 보았다. 황희는 퇴계나 율곡처럼 자신의 학설을 가지고 있지도 않고, 또 강학을 통해 많은 제자를 거느린 교육자도 아니다. 그는 유교 경세가요 유교 행정가요 유교 정치가라고 할 수 있다. 비록 황희가 유학자는 아닐지라도 그는 분명 유교와 밀접히 연관되어 있고, 평생 유교 속에서 산 인물이다. 이 점에서 황희와 유교의 연관성과 그 위상을 검토해 보는 것은 의미가 있다.

조선은 1392년 불교국가 고려를 멸망시키고 들어선 유교국가였다. 인물의 교체뿐이 아니라 이념의 변화가 정치적, 사회적, 문화적으로 이루어졌다는 점에서 매우 중요하다. 鄭道傳이 조선의 유교국가 디자인을 했지만, 그는 얼마 안 되어 암살당했고, 유교국가의 실현을 직접 추진하지 못했다.

반면 栗谷 李珥, 磻溪 柳馨遠, 茶山 丁若鏞, 惠崗 崔漢綺 같은 이들은 비록 학자로서 경세의 탁월한 경륜과 아이디어를 가지고 있었지만, 그들이 자신의 생각과 이상을 실현하는 데는 한계가 있었다. 즉 임금도 아니었고 그럴 만한 위치에 있지도 않았다. 설사 재상이나 판서가 되어도 그 임기가 안정적으로 보장되지 아니하면 자신의 정치적 이상을 실현하기 어려웠다. 그리고 중요한 것은 왕과의 협력체제다. 즉 왕이 신하를 믿고 맡기며 신하도 그 왕을 존경해 모실 때 君臣相遇, 聖君賢相의 協治가 가능해진다. 그러나 조선조 전 시대를 통틀어 보아도 이런 경우는 지극히 드물다. 이 점에서 황희의 경우는 특이하다 할 수 있다.

황희는 60여 년의 관직생활, 24년간의 재상 경험, 18년간의 영의정 역임, 6조 판서를 두루 거친 행정 경험, 그 밖에도 지신사, 대사간, 강원도 관찰사, 한성판윤 등 내외 관직을 두루 경험하였다. 아마도 이러한 행정 경력은 세계적으로도 전무후무한 기록일 것이다. 황희의 유교정치, 유교국가, 유교문화, 유교사회의 실현에 대한 참여는 일찍이 태종대부터 시작되어 세종시대 전체를 아우른다. 특히 우리 역사상 가장 성공했던 시대로 평가받는 세종시대에 그는 2인자로서의 영의정만 18년을 했다. 세종의 황희에 대한 존경과 신뢰는 많은 자료에 잘 나타나 있다. 유교정치에서 이상으로 일컫는 聖君賢相의 協治가 조선시대에 세종과 황희에 의해 이루어졌다는 것은 모범적인 사례에 속한다.

황희는 자신이 물론 유교 이념에 충실했을 뿐만 아니라, 세종이라는 聖君을 만나 2인자로서 유교정치의 이상을 몸소 실현하고 구현하는 데 최적의 환경에 있었던 것이다. 황희의 업적과 역사적 기여가 무엇이냐고 했을 때, 역대 임금의 賜祭文이나 卒記, 申叔舟가 쓴 神道碑文, 세종이 황희에게 내린 여러 글들, 문묘종사 청원의 상소, 서원 향사의 글들을 종합해 볼 때, 하나는 조선의 건국 초기에 유교적 禮樂문물을 갖추는 데 결정적 역할을 했다는 점이고, 또 하나는 불교국가에서 유교국가로의 이행과정에서 유교입국의 방향과 의지를 분명히 하여 순정한 유교국가 건설에 기초를 세웠다는 점이다. 물론 훈민정음 창제를 비롯하여 세종시대의 내치, 외치의 자랑스런 업적들이 황희와 무관한 것은 드물다. 다만 여기에서는 황희가 조선의 유교 국가 건설에서 어떤 역할을 했고, 유교적 관점에서 어떻게 평가해야 하는가를 조명해 보았다.

이런 점에서 볼 때, 그는 유교적 정치 이상을 몸소 실천한 대표적인 인물임에 틀림없다. 土亭 李之菡이 비록 포천현감 1년, 아산현감 2개월을 했지만, 백성을 위한 행정을 어떻게 해야 하는가 하는 위대한 모범을 보였듯이, 황희는 조선의 2인자로서 건국 초기 유교국가 건설에 몸소 실천했던 진정한 유교경세가였다고 할 수 있다.

申叔舟가 쓴 다음 〈神道碑文〉은 황희의 인품과 업적 그리고 그 위상에 대해 잘 말해 주고 있다.

> 공은 정부에 있은 지 가장 오래였는데, 祖宗의 법도를 삼가 준수하고 뜯어고치기를 좋아하지 않았으며, 혹 임금에게 현행법을 고치자고 제의하는 이가 있으면 일체 저지시켰다. 한 평생 남의 이전의 잘못을 새겨 두지 않았고, 평소의 처사에는 관용을 위주하여 상대방에게 섭섭함을 주지 않다가도, 대사를 의논하는 데는 시비를 직접 가려 내어 조금도 용납함이 없었으며, 모든 상소와 건의문이 거의 공이 손수 만든 것으로서 그 辭意가 창쾌하여 한 번만 읽어 보아도 공의 지성을 엿볼 수 있었으므로 우리나라의 賢相을 말하는 이는 의례 공을 우두머리로 쳤다. 공의 安葬하는 날에는 신분의 귀천을 막론하고 저마다 달려와 애통해하고 아쉬워하였으며, 각 부처의 胥吏는 물론 奴僕까지도 제각기 앞을 다투어 布貨를 내어 祭奠을 드리되 무척 호화스럽게 하여 그 경비를 꺼리지 않았으니, 옛 사람가운데 그 遺愛가 한 지방 한 고을에 그친 이는 더러 있었지만, 공처럼 온 나라가 허둥대며 사모한 이는 천고에 드문 바이다.[96]

96) 《방촌황희선생문집》, 부록 상, 〈신도비명〉, 1366~1367쪽.

방촌 황희의 예인식과 현대사회[1)]

-사가례(私家禮) 관련 예설을 중심으로-

한기범[2)]

1. 머리말

최근 우리는 일부 정치세력의 국정농단으로 대통령이 탄핵 교체되고 국가가 뿌리째 흔들리는 상황을 지켜보면서 심한 자괴감을 체험해야 했다. 동시에 자성의 눈으로 우리 역사를 돌아보며, 잘한 정치, 자랑할 만한 정치, 그리고 그런 정치를 만들어 낸 사람들에 대한 이해가 긴요함을 절감하기도 했다. 물론 어느 시대나 정치(政治)는 정치가가 만들어 가는 것이지만, 그 밑바탕에는 민심(民心)이 담겨야 하고, 따라서 그 민심을 잘 읽어 내고, 그것을 실천에 옮기는 사람이 성공한 정치가였음을 역사는

1) 이 글은 (사)방촌황희선생사상연구소 주최, 방촌황희연구소 주관한 제3회 방촌황희선생 정기학술대회, 성균관 유림회관, 2017.11.03.)에서 발표한 논문이다.

2) 한남대학교 명예교수

말해 주고 있다.

세종의 시대가 조선의 가장 모범적인 정치가 이루어진 시기임을 부정할 사람은 별로 없을 것이다. 그러나 세종의 그 출중한 선정(善政)을 만들어 내는 데 주축이 되었던 정치가들에 대해서 우리는 잘 알지 못하거나 특별한 관심을 두지 못해 왔다. 이것은 역사 이해 과정의 모순일 수 있고, 앞으로의 출중한 지도자를 얻어 내기 위한 하나의 유익한 방안을 놓치고 있는 것인지도 모른다. 이 점에서 세종대의 명신인 방촌 황희(1363~1452) 선생은 우리가 집중적으로 검토할 필요가 있는 대표적 정치가(政治家) 중의 한 사람이다. 그는 조선시대의 문물제도의 기초를 제공한 세종대에 영상을 무려 18년간이나 역임하면서 최고의 자리에서 세종을 보필하였다. 그렇다면 세종이 이룩한 공적의 상당 부분은 방촌 황희의 협력에서 나온 것이라 해도 큰 무리가 없을 것이다.

세종대 방촌의 역할 중 주목해야 할 주제의 하나는 예제(禮制)의 정비 작업이다. 조선은 유교주의 사회였고, 유교의 요체는 수기치인(修己治人)이며,[3] 그것은 모두 예(禮)로써 표출되어야 했던 예치(禮治)의 사회였다.[4] 따라서 조선 초기의 예제정비나 예설 등에 대한 연구는 조선조 예치구조의 기본 틀과 그 성격을 살피는 연구로서 중시되지 않을 수가 없다. 방촌의 시기는 이러한 예치(禮治)의 기초를 만들어 가던 시기였고, 그는 세종과 함께 그 중심에 선 정부의 최고 지도자[5]였다.

---

3) 《栗谷全書》 卷19, 〈聖學輯要〉 1, 總說. "臣按 聖賢之學 修己治人而已."

4) 예치(禮治)란 성현(聖賢)의 예(禮)를 규범으로 삼아 백성을 다스리는 정치이다. 예치를 위해서는 예제(禮制)의 체계적 정비가 필수적이었다.

5) 방촌(厖村: 황희)은 우리나라 관료의 역사상 매우 특이한 이력을 가진 인물이다. 그는 고려 말에 문과로 출사를 시작하였고, 이어서 조선 건국 후에도 태조로부터 5대 문종

그러나 이러한 위상을 지닌 방촌 황희에 대한 연구는 아직 충분히 이뤄지지 못하고 있고, 특히 그의 예설이나 예인식 및 조선 초기 예제정비 과정에서의 그의 역할이 집중적으로 연구된 바는 별로 없는 것 같다.6)

방촌이 살았던 시기에는 예제정비가 국가례인 오례(五禮)와 사가례인 사례(四禮)의 양면에서 추진되고 있었으나, 아직은 정비 단계였으므로 당면한 예제적 문제를 중심으로 즉시적으로 검토되고 있었다. 이 시기에는 특별히 예제정비를 위하여 의례상정소(儀禮詳定所)가 만들어졌다. 여기에는 예학 전문가들과 정책 최고담당자들이 함께 이 일을 담당하고 있었는데, 방촌은 재상으로서 의례상정소의 제조(提調)로 이 일에 꾸준히 참여하였고, 특히 주요 사안은 직접 국왕과의 문답이나 상소로써 해결해 갔다. 그런데 이러한 일련의 방촌의 예제활동과 예설 개진에서 그것의 현대적 의미를 찾는 일은 국가례보다는 사가례와 관련된 예설 및 예제 활동이 더 연계가 가까워 보인다. 오늘의 국가정치제도 시스템이 당시와는 너무 다르게 변해 있기 때문이다. 따라서 본고에서는 먼저 방촌의 사가례와 관련된 예설에 주목하여 그의 예인식을 짚어 내고 나아가서 그것이 오늘의 우리에게 주는 시사점이 무엇인지를 집중적으로 검토하고자 한다.

이러한 생각을 전제로 하여 본고의 2장에서는 '방촌시대의 의례 정비

에 이르기까지 총 74년간 벼슬살이를 하며, 그동안 재상 24년, 영의정 18년을 역임하였으니(《방촌 연보》 참조), 이러한 장구하고 화려한 관력은 사실상 전무후무한 것이라 할 수 있다.

6) 황희의 예설이 부분적으로 거론되고 있는 조선 초기의 의례 및 예학에 관한 연구로는 다음 연구가 주목된다.
이범직, 《한국중세예사상연구》, 일조각, 1991.
지두환, 《조선전기 의례연구》, 서울대학교출판부, 1994.

구조와 그 속에서의 황희의 위상을 검토하여, 방촌의 예설이나 예제정비 노력들이 어떤 배경에서 또 어떤 방법으로 이루어진 것인지를 가늠해 볼 것이다. 그리고 3장과 4장에서는 방촌의 사가례 관련 예설을 각각 효열론(孝烈論)과 종법적(宗法的) 예론(禮論)으로 나누어 검토하고 거기에 담긴 방촌의 예인식을 정리할 것이며, 맺음말에서는 방촌의 이러한 예인식이 오늘의 우리에게 주는 시사점을 살펴볼 것이다. 이러한 일련의 연구가 조선 초기 예문화사에서의 방촌의 역할과 위상을 찾는 일과, '전통과 현대와의 접맥'을 통한 21세기의 새로운 예문화 창출 작업에 작은 디딤돌이라도 될 수 있기를 기대한다.

2. 태종 · 세종대의 의례정비 구조와 정승 황희

조선의 태종·세종의 시대는 국가의 기틀을 제도화하는 작업이 무엇보다도 긴요한 과업이었고, 국가의 예제(禮制)를 정비하는 일은 그중 가장 시급한 과제 중의 하나였다. 이 시기 예제정비 작업에서 지표가 될 수 있는 국내 자료로는《고금상정예문(古今詳定禮文)》등 예제와 예설의 내용을 담고 있는《고려사(高麗史)》예지(禮志) **7)**의 기록과 조선 국초에 제정된 조준의《경제육전(經濟六典)》**8)** 등이 있었다. 그러나 이미 나라가 달라

7)《고려사》는 1449년(세종 31) 왕명으로 김종서가 편찬하기 시작하여, 1451년(문종 1)에 정인지의 이름으로 찬진된 기전체의 고려시대 역사서이다. 〈지(志)〉 중에는 〈예지(禮志)〉 11권이 있는데, 여기에는《고금상정예문(古今詳定禮文)》,《식목편수록(式目編修錄)》및 여러 사람의 잡록을 취했다고 밝히고 있다.《고금상정예문(古今詳定禮文)》은 오늘날 따로 전해지지 않는다.

8)《경제육전》은 1397년(태조 6) 영의정 조준의 주관으로 편찬·반포된 조선 최초의 법전이다. 1388년부터 1397년까지 10년간 시행된 법령과 장차 시행할 법령을 수집하여 편

졌고 또 시대가 달라지면서 불가피하게 예제와 법전 또한 새로운 이념에 따라 개정과 보완이 절실하였다.

그리하여 태종은 즉위년(1401년) 4월에 예조(禮曹)의 산하 기구로 〈의례상정사(儀禮詳定司)〉를 만들었다. 이 기관은 조선 초기에 예법(禮法)과 의식(儀式) 따위의 규범(規範)을 만들어 법으로 정하는 일을 맡았던 특별 관청이다. 그러나 일국의 예제 정비라는 일이 애초부터 예조가 홀로 담당할 수 있는 일이 아니었다. 그리하여 태종 10년(1410)에는 그 직무와 권한이 확대되어 최고급 특별 기구의 하나로 발전하면서 의례상정소(儀禮詳定所)로 개칭되었다.

여기에는 예학 전문가 외에 의례와 정치 제도에 박식한 고위 관원들이 제조(提調)로 참여하고 있었다. 이들은 독자적으로 또는 예조와 협의하여 고례(古禮)·고제(古制)를 연구하고 새 왕조의 기틀이 될 각종 의례·예속·법령·제도 등을 심의 제정하였으며, 중요 국가정책에도 참여하였다.

당대의 예학 전문가들로는 《예기천견록(禮記淺見錄)》을 지은 권근(權近: 1352~1409)을 비롯하여 그의 문인인 허조(許稠: 1369~1439), 그리고 정척(鄭陟: 1390~1475)이 있었으나, 상정소에는 대개 허조만 제조로 참여하였다. 한편 고위 정책담당자들로는 초기의 하륜, 변계량, 이조, 이직 등과 세종 9년(1427) 이후의 황희, 맹사성, 이직, 정초 등이 주로 참여하였다.[9] 특히 방촌 황희는 재상(판서)으로서 또는 영상으로서 다년간 이 상정소의 제조로 참여하였다.

그런데 이 시기의 예제 정비는 앞에서 언급한 《경제육전(經濟六典)》의

집한 것이다. 후일 하륜, 이직, 황희 등이 단계적으로 보완하여 속집을 편찬하였다.

9) 이범직, 《앞의 책》 207쪽 참고.

속집 제작과 〈오례의(五禮儀)〉10)의 제작이 사실상 거의 동시기에 진행되었던 것 같다. 다음의 《경제육전》 제정 추이와 황희 관련 기사는 이를 알게 한다.

《경제육전》의 편찬과 '오례(五禮)'

연대	초기 법전	주관/편찬	황희/오례(五禮) 관련
1397년 (태조 6)	경제육전 (經濟六典)	조준이 주관	5례(五禮) 관계의 의식절차가 본문의 기본 조문으로 수록되었다.11)
1413년 (태종 13)	《경제육전속록》	하륜이 편찬	
1428년 (세종 10)	《신속육전등록》	이직 등 편찬	
1433년 (세종 15)	《신경제속육전》	황희 등 편찬	"의례상정소의 도제조 황희(黃喜)가 《경제속육전》을 완성하여 왕에게 찬진하는 전문(箋文)을 썼다."12)

이로써 보면 《경제육전》과 황희가 찬집한 《경제속육전》 등에는 5례(五禮)관계의 의식절차가 본문의 기본 조문으로 수록되었음을 알게 된다. 또한 1433년 황희는 의례상정소의 도제조의 이름으로 《경제속육전》을

10) 《오례의(五禮儀)》는 다섯 가지의 국가의례를 모은 예서이다. 조선의 경우 그것은 길례(吉禮), 가례(嘉禮), 빈례(賓禮), 군례(軍禮), 흉례(凶禮)의 순서로 편집되어 있다. 그 내용은 대개 길례는 각종의 국가 제례, 가례(嘉禮)는 국가 및 왕실의 경사시의 의례, 빈례는 대외 관계에서 국빈 관련 의례, 군례는 군사 관련 의례, 흉례는 국장이나 국상 등 죽음의 의례이다.

11) 《경국대전》에서는 의식절차는 《오례의》의 규정을 적용한다고 하였을 뿐 본문에 구체적인 규정은 없다. 《경제육전》을 편찬할 당시에는 5례 관계의 의식절차가 정해지기 전이므로 고려시기의 규정을 참작하여 육전에 올린 것으로 보인다.

12) 《세종실록》 59권, 세종 15년(1433) 1월 4일 무오.

왕에게 찬진하고 있음에서도 그 상관관계를 살필 수가 있다. 실제로 후일의 《경국대전》과 《국조오례의》 역시 예제상의 연계가 확인되기도 한다.13)

다음으로는 《세종실록》 〈오례〉와 의례상정소의 상관관계를 살펴보자. 다음의 도표는 양자의 관계가 시기적으로 역시 겹치고 있음을 알게 되며, 특히 방촌 황희의 상정소 활동기간과 중첩되는 것을 확인케 된다.

《세종실록》 〈오례〉의 완성 단계

<table>
<tr><th>왕대</th><th>편찬자</th><th>편찬 내용</th><th>오례 완성</th><th>황희의 상정소 제조 활동</th></tr>
<tr><td>태종</td><td>허조(許稠)
(1369~1439)</td><td>길례서례(吉禮序例)
길례(吉禮) 편찬</td><td rowspan="3">《세종실록》
〈오례〉 합본
1454년(단종
2) 완성</td><td rowspan="3">태종대: 없음
세종대:
좌의정 때(세종9~세종11)
4회
영의정 때(세종12~세종17)
10회</td></tr>
<tr><td>세종</td><td>정척(鄭陟)
변효문(卞孝文)</td><td>가례·빈례·군례·
흉례 편찬</td></tr>
<tr><td>단종</td><td></td><td>합본(合本) 총 8권</td></tr>
</table>

즉 황희의 의례상정소 활동은 세종 9년(1427)으로부터 시작하여 세종 14년(1432)까지 한 해도 거르지 않고 계속되었으며, 세종 15~16년은 참여가 없다가 세종 17년 정월에 마지막으로 참여한 것으로 정리된다. 이 해에 의례상정소는 폐지되고 집현전이 그 일을 계승하게 된다. 물론 이 기간 중에도 같은 해에 여러 번 단행된 제조 인사에서 황희가 빠진 경우도

13) 예컨대 현종대의 1차 예송에서 기년복으로 결정하게 된 예설적 근거는 《국조오례의》가 아닌 바로 《경국대전》 조항이었다(한기범, 〈예송기 이유태의 왕조례예설과 예사상〉, 《한국사상과 문화》, 46집, 2009.)

나오지만, 거의 매년 상정소의 제조를 했다는 사실은 그가 상정소를 통하여 진행되는 예제 정비에 거의 빠지지 않고 참여했다는 셈이 된다. 실제로 실록과 문집 등에서 이때의 예제 정비 과정에서 황희가 제기한 예론이 찾아지는 경우도 약 70여 건으로 이와 거의 비슷하다.

《세종실록》 오례는 당시 조선에서 행하던 전고(典故)와 당(唐)·송(宋)의 구례(舊禮) 및 중국의 제도를 참고하여 제작되었다. 각 예는 서례(序例)와 의식(儀式)으로 구성되는데, 서례는 의례 진행에 필요한 기초적인 내용과 물품·장비 등을 설명한 것이고 의식은 의례의 진행절차를 설명한 것이다. 〈세종 오례〉는 《세종실록》에 〈지(志)〉의 형태로 수록되어 있다.

《세종실록》의 〈오례(五禮)〉(향례 및 사가례 포함)[14)]

	국가례 / 왕실례	사가례(私家禮) /향례(鄕禮)
내용	길·가·빈·군·흉례 (吉·嘉·賓·軍·凶禮)[15)]	[嘉禮] 文武科殿試儀, 文武科放榜儀, 生員放榜儀 等 [嘉禮] 開城府及諸州府郡縣養老儀 宗親及文武官一品以下昏禮 等 [嘉禮] 향음주의(鄕飮酒儀) 등 [嘉禮] 향사의(鄕射儀)

그런데 주목되는 것은 위의 표에서 보는 바와 같이 오례가 길·가·빈·군·흉례가 국가례와 왕실례로만 이루어진 것은 아니고, 향음주의·향사의, 개성부 및 제주부군현양노의(諸州府郡縣養老儀) 같은 향례적 요소와 종친급문무관일품이하혼례(宗親及文武官一品以下昏禮) 등의 사가례가 포함된다는 점이다.

14) 이범직, 《앞의 책》 283~376쪽 참조.

15) 이범직, 《앞의 책》 283~376쪽 참조.

그런데 세종대 오례를 후일의 《국조오례의》와 비교해 보면, 문무관관의(文武官冠儀), 대부사서인상의(大夫士庶人喪儀) 등 국조오례의의 사가례의 비중은 더욱 증가하는 경향을 보이고 있다.[16] 원래 유교적 예제가 국가례 및 왕실례로부터 시작된 것을 고려하면 이상할 것도 없지만, 사가례인 사례(四禮)가 《주자가례》의 형식으로 설정되어 있음에도 오례 속에 사례가 담긴 것은 그것이 종친의례나 왕비의 사가례 등이 사대부례와 함께 언급될 필요에 의한 것일 수 있고, 또한 국가와 양반사대부와의 조화로운 정치의식이 점차적으로 증대되어진 시대상을 반영하는 것일 수도 있을 것이다.

아무튼 의례상정소의 제조로서 예제 정비에 참여한 황희의 경우, 자연히 국가례로서의 오례를 다루면서도 그 안에 포함된 사가례나 향례를 함께 다루었을 것임을 알게 된다. 의례상정소는 1435년(세종 17) 폐지될 때까지 35년간 약 70여 건의 중요한 의례·제도·정책들을 확정하였다.[17]

이후 의례상정소의 일을 계승한 것은 집현전이었다. 이때는 집현전이 건립된 지 10년 정도가 지난 때였다. 이제는 세종이 예학에 대한 상당한 식견을 갖추고 있었고, 집현전으로서도 이제는 자체적인 연구 활동과 자문활동을 함께 수행할 만하였다. 그러나 연대기에 의하면 방촌의 자문은 계속되었다. 그것은 중대한 사안에 대해서는 세종의 결재 과정에서 그의 의견과 조언이 필요했기 때문이었다.

---

16) 위와 같음.

17) 《한국민족문화대백과사전》, 의례상정소 조.

3. 방촌의 효열론과 예인식

세종대의 예제 정비과정에서 방촌의 사가례 관련 예설을 집성하고 보면, 그것은 대개 효열론과 종법적 예론으로 대분되어진다. 전자는 효를 바르게 실천하는 방안과 함께 효자 열녀를 장려하는 포상 정책 등이 담겨 있고, 후자는 새 국가질서의 주역인 사대부들에게 요청되고, 사대부들이 실천하기를 바라는 예제의 내용들이 담겨 있다. 그것은 크게 보면 사가례의 재편성 및 사가례에 대한 재인식의 문제라 할 수 있다. 그것은 불교국가였던 고려시대의 풍속에서 벗어나 유교국가인 조선의 새로운 풍습으로 재무장할 것에 대한 요구이며, 치국의 이념인 주자성리학과 그 실천서인 《주자가례》 의식에 기초한 질서의 재편성 작업의 일환이었을 것이다.

1) 방촌의 효열론과 예인식

방촌의 효열론은 효열자에 대한 포상을 건의하는 내용들이 없지 않지만, 그보다는 사실상 효열의 방법에 대한 논란이 주조를 이룬다. 그것은 3년상의 문제, 기복의 문제로 요약할 수 있다. 양자는 사실상 효 실천의 방법 문제라는 점에서 하나의 문제이지만, 편의상 둘로 나누어서 집중 검토해 보기로 한다.

(1) 기복(起復)에 대한 예설과 예인식

기복(起復)이란 상제(喪制: 아버지나 조부의 상을 당해 아직 상중에 있는 사람)가 아직 상중(喪中)에 있을 때, 국가가 그 사람이 국가적인 공무에 긴요하다 하여 상기(喪期)가 끝나지 않았는데도 권도(權道: 임시방편의

道)로써 상복을 벗고 본직으로 돌아오도록 강제하는 제도이다.

방촌은 그 자신이 두 번이나 기복의 명을 받았는데, 그는 그때마다 예법에 어긋나는 일이라 하여 완강히 거부하였다. 방촌은 여러 차례 이것의 부당함을 말하고 면해 줄 것을 요청했는데, 이 글들은 그의 출중한 효의식이 돋보인다. 그중 하나만 소개하면 다음과 같다(소제목은 편의상 필자가 붙인 것임).

3년상(三年喪)은 천하의 통상(通喪)입니다

○ 그윽이 생각건대 천자(天子)로부터 서인(庶人)에 이르기까지 누구든지 제 부모에게 태어난 것은 다 마찬가지입니다. 이러므로 옛날 성인이 부모상에 3년복(三年服)을 마련하여 온 천하 사람에게 통용하도록 했다는 것입니다. 어진 이는 그대로 지키고 불초한 자도 그대로 꼭 따르도록 하였으니 이 3년상(三年喪)이란 제도는 고금을 막론하고 제왕의 큰 법인 것입니다.

모상에 또 기복을 하라 하시니 천지간에 부끄럽기만 합니다

○ 신은 지나간 태종 2년(1402)에 부상(父喪)을 만났을 때 겨우 석 달 만에 기복하게 되어 3년복을 제대로 입지 못했습니다. 그때는 몰아닥친 사세(事勢)가 끝내 피할 수 없어서 자식 된 직분을 폐하게 되었으나, 생각할수록 슬픔과 느낌을 금할 수 없습니다. 지금 또 죄가 천지에 가득 차자 갑자기 화가 닥쳐서 어머님이 세상을 떠났습니다. 오직 정해진 상제(喪制)에 따라 망극한 마음을 펴려고 했는데 또 겨우 석 달을 지나 기복하라는 교명을 받게 되었으니 하늘을 쳐다보아도 부끄럽고 땅을 내려다

보아도 부끄러우며 또 황공한 심정도 한량없습니다.

기복으로 효심을 뺏는 일은 본래 좋은 법이 아닙니다

○ 대개 친상(親喪) 중에 복(服) 입는 효심을 뺏고 기복하도록 하는 것은 본래 좋은 법이 아닙니다. 혹 병난(兵亂)이 일어나 국가가 위급할 무렵에 안위의 책임을 가진 자에게 하는 수 없이 권도(權道)에 따르도록 하는 것입니다. 지금은 국가에 아무 일도 없는데 왜 하는 수 없이 권도로 시키는 이 제도를 못난 신에게 덮어씌워서 고금에 통용하는 이 3년상제(三年喪制)를 무너뜨리게 합니까?

명교(名教)에 죄를 얻고 공론(公論)에 비방을 끼칠 것입니다

○ 더구나 지금 애통한 마음을 잊어 버리고 두터운 은총만 생각하여 최복(衰服)을 벗고 길복(吉服)을 입는다면 이는 행해야 할 예제(禮制)가 이지러지고 가져야 할 염치도 없어지게 되어 명교(名教)에 죄를 얻고 공론(公論)에 비방을 끼칠 것입니다. 이 불위(不韙)한 행동으로 저 막중한 책임을 무릅쓴다면 옳게 여길 사람이 하나인들 있겠습니까?

상제(喪制)를 마치게 하여,
효치(孝治)를 빛나게 하고, 나라 풍속을 새롭게 하소서

또 동궁을 보도(輔導)하여 올바르게 기르는 뜻에 있어서 과연 어떻게 여기겠으며 강상(綱常)을 부식(扶植)하여 만세(萬世)에 수범(垂範)되도록 하는 도리에 있어서도 과연 어떻게 생각하겠습니까? 이리 저리 생각해 보아도 한 가지도 옳은 점이 없습니다. 오직 전하께서는 신의 어리석음과 절박한 정상을 보살펴서 기복하라는 교명을 거두어들이고 신의 상제(喪制)를 끝마치도록 하여, 전하의 효치(孝治)를 빛나게 하고 국가의 풍속을 새롭도록 하옵소서.

요컨대 3년상(三年喪)은 천하의 통상(通喪)인데, 부상(父喪)에 이어 모상(母喪)에도 기복을 명하시니 천지간에 부끄럽기만 하다는 것이다. 사실상 기복으로 효심을 뺏는 일은 본래 좋은 법이 아닌 것이라, 국가가 강행하면 명교(名敎)에 죄를 얻고 공론(公論)에 비방을 끼칠 것이며, 또 동궁 교육에도 나쁜 영향을 줄 것이니, 자신이 상기를 잘 마치게 하여, 대왕의 효치(孝治)를 빛나게 하고, 나라 풍속을 새롭게 하라는 것이었다.

물론 방촌은 "대신(大臣)에 대한 기복은 조종의 성헌이 있었다"는 세종의 강압으로 자신에 대한 기복의 명을 풀어달라는 뜻을 이루지는 못하였다. 그러나 방촌은 3년통상의 정당성과 기복제도의 문제점과 그 악영향을 분명하게 지적하고, 나아가서 국가가 앞으로 이 문제를 어떤 방향으로 풀어가야 할 것인지에 대한 의견을 분명하게 하였다. 기복의 문제를 극복하여 효치(孝治)를 이루고 풍속(風俗)을 새롭게 해야 한다는 것이 그의 주장의 핵심이었다.

방촌은 또한 타인에 대한 기복의 명에 대해서도, 될 수 있는 대로 제3자를 그 자리에 임명하게 하거나,**18)** 혹 거리가 멀다 하더라도 기복시키지 말고 분상하게 하자**19)**는 등, 기복의 방법으로 인하여 상제의 본의가

---

18) 《방촌선생문집》 권2, '이붕(李鵬)을 기복(起復)시키지 말도록 한 의(議)'.

19) 이징옥의 기복에 대한 어전에서의 논의(《세종실록》 81권, 세종 20년(1438) 4월 28일 신사).

훼손되지 않도록 하려는 노력을 계속하였다.

(2) 3년상에 대한 예설과 예인식

조선 초기에 유교국가 건립과 관련하여 가장 중요한 문제의 하나는 바로 불교적 예제를 유교적 예제로 교체하는 일이고, 이와 관련하여 상례에 있어서 우선적으로 중요한 것은 바로 3년상에 대한 바른 이해와 실천이었다. 3년상에 대한 방촌의 기본 인식은 앞에서도 이미 언급이 되었지만, 그것은 다시 세종 28년(1446)에 이르러 세종의 자문 요청에 대한 그의 답변에서 다시 한 번 강조되고 있다.

이 해에 세종은 집현전에 '옛 상제(喪制)'를 상고하도록 하였고, 집현전 교리인 하위지가 이를 담당하여 세종에게 그 결과를 보고하였다. 이에 대해 세종은 다음과 같이 말한다.

> 또 지금 중국의 제도로써 살펴본다면, 부모의 상(喪)에는 모두 참최(斬衰) 3년을 입는데, 우리나라 사람도 또한 어머니를 위하여 상복을 3년간 입게 되었다. 지난번 모후(母后)가 세상을 떠나심으로 인하여 국가에서 옛날의 제도와 《문공가례(文公家禮)》를 모방하여 나에게 기년(朞年)을 입게 했으니, 아버지가 생존해 계신데 어머니를 위하여 기년(期年)을 입는 것은 나로부터 시작되었다.[20]

이것은 세종(世宗)의 '상례(喪禮) 경험과 그 예인식'을 보여 주는 것으

20) 《세종실록》 111권, 세종 28년(1446) 3월 26일 계사.

로써, 이 시기의 상례에 대한 최고위층의 예인식이라는 점에서 중요한 자료이다. 세종은 방촌이 영의정으로 있던 시기의 군왕이었던 만큼 이러한 세종의 상례인식은 방촌의 예제 참여 활동과 관련하여 보면 이미 교감이 있었을 것으로 판단된다.

위의 기사에 따르면 중국에서는 어머니 상에 3년복을 입었고, 우리나라에서도 또한 어머니 상에 3년 상복을 입어 왔던 것이다. 그런데 우리나라에서 그런 어머니 상에 대한 3년 상복제가 무너지게 된 것은 다른 사람이 아닌 바로 세종 자신으로부터였다는 것이다.

세종은 이때 자신이 기년복을 입게 된 과정을 "국가에서 옛날의 제도와 《문공가례(文公家禮)》를 모방하여 나에게 기년(朞年)을 입게 했다"고 서술하고 있다. 여기서 말하는 옛날의 제도란 고례인 《의례(儀禮)》를 말하는 것이고, 《문공가례》는 곧 《주자가례(朱子家禮)》를 지칭한 것이다. 이 두 가지 예서들에서는 어머니가 돌아가시면 그 아들은 마땅히 어머니를 위해 3년복을 입어야 하지만, 만일 아버지가 아직 살아계시면 어머니를 위해서는 기년복(朞年服)을 입도록 규정되어 있었다. 이것은 아들이 어머니에 대한 대접을 소홀히 하고자 해서가 아니라, 다만 한 집안에 두 어른이 있을 수 없다는 불이존(不二尊)의 원리를 적용하여 생긴 《의례》의 예제이다.21) 따라서 이 경우 상제(喪制)는 불가피하게 어머니를 위하여 기년 상복을 입지만, 3년이 다 되도록 심상을 하여 그 상기를 마음으로 채우도록 하고 있었다.

세종의 모후인 원경왕후가 죽은 해(1420년, 세종 2)는 이미 세종이 왕

---

21) 《세종실록》 52권, 세종 13년(1431) 4월 6일 경자. 이 부재위모기년(父在爲母期年)의 법은 《주자가례》 또한 같다.

위에 오르긴 했지만, 아직 아버지 태종이 상왕으로 남아서 정치적 주도권을 행사하고 있던 때였다. 따라서 이러한 상제 결정에는 태종의 독단적 결단이 작용했을 수 있고, 그것은 태종과 원경왕후 간의 극적인 갈등이 작용했을 가능성도 없지 않다.[22]

그러나 다음의 글을 보면 기년복을 입어야 했던 당사자인 세종으로서는 끝내 마음이 편치 않았다.

> 그 뒤에 신민(臣民)들이 이를 따라 하였지만 내 마음은 편하지 못하였다. 지금 《의례(儀禮)》를 상정(詳定)하는 시기를 당하여 그 제도를 고치고자 하였으나 고치지 못하였는데, 오늘날에 이르러 내가 동궁(東宮)과 대군(大君)·제군(諸君)에게 상복을 3년간 입도록 하고, 이내 상기(喪紀)를 개정하여 성헌(成憲)으로 삼고자 하니 어떠한가?[23]

이제는 태종도 죽었고, 세종이 자기의 주장을 펼 수 있는 상황이 되었다. 그가 억지로 어머니를 위해 기년복을 입은 지 이미 26년이란 세월도 흘렀다. 세종의 생각은 아버지가 살아 있더라도 어머니를 위하여 3년복을 입었던 이전의 제도로 돌아가고자 한 것이었다.

이에 대해서 승지 황수신 등은 "이것은 대사(大事)이니 대신(大臣)들에게 의논하소서"라 하였고, 따라서 영의정 황희 등이 곧 자문하게 된다.

---

22) 태종은 외척세력을 척결하여 왕권을 안정시킨다는 명분으로, 처남인 민무구 민무질 형제를 죽였고, 남은 처남들마저 극형으로 처단함으로써 원경왕후와 씻을 수 없는 극단적 갈등구조에 빠져들고 말았다.

23) 《세종실록》 111권, 세종 28년(1446) 3월 26일 계사.

이때 방촌 황희는 대신들과의 의논을 거쳐서 왕에게 다음과 같이 진언하였다.

> 3년상(三年喪)은 천하(天下)의 통상(通喪)이므로 천자(天子)로부터 서인(庶人)에 이르기까지 꼭 같이 하는 것입니다. 공자·맹자께서 교훈이 있어 만세에 법을 전하였으니, 어머니를 위하여 3년의 상복을 입는 것은 매우 인정(人情)과 예의[禮義]에 적합합니다.24)

여기서 우리는 3년상에 대한 방촌의 분명한 예설적 입장을 확인하게 된다. 즉 3년상(三年喪)은 천하(天下)의 통상(通喪)이고, 따라서 천자로부터 서인에 이르기까지 반드시 실천하여야 하는 예제라는 것이다. 또한 방촌은 이것은 공맹의 가르침을 따라 만세의 법으로 정해진 것이니 비록 아버지가 생존해 있더라도 그 어머니를 위하여 3년복을 입는 것은 정례(情禮)에 적합한 예제라는 것이다. 여기서 방촌이 정례에 적합하다고 하는 것은 예의 정곡을 짚은 말이다. 예로부터 '예출어정(禮出於情)'이라 했다. 예는 기본적으로 인정(人情)에서 나온다는 것이다. 그런데 그 인정이라는 것은 남의 나라의 인정이 아닌 바로 우리의 인정이니 우리의 정서에 맞아야 한다. 그리고 예의에 적합하다고 하는 것은 그것이 성인이 정한 예법과 예정신에 맞다는 말이니 근거가 있다는 것이다. 요컨대 방촌이 보기에 어머니 상에서의 3년상이란 인정에 맞고 성인의 예정신과 예제에도 맞는 것이니 분명히 옳다는 것이다. 방촌이 확실한 예지식과 예

24) 위와 같음.

사상으로 무장하고 있었음을 확인케 하는 대목이다.

결국 이 문제는 다음과 같이 세종의 결단으로 마무리된다.

> 동궁과 대군·제군들은 최복(衰服)을 입되, 졸곡(卒哭) 후에는 이를 벗고 흰옷으로써 3년을 마치게 하고, 여러 신하들은 최복을 입되, 또한 졸곡 후에는 이를 벗고 흰옷으로써 기년을 마치게 하고, 나는 소대(素帶)를 했다가 30일 후에 이를 벗을 것이다.[25]

결국 3년상제를 기본으로 받아들이면서도 왕자인 경우 모후의 상에 졸곡(卒哭) 때까지만 최복(衰服)을 입고, 졸곡이 끝나면 이것을 벗고 흰옷으로 3년상을 지내고, 신하들은 같은 형식으로 하되 졸곡 후에 상복을 벗고 기년으로 1년을 보내는 것이 달랐다. 자신은 국왕이라 3년복으로 하되 역월제를 써서 30일에 옷을 벗도록 하고 있다.

여기서 우리는 3년 상복제에 논란이 있었을 때, 방촌이 예설적 근거를 들어서 분명하고 단호하게 3년상을 옹호함으로써 결국은 조선의 상복제가 3년상제의 원칙을 제도화 할 수 있게 되었음을 확인하게 된다. 방촌의 예인식의 일단과 그 영향을 확인할 수 있는 대목인 것이다.

(3) 스승의 상(喪)에 3년 여묘살이를 추모하다.

또한 방촌은 이러한 예인식을 가지고 사서인들의 효행에 대해서 격려하고 포상을 주선하는 일에도 적극적이었다. 예컨대 방촌은 효자 서질(徐

---

25) 《세종실록》 111권, 세종 28년(1446) 3월 26일 계사.

鷺)이 그의 스승을 위해 3년 여묘살이를 한 것을 추모하여 비석에 새길 글을 손수 지어 주기도 했다.

공은 어버이를 극진히 섬겼는데 꿩이 저절로 날아들어 왔다는 기이한 이야기가 있으니 이는 참으로 출천지효(出天之孝)라 하겠다. 학문도 깊고 넓어서 그 당시 명사가 모두 중히 여기지 않은 이가 없었다. 일찍이 반곡장공(盤谷張公) 지도(志道)에게 사사하여 생삼사일(生三事一)26) 군사부일체(君師父一體)란 뜻으로(두 글자는 缺) 공은 스승이 죽은 후에 현관(玄冠), 요질(腰絰)로 무덤 옆에 움막을 만들고 손수 밥을 지어 먹으면서 성례(誠禮)를 극진히 하자 호랑이가 장육(獐肉)을 물어다 주기까지 하였다.

3년을 다 마치고 집으로 돌아가던 날 시(詩)를 지었는데,

스승님도 아버지처럼 섬겨야 한다는 것은
예부터 있는 말, 감히 바랄 수 있겠냐마는,
3년이란 세월 번뜩 지나가자
통곡하면서 산문(山門)을 내려올 뿐이로구나.

라고 했는데 당시 사람들이 그 산 이름을 정성현(精誠峴)이라 불렀

---

26) 아비와 임금과 스승은 똑같이 섬긴다는 것. 옛날 난공자(欒共子)의 말에 "民生於三事之如一 父生之 師敎之 君食之"라 하였음.

다.[27]

이렇게 방촌은 군사부일체(君師父一體)의 정신을 중시하고, 스승을 위한 3년 여묘살이의 뜻을 높게 평가했다. 그는 또한 21세에 시집가서 아들 하나 두고 과부가 된 여산송씨가 개가를 권하는 친가를 떠나 시가에 와서 살았고, 뒤에는 친가 옆에 시모를 모시고 와서 살면서 봉양과 장례에 정성을 다한 것을 듣고 정려를 청하는 상소를 올려 허가를 받기도 했다.[28] 또한 방촌은 효자 절부에 대한 정문 등 포상정책을 강구할 것을 요청하면서도,[29] 다른 한 편으로는 "실행(實行)이 있는 사람을 천거하지 않거나 혹은 실적이 없는 자를 천거하는 자가 있으면 그를 천거한 향리(鄕里) 사람이나 관리를 캐물어 죄를 주게 하소서"[30]라 하여 효행 절행에 대한 포상이 잘못되는 일이 없도록 주의하고, 천거에 하자가 있으면 그 천거한 자를 캐물어 처벌하는 책임 천거를 시행하고자 하였다. 아름다운 풍속이 오염되지 않고, 또 지방 관리가 사회 윤리 도덕을 바로 세우는 일에 자기의 책임을 다하도록 하고자 하였던 것이다. 또한 방촌은 열녀에게도 벼슬을 주자고 제안하였는데,[31] 이는 보기 드문 일로서, 방촌의 여성에 대한 배려가 돋보이는 대목이다. 효열을 장려하는 새로운 방안을 제시한 것이라는 점에서 의미가 있다.

---

27)《厖村先生文集》卷2, '孝子徐鷺爲師廬墓碑文'.

28)《방촌선생문집》권4, '열부 여산송씨 정려(旌閭)를 청하는 장계'.

29)《방촌선생문집》권5, '효자 절부(節婦)의 포상 권장 책에 대한 계(啓)'.
《같은 책》, '효자와 열부를 정문(旌門)하여 주게 하는 계(啓).'

30)《방촌선생문집》권5, '효자와 순손(順孫)의 포상제도에 대한 계(啓)'.

31)《厖村先生文集》卷5, '請追贈烈女爵號啓', "高麗以來烈女 雖已錄三綱行實 然褒賞之典 未盡擧行 請令吏曹 竝追贈爵號 從之.

4. 방촌의 종법적 예론과 예인식

다음으로 방촌의 사가례 예론에서 주목되는 것은 종법적 예론과 예인식이다. 그것은 유교를 치국의 이념으로 내건 조선사회로서는 마땅히 짚고 넘어가야 할 과제였지만, 종법의 문제를 일정한 예제로 정립하는 문제는 용이한 일이 아니었다. 그것이 지금까지의 사회 풍속과 다를 경우 속례 또는 관습이나 관행과의 충돌이 불가피할 것이기 때문이다.

그러면 종법(宗法)이란 무엇인가? 종법은 적장자 상속을 핵심으로 하는 친족조직의 원리이다. 이 말의 핵심어는 적장자(嫡長子)이다. 그것은 모든 상속에 있어서 '적자'여야 하고 나아가서 '장자'여야 한다는 것이다. 연원적으로 보면 그것은 처음 평화로운 왕위계승 가계계승을 위하여 주대(周代)에서 만들어졌으나 후대로 이어지지 못했는데, 송대에 종자법(宗子法)이 재구성되고 그것이《주자가례》의 기본정신으로 정립되면서, 사실상《주자가례》의 근간을 이루게 된 것이다.

그런데 이 책《주자가례》를 펴면 가장 먼저 나오는 것이 가묘지도(家廟之圖)와 사당지도(祠堂之圖)이다. 여기서 우리는 종법과 가례와 가묘의 상관관계를 직감하게 된다. 이렇게 보면 여기서의 가묘(家廟)는 곧 가례 실천의 출발점이 됨을 알 수 있다.《가례》에는 관혼상제의 사례(四禮) 외에 〈통례(通禮)〉가 있는데 거기에 종법의 대강이 들어 있다. 따라서 내용상으로 보면 가묘는 사실상 종법(宗法)의 산물이라 할 수 있다. 후일 조선사회가 유교적 사회로 정착되면서 종법은 학술적으로는 예학의 이해라는 측면에서 중시되었지만, 또한 그것은 현실적으로도 가계계승, 제사계승, 왕위계승 등의 제 문제들에서도 매우 중요한 논리로 작용하였다.

그런데 조선 초기 예제 정비의 과정에서 이 종법 수용의 문제가 가묘 건립이라는 형태로 적극적으로 논의되고 있었고, 특히 방촌 황희 역시 이와 관련된 몇 가지의 예론을 제시하고 있어서 주목된다.

1) 사대부가의 가묘(家廟) 건립하기

다음은 방촌이 사대부가의 사당 세우는 법에 관련하여 제시한 예론이다.

> 우리나라 풍속에 대종(大宗)과 소종(小宗)의 제도가 없으니, 바라건대 주문공가례(朱文公家禮)에 게재된 대종(大宗)·소종도(小宗圖)에 의하여 증조(曾祖)의 장자나 장손만이 종(宗)이 되어 사당(祠堂)을 짓고 신주(神主)를 세워 제사를 집행하도록 하며, 증조의 다른 자손들은 그 종가(宗家)에 나아가 집사로도 참여하고 물질로도 서로 돕도록 하여, 거리가 멀어서 제사에 참여하지 못하는 자는 주문공가례에 의하여 제사 때에 신위를 가설하고 지방(紙牓)을 만들어 표기(標記)하였다가 제사가 끝나면 불에 사르도록 하소서.[32]

이것은 방촌이 조선 초기에 종법에 따라 종손이 사당을 만들고, 종손이 제사를 주관하게 하는 제사 원칙을 제시하고 그것을 예제화할 것을 제안한 것이다. 이러한 사당 건립안은 고려에도 있었고,[33] 조선 국초에도

32) 《방촌선생문집》 권7, '종자(宗子)와 서자(庶子)가 사당 세우는 예(禮)를 진달한 계(啓)'.

33) 이미 고려 말에 정몽주는 가례의 실천을 강조했고, 또 고려 공양왕 2년(1390)에도 가

이어지고 있었다.34) 그러나 방촌은 일국의 영상으로서 특히 국가기관인 〈의례상정소의〉의 수석 제조로서 이러한 제안을 한 것이라는 점에서 그 위상이 변별성을 가질 수 있다. 또한 이 글을 보면 조선 후기의 글의 한 대목을 읽는 것 같은 느낌을 받게 된다. 이것은 사실상 조선 후기 이른바 종법시대에 행해진 사당과 사당제사의 한 장면을 거의 그대로 그려 놓은 것이라고 생각될 수 있기 때문이다. 조선시대의 종법 수용에 있어서 방촌의 위상을 가늠해 볼 수 있게 하는 대목이다.

또한 방촌은 사당을 건립함에 있어서 생길 수 있는 여러 변수들에 대해서도 그 대안을 꼼꼼히 챙겨서 제시하고 있다. 다음은 그 한 가지 사례이다.

> 만일 장자(長子)나 장손(長孫)이 잔약(殘弱)하여 남의 집에 고용되어 있고, 종인(宗人)들이 아무리 서로 도와주어도 끝내 사당(祠堂)을 세울 수 없는 형편이라면, 차자(次子)로 하여금 사당을 세우게끔 허용할 것이며, 장자나 장손이 지금은 비록 고단(孤單)하여 의지할 데가 없으나 끝내는 사당을 세울 수 있는 자라면, 차자가 《경제육전(經濟六典)》의 '사당을 세우지 못하는 자의 예(例)'를 채택하여 깨끗한 방 한 칸을 가려서 신주(神

묘를 만들어서 제사할 것을 법제화 했다(《高麗史》, 卷63, 〈禮志〉 5, 士大夫庶人祭禮).

34) 조선 국초에도 태조가 "가묘를 세워서 선대를 제사하라"고 했고, 태종대에 대사헌 이지는 상소하여 말하기를, "가묘는 효를 지극히 실천하고자 하는 것이다. 설치하지 않는 것은 불교에 심취한 때문이다. 사대부가 솔선하면 아래 사람이 따를 것이다. 도성은 집이 좁아서 어려우면 궤짝을 만들어서 방에 보관하여 신주를 모시고 지방은 관아의 동쪽에 임시 사당을 설치하여, 수령이 장자면 신주를 모시고 오고, 장자가 아니면 지폐로 만들어서 제사하라"고 제의한 바 있다(《태종실록》 2권, 태종 1년(1401) 12월 5일 기미).

主)를 받들다가, 장자나 장손이 사당을 세우게 된 뒤에는 신주를 봉환(奉還)시켜야 할 것입니다. 또한 장자가 비록 폐질(廢疾)이 있더라도 집이 있으면 누구나 사당(祠堂)을 세울 수 있으며, 제사할 때에는 차자로 하여금 대행하게 하되 《주문공 가례》에 의하여 제사를 시작할 때 위(位)에 나아가 참신(參神)만 하고, 다른 곳에 나와서 쉬다가 제사가 끝날 무렵에는 다시 위(位)에 돌아와 사신(辭神)토록 해야 할 것입니다.[35]

이로써 보면 방촌은 종법적 원칙만을 그대로 고집하기보다는 있는 그대로의 상황에 따라서 융통성 있게 실질적으로 예제를 정비해 가고자 했음을 보게 된다. 종법적 원칙으로는 장자 장손이라야 사당을 세울 수 있는 것이지만, 현실적으로 전혀 가망이 없는 경우는 차자가 사당 세우는 것을 허용하자는 것이며, 장자나 장손이 의지는 있고 기대할 만하나 다만 현재가 어려운 것이라면 차자가 임시로 벽장에서 신주를 모시다가 장자 장손이 사당을 지으면 그때 신주를 봉환하게 하고, 폐질이 있는 장자 장손일지라도 집이 있다면 사당을 세우고, 다른 사람이 제사를 대행하는 데 참여하는 것만으로 그 임무를 행한 것으로 해 주자는 것이다. 가능한 대로 근거에 따라 대응을 하되 예제를 융통성 있고 실질적으로 정비하자는 입장인 것이다. 이것은 예제 정비에 임하는 방촌의 기본자세를 알게 하는 대목이다.

또한 방촌은 사대부가 사당을 세우는 문제뿐만 아니라 사당 제례를 드리는 문제에 있어서도 꼼꼼한 검토를 더하고 있다.

---

35) 《방촌선생문집》 권7, '종자(宗子)와 서자(庶子)가 사당 세우는 예(禮)를 진달한 계(啓)'.

선덕 4년(1429년, 세종 11) 4월 일 예조의 수교(受教)에 "증조묘(曾祖廟)는 문공가례 대종소종도(文公家禮 大宗小宗圖)에 의하여 증조의 장자(長子)와 장손(長孫)으로서 종가(宗家)를 삼아 사당을 세우고 신주를 받들어 제사를 거행하며, 같은 증조의 여러 지손(支孫)들은 그 종가에 가서 제사의 일을 집행하고 재물로써 도와줄 것이요, 그 거리가 멀어 제사에 참여할 수 없는 자는 문공가례에 의하여 다만 제사지낼 시각에 자리를 베풀고 지방(紙榜)에 표기하였다가 제사가 끝난 후 불사를 것이니, 조묘(祖廟)와 이묘(禰廟)의 제사도 또한 그러하다."고 하였다.[36]

> 신등(臣等)이 생각하건대, 같은 증조의 여러 자손이 조묘와 이묘를 계승하여 소종(小宗)이 되어 따로 사당을 세운 자는 이미 제정된 관례에 의하여 사중월(四仲月)에 급가(給暇)를 청하여 각기 조묘와 이묘에 재계(齋戒)하고 제사를 행하게 할 것입니다. 그런데 증조의 제사일에 이르러서는 국가에서 급가의 규식(規式)을 세우지 않았으므로 직무에 분주하여 재계와 제사에 참여하지 못하니, 참으로 편치 않습니다. 청컨대 지금으로부터 상항(上項)의 따로 사당을 세운 자는 증조의 제사 때에 1일의 급가를 허락하여 재계하고 제사에 조력하게 할 것이니, 제사의 날에는 이묘를 계승한 소종가(小宗家)도 또한 그러하옵나이다. 예조에 명하여 의정부(議政府)와 함께 상의하게 하였는데 모두 가합(可合)하다 합니다" 하니, 임금께서 이를 따랐다.[37]

---

36) 《방촌선생문집》 권3, '사당을 세우는 예를 진달한 계(啓)'.

37) 위와 같음.

앞의 글은 방촌이 장자(長子)와 장손(長孫)이 종가(宗家)로서 사당제사를 지내고, 지손(支孫)들은 종가에 와서 제사하거나 타처에서 같은 시각에 지방(紙榜)으로 참여하는 방법을 말한 것이다. 그리고 뒤의 글은 사당을 세운 자가 사중월에는 국가로부터 휴가를 얻어 재계와 제사를 지낼 수 있지만, 증조의 제사일은 급가[휴가]의 규식이 없어서 편치 못하니 사당을 세운 자가 증조의 제사 때에 1일의 급가를 허락받을 수 있도록 하자는 것이다. 다만 사당만 만들어 놓는 데 그치지 않고 그것을 잘 활용할 수 있는 방법을 강구하고 있다는 점에서 돋보이는 생각이다.

이상의 검토를 통해서 우리는 방촌이 조선 초기에 종법적 예제의 기본인 사당론(祠堂論), 또는 사당제사론(祠堂祭祀論)의 예제정립을 합리적이고 실질적인 방법으로 선도하는 위상을 가지고 있었고, 그 논리는《주자가례》에 의한 것이었다고 말할 수 있겠다.

2) 심상(心喪) 중의 관직 금지

예제 정비에 있어서의 방촌의 종법적 사고는 복제와 관련된 심상(心喪)과도 깊은 관련을 지닌다. 심상은 특수한 여건이나 사정으로 인하여 상제(喪制)가 원래 입어야 할 복(服)을 기간대로 다 입지 못할 경우, 상기의 남은 기간을 마음으로 복을 입어 채운다는 의미의 복제상의 한 방법이다.

다음은 방촌이 심상의 제도와, 심상 중 벼슬하는 문제, 그리고 불가피한 경우의 기복을 말한 것이다.

삼가 송나라 오복(五服)의 연월(年月)을 상고하면 아비가 죽고 어미가 개가하였거나 내쫓긴 아내의 자식이 그 어미를 위하여 재최장기(齋衰杖期)의 복(服)을 입는 자, 남의 후사(後嗣)가 되어 본생부모(本生父母)를 위하여 부장기(不杖朞)의 복(服)을 입는 자, 서자가 아비의 후사가 되어 소생모(所生母)를 위하여 시마(緦麻)의 복(服)을 입는 자는 모두 벼슬을 사면시키고 심상(心喪)을 갖도록 하였는데 본국(本國: 선조)에서는 아비가 살아 있을 때 어미를 위하여 기년의 복을 입고 나서 심상(心喪) 3년을 행하는 자를 혹 유사(有司)가 주의(注擬)하여 벼슬을 제수하게 하니 상제(喪制)에 어긋남이 있습니다. 청컨대 이제부터 한결같이 상제(喪制)에 의하여 시행하고 그중에 요무(要務)에 관계되는 자만 기복예(起復例)에 의하여 탈정기용(奪情起用)하는 것이 어떠합니까?" 하니 임금이 그대로 따랐다.38)

사람은 한 세상을 살아가는 동안 참으로 많은 원치 않은 외부적 여건들과 충돌한다. 그것이 때로는 돈일 수도 있고, 때로는 힘이나 권력일 수도 있고, 때로는 특별한 객관적 조건이나 여건일 수 있다. 객관적으로는 캄캄한 동굴 속이고 절벽이고 불가항력일 때가 없지 않다. 그런데 이 모든 장애를 이길 수 있는 것은 오직 마음이다. 내 마음은 나의 것이고 누구의 것도 아니다. 그래서 누구의 간섭도 방해도 받지 않을 수 있다. 그렇다면 이때의 그 마음은 참으로 귀한 한 점 등불이 된다.

전통시대는 지금보다 더 많은 장애가 도사리고 있었을 것이다. 복제 역시 예외가 아니었다. 우리가 앞에서 살핀 바와 같이 아버지 살아계시

38) 《방촌선생문집》 권7, '심상(心喪)하는 자는 벼슬을 제수하지 말기를 진달한 계(啓)'.

면 어머니를 위해 기년복을 입어야 했고, 방촌도 아버지 어머니 상에 모두 '기복(起復)'이라는 국가제도에 의해 원초적인 슬픔을 다 쏟아 보지 못했다. 여기 지문에서 보듯 남의 집 양자로 나가도 내 친 부모를 위해서는 단상해야 했다. 성인들은 그것을 심상(心喪)의 예제를 통하여 풀어 주고 위로해 주고자 했다. 그런데 그것을 잘못 이해하고 또 악용하는 사람들이 없지 않았다. 심상 중 벼슬에 나오라고 유혹하고, 심상 중 벼슬길을 탐하는 사람들이 있었던 것이다. 방촌은 이러한 잘못된 측면을 바로 잡아 상제가 사람의 도리를 다하고, 나아가서 민덕이 후하게 되는 사회를 만들고자 했던 것이다.

3) 입후 문제

종법과 관련하여 또 하나 제기될 수 있는 문제는 입후(立後)이다. 입후는 당시대 왕의 법으로 정하는 문제이므로 종법의 제약이 적으나, 이미 정해진 후사를 바꾸는 문제는 종법적 질서를 흐린다는 점에서 문제가 될 수도 있다.

> "김덕생(金德生)을 그의 아우인 우생(祐生)의 차자(次子)로 후사를 삼아서 그의 제사를 받들게 하였으나 차자가 잔약하고 옹졸합니다. 그 다음 아들로 후사를 삼고 좌명공신(佐命功臣)[39] 4등의 예(例)에 의하여 노비 6인과 토지 60결을 주도록 하옵소서" 하니 그대로 따랐다.[40]

39) 1401년(태종 1)에 박포의 난을 평정하고 태종을 왕위에 오르게 한 46명의 유공한 사람에게 준 공신 칭호. 4등으로 나누었는데 그중의 하나임.

40) 《방촌선생문집》 권5, '공신(功臣)에게 입후(立後)시킬 방책에 대한 계(啓)'.

여기서 방촌은 종법적 질서보다는 공신인 김덕생 집안의 딱한 형편을 배려하는 모습을 보이고 있다. 이 또한 방촌의 예제정비에서의 기본자세를 보여 주는 한 측면이 아닌가 한다.

4) 시대의식을 반영한 예제 정비

이것은 고려사회에서 조선사회로 교체되는 과정에서 사회의 여건과 풍속도 달라지고 있다고 보고, 이러한 변화에 합당한 예제로 재정비하려는 의지가 보이는 예제 개정안이다.

> 전조 구속(前朝 舊俗)에 혼인의 예절은 남자가 여자의 집에 가서 아들을 낳아 외가에서 장성했으므로 외조의 은혜가 소중하다 하여 외조부모와 처부모의 복제에 모두 30일을 급가(給暇)하였는데 본조에 이르러서도 오히려 옛 규례를 잉습(仍襲)하여 친소(親疎)의 등분(等分)이 없으니 참으로 불합리한 일이옵니다. 청컨대 지금으로부터 외조부모는 대공(大功)[41]으로서 20일을 급가하고 처부모는 소공(小功)[42]으로서 15일을 급가하시옵소서" 하니, 임금께서 이를 따랐다.[43]

고려사회는 남귀여가혼이라 하여 남자가 여자 집에 가서 혼인하고, 아이를 낳아서 처가나 처가 동네에서 사는 풍속이 주조를 이루었다. 그리하여 재산분배에 있어서도 남녀균분상속이 유행하였다. 그런데 조선사회

---

41) 대공(大功): 9개월 복제.

42) 소공(小功): 5개월 복제.

43) 《방촌선생문집》 권3, '복제(服制)의 규식(規式)에 관하여 올린 장계'.

로 들어오면서 이제는 남자 중심의 유교적 친영례로 바꿔야 한다는 주장들이 나오기 시작하였고, 마침 예제를 새롭게 정비하는 과정이니 이 문제는 더욱 주목된 사안이 되었을 것이다. 외조부모와 처부모의 복제에 모두 30일을 급가(給暇)하였는데 이것을 각각 20일, 15일로 축소하자고 한 것은 방촌이 역사와 시대의 변화에 따라 고려시대와는 다른 유교적 예제의 정비에 노력했음을 알게 하는 한 측면이다.

5. 맺음말

이탈리아의 역사가 크로체는 '모든 역사는 현재의 역사'라고 했다. 역사란 '현재'라는 창(窓)을 통해서 과거를 볼 수밖에 없다는 '역사의 현재성'을 강조한 말이다. 달리 말하면 그것은 곧 '역사란 재해석된다'는 말일 수 있다. 그렇다면 역사는 해석이다. 과거의 인물이나 그 업적이나 사상도 마찬가지이다. 역사의 현재성에 주목하면 그것이 지닌 역사적 의미나 현대적 의미가 비교적 잘 드러날 수 있다. '현재'라는 창(窓)을 통해서 볼 때 조선 초기 예제 정비에서 방촌의 예설과 예인식이 지니는 역사적 의미는 무엇이며, 또 그것이 오늘의 우리에게 주는 시사점은 무엇일까?

예학사적 입장에서 방촌의 예제정비운동이 돋보이는 점은 대개 두 가지이다. 하나는 방촌이 세종대의 예제 정비운동에서 보인 그 왕성한 활약상이다. 그는 세종 9년부터 세종 17년까지의 8년간 〈의례상정소〉의 최고위급 제조로 활약(좌의정 때 4회, 영의정 때 10회 참여)하였고, 이 기간 중에 《오례》의 정비는 물론, 상정소의 도제조로서 《경제속육전》을 찬진하였으며, 〈의례상정소〉가 폐지되고 집현전이 그 일을 계승했을 때에도 예제정비를 위한 자문에 꾸준히 참여하여 80여 건에 달하는 예제를(이것을 포함하여 상정소에서 결정 난 것은 70여 건임) 제안하는 등 왕성한 활동을 전개하였다.

또 하나는 예제정비 과정에서 방촌이 남긴 예학적 공적이다. 그는 특히 3년통상(三年通喪)에 대한 확고한 신념을 가지고, 이에 반하는 기복(起復)에 반대했고, 기복이나 심상(心喪), 그리고 부재위모기년(父在爲母期年)이라는 권도(權道)의 장치들이 모두 3년통상의 정신으로 귀일될 수 있도록 하는 데 핵심적 역할을 하였다. 효와 직결되는 3년통상의 예제를 심상으로 보완하여 그것을 주자의 종법정신과 일치시키면서 3년상제를 제도화시킨 것은 그의 공적이 크다.

한편, 예제 정비운동을 통해서 방촌이 오늘의 우리에게 주는 시사점은 두 가지이다. 하나는 시대변화 추세에 능동적으로 대응하며 새 시대를 선도해 간 그의 시대의식이고, 다른 하나는 자신에게 주어진 시대적 과제에 대한 충실한 책임의식이다.

그가 세종과 맞서서 불교를 반대하고 상제에서의 기복을 반대하며, 주자가례에 바탕한 종법적 사고와 3년상제를 수용한 것은 유교국가로의 변화에 긍정적으로 대응하는 것이었고, 이후 조선의 사회 변화상을 보면 이러한 그의 판단은 옳았다. 또 예제정비를 위한 그의 넘치는 노력은 사실상 시대적 과제에 대한 사명의식이 없고서는 감당하기 어려운 일이었을 것이다.

이것은 방촌이 오늘의 우리에게 주는 시사점이다. 우리는 어떤 시대의식과 어떤 책임의식을 가지고 현대적 선비로 살고 있는가? 오늘의 우리 사회의 일각에서는 '제사를 없애자는 주장'이 있고, '내 제사 안 받기 운동'이 전개되고 있다 한다. 심지어는 시대정서에 맞지 않는다고 하면서 인성교육에서 효(孝) 개념을 빼버리자는 주장을 하기도 한다. 건전가정의례 준칙은 사실상 거의 유명무실해졌지만 국가의 논리가 가(家)의 논리를 침식하고 있는 측면이 없지 않다. 또한 효도장려법이 제정되고 법이 예(禮)를 지배하는 사회로 변화해 가고 있다. 새로운 예제의 정립에 정진했던 방촌의 출중한 시대의식과 책임의식을 오늘의 정신으로 되살려 볼 일이다.

방촌 황희의 '정승(政丞) 리더십' 연구

- 세종의 인재쓰기에 초점을 맞추어 -[1]

박현모[2]

1. 문제제기
2. 세종시대 정승들의 재직현황
3. 왜 세종은 황희를 중용했을까?
4. 황희가 발휘한 정승 리더십
5. 맺는 말

1. 문제제기

이 글의 목적은 방촌(厖村) 황희(黃喜, 1363~1452)의 말과 행동을 '정승(政丞) 리더십'의 관점에서 재조명하는 데 있다. 그동안 황희에 대한 연구는 전승설화(김낙효 2000)나 문학작품(시 분석)(조성래 2001), 또는 청백리로서 그의 관직 생활에(이영춘 2017) 집중되었다. 근래에는 정치가 내지 정치행정가로서 황희의 역할이 주목되고 있는데, 그의 경세사상(이영자 2012), 조세(租稅)사상(오기수 204), 그리고 태종과 세종시대에서 그의 역할(소종 2015; 이민정 2017)이 그것이다.

1) 이 글은 (사)방촌황희선생사상연구소 주최, 방촌황희연구소 주관한 2019 제5회 방촌황희선생 정기학술대회, 서울 종로구 파고다어학원, 2019.11.02.)에서 발표한 논문이다.

2) 여주대 교수 겸 세종리더십연구소장

황희를 가리키는 가장 대표적인 말은 '정승'이다. "황희 정승"이라는 말은 전승설화와 실록 기사에서 무수히 등장한다. 세종이라는 성군을 보필해 태평시대를 이룬 정승으로서 황희의 이야기는 무수하다. 그럼에도 불구하고 군왕에게는 상향(上向) 리더십을, 휘하의 신민들에게는 솔선(率先)의 리더십을 발휘해야 하는 존재인 정승에 대해 체계적으로 다룬 연구는 아직까지 없다. 기존의 연구는 주로 재상정치론에 초점을 맞추었다(박홍규·방상근 2008). 그렇게 된 배경에는 정도전의 영향이 있었다고 판단된다. 정도전은 《조선경국전》 등에서 국왕 보필[輔相]과 신민 통솔[宰制]의 책임자로 "재상"이란 용어를 썼고, 조선왕조의 왕과 신하들도 그 용어를 자주 사용했다.

하지만 필자는 황희의 역할을 논의할 때는 '재상'보다는 '정승'이라는 용어가 적절하다고 본다. 재상은 종2품의 참판부터 정1품의 정승에 이르기까지 그 대상이 넓어서, '만인지상(萬人之上) 일인지하(一人之下)'의 위치에서 "임금을 도(道)로 이끌어 군도(君道)를 드러내는" 존재(정도전, 〈경제문감(經濟文鑑)〉) 또는 "백관을 통솔하고[總百官], 온갖 정사를 공평히 하며[平庶政], 음양을 고르게 하면서[理陰陽] 나라를 운영해 가는[經邦國]" 책무를 수행해야 할(〈경국대전〉 이전 경관직) 삼정승(영의정 좌의정 우의정)을 가리키는 데 적절치 않은 측면이 있다.

정승 리더십이란 조선왕조의 가장 높은 관직인 삼정승이 발휘하는 지도력을 뜻한다. 이는 왕조시대의 중요한 리더십 유형의 하나로서, 치평(治平)을 이루기 위해 국왕이 갖추어야 할 방도를 논하는 군도(君道)론이나,[3] '의리와 지조'를 가장 중시하는 선비 정신[4]과 다르다.

정승의 역할은 구체적으로 최고 권력자인 왕을 보필하면서 밑으로는 백관을 통솔하며 만민을 다스리는 것이다.[5] 다시 말해 임금을 보좌해 바른 정치를 하도록 돕는[輔相] 한편, 인재를 각 관직에 적절히[適宜] 배치해 일을 능숙히 하게 해서, 백성들로 하여금 각각의 처소에서 사이좋게 살아가게 만드는[宰制] 책무가 정승에게 있었다.

이처럼 책무가 중요하기 때문에 정승에게는 까다로운 자격이 요구되었다. 정승의 조건으로 정도전은 '정기(正己: 자기를 바르게 하기)' '격군(格君: 임금을 바른 길로 이끌기)' '지인(知人: 인재 알아보기)' '처사(處事: 일 처리 능력)' 등을 들었는데, 이 중에서 정기(正己)는 격군(格君)의 전제조건이었다. 자기보다 높은 위치에 있는 임금을 꾀로 움직이거나 말로 현혹시켜서는 안 되며 "오직 정성을 쌓아서 감동시키는 길"이 있을 뿐인데, 그러기 위해서는 가까이는 가족에게조차 부끄럽지 않고 멀리는 남에게 손가락질 당할 일이 없도록 철저히 자기 관리를 해야 한다.

다른 한편 정승은 지인(知人)의 능력을 갖춰야 하는데, 인재를 헤아리는 안목은 곧 일을 잘 처리하는[處事] 능력과 직결된다. "현명한 사람과 현명하지 못한 사람을 구별"하여, 전자를 등용하고 후자를 관직에서 물러나게 하면 "온갖 공적이 이뤄지고 백관이 다스려"진다. "온당한 일과 온당치 못한 일을 살펴서 구분해 처리하면 만물이 제 자리를 얻고 만민이 편안해 진다"는 말처럼,[6] 국가경영의 요체는 인재 헤아리는 능력에 달려 있다는 게 그 당시 사람들의 생각이었다. 예컨대 태종시대의 대표 정승

3) 이이, 〈국역 율곡전서〉 '동호문답'.

4) 정옥자, 〈우리 선비〉, 현암사, 2002, 56쪽.

5) 정도전, 〈조선경국전〉 치전.

6) 정도전, 〈조선경국전〉 치전 총서.

으로 일컬어지는 조준은 "어진 인재를 장려하고 인도하되, 그 허물은 덮어두고 장점을 취해 쓰는[寸長必取 略其小過]" 일을 잘 했다(태종실록 5/6/27). 반면 영조시대에 영의정을 역임한 홍치중은 "뛰어난 인재와 어리석은 자를 분변(分辨)하는 능력이 없어서" 정승 역할을 제대로 못했다는 비판을 받았다(영조실록 8/6/23).

황희를 비롯해 많은 조선 전기 지도자들에게 영향을 주었을 정도전의 《경제문감》에 따르면 정승은 선비를 흉내 내어 홀로 고고하게 지내려 해서는 안 되었다. "천하 사람의 힘을 모아 천하의 일을 구제"하는 책임이 정승에게 있었기 때문이다. 이처럼 정승은 권병(權柄)이나 도덕이 아니라 철저히 국가경영을 중심에 놓고 생각하고 말하는 존재이다. "안으로 임금의 음식과 의복에서 밖으로 오관(五官)의 뭇 일에 이르기까지, 큰 것에서 자잘한 것까지, 근본적인 것에서 말단의 문제까지 천만 가지 일의 두서를 처리해야 하는" 막중한 책임을 지고 있는 사람이 곧 정승이었다.[7)] 세종이 "훌륭한 정승 한 명을 얻으면 나라 일은 가히 걱정하지 않아도 된다"(세종실록 15/05/16)고 말한 것은 바로 그런 맥락에서 이해할 수 있다.

이하에서는 정승의 조건과 책임이라는 관점에서 '조선왕조 대표 정승' 황희의 사례를 고찰할 것인데, 그에 앞서 세종 재위 기간의 정승 임용현황을 살펴보고자 한다.

2. 세종시대 정승들의 재직현황

세종시대는 어떤 사람들이 정승을 지냈나? 세종 재위 32년간 정승을

---

7) 정도전, 〈경제문감〉 宰相之職 相業 (〈국역 삼봉집〉 40~42쪽).

역임한 사람은 총 20명이다.[8] 그들 대부분은 황희나 맹사성처럼 장기간(각각 24여 년, 8년), 또는 수년 씩 정승으로서 세종정치를 보좌했다. 흥미로운 점은 세종치세의 가장 전성기에는 바로 뛰어난 인물들이 있었다는 사실이다. 세종정치가 안정기에 접어드는 1427년(재위9년)부터 1446년(재위28년)까지가 그 시기인데, 이 기간 동안 세종은 세제개혁, 아악정비, 북방영토개척, 과학기술발전, 한글창제 등 굵직굵직한 업적을 이루었다. 그리고 그 뒤에는 그를 보좌해 헌신적으로 일한 황희, 맹사성, 최윤덕 등이 있었다.

세종의 정승 임용에서 한 가지 특기할 점은 세종의 장인 심온을 제외하면 거의 대부분이 '세종맨'이 아니라 태종의 신하들이라는 사실이다. 대표적으로 양녕대군 쪽에 줄을 섰다가 유배까지 간 황희를 포함해서 박은, 유정현, 허조 등은 태종이 길러냈으며, 따라서 태종 쪽에 훨씬 가까운 재상들이었다. 새로 즉위한 왕으로서는 불편할 수도 있는 이런 내각을 세종은 재위기간 내내 끌고 갔다. 이질적이지만 유능한 인재를 가까이에 두고, 다양한 나라 사람들의 의견을 반영하려는 세종의 정치관에 따른 것이었다. 실제로 영의정만 18여 년을 지낸 황희의 어머니가 천인이었다는 사실("얼자(孼子)")이나, 우의정과 좌의정을 지낸 최윤덕이 정식 교육을 받지 못한 무인 출신이었다는 점은 세종이 문벌이나 학벌에 구애받지 않고[不問其類] 개방된 인사정책을 펼쳤음을 단적으로 보여 준다.[9]

아래의 〈표1〉에서 보듯이, 세종시대 정승의 성격은 크게 상왕통치기와

---

8) 세종시대 정승들의 현황과 역할에 대해서는 박현모, 〈세종처럼〉 (미다스북스, 2014), 157~161쪽을 참조하여 작성하였음.

9) 이이, 〈율곡전서〉 권7, 소차(疏箚)5.

세종친정기로 나눌 수 있는데, 상왕통치기는 주로 유정현, 박은과 같은 태종의 사람들이 중용되었다. 이에 비해 태종 사망(재위 4년 5월) 이후의 세종친정기에는 4년 가량의 과도기(1기: 6년 6월 ~ 8년 5월까지)를 지나면서 황희, 맹사성 등 '세종의 정승'들이 대거 등용되고 있다. 물론 세종친정기 중에서도 제1기에 해당하는 재위8년 전반부까지는 태종의 사람들이 계속 중용되고 있다. 가급적 선왕의 인물들을 통해 안정적인 국정운영을 의도했던 것으로 보인다.

세종시대 삼정승 운용의 특징을 살펴보면 다음과 같다.

첫째, 상왕통치기는 물론이고 세종친정 제1기에도 상왕의 인사들을 그대로 중용했다(8년간). 특히 유정현의 경우, 세종의 장인 심온사건에 깊숙이 연루되어 있어서 만약 '과거사 진실규명'을 이유로 그 사건을 조사할 경우 치명적인 상황에 놓였을 유정현을 그대로 중용한다는 것은 '정치보복'을 하지 않겠다는 선언에 다름없었다. 여기서 주목되는 것은 재위5년 이후 황희의 재등장이다. 황희는 태종 말기에 양녕대군을 지지함으로써 세자교체 이후 유배까지 갔던 이른바 '세종의 정적'이었다. 그럼에도 불구하고, 세종은 이중삼중으로 갈라진 조선사회, 즉 고려 말 과거에 급제한 '구세대'와 조선조에 들어 관계에 진출한 '신세대'의 대립, 여전히 고려왕조를 섬기고 있는 야은 길재와 같은 '충절파', 그리고 수차례 왕자의 난으로 갈라진 정치세력들을 통합해 내기 위해서는 황희와 같은 이질적이면서도 유능한 신료들을 중용해야 한다고 판단했다.

둘째, 재위8년에 이르러 정승 구도가 대폭 바뀌었다. 이것은 그해 초 도성의 대규모 화재라는 "한양에 국도(國都)를 세운 지 33년 만의 큰 재난"(세종실록 08/02/26)을 겪은 다음 위기를 극복할 수 있는 유능한 정승이 필요했기 때문이다. 이때 황희가 우의정으로 발탁된 후(8년 5월) 곧이어 좌의정으로 중용되었다. 황희의 경우 이미 재위5년의 대기근 때 강원감사로서 위기를 극복해서 세종의 신뢰를 획득했었다. 이어서 9년 1월에는 맹사성을 우의정에 임용한 후 영의정으로 승진한 황희의 좌의정 자리를 계승케 했다. 맹사성의 경우 황희와 절친한 관계에 있으면서 조정 관리들 사이에 인간관계가 원만하다는 장점이 있었다. 따라서 잇따른 화재사건과 정부의 화폐강제정책으로 뒤숭숭해진 민심을 다독이는 기여를 할 것으로 기대된 듯하다.

셋째, 세종친정3기인 재위15년부터는 최윤덕, 신개, 하연 등 실무형 인물들이 좌·우의정으로 발탁돼 중요한 국가프로젝트를 추진했다. 특히 21년 이후에 세종은 허조, 신개 등의 도움을 받아 훈민정음 창제 및 세제개혁, 그리고 4군6진 개척 등 가장 어려운 과업을 달성할 수 있었다. 무엇보다 제2기와 3기에는 포용적이면서도 유능한 황희 정승의 역할이 있었다.

3. 왜 세종은 황희를 중용했을까?

황희는 다음의 〈표1〉에서 보듯이 23년 가량(1426.5~1449.10, 중간 10개월 파직) 정승직을 수행했다. 세종은 재위9년(1427년)과 재위10년의 두 불법사건을 제외하고는 시종 황희를 감쌌다.[10] 형사재판이나 국방문제

10) 황희는 재위9년에 자신의 사위 서달의 살인사건에 개입했다가 일시 파면되었으며(세종록 9/6/21), 재위12년에 제주감목관 태석균의 청탁을 받은 죄로 파면되었다(세종실록 12/11/24).

〈표1〉 세종시대 삼정승 재직현황(*〈세종실록〉을 토대로 작성하였음)

구분	상왕통치기(즉위년~4년5월)			세종친정기(제1기)			세종친정기(제2기)	
	즉위년 8월	즉위년 12월	3년12월	6년9월	8년3월	8년5월	9년1월	13년9월
영의정	한상경→	유정현→	→→→	이직→	→→→	→→→	→→→	황희→
좌의정	박은→	→→→	이원→	→→→	유정현→	→→→	황희→	맹사성→
우의정	이원→	정탁→	유관→	→→→	조연(1월)	황희→	맹사성	권진→

구분	세종친정기(제3기)						
	15년5월	17년2월	20년5월	21년6월	27년1월	29년6월	31년10월
영의정	→→→	→→→	→→→	→→→	→→→	→→→	하연
좌의정	→→→	최윤덕→	허조	→→→	신개→	하연→	황보인
우의정	최윤덕→	노한→	→→→	신개→	하연→	황보인→	남지

와 관련 되어서 왕 자신도 어찌할 수 없는 두 경우를 제외하고는 황희를 신뢰하고 보호한 것이다. 무엇 때문에 세종은 황희를 보호하고 신임했을까? 다음은 《세종실록》에 언급된 왕과 신하들의 황희에 대한 평가이다.

[자료1] 세종의 황희 평가: ① "경은 경세를 돕는 큰 재목이며, 나라를 경영하는 큰 그릇이다[輔世宏材 經邦偉器]. 지혜는 일만 가지 정무를 통괄(統括)하기에 넉넉하고, 덕은 모든 관료를 진정시키기에 넉넉하도다[智足以綜萬務 德足以鎭百僚]"(세종실록 14/4/25) ② "경은 덕과 그릇이 크고 두텁다[德器宏厚]. 지식의 폭이 두텁고도 깊어서[識局沈深] 큰일에 있어서 잘 결단한다[善斷大事]. […] 돌아보건대 그렇게 많던 대신들

이 점차로 새벽하늘의 별처럼 드물어지고, 오직 한 사람의 원로만이 의젓이 높은 산처럼 우뚝 솟아 있다. 시정(時政)을 헤아려 이끌 인물이 공이 아니면 그 누구이겠는가. […] (사직하면) 경 자신을 위한 계책으로는 좋겠지만 나는 누구에게 의지하란 말인가[予之所倚者 誰歟]."(세종실록 14/4/20, 17/3/29)

[자료2] 언관의 탄핵과 세종의 대답: ○좌사간 김중곤: "영의정 황희는 일찍이 좌의정으로 있으면서 대체(大體)를 돌아보지 아니하고 친한 사람에게 사정을 두어, 태석균이 죄를 받을 때에 당하여 사헌부에 부탁하여 고신(告身)을 내어 주기를 청하는 데 이르렀습니다. […] 또 교하(交河)의 둔전(屯田)을 개간한 공을 칭탁하여 이미 그 전토를 얻고도 오히려 부족하여, 종으로 하여금 정장(呈狀)하게 하여 그 남은 것을 다 얻어 냈습니다. […] "

○ 세종: "네가 극진하게 베풀어 숨김 없이 말함을 아름답게 여긴다. 그러나 황희의 일은 모두 애매하여 나타나지 아니하였으니 의리로 끊을 수는 없다. 그리고 하물며 나라를 다스리는 대신을 어찌 작은 과실로 가볍게 끊을 것이랴?"(세종실록 13/9/8).

[자료3] 안숭선과 세종의 대화: ○안숭선: "교하와 태석균의 일은 진실로 황희의 과실이옵니다. 그러나, 정사를 의논하는 데 있어 깊이 계교하고 멀리 생각하는 데는 황희와 같은 이가 없습니다[圖議政事 深謀遠慮 無如喜焉]." ○ 세종: "경의 말이 옳도다. 지금의 대신으로는 황희와 같은

이가 많지 아니하다. […] 또 황희의 과실이 사책(史冊)에 실려 있는 것을 내가 이미 보았다."(세종실록 13/9/8)

위의 기록을 통해 알 수 있는 황희의 강점은 다음과 같다.

첫째, 온후한 인품이다. 황희가 집 안에 있을 때 자손들과 이웃 종들의 아이들까지도 관대하게 대했다는 일화는 유명하다.[11] 그런데 그가 조정에 나가서도 "덕과 그릇이 크고 두텁다[德器宏厚]"는 평가를 받고 있음이 주목된다. 그는 세종에게 "정성스럽고 순일하여 화사하지 않으며, 깊고 무거우며 지혜가 있는" 재상이라 일컬어졌다. 흥미로운 것은 그가 처음부터 온후한 인품의 소유자로 여겨지지 않았다는 사실이다. 태종시대에 황희는 지신사로서 인사행정에 깊숙이 관여하여 좌우 정승 등 조정의 관료들이 그를 미워하고 익명의 투서를 게시하기도 했으며, "사람들이 모두 눈을 흘겼다"고 되어 있다(태종실록 8/2/4).

그러면 황희는 어떤 계기로 유연한 인물이 되었을까? 그 계기의 하나는 양녕대군 세자 폐위사건이다. 황희는 위에서 언급한 것처럼, 태종 말년에 세자를 교체하려는 왕에게 "아직 나이 어린 탓"이라며 강하게 반대했다. 이런 그를 태종은 '정치적 보험', 즉 장차 양녕이 왕위에 오른 다음을 대비한 것이라 판단해 전라도 남원으로 유배 보냈다. 태종은 곧이어 세자를 교체하고 급기야 66일 만에 전격적으로 왕위를 세종에게 물려주었다. 이 과정을 겪으면서 황희가 깨달은 것은 무엇이었을까? 기록을

11) 이긍익, 〈연려실기술〉 제3권, 세종조고사본말.

보면, 그는 유배지 남원에서 "성상의 은덕"에 감사하면서 빈객은 물론이고 동년배 친구들조차도 사절하며 반성하는 모습을 보였다고 한다. 자기 주장을 끝까지 관철시키려던 태도를 반성하고, 국왕의 결정을 겸허하게 받아들이는 유연한 인재로 변화된 것이다.

둘째, 나랏일을 처리하는 능력이다. 위의 온후한 인품이 주로 황희의 자기절제력과 관련된 덕목이라면, "경세제민(經世濟民)의 큰 꾀"를 가지고 "큰 일을 잘 결단했다[善斷大事]"는 것은 그가 일하는 능력에서도 탁월했음을 말해준다. 세종은 그것을 "세상을 다스려 이끌 만한 재주와 실제 쓸 수 있는 학문[經世之才 適用之學]"이라고 말했고, 안숭선은 "깊이 계교하고 멀리 생각하는 힘[圖議政事 深謀遠慮]"이라고 표현했다. 그의 탁월하게 일 잘하는 능력은 어떻게 형성된 것일까? 일차적으로 주목되는 것은 그의 다양한 관력이다. 그는 태종정부에서 형조, 예조, 병조, 이조 등의 여러 부서에서 정랑(正郎)이라는 중견실무자로서 나랏일이 돌아가는 실제를 파악했다. 나아가 이조와 호조, 예조와 병조의 판서를 지내면서 인재의 선발과 국가재정, 외교와 국방 등에서 종합적으로 보는 안목을 갖추었을 것으로 추측된다. 다음으로 주목되는 것은 황희의 축적된 지식[蘊識]이다. 사관은 황희가 늙어서도 손에서 책을 놓지 않는 왕성한 독서를 하였고, 거기에서 당면한 문제를 풀어갈 해법을 갖게 된 것으로 보았다. 실제로 그는 명나라 황제에게 보낼 외교문서를 작성하는 등 뛰어난 지적 능력을 보였다(세종실록 12/11/13).

황희의 축적된 지식은 탁월한 사태파악 능력으로 발휘되곤 했다. 마흔 살 무렵까지 면직과 파직을 거듭하며 지방으로 전전하던 황희를 발굴한 것은 박석명이었다. 태종 이방원의 어릴 적 친구였던 박석명이 황희를 발탁한 것은 그의 탁월한 사태파악 능력 때문이었다. 황희는 아무리 복잡한 사태도 그 핵심을 파악해 간명하게 정리해 내는 재주가 있었다. 국왕 스스로도 가끔 중심을 잃고 헤맬 때가 있다. 그럴 때 황희를 만나면 모든 것이 분명해졌다.

> 황희는 태종에게 일의 우선순위를 말하고 그 자리에 적합한 인재까지 추천하곤 했다. 이 때문에 태종은 그를 단 하루 이틀만 보지 못해도 답답해 하곤 했다고 한다(문종실록 2/2/8 황희 졸기).

셋째, 다양한 인재 발굴 및 천거 능력이다. 초기에 외직을 전전하면서 황희는 궁궐 밖에 버려져 있는 다종다양한 인재들을 만날 수 있었다. 그는 지신사(비서실장)가 된 다음 이들을 적극 천거했다. 건국기 조선의 예제를 정비한 허조, 야인 정벌의 최윤덕, 그리고 물시계를 만든 장영실을 추천한 것도 황희였다. 문종이 그에 대해서 "정권을 잡은 지 16년에 사람을 잘 알아보는 식견[藻鑑]" 덕분에 많은 인재가 발탁되었다고 인정한 것은 바로 그것을 두고 이름이다.

> 그는 "아홉 번이나 고시(考試)를 관장(管掌)하였는데도 모두 선비를 얻었다"는 평가를 받은 것은 그가 얼마나 인재를 귀하게 여겼는지를 보여 준다(문종실록 2/2/12).

사람을 알아보는 식견의 대표적인 예로 태종 때의 '목인해 사건'을 들 수 있다. 세자의 사부였던 조용(趙庸)이 목인해라는 사람에 의해 '역모의

주동자'로 무고 당했을 때 황희는 "조용의 사람됨[爲人]이 아버지와 군주를 시해할 일은 절대 하지 않을 것"이라고 태종에게 분명히 말했다. 자칫 역모자를 옹호한다는 죄를 뒤집어 쓸 수 있는 상황에서 자기의 판단을 분명히 밝힌 것이다. 결과적으로 이 사건은 목인해의 거짓말이라는 게 드러났고, 태종은 황희의 사람 알아보는 식견을 칭찬했다.

세종 정부에서 황희는 인재의 선발이나 교육, 그리고 배치와 관련해 가장 적극적인 발언을 하는 사람이었다(26건 내외). 그는 "도가 사람을 넓히는 것이 아니라 사람이 도를 넓힌다[人能弘道]"라고 보고, 뛰어난 인재를 보호하고 적합한 자리에 앉히는데 온 힘을 기울였다. 특히 그는,

> "진실로 현능(賢能)하다면 비록 장리(贓吏: 뇌물죄나 횡령죄를 범한 관리)의 자손이더라도 등용해야" 한다고 말하는 등 능력 위주의 인재쓰기를 주장했다(세종 14/5/14). "그 사람이 어질다면, 비록 사립문과 개구멍[圭竇]에 사는 천인(賤人)이라도 고위 관료[公卿]가 될 수 있다"(세종실록 14/08/02)는 것이 황희의 생각이었다.

그 때문에 그는 장영실의 파격 승진이 논란될 때 그 전 시대의 사례를 들어 찬성했다(세종실록 15/9/16). 허조(태종실록 07/09/25), 최윤덕(15/01/11), 박안신(세종실록 14/2/15), 김토(세종실록 14/10/12) 등을 적극 추천해 세종치세의 주춧돌이 되게 한 것도 황희였다.

4. 황희가 발휘한 정승 리더십

세종정부에서 황희의 역할은 지대했다. 《세종실록》 거의 대부분의 기사에서 황희의 언행을 읽을 수 있다. 그런데 세종시대의 숱한 업적 중에서 '황희의 공적'이라고 딱히 말할 만한 것은 없다. 김종서의 북방영토 개척, 이예의 한일 외교 정상화, 최윤덕의 파저강 토벌, 박연의 조선음악 혁신, 장영실의 과학기술 등처럼 황희의 것이라고 말할 특정의 공적이 없다. 오히려 그는 북방영토 개척 과정에서 두만강에서 지금의 원산만 근처인 용성까지 후퇴시키자고 주장했고, 토론 초반부에 파저강 토벌을 반대했었으며, 공법이라는 새로운 세제의 도입도 처음에는 찬성하지 않았다. 얼핏 보면 개혁을 반대하는 '수구(守舊)세력'으로 비칠 수도 있는 그였다.

그럼에도 불구하고 그는 어떻게 장기간 정승직을 유지하며 세종과 신민들의 지지를 받을 수 있었을까?

첫째, 비움의 자세이다. 그는 정승으로 재직하는 기간에 계속해서 사직상소를 올렸다(1.5년 간격으로 사직소 제출). 어떤 때는 어머니의 상(喪)을 치르기 위해, 또 어떤 때는 자격 미달이나 건강 혹은 나이듦을 이유로 벼슬에서 물러나고자 했다. 황희의 사직상소를 읽다 보면 그 진실함에 있어서 관례적으로 벼슬을 사양해 보는 정승들의 그것과는 다르다는 느낌을 준다. 끊임없이 권력을 행사할 수 있는 자리를 비우고[虛] 떠나려는 그의 태도는 '그칠지(止)'를 중시하는 태도에서 비롯된 것으로 보인다. 그가 파주에서 유배할 때 그칠지(止)를 반복해서 쓰면서 적당한 곳에서 멈춤의 자세를 되새긴 것이나, 앙지대(仰止臺)를 지은 것에서 그런 태도가 그것이다. 그가 지은 시 '사시가(四時歌)'에 묘사되는 전원생활의 즐거움 역시 그런 맥락에서 이해할 수 있다(조성래, 2001). 벼슬길에 나아가면 크게 하는 일이 있어야 하고[出則有爲], 그렇지 못할 바에야 전원에 물러나 스스로를 지키며[處則有守] 즐겨야 한다는 철학이 그로 하여금 정승직을 과감히 내던질 수 있게 한 것이다. 그리고 이러한 자세는 왕에게 '권력에 뜻이 없음'을 보여 주었고, 안심하고 중요한 일을 맡길 수 있었다고 본다.

둘째, 무위(無爲)의 리더십이다. 황희는 무언가 제안하고 시도해 보는 유위(有爲)의 지도자가 아니었다. 그보다는 오래 가지 못하고 중단될 법과 제도, 또는 실효성 없거나 잘못된 정책을 차단하는 역할을 했다. 재위 14년 수성 도감(修城都監)에서는 도성 안의 "집집마다 문을 둘 내지 셋을 설치하게" 하는 법령을 만들려고 했다. 화재 등 재난이 발생했을 때 대피할 수 있는 길을 만들자는 취지였다. 하지만 황희는 대다수 신하들의 찬성에도 불구하고 반대의견을 냈다.

> "집이 이웃과 서로 연접하고 담이 서로 이어진 터에, 집집마다 반드시 뒷문[北門]을 설치하게 한다면 그 형편이 서로 통하기 어려울 뿐 아니라, 문을 낼 만한 자리도 없어, 번요하기만 하고 이루기는 어려울까 염려" 된다는 게 반대 이유였다(세종실록 14/10/10).

아무리 좋은 취지의 법령이라 할지라도 현실에 부합되지 않으면 또 다른 민폐가 될 뿐이라는 게 황희의 생각이었다. 일을 의논할 때 "대체(大體)를 보존하기에 힘쓰고 번거롭게 변경하는 것을 좋아하지 않았다[務存大體 不喜煩更]"는 그에 대한 사후 평가는 바로 그 점을 지적한 말이었다

(문종실록 2/2/8).

재위19년에는 북쪽 변방의 백성들에게 판적(版籍), 즉 신분증을 발급하자고 함길도 도절제사 김종서가 제안했다. 그 지역의 사망자와 도망자, 포로로 잡혀 간 사람 등을 파악하기 위한 방책이었다. 하지만 황희는 호구(戶口) 파악은 물론 필요한 일이지만, 북쪽 지역으로 옮겨 간(徙民) 백성들을 대상으로 호구를 조사하려 할 경우 "민심이 들떠서" 조사도 제대로 되지 않고, 오히려 이 고을 저 고을 떠도는 백성으로 전락할 가능성이 있다고 반대했다. 먼저 민심이 안착된 다음에 조사를 해야 한다는 주장이었다(세종실록 19/4/13). 이처럼 황희는 법령이나 제도를 도입하기 전에 먼저 백성들의 삶을 충분히 살펴 현실에 맞는 법제를 만들어야 한다고 보았다. 그는 또한 거짓 보고를 한 강원감사 고약해 등을 사면령에도 불구하고 처벌을 해야 하는가 논란에서,

> "법이라는 것은 가볍게 변경할 수 없다"면서 처벌 불가를 주장했다. 비록 뒤늦게 그의 죄가 드러났다 하더라도 임금의 "말씀에 믿음성을 잃어 가면서까지" 그들에게 죄를 주어서는 안 된다는 게 황희의 주장이었다(세종실록 14/6/25).

세종정부에서 황희의 가장 중요한 역할은 역시 "국가의 저울추" 기능이라 할 수 있다. 세종이 황희에 대해서 "의심나는 일이 있을 때 경의 말을 들으면 앞일을 예측할 수 있었고[卿乃蓍龜], 인사와 형벌을 의논할 때이면 경은 곧 저울대[權衡]와 같았다"고 평가한 것에서 보듯이(세종실록 10/6/25), 황희는 일의 전체적인 모습과 해법을 잘 알고 있었을 뿐만 아니

라, 그 해법을 찾아가는 과정에서도 어느 한쪽으로 치우치지 않게 되도록 이끌어갔다. 그는 특히 혁명과 건국 과정에서 소외되고 희생된 사람들이 조선왕조에 등을 돌리지 않도록 세심하게 배려하곤 했다. "자주 바꾸는 것을 좋아하지 않아 나라 사람들을 안정시켰다"는 사관의 평가는 이를 두고 한 말이다.

셋째, 외교 사안에서 적확하게 사태를 판단하고 적절한 대안을 제시하는 리더십이다. 세종시대 큰 골칫거리 중의 하나는 명나라 사신의 접대문제였다. 명나라 사신들은 조선에 와서 수차례의 공식적인 연회는 말할 것도 없고, 열흘 동안의 금강산 구경(세종실록 09/05/17~27), 각종 놀이와 매와 사냥개(세종실록 10/07/08) 등 갖가지 물품들을 다 요구했다. 실록에는 그들이 "청구하는 물품을 이루 다 기록할 수" 없을 정도라고 적혀 있다(세종실록 09/07/16).

세종 재위 14년(1432년) 11월에 조선에 온 명나라 사신은 윤봉(尹鳳)이라는 환관이었다. 윤봉은 황제의 권력을 배경으로 온갖 추태를 부리며 무리한 요구를 일삼았는데, 이 해에도 그는 민가의 개를 강제로 빼앗는 등 가는 곳마다 민폐를 끼쳤다. 그러자 그들을 안내하는 일을 맡았던 접반사 이징옥이 그 개를 훔쳐 다시 민가로 보내는가 하면, 해동청(海東靑)이라고 불리는 송골매를 감춰 놓고 일반 매를 보여 주어 그냥 날려 보내게 하는 등 고분고분하지 않은 태도를 취했다. 이징옥의 이런 태도에 화가 난 윤봉은 그를 옆에서 수행하던 조선의 통역관과 아전을 죽도록 매질하고는 돌아가 버렸다.

자칫 한중간의 외교 갈등으로까지 비화될 수 있는 이 상황을 이징옥으로부터 직접 보고받은 세종은 여러 신하들을 불러 "어떻게 하면 좋겠는가?"라고 물었다. 특히 송골매는 중국황제가 매우 좋아하는 새로서 그 것을 속여 날려 보냈는데, 이것이 중국에 알려지면 매우 곤란한 일이 발생할 수 있는 상황이었다. 이 자리에서 좌의정 맹사성은 "만약 매를 속여 날려 보낸 것으로 처벌하면 중국에서 또 시비를 걸어올 것이니, 차라리 개를 놓아 보낸 것으로 가벼운 벌을 주자"고 말했다. 반면 옆에 있던 호조판서 안순은 "있는 그대로 매를 조정의 명령 없이 날려 보낸 것을 처벌해야 뒤탈이 안 생길 것"이라고 말했다. 그러자 맹사성은 강경하게 "나라를 다스리는 데는 임시방편, 즉 권도를 사용하지 않을 수 없다"면서 가벼운 벌로 다스려야 한다고 주장했다.

이 문제는 사실, 지극히 사소한 문제인 것처럼 보이지만, 세종이 즉위한 이래 중국과의 관계 개선을 위해서 기울인 많은 노력을 무위로 만들 수도 있는 중요한 사건이었다. 세종 자신의 말처럼, "고려시대는 간혹 중국조정을 속이려다가 발각되어 명태조의 노여움을 사고" 국가적 신뢰도 땅에 떨어졌었는데, 태종시대부터 당시까지 정직한 마음으로 사대를 하여 겨우 신뢰가 쌓여 가는 마당에 이 같은 거짓말을 해 의심의 실마리를 만드는 것은 마치 "아홉 길 되는 산을 만들다가 한 삼태기의 흙을 잘못함으로 공이 깨어지는" 것과 같은 상황이 될 수도 있었다.

이처럼 한참 논란을 거듭하던 끝에 황희가 나섰다.

"이 문제는 아예 없었던 것으로 논하지 말든가, 아니면 처벌을 할 바엔 윤봉이 알고 있는 그대로 처벌을 해야 할 것입니다. 즉 윤봉 앞에서 매를 날려 보냈는데, 아무리 일반 매라 할지라도 귀중한 것인데, 그것을 조정에 알리지도 않고 날려 보낸 것 자체를 가지고 처벌해야 합니다."(세종

실록 14/11/18)

일을 복잡하게 만들지 말고 중국사신이 황제에게 보고한 그것을 가지고 처벌해야 그 사신의 말도 신뢰를 얻고, 우리나라도 불필요한 의심을 받지 않을 수 있다는 게 황희의 판단이었다. 이 말을 들은 세종이 말했다. "황희 말대로 하라." 《세종실록》에서 빈번히 나오는 이 말("황희 말대로 하라")은 세종정부에서 황희의 위상을 단적으로 보여 준다. 황희는 인사 문제와 형량 적용, 그리고 외교 문제에 이르기까지 주요 사안에 대해서 충분히 들은 다음, 앞 사람의 발언 내용을 왜곡 없이 정리하고, 실행 가능한 대안을 제시하곤 했다. 세종은 그의 말에 힘을 실어 주어서 인재들로 하여금 주인 의식을 갖고 일하게 했다.

5. 맺는 말

이상에서 살펴본 것처럼, 세종치세에 있어서 황희의 역할은 매우 중요했다. 재위 초반에 세종이 강원도 대기근과 도성화재 사건에 직면해 어려움에 처했을 때 그는 현장에서 민생을 구제하고 위기를 관리하는 등 국정을 안정시켰다. 이 때문에 세종은 20여 년 간이나 그에게 정승직을 맡기며 "의지"했다.

앞에서 언급한 정승의 조건에 비춰 볼 때 황희는 처음에는 '정기(正己)' 부분에서 취약했다. 하지만 세종12년의 태석균 사건으로 인한 10개월의 파직 기간에 통렬한 반성을 했고, 그 이후로는 자기 몸을 바르게 하여 왕을 바른 길로 이끌었다[格君]. 특히 황희는 '지인지감 (知人之鑑)'

이 있어서 '목인해 변고' 때 위험을 무릅쓰고 조용을 변호했으며(문종실록 2/2/8), 숱한 인재를 추천했다. 그는 특히 "일을 의논할 적엔 정대(正大)하여 대체(大體)를 보존하기에 힘쓰고 번거롭게 변경하는 것을 좋아하지 아니하였다[務存大體 不喜煩更]"는 평가처럼, 일처리[處事] 방법에 있어서 신중을 기해서 실효를 거두곤 했다. 세종 재위 중반부에 새로운 제도가 많이 도입되려 할 때 황희는 "조종(祖宗)의 예전 제도를 경솔히 변경할 수 없다"며 반대하곤 했다(문종실록 2/2/8 '황희 졸기'). 사관은 그 점을 높이 보고 "옛날 대신의 기풍(氣風)이 있었다"고 평가했다. 다시 말해 정승의 중요한 역할은 왕이나 젊은 신료들이 새로운 무언가를 도입해서 시험해 보려 할 때 신중을 요구해서 '정책의 실험장소'가 되지 않게 하는데 있음을 보여 준다.

황희의 또 다른 역할은 불요불급한 일들을 줄인 것이다. 재위10년에 황희는 의무 복역 기간이 끝났음에도 백성들에게 부담을 떠넘기려는 정부의 입법 제안을 거절했다. 즉 평안도의 여러 역참(驛站)에 소속되어 말 키우는 부담을 지는[立馬] 백성들에게 병조에서는 복역 기간이 끝났는데도 "보충군(補充軍)"이란 이름을 주어 계속 말을 키우게 하자고 제안했다. 이 제안에 대해서 황희는 5년 간 입마한 백성이라면 제대로 된 관직을 주어 일하게 하고, 보충군이라는 명목은 없애자고 하여 왕의 윤허를 받았다(세종실록 10/1/27).[12]

그뿐 아니다. 황희는 불필요한 인원을 정리해야 한다고 주장했다. 재추

12) 그 외에도 황희는 정부에서 관행적으로 해오던 일을 줄이려 노력했다: 가뭄을 계기로 하삼도(경상 전라 충청) 지방의 노루 진상 폐지, 재위15년(1433) 이전 각 고을에 미납(未納)한 공물(貢物)을 모두 면제해주기(세종실록 16/7/26) 등.

(宰樞), 즉 정2품 이상의 재상 자리에 정원인 40명보다 많은 70명이나 충원되고 있는 것을 지적하고, 초과된 30명을 정리할 것을 제안했다. 또한 그는 공훈자(功勳者)에 대한 포상 성격으로 주는 검교(檢校)라는 관직의 혁파를 주장했다.13) 한때의 필요에 의해 설치한 관직이나 직책은 그 필요성이 사라진 다음에는 과감히 혁파해서 '조직의 느슨함'을 막아야 한다는 게 황희의 행정철학이었던 것이다.

이러한 황희의 정승 리더십이 우리에게 주는 의미는 무엇인가? '일인지하 만인지상'의 위치에 있는 국가의 국무총리나 수상, 또는 기업의 전문경영인 내지 임원들에게 주는 메시지는 무엇일까? '정승직'에 앉은 사람이 해야 할 첫 번째 책무는 계속해서 쌓여만 가는 불요불급의 업무를 줄여주는 일이라는 것을 인지하는 것이다. 갓 취임한 장관이나 정부 산하 기관장들, 그리고 기업의 임원들이 무언가 새로운 것을 시도하려 할 때 '실효성'의 측면에서 신중하게 검토해야 한다. 그래서 그동안 관행적으로 해오고 있는 실효성 없는 일들(works)을 제거해(out) 줌으로써, 인재들로 하여금 정말로 중요한 일에 전념할 수 있게 해주어야 한다. 다음으로, '정승직'에 앉은—혹은 앉으려는—리더는 자기 관리[正己]에 철저해야 한다. 아무리 식견이 높고 능력이 있더라도 자기 관리에 실패해서 중도에 일을 그만두는 것은 개인의 치욕이자 조직의 손실이다. 철저한 자기 관리로 좋은 정책이나 사업을 오래 지속해서 성과를 거두게 해야 한다. 마지막으로 '정승직'을 맡은 사람은 인재를 불러 모아 일을 원숙하게

13) 〈방촌황희선생문집〉 본전. 장수황씨대종회, 1980, 36, 77쪽. 이에 대한 자세한 소개는 이영자, 앞의 글(2012)을 참조할 것.

처리해야 한다. 신분이나 학벌을 초월해 인재를 등용하고, 그들 사이를 중재하며 일을 잘 하도록 촉진하는 역할을 해야 한다. 황희가 실천했던 정승리더십, 스스로를 내려놓고 사람들의 마음을 다독이고 촉진하며, 구성원들의 지지와 협력을 끌어내는 큰 정치가가 나오기를 기대한다.

'황희 정승 납거미 유언' 설화고[1)]

황인덕[2)]

1. 머리말

황희(黃喜: 1363~1452)는 조선 초기 명인의 한 사람으로, 주로 세종조에서 조선왕조의 제도 정착과 민생 도모에 큰 업적을 남김으로써 조선조를 대표하는 정승으로 잘 알려진 인물이다. 특히 좌·우의정 6년에 영의정을 18년간 역임한 관력은 조선을 넘어 세계사적으로 볼 때도 특별한 사례를 보여 주는데, 87세에 비로소 직위를 그만둔 사실 만으로도 그는 동시대 뭇 백성들의 큰 관심을 끌기에 족했을 듯하다. 또한, 재임 기간 동

1) 이 글은 (사)방촌황희선생사상연구소 주최, 방촌황희연구소 주관, 제3회 방촌황희선생 정기학술대회, 성균관 유림회관, 2017.11.03.)에서 발표하고, 〈황희 정승 납거미유언 설화고〉, 충남대학교 인문과학연구소, 《인문학연구》 110권, 2018. 게재한 논문이다.

2) 충남대학교 교수

안 민생 안정과 민복 도모에 진력하여 백성들의 존경 속에 90세에 생을 마감한 사실을 고려하면 그에 대한 호의와 칭송이 동시대를 넘어 후대까지 지속되었을 것임을 넉넉히 짐작할 수 있다.

그에 대한 이러한 관심과 존경은 다양한 구전설화를 낳았을 것으로 예상할 수 있는데, 실제로 그는 세간에 이미 잘 알려진 청빈하고 관대한 처신과 성품을 주제로 하는 인물 일화를 넘어, 여러 유형의 인물전설을 낳고 있음을 알 수 있다.[3]

황정승 설화의 다양성을 이해할 수 있는 구전 설화의 여러 유형(類型)들은 이제까지 있어온 황정승에 대한 직·간접적인 연구서나 소개서류 혹은 자료집을 통하여 산발적이기는 하지만 어느 정도 정리된 바 있다.[4] 황정승에 대한 설화의 유형과 내용을 개괄적인 수준에서 이해하는 데에는 이들 선행 논저만으로도 그다지 부족함이 없다고 할 수 있을 듯하다. 그렇다면 이제 좀 더 요구되는 것은 관련 자료의 범위를 넓히면서 유형과 주제를 깊이 살피는 일이라고 본다. 황정승이 남긴 영향이 전국을 포괄하고 있듯, 그에 대한 구전담의 전승 범위도 넓고 전승력도 깊이 적층화되어 있을 것임을 고려하면, 구전 설화 자료에 대한 조사를 더 확대할 필요가 있다. 그리고 이에 더하여 그와 관련된 전설이 강하게 전

3) 이에 대해서는 김낙효의 논문〈황희 설화의 전승 양상과 역사적 의미〉(《비교민속학》19, 비교민속학회, 2000), 455~476쪽에 개략적으로 정리되어 있다.

4) 이제까지 확인된 황정승의 이해에 직·간접적인 도움이 되는 각종 단행본류는 대략 90여 종에 이른다. 이들 단행본류에 소개된 관련 설화는 문헌에 전해지는 것을 참고하는 데에 그쳐, 근래 수집된 다양한 구전 자료는 종합되지 못하고 있다. 황정승 관련 기존 자료와 연구 논저에 대하여서는《방촌 황희 묘역의 문화적 가치》(장수황씨대종중, 2017, 218~225쪽)에, 그리고《방촌 황희의 학문과 사상》(책미래, 2017, 382~395쪽)에 잘 소개되어 있다.

승되는 특정 지역에 대한 집중적인 조사에도 관심을 기울일 필요가 있을 것으로 본다. 또한 이와 병행하여 설화 개별 유형의 자료를 세분하여 다루면서 설화로서의 의의를 다각도로 밝히는 노력도 요구된다. 이러한 관점에서 볼 때, 선행 논문으로 김낙효의 글을 바람직한 사례로 꼽을 수 있을 것이다. 황정승 설화에 대한 논고에서 관련 전설을 17개의 작은 유형으로 정리하고 그것을 세 가지 상위 유형으로 정리해본 것이나, 그러한 유형이 발생된 배경을 살피고 그것이 설화로 전승된 데에는 인물에 대한 민중들의 소망이 반영된 결과라고 본 것 등은 위 논문이 거둔 의미 있는 성과라 할 수 있다.[5)]

이제 이 글은 앞 논문이 마련한 황정승 설화에 대한 연구의 동력을 이어나갈 필요가 있다는 취지에서, 그리고 앞에서 정립한 포괄적 연구가 유형별 세분화를 통한 심화된 이해로 나아갈 필요가 있다는 문제의식에서, 여러 설화 유형 가운데 하나에만 유념하여 관심을 집중해 보고자 한다. 고찰 대상으로 삼은 전설 유형은 황정승이 서거할 때 가난한 살림에 살아갈 걱정을 하는 자손들에게 〈공작새도 납거미를 먹고 살라〉[6)]는 말을 유언처럼 남겼다는 설화이다. 이 설화를 〈황희 정승과 납거미 유언〉으로 부르면서 논의를 시작하기로 한다. 본고에서 참고한 설화 자료는 논문 말미에 [부록]으로 일괄 정리하고, 본문 속에 인용할 때에는 번호로만 제

5) 김낙효, 주1)과 같음.

6) 이 말은 속담 수준으로 정착되어 여러 가지 약간씩 다른 모습으로 불리고 있는데, 대략 〈공작이도 납거미를 먹고살랴〉가 속담으로서 안정적인 음수율을 갖춘, 잘 다듬어진 표현이라 할 수 있다. (공작 같은 고급스런 새도 아무렴은 납거미 같은 하찮은 것을 먹고 살랴! 먹고 사는 것은 고급과 저급이 없고, 살아있는 입에는 먹을 것이 있게 마련이니, 닥쳐올 가난이나 앞으로 살아갈 일을 너무 심각하게 걱정하지 말라는 뜻)

시하기로 한다.

2. 설화의 구분과 유형적 성격

이제까지 필자가 입수하여 정리한 자료는 대략 36편 정도에 달한다. 먼저, 이들 전체 자료를 비슷한 것끼리 모아 유형을 나누는 일부터 관심을 기울여 보기로 한다. 위 설화 유형을 구성하는 핵심이 되는 화소(話素)는 다음 두 가지이다.

(1) 대국(중국)이 조선에 어떠한 '난제(難題)'를 던지고 그 해법을 요구함

(2) 황정승이 '아무렴은 공작이도 납거미를 먹고 살라'는 유언을 남김

모든 '황정승 납거미 유언'담 자료는 이 두 개 화소를 기본으로 가지고 있으면서, 몇 개의 줄거리 단락을 이루면서 완결된 줄거리를 갖추어 독자적인 구성력을 지닌 각편(各篇)을 이룬다. 또한 그러므로 위 두 개 화소를 공유하고 있느냐 여부를 위 설화의 유형성을 결정하고 판별하는 기준으로 삼을 수 있다. 이 점을 주목할 때 이 글에서 분석 자료로 이용한 36개 각편은 위 두 가지 화소를 결한 것이 하나도 없다. 그러므로 위 설화는 기본적으로 '전체'로서 볼 때 위 두 화소를 기본으로 하는 '단일 유형'성을 띤다고 할 수 있다. 그리고 이는 큰 유형을 작은 유형으로 나누어도 유형 사이의 의미상 차이는 크지 않다는 뜻이기도 하다.

그런데 이들 36개 각편은 전체로서는 '단일 유형'성을 보여 주지만, 그보다 하위 단위로 본 몇 가지 작은 유형으로는 다음과 같이 세분할 수

있다.

〈1〉 '중국' 중심유형

'중국'이 조선에 〈난제〉를 제시하는 것으로 시작되는 각편 자료들

〈2〉 '황정승' 중심유형

황정승의 〈유언〉이 〈난제〉 제시보다 먼저 소개되는 각편 자료들

〈2.1〉 중심형

황정승의 '유언'이 먼저 제시되거나, 유언에 앞서 황정승의 '애민'이나 '가난' '청빈' 등 빈한한 생활상이 일정하게 서술되고서 '유언'으로 이어지기도 함. 큰 유형의 기본을 잘 유지하되, 황정승라는 인물이 중심이 되어, 그가 보여준 삶의 핵심이 이야기의 중심으로 설정되고, 그로써 인물의 주된 가치관이 부각되어 서술되면서, 전체적으로 황희 정승 인물담으로서의 주제와 구성이 안정감 있게 구현되고 있는 유형.

〈2.2〉 부연형

황정승의 〈유언〉에 앞에 황정승의 청빈이나 가난을 유형화된 화소를 통하여 강조 표현하면서 황희의 능력이 '도술' 화소를 가져와 신비화하고 과장되게 서술하는 각편 자료들이다. 뒤에 추가적인 화소가 더 이어지기도 한다. 전체적으로 길이도 다른 전승 유형들에 비하여 복잡하고 길다.

이로써 볼 때 '큰 단위'에서 두 유형, '작은 단위'에서 두 유형으로 나뉘고 있는데, 큰 단위든 작은 단위든 모두 기본 화소를 포함하고 있어 유형 사이의 차이는 크지 않음을 알 수 있다. 이제 위에서 요약하여 소개한 유형 〈1〉~〈2.2〉에 대하여 유형적 성격을 간단히 개관해 보기로 한다. 첫

번째로 〈1〉 중국 중심 유형의 줄거리는 다음과 같이 전개된다.

[1] 황정승이 서거하자 중국에서 조선에 비로소 인재가 없어졌다고 여김
[2] 그래도 인재가 더 있는지 시험하고자 공작을 보내 살찌워 보내라 고함
[3] 무엇을 먹여도 공작이 잘 자라지 않아 살찌울 방법을 찾기에 고심함
[4] 혹시 황정승이 생전에 무슨 남긴 말이 있지 않을까 하여 집을 방문함
[5] '공작이도 납거미를 먹고 사느니라'라는 말을 유언처럼 남겼다고 일러줌
[6] 나라에서 납거미를 많이 잡아들여 공작을 살찌워 무사히 중국에 보냄
[7] 중국이 조선에 아직도 인재가 있음을 인정하고 이후 조선을 얕보지 못함

큰 유형 〈1〉에 속하는 각편은 [자료1]~[자료12]까지가 해당된다. 중국 측의 위협과 그 문제를 해결하는 황정승의 능력을 드러내고 과시하는 것이 줄거리 전개의 주된 내용이다. 그러나 전체적으로 보아 중국의 위협이 길게 서술되는 것에 반하여 황정승의 유언은 간접적으로 노출되고 있고 짧게 서술되고 있다. 이 때문에 전체적인 이야기 줄거리가 유형 〈2〉나 유형 〈2.1〉에 비하여 짧은 편이다. 그리고 길이 면에서도 '단형성'을 보여 준다. 그런데 여기에서 '중국의 위협'이 강조되어 표현되고 있음이 돋보이는 점임과 동시에, 그에 비례하여 황정승의 유언으로 인한 위협 해결의 결과도 함께 강조되어 표현되고 있음을 볼 수 있다. 이 유형에서는 이 점이 중요하다. 아래 몇 개 자료에서 그 예를 볼 수 있다. 인용 자료들의 첫줄과 마지막 줄만 제시하면 다음과 같다.

조선에서 대국으로 각종 조공을 바치느라 고충이 큼 ↔ 조선에 인재가 있음을

알고 넘보지 못함(대국이 트집을 잡아 조선을 합병하려고 한 것임) ([자료2])

황정승 생전에 중국에서 때때로 조선에 무슨 문제를 보내면 척척 대답하곤 함
↔ 황정승 사후에도 인재가 있음을 확인하고 중국에서 겁을 먹음 ([자료5])

한·중이 대립하던 시대에 황정승이 죽자 중국이 조선을 칠 수 있겠다고 여김
↔ 아직도 조선에 인재가 있다고 놀라며 조선 침공을 단념함 ([자료6])

예문에서 보면 대국이 트집을 잡아 조선을 합병하려 했는데 황정승으로 하여 인재가 있음을 알고 넘보지 못했다거나, 황정승이 평소에 중국이 때때로 내는 문제에 척척 대답을 했는데 사후에도 공작새 문제의 해결로 중국이 겁을 먹었다거나, 중국이 조선을 칠 수 있겠다고 여길 때 황정승이 문제를 해결한 데 놀라 침공을 단념했다는 등으로 표현되고 있다. 조선을 경계하거나 간섭하고 위협하는 존재로서 중국을 묘사하는 강도에 상응하여 황정승의 존재와 역할을 함께 강조하여 표현하고 있음을 알 수 있다. 이는 위 유형이 지니는 중요한 특징이라 할 수 있고, 이 점을 유의할 때 이 부류를 황정승의 '정치적 역량이 과대화'된 유형, 즉 조선의 역사와 사회상황에 대한 높은 관심과 의식을 반영한 것으로 볼 수 있다. 그러한 결과 전체적으로 자유로운 허구적 표현보다는 제기된 문제의 심각성과 그 해결의 긴장감을 초점으로 하여 줄거리가 구성되고, 그로 인하여 단일한 주제의 짧은 구성을 지닌 인물담을 지향하게 되었을 것이다. 또한 바로 그 점으로 하여 이 유형은 주로 사회·역사의식이 강한 설화 전승층의 취향 속에서 전승되어 왔을 것으로 보인다. 전체적으로 큰

유형 〈2〉에 비하여 자료가 삼분의 일 정도에 그치고 있는 것도 그러한 특징을 보여 준다고 할 수 있다.

두 번째로 유형 〈2〉를 보기로 한다. 〈1〉에 비하여 〈2〉는 황정승의 실제적인 인물상이 강조되어 균형감 있고 흥미있게 구현된 유형이라 할 수 있다. 위에서 소개했듯 이것은 다시 중심형 〈2.1〉과 부연형 〈2.2〉 두 작은 유형으로 나뉜다.7) 유형 〈2.1〉의 줄거리 단락 구성은 대략 다음과 같다.

[1] 황정승이 녹을 받지 않고, 청렴하며, 늘 살림이 매우 빈한함

[2] 황정승의 임종 무렵에 가족들이 '장차 어떻게 살아가야 할지' 걱정함

[3] "공작이도 납거미를 먹고 살랴…"라는 막연한 유언을 남기고 별세함

[4] (이하 위 〈1〉 유형과 같음)

유형 〈2.1〉에 속하는 자료는 [자료13~23]까지이다. 유형 〈1〉에 대한 유형 〈2.1〉의 중요한 차이는 황정승 중심으로 이야기가 전개되는 것과 함께, 황정승의 '가난'이 강조 표현되는 데에 있다. 유형 〈2.1〉에는 대개 이 가난이 줄거리 도입부에 묘사되고 있으며, 혹 나타나지 않는 경우라 해도 그것이 생략된 것으로 볼 수 있다.8)

여기에서 더 중요하게 보아야 할 문제는 이야기의 결말이 '난제 해결'

7) '안정형'은 세 유형 가운데 주제·구성·길이 면에서 균형성과 안정성을 잘 유지하고 있다는 뜻이고 '부연형'은 황정승의 가난 감내 정황이 도술력을 통하여 길게 서술되고 있다는 뜻임.

8) 가난 상황이 먼저 오고서 〈유언〉을 제시하는 예는 자료 [17] [18] [18] [19] [20] [21] [22]이고 가난 상황 없이 〈유언〉을 제시하는 예는 자료 [13] [14] [15] [16] 이다. '공작이도 납거미를 먹고 살랴'는 말 속에 가난의 의미가 이미 내포되어 있으므로 이 부분의 유무로 위 유형을 다시 나누는 기준으로 삼지 않아도 좋을 것으로 본다.

에 대한 중국으로부터의 반응이 '포상(褒賞)'으로 마무리되는 것이 다수를 보인다는 점이다.9) 바로 여기에 이 유형의 독자성이 잘 드러난다고 할 수 있다. 이러한 사실은 이 유형이 기본적으로는 '중국의 난제 제시'↔'황정승의 지혜 과시'라는 큰 유형 〈1〉의 주제를 기저에 유지하면서, 다른 면으로는 '심한 가난'↔'포상(가난 해결)'이라는 주제가 함께 실현되고 있음을 뜻한다. 이러한 구성은 곧 위 유형이 그 기저에서는 황정승 개인의 능력으로 나라의 곤경을 해결했다는 공공적이고 사회적인 가치의식을 충족하면서, 표면적으로는 그로써 포상을 받아 후손들이 가난을 면하게 되었다는 사적이고 일상적인 가치의식을 충족하는 쪽으로 줄거리가 전개된 것이다. 이것은 일면 작아 보이지만 유형 〈1〉에 견줄 때 의미 있는 차이이자 변화이다. 곧, 문제를 해결한 결과가 나라에도 유익이 되고 개인의 명예도 확인한 것이면서, 그로써 상을 받아 생활이 나아졌다는 것은 일상 상민들의 소망에 충실한 욕구이며 표현이라 할 수 있다.

이것은 달리 볼 때 단순한 전설적 상상이 중심이던 것에 민담적 상상이 부분적으로 가미된 결과라 할 수 있고, 그것은 동시에 그만큼 구전을 통하여 주제가 넓어지고 전승력의 안정성도 굳어진 것이라 할 수 있다. 중요한 것은 이 유형이 본디의 기저 주제에 표면 주제가 가미되어 표현이 지나치게 과장되거나 길어지지 않고 있고 있다는 점이다. 두 주제를 포용하면서 표현과 주제의 균형을 유지하고 있고, 이로써 이 유형은 전체적으로 위 종합유형의 기본을 이루면서, 그 중심 위치에 있다고 할 수 있다.

9) 11편의 각편 자료 가운데 자료13·14·15·17(간접적으로 표명)·19·20·21에서 드러나고 있다.

다음, 유형 〈2.2〉의 기본 줄거리는 〈2.1〉과 같다. 차이점은 가난 감내(堪耐)의 의미를 강화하기 위하여 황정승을 '도술'까지 구사하는 비범한 존재로 그리고 있는 점이다. 여기에 해당하는 각편들은 [자료24~36]까지로, 도술 화소가 나타나지 않는 자료는 [36] 한 편뿐이다. 도술의 발휘는 주인공 황정승이 가족들에게 가난의 이유를 이해시키고 그것의 극복 의지를 강화하려는 목적으로 주로 나타난다. 가족들이 가난과 굶주림을 하소연하면서 단 한 번이라도 배불리 먹어보기를 간절히 소망하자 황정승은 도술로 곡식을 마당에 쌓아 보이며, 이에 가족들이 환호하자(또는 한 번 배불리 먹고 나자) 자신이 모아들인 곡식은 새의 먹이인 들판의 낙곡(落穀)이라며 도로 흩어 버렸다는 내용이다. 도술이 나타나는 자료 가운데 '도술로 낙곡 모으기' 화소가 9편이고 이와 다른 내용이 3편[10]이어서 '낙곡 모으기' 화소가 중심을 이루고 있음을 알 수 있다. 주인공의 도술 능력이 강조되는 이 유형은 유형 〈2.1〉에 비하여 황정승 인물담의 허구성과 환상성 즉 '민담성'이 더욱 강화된 유형이라 할 수 있다. 그리고 이러한 '곡식 모으기' 도술은 황정승이 가난을 인위적으로 모면하려는 수단으로 이용되지는 않는다. 오히려 그와는 전혀 달리 그에게 가난은 숙명으로 주어진 것이고, 따라서 그것은 인위로 해소할 수 있는 문제가 아니며 당연히 받아들이고 달게 견뎌야 할 것임을 실증하는 증거로 기능하고 있다. 이는 가난을 대하는 황정승의 자세가 깊이 이념화되어 있는 것임을 말해 준다고 할 수 있다. 황정승의 능력에 도술력을 가미함으로써 인물을 더욱 신비화하고, 그로써 물욕이 없는 청렴한 인물상을 한껏

10) [33](날씨를 흐리게 하여 계란을 곯게 함) [34](예지: 미리 알고 상인들에게 피해가 안 가게 조치함) [36](도술로 사위를 강가로 안내함)

강조 표현하면서 인물담으로서의 흥미를 높게 실현하는 것이 이 전승유형이라고 할 수 있다.

3. 설화 유형 형성의 배경

납거미 유언 설화는 황정승 인물담이기는 하지만 설화 제재와 표현과의 관계에 유의할 때 설화의 줄거리가 그대로 황정승의 실제 생애와 일치되는 것은 아니다. 그렇다고 이 유형담이 인물의 특징적인 실제 사실과 무관하게 완전히 상상으로만 생성된 설화도 아니다. 이미 이전부터 널리 구전되던 설화의 틀이나, 상민들에게 익숙한 화재(話材)를 황정승이라는 유명 인물이 흡인해 들여 구전을 통한 개인설화 유형으로 새롭게 꾸며진 이야기가 위 인물담이다. 일반적으로 대개의 인물은 안으로 설화를 생성해내는 힘도 지니고 있고 밖으로 기존 설화를 흡인해 들이는 힘도 가지고 있다. 이 가운데 설화의 생성력은 인물이 미친 사회적 저명도나 영향력에 비례하게 된다.

그리고 이러한 설화의 생성력은 약한 것도 있고 가벼운 것도 있다. 가벼운 경우는 대개 허구적 형상성이 약한 일화 수준에 그치지만 강한 경우는 실제 사실에서 많이 벗어나 민담적 허구성을 자유로이 실현하는 방향으로 나아가기도 한다. 설화의 생성은 역사 인물이 지닌 특징을 바탕으로 출발하는 것이지만, 기존의 수준에 머물지 않고 허구적 표현을 통하여 그것을 더욱 강화하고 개성화하게 된다.

그런가 하면, 이러한 일화성과 민담성은 설화의 전승층 혹은 향유층과도 연관되어 있어 일화성의 설화가 대체로 유식층 중심의 기호를 반영하는 것임에 비하여, 민담성의 설화는 다수 상민층의 기호를 더 크게 반영한다고 할 수 있다. 그러므로 이들 두 가지 부류가 함께 전승된다는 것은 그만큼 전승층이 넓다는 뜻이 되며, 민담성의 설화가 뚜렷이 실현되고 있다는 것은 설화의 주인공이 그만큼 상민층 속에 깊이 뿌리 박혀 그에 대한 설화가 폭넓게 전승되어 왔다는 뜻이기도 하다.

위 황정승 설화는 인물의 평소 이미지에 부합되도록 일상 속에 잘 알려진 '설화'와 '속담' 두 가지가 합성되어 이루어진 새로운 인물담이다. 이 가운데 전체적 틀을 이루는 부분은 오래된 구전설화, 곧 '고려장' 설화이다. 이 설화는 우리나라에서 고려장 설화로 명명되기 전에 이미 불전(佛典)에 수록된 것이고,[11] 더 거슬러 오르면 불전 이전부터 인도에서 널리 구전되던 설화가 불가의 설교에 원용되고, 그러한 결과 불전에 수록되어 불전과 함께 우리나라에 전래된 것이다. 이 설화는 주제가 '효'를 강조하기에 적합하여 불가의 포교담으로 널리 활용되었을 것이며, 그러다가 '효'라는 주제가 지닌 보편적 교훈성에 더하여 '난제 해결'이라는 화소가 지닌 흥미성으로 하여 불교계를 넘어 일반인들에게도 널리 전파되어 나갔다. 그리고 이러한 세속계를 통한 오랜 구전을 거치면서 본디 그 이름을 붙이기 어려운 이 설화는 막연히 '옛날 장제(葬制)'란 뜻의 '고래장' 설화로 불렸을 것이고, 다시 고려시대를 거치면서는 '고래'와 '고려'의 혼동으로 인하여 '고려장' 설화로 불리기도 했을 것이다.[12] 이처럼 위 설화는

11) 황인덕,〈불전계한국민담연구〉, 충남대학교 대학원, 1988.

12) 이것이 고려 때에 고려장이 실재한 데에서 유래된 고려장(高麗葬) 설화로 오해된 것은 여기에 그 이유가 있다고 본다. '고려장' 풍습이 실재 사실이 아님은 여러 논자에 의하여 밝혀진바 있다. 이에 대한 최근 글로 정규식의 논문이 참고된다(정규식,〈 '고려장이 없어진 유래' 설화의 재해석과 인문학적 성찰〉,《국어국문학》177, 국어국문학

한국에 유입된 역사가 오래되었을 뿐만 아니라 오랜 구전을 거치면서 오늘날에 이르러 마치 한국의 고유 설화처럼 누구나 친숙하게 기억하는 설화가 된 것이다.

그런가 하면 '공작도 납거미를 먹고 살랴'란 말도 우리나라에 아주 오래 전부터 있어 온 하나의 속담이었을 것이다.13) 공작을 귀하게 여기고 잘 기르기 위하여 그 식습성을 관찰한 결과로서 나온 말일 것이다. 화려하고 우아한 자태로 뭇 새를 대표한다고 할 만한 공작은 예부터 귀하게 여겨져 나라 사이에 귀한 선물로 주고받아져 온 새였다. 특히 공작은 동아시아 이남에 서식하는 새이기에 우리나라에서는 더욱 귀하게 여겨졌던 것으로 보이며, 이러한 이유에서 남쪽 지역 나라에서 북쪽의 우리나라에 대한 외교상의 선물 품목으로서 더욱 중요하게 인식되었던 것으로 보인다.

그런데 이처럼 귀한 새임에도 막상 우리나라 쪽에서 볼 때 공작새 선물을 그다지 반갑지만은 않은 것으로 여겨왔던 듯하다.14) 기후와 생태조

회, 2016.)

13) 실제로 한국의 속담집에 이에 대한 유사 속담이 여러 용례로 실려 있음을 볼 수 있다. 정종진, 《한국의 속담 대사전》, 태학사, 2006, 196~197쪽 참조. (공작이는 날거미만 먹고 살고 수달피는 발바닥만 핥고 산다 / 공작은 날거미만 먹고 산다 / 공작이 날거미만 먹고 살까 / 공작이라 날거미줄을 먹나)

14) 역대 사서류를 보면 우리나라는 외국으로부터 공작 선물 받기를 그다지 달가워하지 않았음을 알 수 있다. 조선조 실록에 보이는 '진기한 새와 짐승은 나라에서 기르지 않는 것이 옛 교훈'이라는 말에서 그것을 알 수 있다. 받은 공작을 궁중에서 기르지 않고 제주도에 보내려고 한 것이나, 그것도 여의치 않아 경기도에서 가까운 섬에 놓아 주게 한 것도 공작에 대한 소극적인 태도를 말해 준다. 아래 기록도 이에 대한 또 다른 증거가 된다. ("잘 자라지는 못할 것입니다" 하니, 임금이 이르기를, "이제 비록 후추 종자를 얻는다 하여도 반드시 잘 자라지는 못할 것입니다." 이 말은 과연 그러하나 앵무(鸚鵡)와 공작(孔雀) 같은 새는 비록 와서 바치더라도 내 마땅히 물리쳐 받

건이 현저하게 다른 우리나라에서 공작을 제대로 키우기가 쉽지 않았던 것이 하나의 이유였던 듯하고, 그에 더하여 공작의 식습성을 제대로 알아 대응하기가 어려웠기 때문이기도 했던 듯하다. 그리고 공작이 그 고유 습성이나 산란기의 생태적 특성에 따라 단백질 성분이 필요하여 납거미를 좋아하는 사실을 잘 몰랐던 것으로 보인다.15) 화려함과 귀품을 자랑하는 공작이 하찮은 납거미를 좋아한다는 사실의 발견은 공작 사육 담당자에게 처음에는 의외의 사실로 받아들여졌을 것이고, 동시에 그것은 점차 흥미로운 화제가 되어 일반인들에게도 알려졌을 것이다. 그러한 화제가 더욱 확대되는 가운데 공작과 납거미가 대비적으로 인식되고, 이 말이 오랜 구전을 거치면서 나중에는 위와 같은 하나의 속담으로 고정되어 나갔을 것이다.

그러면 좀 더 구체적으로 이들 전래 설화와 속담이 합성되어 하나의 독자적인 설화로 구성된 양상을 살펴보기로 한다. 널리 알려져 있듯 불전에서 유래된 고려장 설화의 줄거리는 어느 한 강대국이 주변의 약소국에 일방적으로 어려운 문제를 제시하고 그에 대한 풀이를 강요했는데, 누구도 맞히는 사람이 없어 고심하던 중에 몰래 고려장을 당한 어느 대신의 모친이 발휘한 지혜로 문제를 해결함으로써 나라의 위기를 극복하고 고려장이라는 악습도 없애게 되었다는 내용이다.

이 설화의 줄거리는 (1) 난제를 제시하고 답을 맞히라는 주변 대국의

지 않겠지만, 이것은 약용에 긴절하니 구하는 것이 어찌 해롭겠는가?"(《성종실록》, 184권 성종 16년 10월 11일)

15) "사육방법: 금계보다 동물성 단백질을 많이 급여해야 합니다. 산란기 때는 동물성 단백질 급여를 위하여 어분이나 번데기를 첨가하여 먹입니다.([출처] 진공작-호빈조류새농장 / [작성자] 호빈조류새농장)"

위협을 (2) 노인의 지혜로 해소하고 (3) 그 결과 고려장법이라는 악습이 폐지되었다는 세 가지로 요약된다. 황정승 납거미 유언 설화는 이 가운데 (1)·(2)를 받아들여 설화적 전환의 기본 틀로 삼았다고 할 수 있다. 지혜 있는 노인이 난제를 해결하여 나라를 구했다는 이야기의 기본 틀은 두 이야기가 일치한다. 대국이 제시한 문제를 노인이 풀고 위협을 해소했다는 서사적 구성은 시대와 장소를 넘어 통용될 수 있는 보편성이 큰 설화의 틀이 될 수 있음을 말해 준다.

그러나 노인의 역할은 같지만 그의 성(性)·직업·신분 등은 세부 사항이므로 시대·지역·문화·종교 등에 따라 달라질 가능성이 높다. 위 (1)에서 본디 여자 노인이었던 주인공이 황정승으로 바뀐 것이 그러한 결과이다.

그런가 하면 대국 쪽에서 제시한 난제도 시대와 장소에 따라 서로 달라질 수 있다. 난제를 제시하는 '대국'의 존재는 범시대적으로 통용될 수 있지만, 대국이 제시하는 '난제'는 구체적인 시대와 사회 및 특정의 인물과 관련성을 맺어야 하기 때문에 바뀔 가능성이 크다. 위 인물담에서 고려장에 처한 지혜 있는 노인의 위치가 '황정승'으로 대치되고, '굵기가 똑같은 나무토막의 상하를 맞혀라'·'풀을 먹고 있는 말의 어미와 새끼를 구별하라'는 등의 여러 가지 난제[16]들이 '공작이도 납거미를 먹으랴'는 속담으로 대치된 것은 바로 이러한 결과이다. 일반화된 설화의 틀이 황정승이라는 특정인의 설화로 원용되면서 우리 역사와 사회에 이미 민속언어로 익숙해진 속담을 원용하게 된 것이다.

16) 주 9)의 논문 참조.

또한 여기에서 좀 더 나아가, 그러한 개별 인물담으로서의 독자성을 더욱 높이기 위해서는 위 인물의 개성을 더 부각시킬 필요가 있어 이 화소 앞에 황정승의 가난한 삶을 강조할 필요가 있었다고 할 수 있다. 이로써 보면, 위 설화는 범시대적이고 범문화적 차원의 화소와 민족적·민속적 차원의 화소를 표현의 골격으로 차용하면서, 구체적인 표현에서는 유형적 독자성을 보완하는 등 표현상의 단계성을 보이면서 독자 인물담으로서의 특징을 실현하고 있다고 할 수 있다.

이상에서 보듯, 위 설화는 한국인들에게 오래전부터 친숙하게 알려져 온 설화와 속담이 원용되어 새로운 인물설화를 이룬 것이다. 이러한 설화 유형이 유독 조선 초기 황정승이란 인물에 의하여 비로소 새롭게 형성될 수 있었던 것은 전적으로 설화 주인공(character)이 지닌 독자성과 함께 시대적 특성이 함께 작용한 결과라 할 것이다. 그렇다면 이러한 기존 설화가 지닌 범시대적으로 익숙한 설화화의 틀이 조선 초기 황정승이라는 인물과 결합되어 그만의 인물담을 형성할 수 있었던 실질적인 요인은 무엇이었을까. 그것은 멀게는 고려시대 몽골로부터의 장기간에 걸친 부당한 외교적 압력을 받아온 데에서 온 트라우마, 가깝게는 황희가 살았던 시대가 보여준 국제관계의 불안정성과 그런 속에서 황희가 '지혜롭게' 정치를 수행했던 시대 · 사회적 배경에서 이루어진 것이라 할 수 있을 것이다.

중국 쪽에서 고려에 가한 장기간의 부당한 요구와 간섭은 원나라에 이어 명나라의 건국기인 여말 선초에도 여전히 이어졌다.[17] 고려 이후 조

17) 1376년 고려가 북원과의 통교에 불만을 느낀 명나라가 여러 조건을 걸어 경고성 국서를 보낸 것이나, 이 무렵에 있었던 외교적 알력 관계를 보여 주는 몇 가지 사항으로 다음과 같은 예를 들 수 있다. 1377년 여러 가지 세공물을 조건으로 하여 원정을 협박한 것, 1382년부터 명나라가 고려 사신을 3년간 받아들이지 않은 것, 1383년 명나

선을 개창한 이성계로서 위화도 회군의 전력은 명나라로부터 존호를 인정받는 데에 유리한 조건이 되기는 하였으나, 왕으로서의 책봉을 무사히 받고자 여전히 조심스런 사대의 자세를 보여야만 했다.18)

그럼에도 저들이 표전문(表箋文)의 표현을 문제 삼아 조선의 반명(反明)의식을 의심하여 조선국의 인신(印信)과 고명(誥命) 요청을 보류하는가 하면, 요동정벌의 주창자 정도전을 명나라로 보낼 것을 요구하기도 했다.19)

그뿐만이 아니라 조선이 개창하고 난 이후 상당 기간 동안 원나라 이래 조선이 감수하고 해결해야 할 여러 가지 부당한 외교 관계가 지속되었다. 작게는 명나라 사신[勅使]들의 사사로운 요구사항부터 시작하여20) 크게는 여러 공물에 이르기까지 조선은 저들의 요구에 늘 긴장해야만 했다. 금·은을 세폐(歲幣)로 바쳐야 하는 세공(歲貢) 문제는 여러 차례의 요청 결과 1411년에 특산물로 대체되었고, 환관과 처녀의 진헌(進獻)은 1427년에 폐지되었으며, 시비(侍婢)와 집찬녀(執饌女) 진헌은 1435년에 비로소 완전히 폐지된 것 등이 그 몇 가지 예가 된다.21)

라가 세공을 요구하며 위협한 것, 우왕 책봉 요청을 11년이나 끌다가 기만술로 이를 수락한 것(1385), 1387년 요동 통행을 폐쇄한 것, 1389년 창왕 책봉에 불간섭 입장을 취하여 고려를 냉대한 것 등.

18) 최승희,《조선초기 정치문화의 이해》, 지식산업사, 22~24쪽.

19) 명나라가 인신과 고명을 조선에 보내옴으로써 조선왕을 정식으로 인정한 것은 나라를 개창하고 한참 뒤인 태종원년이었다.

20) 조선 초기 고압적인 태도를 보이는 명나라 사신들을 환대하느라 고심했으며 황정승이 이를 잘 무마한 일화가 있다.

21) 저들이 조선을 제어하려는 단서로 오래 묵혀 둔 꼬투리를 굳이 하나 더 든다면《대명회전》에 이성계(1335~1408)가 이인임(?~1388)의 아들로 기록된 오류를 고쳐달라는 거듭된 요구를 1584년에 마지못해 들어준 종계변무(宗系辨誣) 문제도 있다.

이로써 보듯 원나라가 고려에 대하여 유지했던 고압적 자세는 명나라로 이어졌고, 그러한 관계 속에서 수백년간 이어져온 부당하고 불합리한 외교관계도 그대로 승계되어 장기간 지속되었다. 그러한 부당한 관계가 거의 정리된 것이 바로 세종대였고, 이 시대의 행정과 외교 등 제반 국정 문제를 총괄하고 해결하는 중심에 있었던 인물이 바로 황정승이었다. 나라를 개창한 이래 세종대에 이르러 내치와 외치를 안정시켜 태평성대를 이루었다고 할 때, 당시 역사의 표면에 세종이 있었다면 이면에 황정승이 있었기에 그것이 가능했다고 할 수 있다.

그리고 황정승의 그러한 능력은 오랜 관력을 통한 풍부한 경험과 다방면에 걸친 식견[22]에다 중후한 인품까지 더해진 결과에 힘입은 바 컸다. 요컨대, 황정승이 처했던 이러한 불안정한 국제관계와 더불어 경험과 지혜가 풍부한 인물로서의 그가 정치적으로 수행한 시대적 역할이 바로 위 설화의 주제와 적절히 부합됨으로써 기존의 설화가 개인의 설화로 전환될 수 있었다고 할 수 있다. 시대와 인물의 배경이 설화의 구도와 가장 높은 적합도를 이룬 데에서 기존의 설화가 역사의 특정인과 결합되어 새로운 설화적 상상력을 실현한 것이라 볼 수 있다.

4. 설화의 인물 형상

설화가 형성된 두 가지 배경요인을 살핀 데 이어, 이제 설화의 표현을 통하여 인물형상이 구체적으로 구현된 양상을 살펴보기로 한다. 앞에서

22) 이와 관련, 세종이 황정승에게 궤장을 하사할 때(1432) 내린 교서(敎書)에서 "지혜는 만 가지 정무를 총괄하기에 넉넉하다"라고 한 말을 주목할 필요가 있다.

황정승 납거미 유언 설화가 전체로서 — 즉 큰 유형 — 는 하나의 유형성을 띠지만 세분하면 세 가지 전승유형으로 나뉠 수 있음을 보았다. 그리고 세 유형은 각각의 특징이 있다는 점과 함께, 그것은 설화 전승 층의 성향과도 관련이 있음을 거론하였다.

그런데 이들 유형을 이해하는 데에 그 못지않게 중요한 사실이 있다. 유형 〈2.1〉과 〈2.2〉로 갈수록 황정승에 대한 '가난' 이미지가 더욱 강조되어 표현되고 있다는 사실이다. 〈2.2〉는 세 유형 가운데 상대적으로 긴 길이와 구성을 갖추고 있다. 구전설화로서의 표현이 가장 자유롭게 실현된 것인데, 그것은 곧 황정승의 인물 이미지를 통한 일반 상민들의 소망이 가장 강하게 실현된 결과이기도 하다. 위 설화가 실제 사실에 토대를 둔 허구적 과장이라는 점에서는 공통이면서도, 유형 〈1〉이 정치와 사회의식이 강조된 인물 이미지의 강조라면, 유형 〈2.2〉는 일상 속의 생활의식이 더 부각된 표현이다.

사회의 저명 인물이 상민들에게 주는 느낌은 경외감도 있지만 '친애감'도 있다. 상민들의 정서에서 저명 인물들에게 대한 친애감의 정도는 그가 상민들의 생존이나 삶의 조건과 얼마나 가깝게 밀착하고 공감하는가에 달려 있다고 할 수 있다. 황정승이 평생 가난하게 살면서도 그것을 너무나 당연한 것으로 감내한 생활자세나, 사람의 신분이나 계층성을 떠나 백성을 두루 애휼히 여긴 태도는 상민들로서 볼 때 그에 대하여 경외감을 넘어 친애감을 느끼게 하는 큰 요인이 되었을 것이다. 그렇기 때문에 민담성이 짙어지면 질수록 설화 속에서 주인공의 그러한 행적이 허구적 비약을 이루는 것은 자연스런 일이다. 이 글 [부록]으로 첨부한 각편 자료 여러 곳에서 이점을 확인할 수 있다.

유형 〈2.1〉에 속하는 각편들에서도 가벼운 정도의 가난함은 묘사되고 있다. 예컨대 황정승이 녹을 받으면 집안 구제는 않고 가난한 이웃에게 나누어 주어 늘 살림이 가난함([각편19]), 황정승이 평소 급료를 받으면 대부분 이웃에게 나누어 주어 살림이 늘 가난함([각편20]), 황정승이 급료를 받으면 하인들에게까지 나누어 주느라 자기 몫은 적어 늘 죽으로 살아감([각편21]) 같은 내용들이 그것이다. 모두가 황정승의 가난이 하인들이나 이웃들을 돌보느라 초래된 결과라는 것이다.

그런데 유형 〈2.2〉의 각편 자료들의 경우에는 이러한 표현과는 수준이 다르다. 이들 자료에서는 가난한 정상이 더 구체적으로 묘사되고, 가난 표현에 대한 사례 즉 화소가 더 중첩되며, 과장되고 신비스럽게 표현되고 있음이 그것이다. 모두 다 상민들의 생활의식에 밀착된 표현들로서 민담다움을 짙게 보여 주는 공통 요소들이다. 이 가운데 가난한 정상(情狀)의 사실적이고 자세한 묘사는 각편마다 부분적으로 거의 다 실현되고 있어 별도로 자세히 주목할 필요가 없을 듯하다.

다만 각편 [24] 같은 경우 이러한 표현이 유독 자세하고 사실적으로 실현되고 있어 더욱 주목을 끈다. 이 자료에서는 어느 날 황정승댁의 딸 '삼자매'를 이웃집 김정승 댁에서 초청했고, 음식대접을 잘 받고 난 딸들은 자신들의 아버지는 급료가 김정승댁보다도 곱절이나 많은데도 훨씬 못 사는 사실을 알게 되며, 이로써 아버지의 무능을 탓하고 따져들었는데, 이에 대하여 황정승은 동문서답을 하고 말았다는 것으로 이야기가 마무리된다. 딸 삼형제나 김정승 댁에서 딸들을 불러 잘 대접한 것 등은 허구적 구성이다.23) 이웃집 김정승이 황정승 딸들에게 음식대접을 해서 보낸 것은 딸들을 고생시키며 고생을 감내하고 청렴을 고집하는 아버지 황정승의 처세에 무딘 태도를 은연중 비판한 것이기도 하다.

그러나 황정승은 그것을 알면서도 짐짓 모르는 체 동문서답으로 눙치고 말지만, 이는 결국 김정승이 적은 급료로도 잘 사는 것은 뇌물을 많이 받은 결과라는 현실의 이면을 아주 암시적으로 보여 주는 것이기도 하다. 여기에 허구가 많이 가미되기는 했지만 그것은 결국 황정승 댁의 가난을 실감 있게 그리는 일면, 황정승과의 대비를 통하여 고위 관리층의 부조리까지 선명하게 부각시키기 위한 것이다.

이 외에도 공통된 유형성을 보이며 집안의 가난을 보이는 예로 '계란유골'24)·'세 모녀 치마 돌려 입기'25) 화소도 있다. 그러나 이들에 비하여 더 강한 유형성을 보이는 가운데 민담성의 허구를 가장 높은 수준으로 보여주면서 황정승의 가난을 잘 드러내는 것은 '도술로 곡식 날라다 쌓기' 화소이다. 가족들이 배고픔을 하도 간절하게 하소연하자 딱한 정상을 아주 무시할 수 없어 황정승이 도술로 들판의 낙곡을 마당에 쌓은 뒤, 그것으로 가족들이 밥 한 끼를 배불리 먹고 나자 그것은 날짐승의 먹이를 임의로 가져온 것이라며 도로 흩어 버렸다는 내용이다. 이 화소는 9편의 각편을 확보하고 있어 이 화소의 비중이 가볍지 않음을 알 수 있다.

이 화소에서 황정승은 도술로 모아들인 곡식으로 가족이 한 끼, 또는 하루 동안 먹고 나자 곡식을 도로 흩기도 하고, 혹은 곡식더미를 보여 주기만 하고서 곧 흩어 버리기도 한다. 그리고 한결같이 강조하는 것은, 그것은 본디 들판에 떨어진 낙곡으로서 짐승들이 먹고 살 식량이니 사람

23) 황희는 딸이 둘이었으며, 그의 재임 시절에 정승을 역임한 김씨는 보이지 않는다.

24) 각편 [31]·[32]·[33]·[34]가 이 예를 보여 준다.

25) 각편 [27]·[29]·[30]·[31]이 이 예에 해당된다.

이 마음대로 빼앗을 수 없다는 것이다. 이 화소에서는 도술 능력을 통한 인물의 비범성을 보여 주지만 그것이 관심의 중심은 아니며, 가족을 설득하기 위하여 도술까지 부리면서 가난의 필연성을 깨우쳐 주려는 자세이고, 더 나아가 사람과 짐승의 생명이 똑같이 소중하다는 보편적 생명 존중 정신을 보여 주려는 데에 더 큰 관심이 있다고 볼 수 있다. 보편적 생명 존중 의식을 통하여 가난 감내를 당연시하려는 것이 최종 주제가 되는 것으로, 그것을 증명해 보이기 위하여 그로서는 불가피하게 도술도 필요했던 것이다. 여기에서 가난을 달게 여기고 감내하며 그것을 가족에게도 담담하게 확인시키고 강조하는 주인공의 태도는 그야말로 가난과 청렴을 극단적으로 강조하는, 지고한 이념가나 철인의 자세를 보여 주기까지 한다.

그러나 그렇다고 해도 이것은 어디까지나 다수 상민들의 상상이 낳은 것으로, 황정승의 실제 이념이나 사상과 그대로 일치되는 것이라고 할 수는 없다. 위와 같은 가치관과 신념이 거의 숭고하기까지 한 것이라고 할 때 그것은 상민들의 입과 상상으로 황정승을 그러한 존재로 격상시킨 결과이다. 설화를 통한 이러한 인물 이미지가 결코 단순한 문제가 아님을 말해준다.

그렇다면 구전설화로 구현된 이러한 인물 이미지는 본디 어디에 근거하여 형성된 것일까. 이것은 완전한 허구적 상상만은 아니며 그럴듯한 실제적 단서가 있다고 여겨진다. 그것은 황정승이 실제로 행한 청렴과 애민의 실천적 자세의 남다름에서 찾을 수 있다고 본다.

황정승은 가정에서부터 노복과 그 자식들에 대해서 늘 차별하지 않고 가족처럼 대하려 했음은 일화로써 잘 알려져 있다. '천민도 하늘이 낸 사람'이라는 것이 그의 기본적인 인간관이었음을 유의하면 그는 인간차별은 불가하다는 신념을 지니고 있었던 듯하다. 그가 노비들에게 종모(從母) 아닌 종부(從父)법으로 고쳐 노비가 되는 길을 좁히려고 애쓴 것도 계급차별의 모순을 느껴 노비계층을 되도록 줄이자는 의도에서였다.

그런가 하면 조정에서는 모든 정사를 부세의 공평과 생업의 안정을 중심으로 생각하고 백성들이 나라에 대하여 믿음을 갖게 하는 데에 남 먼저 솔선수범하고자 했다. 세종임금이 당시 민간에 사치스런 풍조가 있음을 걱정하는 말을 황정승에게 전하자 그는 '신이 마땅히 그 풍조를 고치겠다'고 한 뒤 며칠 뒤 거친 무명베로 관복을 지어 입고 나옴으로써 나라의 사치풍조가 크게 고쳐졌다는 일화는 그의 검소한 자세와 과감한 실천력을 잘 보여 준다.26) 감옥에서 무리한 자백으로 인한 지나친 역옥을 없애고 형벌을 되도록 낮추고자 노력한 것도 그러한 마음에서 나온 것이다.

그런가 하면 강원도 북부 일대에 연이어 극심한 가뭄이 들었을 때 관찰사로 파견된 그는 세금과 공물을 줄여 주는 등 다방면으로 적절한 대비책을 마련하여 민생안정과 이재민 구휼에 진력하여 지방민들로부터 큰 칭송을 받고27) 나라로부터 공로를 인정받는 일도 있었다. 국가 제사에 육선(肉膳)을 되도록 줄이고 소선(素膳)으로 바꾸도록 노력한 것도 백성들의 공물(貢物) 부담을 덜어 주자는 취지였다.

그런가 하면 공법(貢法)을 주장하는 임금의 의견에 반대하여 답험손실법(踏驗損失法)을 15년이 넘게 주장해 온 것도 그 취지는 오로지 백성

---

26) 《조선왕조실록》〈숙종〉 12년 11월 29일

27) 이때 삼척 주민들이 그의 공로에 감사하여 소공대(召公臺)를 쌓았다고 하는데, 당시 황정승이 '소공'으로까지 칭송을 받은 것은 매우 특별한 예라고 할 수 있다.

들의 처지를 되도록 세밀하게 파악하여 형평과세의 취지를 충실하게 실현하자는 뜻에서였다. 조선조 임금 가운데에 '애민' 정신이라면 세종을 능가할 임금이 없다고 할 수 있지만, 그보다도 더 철저한 인물이 바로 황정승이었던 것이다.

이들 몇 가지 예들에서 보듯, 그의 위정자로서의 치정 자세는 온전히 민본과 애민으로 일관된 것이었다. 그가 위정자로서 이러한 자세에 투철할 수 있었던 것은 일면으로 '君民一體'28)의 투철한 통치 이념을 지닌 세종과 의기가 맞았던 측면도 있겠지만, 근본적인 뿌리는 그가 처음 이도(吏道)의 길을 걸을 때 굳게 결심한 초심에서 온 것이라고 할 수 있다. 또한 더욱 본질적으로는 정치권력에 무관심하고 명예욕과 재물욕도 거의 없이 애민과 민복을 가장 중요한 가치로 여겼기 때문이었다고 볼 수 있다. 황정승이 백성들로부터 존경을 한 몸에 받을 수 있었던 가장 본질적인 요인은 이처럼 애민 정신을 투철하게 실천한 결과라 할 수 있다. 그는 임금 아래 가장 귀한 지위에 있었으면서도 평소 생각과 행동은 낮은 백성들과 가장 밀착된 위치를 지향하였다. 답험손실법을 그토록 오랜 동안 끈질기게 주장한 것도 결국 백성들의 삶을 위한 길에서는 임금에게도 결코 양보하지 않겠다는 신념의 결과였을 것이다.

바로 이러한 그의 고집스런 가치관과 그 실천이 백성들로부터 친근감과 존경심을 함께 받게 된 이유였다고 할 수 있다. 그가 서거하여 안장할 때에 "신분의 귀천을 막론하고 저마다 달려와 애통해하고 아쉬워했으며, 각 부처의 서리는 물론 노복들까지도 앞을 다투어 포화(布貨)를 내어 제

28) 최승희, 《조선초기 정치문화의 이해》, 지식사업사, 2005, 222쪽.

물로 드렸다"[29]는 기록에서 그러한 정황을 잘 알 수 있다.

그가 보여 준 남다른 실천적 애민정신과 청렴한 생활자세가 당시 백성들에게 깊은 믿음과 감동을 주었던 데에서, 설화 속에서 그는 도술까지 구사하는 비범하고도 지고한 인물상으로 구현될 수 있었던 것이다. 당시 백성들의 눈에 황정승의 인물됨이 그처럼 높게 비쳐지고 그러한 의식이 가장 자유롭게 상상되고 표현된 결과가 위 유형 〈2.2〉인 것이고, 그 점에 이 유형에서 구현된 설화적 인물상의 중요한 의의가 있다고 할 수 있다.

5. 설화의 시대적 의의

한국사에서 여말 선초는 역성형명이 실현된 역사의 큰 전환기였고 그에 따라 인물담으로서 볼 때에도 큰 분기점을 이룬 시기였다. 고려를 대체한 조선조의 개창은 자연스럽게 이 시기 인물담의 축을 재편하는 중요한 요인이 되었다. 이로써 이 무렵 인물담은 대략 새 임금의 출현에 따른 절대권력을 긍정하고 옹호하는 하나의 방향과, 그것에 저항하는 또 하나의 방향이라는 양 극단으로 나뉘는 양상을 보여 주었다. 그리하여 새 왕조의 왕(王), 왕계(王系), 왕권(王權) 이야기가 한 축을 이루는 가운데, 고려에 대한 핍박, 충신, 절신, 은둔 이야기가 다른 한 축을 이루게 된다. 조선 태조의 인물상이 비범하게 형상화되고, 태조 선대의 왕계가 조직화되고 신성시되어 표현되며, 왕권의 성립 과정이 신비화되는 것 등이 전자 쪽의 모습이라면, 왕씨 유족이 탄압을 받고, 정몽주·이색·원천석·길재 같은 인물이

29) 신숙주, 〈신도비문〉(《방촌황희선생문집》, 방촌황희선생문집간행위원회, 2001, 1367쪽)

나 두문동 선비들이 박해를 받는 것 등이 후자 쪽의 모습이다.

왕권의 생성기인 태조대에서 왕과 공신들의 투쟁기인 태종대를 거쳐 왕권의 안정기인 세종대에 이르는 동안 영웅적 상상이 지배하는 사회적 정서가 점점 약화되면서 양 극단의 설화가 역사 속에 이면화되는 일면, 안정기 왕조의 역사를 담당한 인물들의 이야기가 전면화되어 나갔다. 정종과 태종대에 비중 있는 인물담이 별로 드러나지 않다가 세종대에 비로소 맹사성·황희·허조·유근·김종서 등의 인물담이 집중적으로 출현하는 것은 이 때문이다.

황정승은 왕조의 안정기이자 문화의 상승기에 본격적으로 자신의 역사와 만난 것이고, 그런 점에서 행운의 시대를 산 인물이라고 할 만하다. 그는 혼란기에는 나이가 어렸기에 혁명의 시대를 주도하는 위치에서 비켜서 있는 위치였으므로 역사에 대한 책임에서 어느 정도 자유로울 수 있었다.

그의 시대적 사명은 개국한 조선의 건국이념을 일단 수긍하면서 제도의 정비와 그 실천을 통하여 국정을 안정적으로 유지하고 국세를 다지는 데에 있었고, 그러한 시대적 위치를 자각하고 타고난 총명함과 근실함으로 주어진 소명을 적극적이고 균형감 있게 실현해 나간 인물 또한 그였다. 그는 젊은 시절부터 수많은 정부 직책을 섭렵하고 널리 경험을 쌓는 가운데 나라의 운영에 요구되는 여러 방면의 제도를 새로 마련하거나 보완하는 일에 두루 역량을 발휘하였고, 일인지하 만인지상의 위치에서 종신토록 위민치정으로 일관함으로써 조선조의 국본을 반석에 올려놓는 데에 크게 공헌하였다.

이처럼, 새 왕조가 시작되고 새로운 시대를 향한 발전과 창조의 동력을 마련해 나가는 시기에 자기 역할을 다함으로써 황정승은 바로 그 시대를 대표하는 역사적 존재로서 규정될 수 있었다. 과감하게 말하면 그는 1400년대 전반기 조선조 신료 집단의 존재와 그들의 사명을 압축적이고 상징적으로 보여 주는 위치에 있었다고 할 수 있다. 바로 그러한 위치에서 태어나 나라를 위하여 소신껏 일하고 마침내 한 시대를 대표하는 정승인물상으로 역사 속에 자리매김될 수 있었다는 것이 역사적 존재로서의 그의 위상이다. 또한 그러기에 그는 그러한 역사적 위상에 부응하여 전설로서도 임금 다음 위치에 있는 신하로서 가장 존엄하게 표현되고 있고 다양한 전승 유형을 낳고 있다. 설화사적으로 볼 때 바로 이점이 중요하다. 다시 말해 조선조의 역대 정승으로서 비견될 만한 인물을 달리 찾아볼 수 없을 정도로 그는 구전설화, 즉 인물담을 통해서도 가장 다양한 전설 전승 유형을 통하여 고매하고 존엄하게 표현되고 있으며 동시에 가장 널리 구전되어 왔던 것이다. 세종 임금이 조선조 최고의 성군이기는 하지만 세종에게는 전설화된 이야기 즉 인물담이 거의 없다. 국가의 안정기에서, 나라에 대한 무한 책임자였으므로 백성들로서 볼 때, 그가 이룬 과업은 당연한 의무로 이해되었기에 전설로 증폭되기가 어려웠다고 할 수 있다.

한편으로, 세종임금은 조정에서 정책으로 백성을 상대하고 신하를 부린 사람일 뿐, 백성들과 가깝게 접촉하지 않아 친숙함이나 감동의 공감대가 별도로 형성되지 못했다는 것도 그에 대한 설화가 생성되지 못한 다른 이유일 수 있다. 황정승은 지위로는 임금 다음이었다고 하지만, 그 위치는 나라의 공적 책임자라기보다 백성에게 봉사하는 자리였다. 그러한 위치에서 백성과 관계된 일에서 백성을 대변하는 최고 위치에서 임금을 보필하면서, 동시에 최종적으로 백성을 위하여 결정하는 존재가 황정승이었다. 그가 임금 다음 지위에 있으면서 백성들로부터 남다른 친밀감을 유발케 했던 것은 나라를 위한 공복으로서 최고의 지위에서 최저의 자세로 일관한 결과라 할 수 있다. 그러기에 그는 한 사람의 정승으로서는 물론, 어느 면으로는 성군인 세종임금의 미덕까지 부분적으로 흡수하여 조선조 내내 지식층은 물론 서민층에게까지 가장 친숙한 인물로, 널리 전승되어 온 한국의 대표적인 정승인물상으로 기억될 수 있었던 것이다.

그로써, 황정승 인물담은 다음과 같은 몇 가지 특징을 보여 주고 있다.

첫째로 그에 대한 전설은 부정적인 내용의 유형을 거의 찾아보기 어렵다는 점이다.[30] 조선조의 역사 인물 가운데에는 명인이라 해도 긍정적인 모습과 함께 부정적인 인물상을 동시에 보여 주는 경우가 적지 않다. 이퇴계나 송우암 같은 경우가 그 적례가 된다. 이퇴계는 조선조 도학을 대표하는 인물이고, 구전전설도 그러한 위상에 어울릴 정도로 다양한 유형 속에 활발한 구전을 이루어 왔다.

그러나 퇴계 전설 가운데 일정한 수는 퇴계의 현인답지 못한 측면이나 일화를 전하는 유형도 볼 수 있다. 대단한 인물이기는 하지만 그가 보여 주고 실천한 행적이 상민들 모두의 관심과 기대를 충족해 주지는 못했다는 뜻이다.

30) 한 가지 부정적인 사례가 있기는 하다. '재가금지법'을 만든 책임자가 황정승으로, 그가 이 법을 제정한 것으로 하여 백성들로부터 큰 원성을 샀다는 내용이다. (이 설화의 주인공은 '변계량'으로 나타나기도 한다.) 그러나 실제로 재가금지법과 황정승은 전혀 무관하다. 이것이 법으로 정착된 것은 조선 성종 때인 황정승 사후 20년도 더 지난 1485년이었다. 그럼에도 이 문제가 황정승 전설의 하나로 전승되는 것은 '유명인물에 의한 설화의 흡인' 현상일 것이다. 황정승이 성취한 일이 많기 때문이기도 하다.

비슷한 예로 송우암 전설은 그러한 모습을 더욱 강하게 드러내고 있다. 그에 대한 전설의 많은 유형은 그의 사심, 사욕, 공격심리 등을 주제로 한 예가 적지 않다. 이러한 예들은 이들 인물이 당대 명인이자 현인으로서 널리 존중받았다 해도, 그러한 평판도가 일정한 한계를 보여 주고 상민들에게 감동을 주지는 못했다는 증거이다. 모든 상민들로부터 널리 존중받은 황정승과의 차이를 보여 주는 예가 된다.

둘째는 친근성이다. 황정승은 당시 백성들로부터 가장 인기를 끈 인물이었다. 그것은 그가 많은 일화와 속담을 거느리고 있는 사실이 좋은 증거가 된다. 그와 관련한 여러 행적들은 곧바로 일화로 번지고, 더 나아가 속담으로 상승한 것이 많다.

본고의 제목으로 삼은 것도 그렇지만, '복 없는 정승 계란도 유골'·'황정승댁 3모녀 속곳 돌려 입기'·'결백하기는 황정승이라'[31]·'귀한 자식 매 한 대 더 안겨라'[32]·'꼿꼿하기는 황정승이라'[33]·'엄하기는 황정승일세'[34] 등의 속담도 그가 보여 준 행위와 관련이 있는 것으로 이해되고 있다.

이처럼 개인의 특정 행위들이 일화로 번졌다는 것은 평소 그에 대한 상민들의 관심이 많았다는 것이고, 이러한 일화가 속담으로까지 널리 전승되어 나갔다는 것은 그러한 관심이 적극적인 친밀감으로 지속되고 확산되었음을 뜻하는 것이다. 지금으로 볼 때 그는 당시 가장 인기 있는 지

31) 김선풍·리용득 편저, 《속담이야기》, 국학자료원, 1993, 25~27쪽.

32) 앞 주, 62~63쪽.

33) 같은 책, 72~73쪽.

34) 같은 책, 343~345쪽.

도급 인물로서 요즘 시대로 보면 검색어 일위의 인물이자 최다 지지자(follower)를 거느린 인물이었던 셈이다.

셋째는 전설 속에서 설화 전승자들은 고려조에서 벼슬한 황희의 전력을 문제 삼지 않고 있다는 점이다. 방촌은 고려 말에 사마시(1383)와 진사시(1385)에 급제하여 1392년부터 성균관학록을 제수받았으니 분명한 고려 신하라 할 수 있다. 그럼에도 전설 속에서 그는 고려 유신으로서 전조를 배신한 인물로 비판되지 않는다. 그 또한 자진하여 조선에 출사한 것이 아니며 고려의 두문동에서 은거하며 절의를 지키려 하였으나, 고려의 유신들이 적극 권면하여 부득이 출사한 것으로 서술되고 있다. 이것이 혹 설화성에 충실한 이야기라면 방촌은 설화를 통하여 자신의 약점까지 전혀 문제시되지 않고 말끔히 정리되고 있는 것이다. 혹 위 이야기가 사실에 충실한 것이라 해도, 적어도 설화를 통하여 방촌은 일부 시비거리가 될 수 있는 생애의 흠결이 문제없이 해소되어 설화적으로 표현되고 있음을 부정하기 어렵다.

15세기 후반 이후 주자성리학 중심의 유학이 성행하고 절의가 숭상되면서 여말 선초의 인물들에 대한 충역과 절의론이 한층 예민하게 논란되던 추세를 고려하면, 방촌에 대한 위와 같은 전설적 인식과 표현은 그 의미가 더욱 뚜렷이 부각되는 바가 있다. 그러한 치열한 사상 검증 속에서도 그가 부정적인 시대적 담설과 전설의 주인공으로 설정되지 않을 수 있었던 것은 결국 그에 대한 조선조 이래의 일반화된 공론과 민심이 범시대적으로 변함이 없었다는 증거이다.

넷째는 시대적 대표성이다. 인품과 업적에서 한 시대를 대표하는 인물이었기 때문에 그는 설화의 생성력이 강한 것만큼 흡수력도 강해 동시대의 다른 인물 일화까지 끌어들이는 힘을 보여 주곤 했다. 비가 새는 방에서 우산을 쓰고 앉아 있었다는, 다른 인물의 일화가 그의 이야기로 흡인된 것[35]이나, 재가 금지법 관련 설화의 주인공으로 황정승이 설정된 것이 그러한 예가 된다. 앞 이야기의 주인공으로 알려진 유관(柳寬)[36]은 우의정을 지낸 인물이고, 뒷 이야기의 주인공 변계량 — 이것이 그의 일화라고 간주할 때 — 도 뛰어난 문장으로 한 시대 문형(文衡)을 대표하는 인물이었다.

그럼에도 그들의 이야기가 황정승의 이야기로 흡인되고 있음은 전적으로 인물의 이름이 지닌 흡인력의 결과이다. 설화의 흡인력이 인물의 유명도나 호감도에 비례[37]함을 보여 주는 적절한 예의 하나라 할 수 있다.

이로써 보듯, 황정승은 조선조라는 새 왕조의 본격적인 출범과 더불어 그에 요구되는 시대정신에 충실하게 자신의 투철한 신념대로 주어진 역할을 실천했고, 바로 그러한 가치관의 독자성과 실천한 삶의 시대성이 그에 대한 설화적 인물상을 긍정적이고 밝은 쪽으로 형상화해 냈다고 할 수 있다.

또한 같은 이유로서 그는 전설 전승 유형의 다양성 면에서나 전승력의 강도 면에서 동시대 인물담을 대표하는 위치를 차지하게 되었을 뿐만 아니라, 조선조를 넘어 범시대적으로 변함없이 친밀감을 주는 전설 인물로 기억될 수 있었다고 할 수 있다.

---

35) 이 글 [자료22]가 그 하나의 예다.

36) 우의정을 지냈고 청백리에 녹선되었다. 위 일화가 《연려실기술》〈세종조 고사본말〉조에 실려 있다.

37) 우리 역사 인물 가운데 이러한 예를 잘 보여 주는 예로 원효 스님과 강감찬 장군을 대표적으로 들 수 있다.

6. 맺음말

조선 초기 인물인 황정승은 세종조의 명신이었으면서, 그가 보여 준 덕량과 실천한 공적으로 하여 당시대뿐 아니라 조선조 정승을 대표할만한 존재로 알려져 온 인물이다. 또한 그러한 위상에 부합하여 다양한 구전설화를 낳기도 하여, 그는 한국의 역사 인물담을 이해하고, 그 흐름을 파악하는 데에 의미 있는 위치를 차지하고 있는 인물이기도 하다. 이 글은 이들 여러 가지 황정승 인물담 유형 가운데 하나인 '공작이도 납거미를 먹고 살랴'라는 설화를 집중적으로 살펴본 것이다.

필자는 이 유형담을 '황정승 납거미 유언 설화'로 이름 붙이고, 이 유형이 보여 주는 기초적이면서도 중요하다고 여겨지는 몇 가지 측면에 대하여 고찰하였다. 결론삼아 살핀 내용을 간단히 요약하기로 한다.

위 설화 유형을 구성하는 핵심이 되는 화소(話素)는 (1) 대국(중국)이 조선에 어떠한 '난제(難題)'를 던지고 그 해법을 요구하는 것과 (2) 황정승이 '아무렴은 공작이도 납거미를 먹고 살랴'는 유언을 남기는 것 두 가지다. 모든 '황정승 납거미 유언'담 자료는 이 두 개 화소를 기본으로 갖추고 있으며, 따라서 위 설화는 기본적으로 전체로서 볼 때 위 화소를 기본으로 하는 '단일 유형'성을 띠고 있다. 그리고 이는 큰 유형을 작은 유형으로 나누어도 유형 사이에 의미상의 차이는 크지 않다는 뜻이기도 하다. 그런데 본고에서 참고한 36개 각편은 전체로서는 '단일 유형'성을 보여 주지만, 실제의 전승유형을 보면 〈1〉 중국'이 조선에 〈난제〉를 제시하는 것으로 시작되는 유형('중국' 중심 유형)과, 〈2〉 황정승의 〈유언〉이 〈난제〉 제시보다 먼저 소개되는 유형('황정승' 중심 유형)으로 구분된다.

〈1〉은 길이 면에서 '단형성'을 보여 주는데, 조선에 대한 '중국의 위협'이 강조 표현되는 것에 맞서 유언을 통하여 황정승이 그것을 '해결'하는 역량을 짧은 줄거리 속에 강렬하게 실현하는 구도를 보여 준다. 행위자들의 강 대 강 구도를 보여 주는 이 예를 황정승의 '정치적 역량이 과대화'된 유형이라고 할 수 있고, 그것을 위하여 '유언' 화소가 주된 초점을 이루어 설화적 표현을 실현하고 있다. 이는 당시 조선의 역사와 사회 상황에 대한 높은 관심과 의식이 반영된 결과라 할 수 있다. 그런 만큼 이 유형은 주로 사회·역사의식이 강한 화자들의 취향 속에서 전승되어 왔다고 볼 수 있다.

유형 〈2〉는 황정승의 실제적인 인물상이 중시되어 한쪽의 주제에 편중된 〈1〉에 비하여 균형감 있고 흥미롭게 줄거리 구도가 실현된 유형이라 할 수 있다. '유언' 못지않게 인물의 가난이나 청렴을 자세하고 비중 있게 묘사하고 있음은 그것을 말해 준다. 이에 더하여 이 유형에서는 난제를 해결한 결과로써 포상이 주어지고(가난 해결) 있다는 점이다. 이는 위 설화가 인물전설로서의 과장표현에만 머물지 않고 행복 추구를 주된 주제로 하는 민담성을 지향하고 있음을 말해 준다.

유형 〈2〉는 다시 〈2.1〉 중심형과 〈2.2〉 부연형으로 나눌 수 있다. '중심형'은 기본적으로 황정승의 '유언'에다 '가난'이 함께 중시되어 인물담으로서의 주제와 구성이 안정감 있게 구현되고 있는 유형이라면, '부연형'은 기본적인 줄거리 전개는 중심형과 유사하되 '도술' 화소를 가져와 황정승의 능력을 신비화하고 과장되게 서술하며, 전체적으로 다른 전승 유형들에 비하여 줄거리가 긴 편이다.

그러므로 유형 〈1〉이 유언 화소가 과대화되고 있다면 유형 〈2.2〉는 도술 화소가 극도로 강화되어 〈2.1〉에 비하여 민담다운 환상성과 허구성이 더욱 짙게 구현된 유형이다. 이는 곧 이 유형이 '황희 정승 납거미 유언' 설화가 일반인에게 좀 더 널리 전파됨으로써 상민들의 가치관과 생활정서가 더욱 짙게 반영된 결과임을 말해 준다.

'황정승 납거미 유언' 설화가 특정 시대, 특정인의 개인설화 유형으로 생성된 것은 '설화'와 '속담'이 합성된 결과로서, 곧 '고려장' 설화와 '공작도 납거미를 먹고 살랴' 두 가지 설화가 그것이다. 이들 두 가지 익숙한 설화 모티브가 황정승이라는 인물에 흡인되어 전혀 새로운 독자 설화 유형을 낳은 것이다.

그리고 이 설화가 생성될 수 있었던 것은 황정승이 살았던 시대와 그가 수행한 정치적 역할을 배경으로 하여 가능했다고 할 수 있다. 그것은 멀게는 고려시대 몽골로부터의 장기간에 걸친 부당한 압력을 받아온 데에서 온 고려와 조선의 외교적 트라우마, 가깝게는 황정승이 살았던 시대가 처한 국제관계의 불안정성과 그런 속에서 그가 '지혜롭게' 정치를 수행했던 시대·사회적 역할과 경험이 그것이다.

'황정승 납거미 유언' 설화에서 구현된 주인공의 가장 두드러진 인물상은 '가난 감내'로 요약된다. 유형 〈2.1〉과 〈2.2〉로 갈수록 그러한 표현은 더욱 농도가 짙어진다. 그러한 표현은 임금이 도성으로 공납되는 하루치 공물을 그의 집으로 들이려는 사실을 미리 알고 아예 도술을 부려 그것을 거부하는 행위나, 날짐승이 먹을 식량이라며 애써 도술로 마당에 모아들인 곡식을 다시 흩어버리면서 그것은 짐승의 먹이이므로 사람이 빼앗으면 안 된다며 가족을 설득하는 행위와 같은 예에서 잘 나타난다.

황정승은 별다른 도인이나 종교인이 아니었음에도 가난을 감내하는 데에서는 극단적으로 검소하고 청렴한 모습으로 나타나고 있어 거의 지고한 경지를 보여 준다. 이러한 이미지는 곧 상민들의 오랜 구전(口傳)을 통하여 구현된 설화적 인물상으로서, 그것은 황정승이 행동으로 보여준 소박하고 염결한 생활과 깊은 애민정신이 직·간접적인 영향을 준 결과라 할 수 있다.

'납거미 유언 설화'를 통하여 황정승 설화의 시대적 의의를 가늠해 볼 때 그에 대한 설화는 고려말에서 조선 초기에 이르는 동안에 보여 준 인물담의 흐름과 개황을 파악하는 데에 중요한 위치에 있다. 황정승 설화는 부정적인 내용의 유형이 없고, 높은 친근성 속에서 전승되어 왔으며, 그의 고려조 시절의 이력을 부정적으로 인식하지 않는 등의 특징을 보여 주는 외에, 더욱 동시대의 다른 인물담까지 자신의 설화로 흡인해 들이는 등 여러 면에서 시대적 대표성을 띤다는 점을 또 다른 특징으로 보여 주고 있다. 이것은 곧 그의 독자적인 정치적 신념과 업적에서 우러난 사회적 명망이 자연스럽게 설화에 대한 영향으로 나타난 결과라 할 수 있다.

[부록] 〈'황정승 납거미 유언' 설화〉 자료

[자료 1] 낮거미만 먹고 사는 공작

중국에서 조선에 (인물을 시험하고자) 공작을 보내 살을 찌우라고 함

무엇을 먹여도 먹지를 않아 공작이 죽을 지경이 됨

누군가 황희 황정승 집에 가면 무슨 말씀이 있을 거라며 방문해 보라고 함

황정승 집에 가 공작을 먹여 살릴 방도에 대하여 들은 말이 없느냐고 물음

한참 생각한 뒤에 황정승 부인이, "영감이 돌아가시면 나는 어떻게 살란 말이냐고 하소연하자 공작이도 납거미를 먹고 사는데 산 사람이 설마 먹을 것이 없어 굶어 죽기야 하겠느냐"고 했다고 일러 줌

그 말을 듣고서 납거미를 잡아다 주니 과연 잘 먹음

납거미를 많이 먹여 살을 찌운 공작을 중국으로 가져감

조선에도 인재가 있다며 중국에서 칭찬함[38)]

[자료 2] 공작은 낮거무 먹고

조선에서 대국으로 각종 조공을 바치느라 고충이 큼

황정승이 죽자 중국에서 조선에 인재가 더 있는지 알고자 공작을 보냄

공작을 죽이면 큰 문제(전쟁)가 되겠기에 잘 먹이려고 하지만 아무것도 먹지를 않음

황정승 댁에 사람을 보내 임종 때 남긴 말이 있었는지 알아봄

"공잭이랴 낮거무를 먹고 살까"라는 말을 했다고 함

38) 《대계》1-6(경기도 안성군), 398~399쪽.

낮거미를 많이 잡아 먹여 살을 찌워 대국으로 보냄

조선에 인재가 있음을 알고 넘보지 못함

(대국이 트집을 잡아 조선을 합병하려고 한 것임)39)

[자료 3] 황정승 이야기

중국에서 조선에 인재가 있는지 시험하고자 함

공작을 보내 길러보라고 함

무엇을 먹여도 먹지를 않아 공작을 죽일 지경이 됨

황정승 집에 가서 무슨 유언이라도 있었는지 알아보라고 함

영감 먼저 가면 나는 아이들하고 어떻게 사느냐고 하자 "공작이도 낙거미를 먹고 사는 것이니 그럭저럭 살다 뒤쫓아 오시오"라고 했다고 함

낙거미를 나라에서 많이 잡아들여 잘 키움

중국에서 조선에 인재가 많음을 인정함40)

[자료 4] 조선을 구한 황희 정승의 유언

황희 정승이 서거하자 중국에서 조선에 인재가 없다고 여김

조선을 쳐들어오려는 심산으로 봉황 한 쌍을 보내면서 여위지 않게 길러 일 년 후에 보내라고 명함

어떤 것을 주어도 먹지를 않아 고심한

마지막으로 황희 정승은 작고했지만 그 부인한테 자문하는 것이 좋겠다고 여겨 댁을 방문함

39) 37)《새내유역의 구비설화》, 김균태·강현모, 금산문화원, 2005, 153~154쪽

40) 《대계》1-7(강화군편), 1982, 824~825쪽.

별세할 때 다만 "봉황이라야 죽실을 먹지"라는 말만 했다고 일러줌

그 말에 따라 신우대 열매를 따다 주자 잘 먹음

황정승이 사후의 일을 알고 유언을 해둔 것임[41]

[자료 5] 수수께끼와 황정승

황정승 생전에 중국에서 때때로 조선에 무슨 문제를 보내면 황정승이 척척 대답하곤 함

황정승이 죽었다는 소문을 듣고 다시 문제를 냄(학을 석 달간 잘 먹여 길러 보내라)

아무것도 안 먹어 학이 죽을 지경이 됨

황정승 집에 사람을 보내 무슨 유언이 있었는지 알아보게 함

땟거리가 없을 정도로 가난한 황정승 집에 가 '작거미를 먹고 산다'는 유언을 전해 들음

작거미를 잡아 잘 먹여 중국에 보냄

황정승 사후에도 인재가 있음을 확인하고 중국에서 겁을 먹음[42]

[자료 6] 황희 정승의 마지막 유언

한 · 중이 대립하던 시대에 황정승이 죽자 중국이 조선을 칠 수 있겠다고 여김

그래도 남아있는 인재가 있는지 알아보자며 새 한 마리를 보내 잘 키워 이름까지 지어 보내라고 함

41) 《도시전승설화자료집성》4, 민속원, 2009, 465~466쪽.

42) 《대계》9-2(제주시편), 1981, 666~668쪽.

무엇을 주어도 먹지를 않아 고심함

임금이 할 수 없어 황정승이 남긴 유언이 없는지 물어보고 오라며 충신을 보냄

부인이 정승 사후에 살아갈 걱정을 하자 "공득이도 낮거미를 먹고 살려고"라고 했다는 말을 일러줌

시험삼아 낮거미를 잡아다 주자 잘 먹음

전국에 방을 붙여 낮거미를 많이 잡아들여 공득이를 살찌워 중국에 보냄

아직도 조선에 인재가 있다고 놀라며 침공을 단념함43)

[자료 7] 공작의 먹이를 알아맞힌 황희 정승의 지혜

대국에서 조선에 인재가 있는지 시험하고자 공작 한 쌍을 보냄

잘 길러 보내고자 하나 처음 보는 새라 무엇을 먹여야 하는지 몰라 걱정함

조정 회의를 한 결과 귀양간(장수땅에) 황희는 알고 있을 것이니 가서 물어보라고 말 함

낮거미를 먹이면 된다는 말을 일러줌

낮거미를 잡아 먹여 잘 기른 결과 나라의 위기를 모면함44)

[자료 8] 황정승 일화

명나라에서 조선에서 보지도 듣지도 못하던 새 한 쌍을 보내서 잘 키워서 보내라고 함

무엇을 먹여도 먹지를 않음

---

43) 박종수, 강현모, 《북부지역의 구비전승》, 용인문화원, 1997, 331~335쪽.

44) 《증편대계》5-9(전북 장수군), 2013, 414~415쪽.

조정 대신이 여러 날 상의를 했지만 묘안이 없음

한 신하가 황정승이 선견지명이 있는 분이니 생전에 무슨 말을 남기지 않았는지 알아보자고 함

황정승 부인이 황정승이 남긴 말을 일러줌("공작도 거미줄을 먹고 사는데 산 사람 입 에 설마하니 거미줄이야 슬겠소")

거미줄을 걷어다 먹여 공작을 잘 키움

죽은 줄만 여긴 공작이 잘 살아 있음을 명나라 사신이 확인하고 본국에 알림

황정승 사후 조선에 명인이 없는 줄로만 여긴 명나라가 그만한 인물이 또 있다고 하면서 이후 조선을 얕보지 않음45)

[자료 9] 황정승의 유언

황정승이 죽자 중국에서 조선에 인재가 있는지 알아보려고 공작을 보내 키우라고 함

공작이 어떤 것도 잘 먹지를 않아 고심함

정승 집에 가 유족에게 별세할 때 유언이 없었는지 물어봄

유족이 살아갈 걱정을 하자 "공작이래 낮거미 먹고 살겠느냐"란 말만 했다고 말함

과연 낮거미를 잡아 주니 잘 먹음

공작을 잘 키워 중국에 보내자 조선에 인재가 있음을 인정함

죽으면서까지 나라를 걱정한 인물이 황정승임46)

---

45) 금천군지편찬위원회, 《금천군지》, 1980, 255~256쪽.

46) 최웅·김용구, 《설화》, 국학자료원, 1998, 106~107쪽.

[자료 10] 황희 황정승 이야기

황정승이 청백하여 녹을 안 먹음

중국에서 공작을 보내며 살찌워 보내라 함

무엇을 주어도 먹지 않음

황정승 댁에 한 번 가보라고 함

임종 때 "공작도 거미집을 먹고 사는데 무슨 걱정이냐"고 말했다고 일러줌

납거미로 살을 찌움

조선 사람이 이처럼 머리가 좋아 중국에서 침략을 못함47)

[자료 11] 공작과 납거미

황정승이 딸만 삼형제를 둠

녹을 잘 안 받아 아내가 품을 팔아 먹고 사는 지경임

황정승이 별세하자 명나라에서 공작을 보내 잘 키워서 도로 보내라고 함

키우는 요령을 아는 사람이 없어 황정승 집으로 감

영감 사후 먹고 살 일을 걱정하자 "공작이 낮거미를 먹고 살까"라고 했다고 말함

그 말에 따라 낮거미를 먹이니 살이 찜

천자에게 보내자 황정승 사후에도 영웅이 있다고 인정함48)

[자료 12] 죽은 뒤에도 중국 천자의 문제를 해결해 준 율곡 선생

율곡 사후 조선에서 중국에 보낸 공작새가 아무것도 먹지를 않아 고심함

47) 《도시전승설화자료집성》6, 민속원, 2009, 203쪽.

48) 이수자, 《설화화자연구》, 박이정, 1998, 156~157쪽.

천자가 조선에는 인재가 많다고 하니 가서 물어 보라고 말함

만조백관 누구도 알지를 못함

율곡 선생이 남긴 무슨 유언이라도 있는지 율곡 댁에 가 물어 보라고 지시함

"공작이라야 낙거미를 막고 산다"는 유언이 있었음을 말해 줌

중국에 그 사실을 알려 문제를 해결함[49]

[자료 13] 황정승의 유서

황정승이 서거하기 전 가족에게 유언을 남김("너무 근심을랑 말어라. 납거미 줄만 먹 고 사는 공작새도 살라니 설마 사람이 굶어야 죽겠느냐.")

중원에서 마른 공작새 한 마리를 보내면서 살찌워 보내라고 함

조선의 누구도 공작새가 무엇을 먹고 사는지 모름

큰 걱정을 하던 임금이 황정승이라면 이런 문제에 대한 해답을 능히 알 것이라고 생각하여 황정승 댁으로 사람을 보내 공작에 대하여 남긴 말이 없는지 물어봄

과연 유언이 있음을 알고 납거미를 많이 잡아다 먹여 공작을 살찌움

살찐 공작새를 확인한 중국이 조선에 인재가 있다며 매우 칭찬함

나라에서 황정승 댁에 국록을 내려 유족들은 정승 생전에 타지 못한 국록으로 잘지냄[50]

[자료 14] (무제)

선생이 임종하는 날 대감께서 돌아가시면 저희들은 어떻게 살아가느냐고 물

49) 《증편대계》5-10(전북 진안군), 역락, 2015, 339~342쪽.

50) 김재권 수집 정리, 《황구연전집》4, 연변인민출판사, 2008, 21~22쪽.

음

공작은 거미만 먹고도 사는데 무엇을 걱정하느냐고 말함

그 뒤 중국에서 공작 한 쌍을 보내며 잘 길러 보내라고 함

공작은 우리나라 새가 아니어서 먹이를 알 수 없음

사람을 황정승의 집으로 보내 문의함

정승이 임종시에 했던 말로 대답해 줌

나라에서 많은 거미를 채집해 들여 공작을 잘 기름

임금이 시동(侍童)에게 포상하고, 현상(賢相)은 사후에도 나라에 도움을 주었다고 감 탄함**51)**

[자료 15] 사후에 국록을 타다

황정승이 임종시에 가족에게 "너무 근심을 말아라. 낮거미줄만 먹고 사는 공작새도 살라니 설마 사람이 굶어야 죽겠느냐"라는 유언을 남김

황정승 사후 중원에서 바싹 마른 공작을 보내 살찌워 보내라고 요구함

살찌울 방법을 몰라 고심하느라 임금이 잠을 못 잘 지경임

생각 끝에 황정승 집에 가면 방법을 알 수도 있으리라 싶어 사람을 보냄

황정승 딸이 일러준 유언대로 하니 과연 공작이 살찜

공작을 중원에 보내자 조선에 인재가 있다며 부러워함

나라의 근심을 덜었다 하여 황정승 집에 국록을 주어 사후에까지 유족이 잘 살게 됨**52)**

---

51) 《청구야담》(《방촌황희선생문집》 참조)

52) 연변대학교 조선문학연구소, 《황구연 민담집》, 보고사, 2007, 508~509쪽.

[자료 16] 사후에도 중국을 제어한 황희정승

황정승이 죽을 무렵이 됨

자녀들이 "저희는 장차 무엇을 먹고 사느냐"고 걱정함

"설마더래 공책이야 낙거미를 먹고 살겄느냐"고 말하고서 별세함

사후에 대국에서 공작을 보내 살찌워 보내라고 명함

별것을 주어도 안 먹고 결국 말라죽을 지경이 됨

조정에서 황정승 아들에게 황정승으로부터 무슨 유언이 없었느냐고 물음

유언할 때 한 말을 일러줌

낙거미를 잡아다 주니 공작이 잘 먹어 살이 찜

공작을 보내자 중국에서 조선에도 인재가 있다며 넘보지 못함

황정승이 사후에도 중국을 막은 것임53)

[자료 17] 거미만 먹는 공작

방촌이 평소 가난함

임종 무렵에 아들이 장차 어떻게 살아가야 할지 걱정함

"거무만 먹고 사는 공작이도 산단다"라고 말함

중국에서 조선에 인재가 있는지 시험하고자 공작을 보내며 살찌워 보내라고 함

어느 것도 먹지를 않고 날로 여위기만 함

공작이를 먹여 살리는 방법을 아는 사람에게 한 고을을 떼 준다고 공고함

황정승 아들이 아버지 유언을 생각해내어 거미를 먹여 공작을 살찌움

53) 황인덕, 《이야기꾼 구연설화-이몽득》, 박이정, 2007, 59~60쪽.

공작을 중국에 보내자 조선에 인재가 있음을 알고 놀라워 함

그처럼 황정승은 영웅임[54)]

[자료 18] 낮거미만 먹고 사는 공작

황희정승은 국록을 먹지 않아 늘 가난함

어느 날 세 딸이 아버지 앞에서 배가 고파 못살겠다고 하소연함

낮거미만 먹고 사는 공작도 사는데 사람이 설마 죽겠느냐며 견뎌 보라고 말함

죽음에 임하여 딸들이 생계를 걱정하자 나도 모른다며 알아서 하라고 말함

사후 중국 사신이 공작 한 마리를 가지고 와 살찌워 보내라고 명함(못하면 멸망시키겠다)

아무리 해도 살이 안 찌고 말라죽게 됨

임금이 황정승을 그리워하며 정승 집에 가 무슨 도움 되는 유언이 없을지 알아보게 함

딸들이 아버지의 유언을 일러줌(낮거미만 먹는 공작도 사는데 사람이 죽겠느냐)

그 말에 따라 낮거미를 잡아 먹이자 잘 자람

공작을 돌려보내자 천자가 감탄하였고, 이로써 나라도 무사할 수 있게 됨[55)]

[자료 19] 죽어서도 대국의 녹을 받은 황희 정승

황정승이 녹을 받으면 집안 구제는 않고 가난한 이웃에게 나누어 줘 늘 살림

---

54) 《대계》6-11(화순군편 3), 1987, 18~19쪽.

55) 한국구비문학회, 《한국구비문학선집》, 일조각, 1977, 55쪽.

이 가난함

작고할 무렵 아내가 대감이 돌아가시면 우리는 어떻게 살아야 하느냐고 걱정함

"수달피는 발바닥을 핥고 살고 공작이는 낮거미를 먹고 산다"고 말함

그 뒤 중국에서 공작 한 쌍을 내보내며 석달 열흘 사이에 살을 찌워 보내라고 함

어떤 것을 주어도 먹지를 않고 비쩍 말라 큰 걱정임

이 말이 황정승 부인에게 들려 황정승이 남긴 말을 궁중에 전해줌

낮거미를 많이 잡아 먹여 공작을 살찌워 중국에 보냄

중국에서 공작을 살찌운 황정승 부인을 칭찬하고 그 집에 후한 녹을 내림

황정승이 사후에도 중국으로부터 그처럼 대접을 받은 것임56)

[자료 20] 황희 정승과 거미 먹고 사는 공작

황희 정승이 평소 급료를 받으면 대부분 이웃에게 나누어 주어 늘 살림이 가난함

정승을 퇴직하자 가족들이 장차 무엇을 먹고 살 것이냐고 걱정함

"하루에 거미 한 마리 먹고 사는 공작이도 산단다"라고 말하고 나서 별세함

중국 사신이 공작 한 마리를 가지고 와 곡식이 아닌 다른 것을 먹여 잘 키우라고 함

누구도 공작을 제대로 먹여 키울 줄을 모름

황정승이 남긴 무슨 비법이 있을 수도 있으니 그 댁으로 공작을 보내자고 함

56) 《대계》4-5(부여군편), 1984, 825~826쪽.

공작 한 마리씩을 잡아 먹여서 잘 기름

중국에서 요구한 날에 맞춰 공작을 보냄

잘 먹여 키운 이유를 묻자 황정승의 유언임을 밝힘

나라에서 황정승 유족에게 포상하여 잘살게 해줌[57]

[자료 21] 황희 정승과 딸

황정승이 급료를 받으면 하인들에게까지 나누어 주느라 자기 몫은 적어 늘 죽으로 살아감

모아둔 재산이 없어 나중에 무엇으로 연명하느냐면서 자녀들이 걱정함

"공작이가 날것만 먹고 살까? 사는 사람은 사니라"라는 말을 하고 별세함

얼마 뒤 중국에서 마른 공작을 보내서 살을 찌워 보내면 상을 주겠다고 말함

온갖 것을 주어도 먹지 않고 점점 마르기만 하여 공작이 죽을 정도임

나라에서 공작을 먹여 살리는 사람에게는 포상하겠다는 방을 내붙임

황정승 딸이 아버지의 유언을 기억하여 '날것'으로 공작을 잘 먹여 살을 찌움

나라로부터 상을 받음[58]

[자료 22] 죽어서 나라를 구한 황희 정승

황정승이 너무나 청백하여 집에 비가 샐 정도로 늘 가난함

부인이 불평을 해도 방에서 도롱이를 쓰고 화로를 끼고 앉아 견딤

병들어 죽을 무렵 부인이 영감이 죽으면 나는 어떻게 살란 말이냐고 탄식함

"봉이는 낮거무줄도 먹고 사는데 산 사람 입에 설마 거무줄이야 치리"라 유

57) 이수자, 《옛날 이야기 ②》, 나주시, 2016, 504~506쪽.

58) 《대계》8-3(진주시·진양군편), 1981, 464~465쪽.

언함

중국에서 무슨 새 한 마리를 보내며 살찌워 보내라고 함

어느 것을 줘도 안 먹어 고심함

전국에 공작 먹여 기를 묘책을 수소문함

한 신하가 전에 '황정승이 모든 걸 예언도 잘 하고'했으므로 그 댁에 가보자고 함

황정승 부인에게 물어 유언 가운데에서 비법을 알아내 낮거미로 공작을 살을 찌움

공작을 중국에 보내자 조선에도 명인이 있다며 깔보지 못함

대인이 사후에도 나라를 위하여 일을 한 것임[59]

[자료 23] (무제)

우리나라의 황방촌이 지위가 수상에 이르렀으나 집안이 매우 청빈함

부인이 한탄하면서 "대감이 돌아가시면 식구들이 먹을 것이 없으니 장차 무엇으로 살 길을 꾀해야 하겠습니까?"라고 말함

방촌이 웃으면서 "공작도 거미를 먹고 살아가지 않소?"라고 말함

황정승 사후 중국에서 공작 한 쌍이 옴

먹이를 먹지 않아 죽으려고 함

주상(문종)이 방촌 집에 가서 이 문제를 질문함

황정승 부인이 황정승이 남긴 말로 대답함

주상이 그 청빈함에 감탄하여 두텁게 은혜를 베풀어 구휼함[60]

---

59) 《대계》7-10(봉화군편), 1984, 587~589쪽.

60) 박사호(朴思浩: 1784~1854), 《심전고(心田稿)》(오기수의《황희》에서 재인용, 190쪽)

[자료 24] 낮거미만 먹고 사는 공작

황희 선생이 딸 삼형제를 낳아 기름

어느 날 김정승이 황정승 딸들을 초청함

가보니 아버지보다 월급이 적은데도 음식을 푸짐하게 차려내서 잘 먹고 옴

귀가한 딸들이 자기 집이 죽만 먹고 사는 것은 아버지가 정치를 잘 못하는 탓이라고 여겨 아버지를 갈아야겠다며 심하게 원망함

황정승이 아버지를 가는 도리도 있느냐고 응수함

김정승은 500냥을 받는데도 잘 사는데 아버지는 천냥을 받고도 죽만 먹고 사니 도저 히 못살겠다며 거듭 불평함

내가 오다가 들으니 뒷동산 범이 개를 낳고 앞집 김정승 개는 범을 낳았다는 말을 들 었노라고 황정승이 말함

아버지는 그런 말도 안 되는 소리만 하니 늘 죽만 먹고 사는 것이 아니냐며 계속 불평을 해댐

이에 황정승이 딸들을 위하여 (도술로?) 아침과 점심 두 끼를 잘 잘 마련하여 배불리 먹임

그러고서 아버지가 돌아가시려 하자 이렇게 돌아가시면 "우리는 어떻게 산단 말"이냐며 하소연함

공작 입에도 낮거무(거무줄)가 생기는데 사람에게 밥이 안 생기겠느냐고 말함

그 뒤 명나라에서 공작을 보내 살찌워 보내라고 명함

공작이가 고기도 밥도 떡도 아무것도 먹지 않음

조정 대신들이 고심한 끝에 황정승 댁에 가 방도를 물어 보라고 말함

황정승 딸에게 가 물어보니 아버지의 유언을 말해 주며 낮거미를 잡아 먹여

보라고 말함

과연 그렇게 하여 공작을 살찌움61)

[자료 25] 황희 황정승의 이인 행적

황정승의 죽음이 임박함

일생 가난하게만 살아온 부인이 쌀밥 한 그릇 먹기를 간절히 소원함

내것이 아니라 죄를 받는 일이기는 하지만 해주겠다고 함

(부적을 써 놓으니 공중에서 나락이 날아와 산더미처럼 쌓임)

쌓인 나락으로 쌀밥 한 끼를 마음대로 해먹으라고 말함

나락 한 되를 퍼 담으니 쌓였던 나락이 도로 공중으로 날아감

새가 먹을 것을 잠시 가져온 것이니 헛 욕심을 내지 말라고 타이름

밥을 먹은 뒤 황정승이 죽음을 맞음

영감이 죽으면 죽도 못 먹던 자신은 어떻게 사느냐며 아내가 말함

"공잭이도 낮거미를 먹고사는디 사람이 항차 밥을 못 먹을까"라고 말함

그 뒤 중국에서 조선으로 공작을 보내며 살찌워 보내라고 함

조선에는 이제껏 공작을 본 일이 없어 공작이 빼빼 마름

할 수 없어 황정승 집에 가서 유언이 없었는지 알아보게 함

유언을 일러줌

유언대로 해서 문제를 해결함62)

---

61) 《대계》1-1(서울시 도봉구), 1980, 340~342쪽. (북한 출신 제보자)

62) 이복규, 《이강석 구연설화집》, 민속원, 1999, 279~280쪽.

[자료 26] 이인 황희 황정승

황희가 고려의 충신으로 본디 조선조에 벼슬을 하지 않으려 함

황희가 아니면 '책력'을 만들 사람이 없어 새 왕조에서 그를 초빙해 들인 것임

그러나 부득이한 출사였기에 녹을 안 받으려는 마음이어서 늘 집이 가난함

단속곳을 세 부녀가 돌려 입을 정도였음

외출할 때는 사금파리와 박조각으로 패물을 대용할 정도임

하루는 부인이 가난한 살림을 푸념하자, 황정승이 부적을 날려 마당에 노적가리를 쌓이게 함

부인이 이런 도술을 가지고도 가족을 고생시키느냐며 놀라워 함

저것은 날짐승들 먹이일 뿐으로 우리가 먹으면 안 된다며 다시 도술로 노적가리를 날려 보냄

황정승이 별세할 무렵 대감이 돌아가면 우리는 무얼 먹고 사느냐고 가족이 걱정함 "공작이라야 낙거미집을 먹고 살었을냐"라는 말을 남기고 작고함

그 뒤에 중국에서 조선에 인재가 있는지를 탐정하고자 공작새 한 쌍을 보내옴

별것을 줘도 먹지를 않아 조정에서 크게 고심함

황정승이 별세했지만 도움이 있을까 기대하며 공작을 황정승댁에 보내 보기로 함

황정승 댁에서 황정승 생전에 한 말을 생각하여 낙거미집을 먹여 살을 찌워 보냄

황정승 사후에도 황정승 댁에 이인이 있다며 놀라워함

공작을 받아본 중국이 황희 정승 사후에도 이인이 있다며 조선을 얕보지 못

함

이후 조선이 중국에게 깐보이지 않고 살게 됨63)

[자료 27] 황희 정승

가난한 황정승 아내가 평소 굶주림으로 고생을 함

너무 심하게 굶주리게 해서는 안 되겠다 싶어 조화술로 곡식을 마당에 쌓음

그러나 울타리에 뭇새들이 날아와 앉아 먹이가 없어 굶어죽겠다고 울며 하소연함

새들을 위하여 도로 모은 곡식을 흩어 버림

아내가 또 굶주림을 하소연하자 "산입에 거미줄 칠까"라고 말함

대국에서 공작을 보내면서 잘 키워 보내라고 함

조선의 누구도 공작의 먹이를 알지 못함

나라에서 황정승 부인을 방문하여 황정승한테서 들은 말이 없는지를 물음

황정승이 임종 때에 남긴 말을 들려줌

날거미를 공작에게 잡아 먹여 살찌워 중국에 보냄

조선에 인격(인재)이 없는 줄 알았더니 있다고 인정함64)

[자료 28] 대국 천자와 대적한 황방촌 대감

방촌이 청렴하여 속곳 하나로 삼모녀가 돌려가며 입을 정도로 가난함

어느 날 삼모녀가 단 한 번이라도 배부르게 해주기를 갈망함

황방촌이 쪽지를 마당에 던지자 곡식이 마당에 수북이 쌓임

63) 《대계》4-4(보령군편), 1983, 539~541쪽.

64) 《대계》8-14(하동군편), 1986, 230~231쪽.

그 곡식으로 마음껏 배부르게 먹으라고 말함

방아를 찧어 한 끼를 잘 먹고 나니 또 쪽지를 써서 던지자 다시 곡식이 다 날라감

(전답의 낙곡은 짐승의 것인데 사람이나 짐승이나 목숨은 같으므로 도로 돌려줘야 한 다)

정승이 죽을 무렵에 부인이 남편 사후 가족이 먹고 살 일을 걱정하며 물음

"공작이야 낱거무줄을 먹고 살까"라고 말하며 별세

정승 사후 중국에서 조선에 인재 시험을 하고자 공작을 보냄

어느 것을 주어도 먹지 않음

황정승이 평소에 그렇게 용했으므로 임종 때에 남긴 말이 있는지 가보라고 함

부인이 황정승이 남긴 말을 일러줌

낱거미줄을 잘 먹는 것을 알고서 그것을 널리 구해 공작을 살찌워 보냄

조선에 인재가 있음을 안 중국이 조선을 넘보지 못함65)

(미리 그려둔 금강산 지도로 중국 천자의 금강산 유람 욕구를 단념시킴으로써 황정승 이 사후에 나라에 또 다른 도움을 줌)

[자료 29] 황희 정승 이야기

가난한 황정승댁 모녀가 변소에 갈 때마다 단속곳을 교대로 입고 나감

부인이 들판에 떨어진 곡식이라도 주어다 먹었으면 배가 좀 부르겠다고 푸념을 함

65) 《대계》7-8(상주군편), 1983, 931~933쪽.

그렇게 한 번 해보이겠다며 부적을 써서 던지자 곡식 수십 석이 마당에 쌓임

그러자 각종 날짐승이 처마 끝에 날아와 자기들 먹이를 빼앗아갔다며 하소연함 그들의 말이 옳다고 여긴 황정승이 곡식을 도로 흩어 버림

황정승이 죽게 되자 모녀가 "정승께서 별세하면 저희는 어찌 사오리까"라고 물음

"산입에 거미줄 칠까. 공작이가 낫거미집을 먹고 사는데"라고 말함

황정승 사후 대국에서 조선을 애먹이려고 새를 보냄(몇 달 안에 살을 찌워 보내라) 새가 아무것도 먹지를 않음

임금님이 황정승 집에 가 부인에게 여쭈어 보게 함

황정승 부인이 유언을 일러줌

나라에서 명을 내려 낫거미집을 모아들여 공작을 잘 먹여 살을 찌움

예정된 날짜에 공작을 보내주자 조선에 아직도 이인이 있다고 인정함[66]

[자료 30] 황정승의 유언

황정승 댁이 가난해 딸들과 모친이 속곳 하나를 두고 변소에 갈 때만 공동으로 이용함

황정승이 글만 읽느라 식구가 먹고사는 일은 전혀 모름

아내의 배고파 죽겠다는 말에 "눈을 뜨든 감든 다 도둑들이라 나라도 죄를 안 짓고 살려고 눈을 감고 모르는 듯이 지내는 것"이라고 말하며 시험적으로 곡식을 모아들이는 도술을 보여 줌

아내가 마당에 쌓인 각종 곡식으로 밥을 해먹으려 하자 짐승들 식량이라며

66) 《대계》3-1(충주·중원편), 1980, 470~472쪽.

도로 흩어 버림

남편이 병들어 죽게 되자 아내가 장차 살아갈 일을 걱정하며 울먹임

"공작이는 낮거무 하나로 사는데 산 사람 입에 거미줄 치겠는가" 라며 별세함

('산 입에 거미줄 치랴'라는 말의 유래)

청나라에서 조선에 인재가 있는지 알아보고자 전례에 따라 공작을 보내 봄

(인재 유무 에 따라 달랐음)어떤 것을 주어도 먹지를 않음

황정승 부인에게 물어보게 함

정승이 남긴 유언을 일러줌

유언대로 하여 잘 기름

황정승댁의 가난을 안 임금이 하루치 공납물을 다 황정승 집으로 보내라고 명함

다음 날 보니 계란이 곯아 있음

청국에서 조선에 인재가 있음을 알고 침입을 못함[67)]

[자료 31] 황희 정승의 안목

황희 정승이 복이 없음

정월에 궁중에 들어오는 봉물을 황정승 집으로 보내게 함

석 달 만에 겨우 계란 한 짐이 들어옴

그마나 먹으려고 보니 곯아 있었고, 그거로나마 먹고 요기를 하자고 함

아내가 가난을 푸념하자, 황정승이 하룻밤 새 도술을 부려 마당에 노적이 태

---

67) 《대계》5-4(군산시·옥구군편), 1984, 960~962쪽.

산같이 쌓임

다음 날 다시 도술로 노적을 흩어 버리면서 날짐승 먹이이므로 되돌려 줘야 한다고 말함

별세하면서 "거무만 먹고 사는 공작이도 있는 것이"라며 살아갈 걱정을 너무 하지 말라고 함

갑자기 중국에서 공작 한 마리를 보내면서 살찌워 보내라고 함

아무리 해도 잘 먹지를 않아 황정승이 남긴 무슨 말이 있는지 정승댁 아들에게 보냄

아들이 어머니에게 물어 아버지의 유언을 기억해 내 거미를 잡아 먹여 공작을 살찌움

공작을 무사히 올려 보내 그 공으로 벼슬을 얻음으로써 후손도 잘되고 나라도 편안함68)

[자료 32] 황희 정승 일화

황희 정승이 인자(仁者)라 남의 것을 조금도 받지 않고 청렴함

비오는 날 방에서 우산을 받고 견딤

나라에서 그것을 알고 하루치 공물을 황정승 집으로 보냄

그것을 알고 천지 이치를 다 아는 황정승이 그날 비가 오게 함

그 결과 그날 보내진 봉물이 계란 한 짐뿐임

그거나마 안 먹으려도 황정승이 일부러 달걀을 곯려 버림('무복자는 계란도 유골')

68) 《대계》6-4(승주군편), 1985, 632~635쪽.

연로하여 운명할 무렵 자제들이 장차 살아갈 일을 걱정함

"이놈들아, 거무만 먹고 사는 공작도 사는데 세상 못 살까"라고 함

대국에서 공작 세 마리를 보내면서 살찌워 보내지 않으면 침략하겠노라고 위협함 아무것도 먹지를 않아 공작이 죽게 됨

조정회의를 하는데 말석의 한 못난 신하가 황정승 아들을 부르자는 의견을 냄

황정승 아들을 불러 자세히 물어본 결과 황정승의 유언을 알게 됨

그에 따라 거미를 많이 잡아 먹여 공작을 살찌워 중국으로 보냄

중국에서 조선에 인자가 있으니 범하지 못하겠다고 생각함

황희 정승이 아니면 조선이 영원히 멸망할 뻔함[69]

[자료 33] 황희정승 이야기

황정승 정승이이었지만 배 곯구 가난함

딸과 며느리가 이의 발생처 문제(딸-옷/며느리-몸)로 언쟁하다 질문을 해옴

두 사람 말이 모두 맞는다고 함

친구가 황정승을 나무라자 친구 말도 맞는다고 말함

임금이 하루치 공물을 황정승 집으로 들이라고 함

섣달 그믐 추운 날이라 겨우 계란이 들어옴

황정승 앞에서 계란을 깨보니 병아리가 생겨 있음

그러나 계란 주인 집으로 가져와 깨 보니 이상하게 온전한 계란임

설이 다가오자 딸이 설빔도 못 입는 것을 불만스러워 함

69) 《대계》6-9(화순군편 1), 1987, 562~565쪽.

황정승이 그날 저녁 (도술로) 조, 쌀, 보리쌀을 한 뒤주씩 채워 놓음
가족이 매우 좋아하며 그 곡식으로 밥, 떡, 설빔을 마련하려 함
황정승이 솥을 부수고 그 곡식은 까막까치 양식이라며 가족을 나무람
임종 무렵에 딸이 울면서 정승의 녹이 끊어지면 우리는 무얼 먹고 사느냐고 말함
공작이도 거미줄을 먹고 산다는 말을 하고 별세함
중국에서 공작새를 가지고 조선에 와 공작새를 먹여 살리는 사람에게 상을 준다고 말 함
황정승 며느리가 도성으로 올라가 공작을 달라고 하여 거미줄을 주어 보니 잘 먹음
공작을 가지고 돌아와 거미줄을 많이 먹여 살을 찌움
대국 천자에게 공작을 가지고 가니 천자가 조선에 천재가 있음을 인정함
대국 왕자와 혼인시켜 잘 살게 함[70]

[자료 34] 황희 정승 이야기

황희 정승이 뇌물을 모르고 너무 청렴하여 살림이 늘 극빈함
임금이 동대문으로 들어오는 하루치 공물을 압수하여 황정승 집으로 들이라고 몰래 명함
황정승이 이를 알고 상인들에게 피해가 안 가도록 이 날은 남대문이나 시구문으로 들어오라고 함
그 결과 당일 동대문으로 들어온 공물이 거의 없어 저녁때 달걀만 들어왔는

70) 신동흔 외, 《도시전승설화자료집성》10, 민속원, 2009, 241~244쪽.

데 곤달걀임

이를 확인한 임금이 '계란에 유골'이라고 탄식하였고, 이 말의 유래가 됨

죽음에 임박하여 가족이 장차 누구를 의지하여 살 것이냐고 걱정함

"개미라 구공주(九孔珠)를 먹고 공작이라 낮거미줄을 먹고 살리까"라는 말을 하고 죽음

중국에서 이상한 새를 보내 살찌워 보내라고 명함

새 이름도 모르고 온 나라에 누구도 먹여살릴 방도를 아는 사람이 없음

모든 문제에 명석한 황정승이었으니 그 부인을 불러 물어 보자고 함

부인이 궁중으로 가 공작임을 일러주고 대신 길러 낮거미로 살찌워 보냄

중국에서 이를 알고 조선에 명인이 있다며 '충렬부인'을 가자하여 잘 살게 됨

중국에서 이번에는 구공주(九孔珠) 세 말을 보내면서 하나의 실에 꿰어 보내라고 명함

조정에서 다시 황정승 부인을 불러 도움을 청하자 백일 말미를 달라고 함

왕개미 여러 마리를 잡아다가 명주실로 허리를 묶어 구공주를 모두 연결 해냄

황희 정승도 용하더니 그 부인도 용하다며 나라에서 다시 정렬부인을 가자함

그로부터 부인은 내내 잘 살다 종신함71)

[자료 35] 황희 정승

27세의 황희는 두문동 72인 가운데 최연소로, 다른 고려유신들이 백성을 위

71) 《대계》2-2(춘천시·춘성군편), 1981, 801~806쪽.

하여 '법'을 마련해 주어야 한다며 출사를 독촉하여 부득이 조선에 출사함

그러나 부득이 벼슬은 하지만 녹은 안 받음

홀며느리와 시어머니가 삯바느질과 방아 찧기로 생계를 이어감

딸을 아주 가난한 선비에게 시집보냄

아버지가 살림을 도와줄 것으로 기대하면서, 딸이 머리칼을 잘라 판 돈으로 술을 사서 남편에게 들려 친정아버지에게 갖다 드리게 함

술을 받은 장인이 말은 술을 마시자고 하면서도 계속 미룸

사흘째 되는 날 늦은 오후 장인이 사위를 이끌고 어느 경치 좋은 물가로 안내함

술을 다 마시고 나더니 사위더러 기념 삼아 강돌을 하나 가져가자며 돌을 망태에 넣어 주려 함

사위가 돌이 너무 무겁겠다고 하자 삼분이 일만한 것으로 바꾸어 넣어 줌

장인을 모시고 처가로 오자 죽 한 그릇을 끓여 주기에 먹고서 귀가함

남편이 가져온 강돌을 살펴보던 아내가 그것이 오금(烏金)이라고 말함

오금으로 토지 3두락(1,000평)을 마련하여 비로소 잘 살게 됨

정승이 별세할 무렵 아내와 며느리가 "대감이 돌아가시면 우리는 무얼 먹고 사느냐"고 물음

"공작이야 날거미집을 먹고 살겠느냐"고 말함

그때 중국에서 공작을 보내면서 살찌워 보내라고 함

어떤 것을 공작에게 주어도 제대로 먹지를 않고 마르기만 함

한 신하가 황정승이 무슨 유언을 했을 것이니 사람을 보내보자고 말함

사람을 보냈지만 별 말을 듣지 못했다며 돌아옴

다섯 번째 방문해서야 유언이 있었다는 말을 비로소 듣게 됨

낱거미집을 많이 모아들여 공작을 살찌워 중국으로 보냄

중국에서 조선에 인물이 있다고 여겨 넘보지 못함72)

[자료 36] 청백리 황희 정승과 박광대

황정승이 정승직에 있지만 매우 가난함

치마 하나를 세 모녀가 변소에 갈 때만 교대로 입음

황정승이 임종할 때 장차 살아갈 것을 걱정하자 "공작이는 날거미줄 먹고 사나. 남산 밑에 박광대가 알아서 하리라"라는 말만 하고 별세함

대국에서 공작을 보내옴

어떤 것을 주어도 먹지 않음

황정승 집에 가 대감이 남긴 유언을 물어 공작이 날거미줄을 먹고 사는 것을 알아냄

날거미줄을 많이 걷어 먹여 살을 찌워 보냄

나라님이 등극하는 데 광대패가 놈

박광대가 치마 하나를 던지자 여럿이 쫓아가 잡아당김

어느 대감이 그 광경을 보고서 사연을 물음

황정승댁의 가난한 정경을 표현한 것이라고 함

남문에 들어오는 하루치 대동곡(大同穀)을 황정승 집으로 보내라고 함

종일 들어온 것이 계란 한 수레뿐임

그나마 삶아 먹으려고 하니 속에 뼈가 들어 있음

'가난한 정승에게는 계란에도 뼈가 들었다'는 말의 유래 73)

---

72) 《대계》1-7(강화군편), 1982, 542~547쪽.

73) 《대계》7-9(안동시·안동군편), 1982, 571~572쪽.

제2부

옥동서원·태악서원 연구

栗村先生實記序
昔我先子圭菴先生道德學問爲一世儒宗所
與從遊皆當時名碩而栗村先生朴公卽其平
生道義交也先子於人素少許可惟亟稱公不
已以爲某才高而質美學廣而聞多文章禮節
自門庭中來噫公之爲公可以想見於此而又
與冲菴金先生爲友講劘資益栗谷李先生登
闡其行義則跡雖晦而聲光之彰著自有不
可掩者夷雖然公位不究德勳業功名不得銘

栗村先生實記序 一

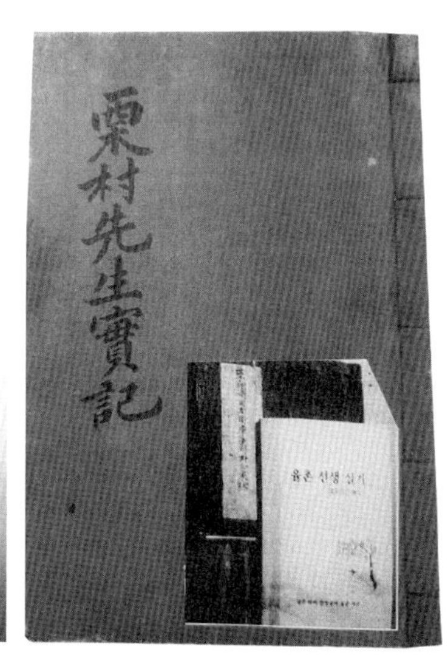

〈태악서원 〈율촌(栗村) 박배(朴培)선생 실기(實記)〉〉

옥동서원(玉洞書院)의 학맥과 학풍[1)]

이해준[2)]

1. 머리말

상주 玉洞書院은 厖村 黃喜(1363~1452)를 제향하는 상징적인 대표 서원이다. 厖村의 학문과 덕행을 추모하고 기리는 서원들은 玉洞書院 이외에도 장수의 滄溪書院, 남원의 楓溪書院, 완주의 龍津書院, 삼척의 山陽書院, 문경의 肅淸祠, 진안의 華山書院 등등이 있는데, 이 중 상주 옥동서원은 1871년 서원대원군의 서원훼철시기에도 '문묘제향자'이면서 '一人一院'의 원칙에 따라 훼철되지 않고 유존된 가장 상징적이고 대표적인 문화유적이다. 그리고 역사와 유적, 자료가 잘 남아 전하는 옥동서원은

1) 이 글은 옥동서원 주최, (사)방촌황희선생사상연구회 부설 방촌황희연구소 주관, 2019 제3회 옥동서원 정기학술대회(2019.09.21.)에서 발표한 논문이다.

2) 공주대학교 명예교수

1984년 12월 19일 경상북도 기념물 제52호로 지정되었다가, 2015년 11월 10일 역사, 문화재적 가치를 인정받아 국가 사적 제532호로 승격·지정되었다.

사적으로 승격 지정된 사유로는 (1) 방촌 황희를 제향하는 서원으로 1518년 黌堂으로 창건되어 1789년에 사액을 받았으며, (2) 1871년 서원 철폐령 시 훼철되지 않은 서원으로 17~18세기 서원 건축에서 나타나는 강학 쇠퇴와 향사 강화의 배치와 특징이 잘 남아 있고, (3) 역사·문화·경관 요소가 현재까지도 기록과 함께 잘 전승되어 오고 있어 인문·역사적, 건축적, 학술적 가치가 높다는 점이 강조되고 있다.[3)]

그동안 옥동서원의 창건과 연혁, 제향 인물에 대하여는 많은 연구가 이루어졌다. 그리고 상주의 학맥과 학풍에 대해서도 이미 강경모, 김호상, 곽희상, 정우락, 권태을, 이수환, 황만기, 성봉현 선생 등의 많은 연구가 이루어져 있어서 특별히 발제자가 새로운 연구 성과를 얻어 낸다는 것이 쉽지는 않은 일인 듯하다. 그럼에도 부족하지만 발제자는 이번 학술대회에서 부족하지만 옥동서원이 지닌 학맥과 학풍을 시기별 변화, 그리고 제향인물의 사회적 성격, 서원 운영과 지역 활동을 살펴보고자 한다. 그러나 제2주제와 제3주제에서 금중현 전교님의 '소윤공 황보신가의 혼맥과 학풍'과 이규필 교수님의 '축옹 황효헌의 생애와 학문'이라는 발제가 준비되어 있어 가능하면 중복을 피하고자 하며, 많이 부족한 부분이 걱정도 되지만, 토론과 지적을 통하여 앞으로 좀 더 많은 보완이 이루어지길 기대한다.

3) 2015년 문화재청 국가사적 제532호 지정보고 자료

2. 소윤공의 상주 입향과 백화서당(白華書堂)

1) 소윤공의 입향과 향촌활동

잘 알려지듯 상주와 장수황씨의 인연은 방촌 황희의 2자로 장수황씨 상주 입향조이자 소윤공파의 파조인 黃保身(1401~1456)으로부터 시작된다. 상주는 황보신의 처향으로 처 남양홍씨는 보문각 직제학을 역임한 洪汝剛의 딸인데, 남양홍씨의 외조부가 전서를 역임한 상주김씨(상산김씨) 金居道로 알려진다.

尙山金氏는 《세종실록지리지》 이후 각 읍지류에 상주의 대표 토성으로 가장 먼저 기록되는 성씨로 오랜 기간 상주에 세거하며 강력한 재지기반을 형성하였다. 상산김씨 '金之衍-金元理-金居道'로 이어지는 가계가 특히 번성하였는데, 고려 말에 不仕했던 金元理의 아들 金居道의 장녀가 洪汝剛과 결혼하면서, 상산김씨 가문의 재지적 기반이 외손인 남양홍씨 가문에 전승되었다. 그리고 홍여강이 황보신을 사위로 삼음으로써[4] 김거도의 재지적 기반은 홍여강을 거쳐 황보신의 장수황씨 소윤공파로 전승되었다.

소윤공 黃保身이 상주 중모와 인연을 맺은 것은 1415년(태종 15) 방촌이 직제학 홍여강의 딸과 결혼하면서부터이다. 그러나 소윤공이 상주에 정착한 것은 이보다 40년 뒤인 1454년(단종 2) 2월 아버지의 탈상을 마

4) 상주 입향 관련 일화로 金相定(1722~1788)이 백옥동서원을 참배하고 나서 지은 〈中山行〉(《방촌선생문집》 부록)에 명나라 사신으로 떠나는 직제학 洪汝剛과 익성공이 사돈을 맺는 일화가 기록된다. 바로 익성공의 아들 소윤공 黃保身과 결혼을 하게 되고 이로써 소윤공파가 처향인 상주 중산에 터를 잡아 살게 되었다고 한다. 金相定은 金長生의 6세손이며, 그의 선조인 金國光이 바로 黃保身의 사위이었다.

친 직후이었다.

소윤공이 중모에 은거했을 때 중모현과 경계를 짓고 있던 상주목의 속군 永同에는 당시 조야에 덕망이 높았던 명유로 楓川堂 金宗敬(1356~ ?)과 우리나라 三大樂聖의 한 사람인 蘭溪 朴堧(1378~1458) 등이 고향에 은퇴하여 있어, 소윤공과는 자주 만났다고 전한다. 이들은 서로 왕래하며 시를 주고받으며 천명을 즐기는가 하면, 각기 鄕約을 실시하여 향풍쇄신에도 솔선하였다고 한다.**5)** 이로써 보면, 중모현 백화당(白華堂)을 기점으로 한 조선조 초기에 이미 향약이 실시되고 학문과 문학이 활성화될 기틀이 마련되었다고 전한다. 다만 보다 충분한 자료가 아직은 확보되지 못한 실정이다. 이에 대한 자료가 더 찾아지면 당시의 상황이 보다 상세하게 전해질 것이며 이는 앞으로의 연구 과제라 할 수 있다.

이로부터 60여 년 뒤인 1518년에 황보신의 증손인 黃孟獻·黃汝獻·黃孝獻 형제가 사가독서나 관직 생활 중 정치적 고난이 있을 때 낙향하여 머문 것도 바로 이러한 인연과 연고가 있었기 때문이었다. 그리고 우리가 주목하는 玉洞書院의 전신인 白華書堂도 이러한 사회경제적과 향촌활동 배경에 토대하여 건립 운영되었다고 할 것이다.

2) 백화서당(白華書堂)과 상주 18서당

옥동서원의 전신이자 모체가 된 白華書堂은 1518년(중종 13) 소윤공의 증손인 黃孟獻(1472~1535), 黃孝獻(1490~1532) 형제가 中牟縣(현 경북 상

5) 黃蘭善,《是廬先生文集》권 7, 〈從十一代祖考 昭襄公(孟獻)墓碑銘〉(소양공은 소윤공의 증손자): 曾祖少尹公 贈吏曺叅議 諱保身 (중략) 金贊成宗敬 朴蘭溪堧諸君子 嘯傲觴咏 樂天安命 磨鍊鄕約 以正風化 盖鄕約之風 自此始(出野史).

주시 모동면, 모서면) 신덕리에 건립한 것으로 알려진다.[6]

黃孝獻은 1514년(중종 9) 문과 별시에 급제하여 1515년(중종 10) 홍문관 정자가 되어 상주에서 賜暇讀書를 하였고 이듬해인 1516년(중종 11) 중종이 至治를 추구하며 師儒를 택할 때 黃孝獻도 李耔·崔淑生·金世弼·金安國·蘇世讓·趙光祖·金綵·朴祥·金淨 등과 함께 선발되었으며 1517년(중종 12) 홍문관 부수찬에 올랐으나 어버이의 병환을 이유로, 큰형 黃孟獻과 함께 別業이 있는 상주에 머물렀고 이 시기인 1518년에 방촌 영정을 봉안한 독서당이자 강학당인 白華書堂[釁堂]을 건립하였던 것이다. 아쉽게도 당시 이 서당에서 어떠한 인물들이 수학, 강학하였으며, 그들이 후에 어떠한 활동을 하였는지를 알려 주는 자료로 없어 설명하기 어려운 실정이다.

그 후 白華書堂이 다시 한 번 주목되는 것은 창건 후 30여 년이 지난 1550년대 초반이었다. 당시 상주목사로 부임한 申潛(1552~1554년 재임)은 상주 지역의 학문 진작을 위해 18개의 서당을 건립, 활성화시킨다. 신잠은 申叔舟의 증손자로 상주 목사를 지내다가 상주에서 생을 마친 인물인데 재임 중 外任 관리 가운데 청렴하고 근신하는 관리로 뽑혀 향표리(鄕表裏) 1습을 하사받았으며, 상주의 백성들은 그를 추모하여 덕성비를 세웠다. 당시 신잠의 서당 창건과 운영에 대하여 제자인 盧禛이 찬한 申潛의 行狀에서는,

6) 黃汝獻(1486~1566)과 黃孝獻 두 형제가 호당에 선입되어 1515년 사가독서를 하면서 향리에 讀書堂인 釁堂을 세우고, 방촌 황희의 영정을 봉안하였다고 전해지는 것을 보면 황여헌도 합력하여 서당을 건립하였을 가능성도 크다.

상주에 선비들이 講學할 장소가 없는 것을 매우 병통으로 여기고 堂·院을 열고 땅을 골라 건물을 지었는데, 비록 극심한 기근을 당하더라도 능히 廩用을 절약하여 그 비용을 제공하였고, 또 백성들을 번거롭게 하지 않았다. 이 때문에 州의 人士들이 다투어 서로 흠모하여 본받아 궁벽한 村·社에 이르러서도 모두 私建하고, 또 이를 위해 힘든 일을 도와주어, 그들로 하여금 모두 學業에 나아갈 수 있게 하였다. 그중 書堂으로 이름난 곳이 무려 열 곳쯤이었다.

또 朱文公[朱熹]의 故事에 의거하여 고을의 수양된 인사들을 골라 堂長으로 삼아 이를 주관하게 하였다. 바야흐로 준행할 교육의 條目을 가지고 學式을 간행하매, 小學과 性理學 등의 서적을 많이 구입해 여러 서당에 나누어 주어 수장케 함으로써 배우는 이들에게 영구한 이익이 되게 하였다.[7]

고 한다. 이때 白華書堂도 玉城書堂, 淵岳書堂, 鳳山書堂, 首陽書堂, 近巖書堂 등과 함께 상주 18書堂의 하나로 유명하여졌다.[8]

그리고 이들 서당들은 1~2세대를 지나면서 그 활동범위와 영향력을 증대시켜 상주의 사림문화를 활발하게 꽃피울 수 있었다. 1600년대 초반에 이러한 서당의 강학이 바탕이 되어 상주에서는 여러 서원들이 건립, 활성화 되게 된다.

---

7) 《국조인물고》 권46, 己卯黨籍人 申潛 行狀(盧禛 撰)

8) 姜慶模, 2002, 〈尙州의 書堂敎育 考察 -靈川子 申潛 牧使의 18書堂을 中心으로-〉, 《尙州文化研究》 제12집, 尙州大 尙州文化研究所

3. 백옥동 영당 창건과 상주 학맥

1) 백옥동 영당 창건(1580년)

옥동서원의 창건은 1714년으로 상주의 서원들의 창건 년대와 비교해 보면 후기에 속한다. 그러나 서원으로 승격만 안 되었을 뿐, 이미 1580년 백옥동영당이 건립되면서부터 서원 사우로서의 기능을 지니고 있었다. 즉 백화서당은 상주의 최초 서원으로 창건된 도남서원이 1606년 건립되던 것에 비하면 20여 년이 앞선 1580년(선조 13)에 이미 황희 선생의 영정을 봉안한 백옥동 영당으로 건립되어 이때부터 춘추향사를 봉행하여 왔다[9]. 그러므로 그 시기는 다른 서원들에 비하여 훨씬 더 이른 것이었다고 보아야 한다.

그런데 이 1580년과 관련하여 상주의 유학과 학맥을 살필 때 주목되는 것은 西厓 柳成龍이 이해에 상주목사로 도임한 것이다. 상주지역은 퇴계학이 꾸준히 전해지던 지역이었지만, 특히 퇴계의 제자인 西厓 柳成龍(1542~1607)이 상주목사로 부임하여 그 학연과 인물들의 배출을 이루었다는 점이 주목된다. 서애는 노모 봉양을 위해 1580년 상주 목사로 부임하여 비록 9개월이라는 짧은 기간 재임하였지만, 상주지역의 유학 진흥에 남다른 노력을 보인다. 그는 매월 초하룻날 향교에서 교생들을 모아놓고 유학의 기본 교육을 실시하는 한편, 각 면에는 훈장을 두고 촌락의 자제들을 가르치게 하였다 한다.

이같이 류성룡이 상주목사로 재직하면서 교화에 진력할 때 사제관계

9) 〈舊實記小識〉에는 1585년(선조 18) 현감 惇이 白玉洞書院에 영정을 봉안하였다고 기록되어 있다.

로 맺어진 이들이 바로 상주의 유교 문화를 꽃 피웠던 인물들이니, 苔庭 成泳(1547~1623), 可畦 趙翊(1556~1631), 省克堂 金弘微(1557~1605), 月澗 李㙉(1558~1648), 蒼石 李埈(1560~1635), 梅湖 曺友仁(1561~1625), 愚伏 鄭經世(1563~1633), 沙西 全湜(1563~1642), 月峰 高仁繼(1564~1647) 등이 그 대표적인 인물들이라고 한다.[10]

이러한 西厓 柳成龍의 敎學으로 광범한 상주권의 사림 인맥이 형성되는 계기가 마련되고, 바로 이 시기에 백옥동영당이 건립되었으니 그런 점에서 그 의미를 다시 한 번 되짚어 보게 된다. 이중 특히 '商山三老'라 불리운 蒼石 李埈, 愚伏 鄭經世, 沙西 全湜의 활동이 주목되는데,[11] 이 중 沙西 全湜은 후에 백옥동서원에 배향되는 인물로 이들의 활동과 백옥동영당의 건립, 운영과 연계되었음을 알 수가 있다.

2) 백옥동 영당 중건과 사서(沙西) 전식(全湜)

백옥동 영당은 1580년에 건립된 후 불과 10여 년이 지나 임진왜란으로 1593년(선조 26)에 영당이 전소되었고, 영당의 중건 시기는 1600년대 초반으로 추정되지만, 정확한 근거 기록은 보이지는 않으나, 1603년(선조 36) 11월에 앞에 소개한 '商山三老'의 한 사람인 愚伏 鄭經世가 외후손으로서 諸族과 더불어 영당에 제향하는 것[12]을 보면 이미 복구가 되었음을 알 수가 있다.

---

10) 김호종, 〈서애 유성룡의 상주유학 진흥책〉, 《尙州文化》 19호, 상주문화원, 2009. 이들 외에 南溪 姜應哲, 一默齋 金光斗, 北溪 趙光壁, 松巒 金蕙 등도 거명된다.

11) 곽희상, 〈상산 3노(三老), 상산 사호(四皓)〉, 《尙州文化》 19호, 상주문화원, 2009.

12) 정경세, 《우복집 별집》(권 4), 연보 1603년조 與諸族 會祭黃翼成(喜)影堂 影堂在中牟縣 先生翼成之外裔也.

그리고 다른 기록에 의하면 槃澗 黃紐(1578~1626)에 의해서 1620년 전후[13]에 영당은 중건된다. 영당이 소실될 때 영정은 보존되어, 1632년(인조 10) 7세손 현감 脩가 畵工을 시켜 상주 白玉洞 영정을 모사하게 하였고, 그것을 파주 반구정 아래 사목공 종가[家廟]에 봉안하였다. 그리고 병자호란을 피하기 위해 1637년(인조 15)에는 파주 영정을 다시 상주 白玉洞影堂에 다시 옮겨 봉안하였던 것으로 알려진다(〈先世紀年〉 1637년).

이 시기 상주 사족활동에서 큰 역할을 하던 沙西 全湜(1563~1642)의 백옥동영당과의 연관성을 주목하게 된다. 全湜은 옥천 전씨로 그의 가문은 장수황씨와 인척으로 연계되어 있었는데, 그는 崔斯立의 딸 강화최씨와 혼인하였으나 27세 때 강화최씨가 세상을 떠나자 洪天敍의 딸 남양홍씨를 후처로 맞이하였다. 남양홍씨가는 바로 소윤공파 황씨들의 처가이었고, 全湜은 3남 1녀를 두었는데 바로 그의 사위가 槃澗 黃紐(1578~1626)의 아들인 감찰 黃德柔(1596~1659)이었다. 黃紐와 全湜은 사돈지간이었던 것이다. 주지하듯이 黃紐는 임진왜란으로 불에 탄 백옥동영당을 중건한 인물이며 그 과정에 全湜도 함께 하였으니, 당시 상주지역의 사림활동에서도 沙西 全湜의 모습과 장수황씨, 그리고 백옥동영당이 연관되어 있는 것이다.

全湜은 증 이조판서 全汝霖의 아들로 상주 동문외리에서 출생하였다. 류성룡과 장현광의 문하에서 수학하였고, 1592년 임진왜란이 일어나자 의병을 모아 왜적을 토벌해 많은 전과를 올렸다. 그리고 여러 관직을 역

13) 황뉴, 《반간집》 권3, 舊基祭文 및 권4, 行狀 참조. 1615년에 승정원 주서에 제수되었으나 사직한 뒤 1621년까지 상주에 있었으며, 1622년에는 모친상을 당하였다. 이를 보면 백옥동 영당 중건은 1620년 전후로 추정한다.(권태을, 〈옥동서원의 존재의의〉, 《제2회 옥동서원 학술대회》, 방촌황희선생사상연구회, 2018)

임하고 1614년(광해군 6) 전라도 도사에 임명되었으나, 광해군의 실정으로 벼슬을 단념하고 고향으로 돌아왔다.

이때 전식의 나이 52세로 낙향 후 친우인 鄭經世·李埈과 산수를 유람하며 교유하니, 세상 사람들이 이들을 '商山三老'라고 불렀다. 이들은 1619년(광해군 11)에는 스승 류성룡의 문집《西厓集》을 함께 교정하기도 하였다. 사계 전식은 병자호란이 일어나자 창의하여 군사들을 모았고, 70세가 넘은 1634년(인조 12)에는 상주에서 鄕約會를 행하며, 향촌 교화에도 힘썼던 것으로 알려진다. 1642년(인조 20) 자헌대부의 품계를 받고 이어 대사헌에 임명되었으나 나아가지 않았다. 그리고 그해 11월 고향 상주에서 세상을 떠났다. 사후 좌의정에 추증되었으며, 1691년(숙종 17)에는 忠簡[危身奉上曰忠, 正直無邪曰簡]이라는 시호를 받았다. 문집인《沙西集》이 전한다.14).

후일 백옥동서원에 沙西 全湜의 배향되는 것은 이러한 향촌활동과 장수황씨와의 혼척 인연을 토대로 이루어졌던 것이다.

14) 1786년 畜翁 黃孝獻과 槃澗 黃紐이 추배되면서 위차시비가 있게 된다. 즉 생몰년으로 보면 황효헌이 전식보다 73년이 앞서고, 서원에 배향한 시기는 전식이 앞서 황씨 집안에서는 생몰연대를, 전씨 집안에서는 배향의 시기를 선후로 위차문제를 제기하게 된다. 1806년 사서 전식의 위패를 도남서원으로 이안하려 한 일도 있었고, 1864년에는 옥동서원 院宇를 중수하면서 황씨 집안에서 나이의 선후에 따라 차서를 바꾸려고 하자, 전식의 후손 全宗德 등이 위판을 서원 밖으로 가져갔고, 이에 상주목사가 1868년 정월에 감영의 지시로 전식의 위패를 옥동서원에 다시 모시는 기록이 있다.(《승정원일기》 고종 5년(1868) 9월 5일조). 예조의 보고문에는 지평 黃明漢이 이에 앞서 옥동서원 배향 위차를 바로잡는 일로 상소한 것을 거론하는데 정확한 자료를 확인하지 못하였다.

4. 백옥동서원 창건, 추배와 사액

1) 백옥동서원 창건(1714년)

백옥동영당에서 100여 년 동안 영정 봉안과 제향을 하여 오다 鄕中公論과 사림들에 의해 서원으로 승격되는 것은 134년이 지난 1714년(숙종 40)이었다. 창건의 논의와 발의가 近巖書院[15]에서 이루어졌고, 이어 忠烈祠[16](1685년 건립)에서 주창하여 성사되었다고 한다.

그런데 여기서 우리가 주목하게 되는 것은 왜 옥동서원이 다른 서원보다 늦게 창건되느냐 하는 것이다. 잘못 추단하면 서원 건립의 배경과 사족들의 지원이 부족해서인 것처럼 볼 수도 있다. 그러나 발제자가 보기에 상주에서 이처럼 옥동서원이 다른 서원, 다른 성씨들에 비하여 늦은 시기에 서원으로 발전되는 것은 백옥동 영당이 이미 享祀의 전통과 기능을 유지하고 있었기 때문이라고 본다. 제향기능과 특별한 방촌 황희의 영향력, 권위가 지속되고 있어서 그러한 변화가 시급하지 않았던 때문이 아닌가 싶다.

상주의 최초 서원이자 도학 서원으로 이름이 널리 알려지는 道南書院의 1606년 창건은 1605년(선조 38) 상주의 사림 60여 인이 玉城書堂에 모여 서원 건립을 의결하고 창건 통문을 돌렸으며, 1606년에는 淵岳書堂에 모여 회의를 통해 건립 위치를 결정하고 마침내 鄭夢周, 鄭汝昌, 金宏

---

15) 近巖書院은 근암서당이 발전하여 성립한 서원으로 1665년에 창건되었고 洪彦忠, 李德馨, 金弘敏, 洪汝河를 제향하다가, 뒤에 이구, 이만부, 권상일을 추배하였다.

16) 忠烈祠는 1685년 건립된 서원으로 權吉, 鄭起龍, 金宗武, 朴傑을 제향하였던 곳이다. 1980년 복원하여 현재는 忠毅祠로 불리며 윤섬, 권길, 김종무, 이경류, 박호, 김준신, 김일, 박걸을 제향하고 있다.

弼, 李彦迪, 李滉의 위패를 봉안하기에 이르렀던 것이다. 즉 도남서원의 창건이 이들 서당을 중심으로 의론을 모으고 인력들이 힘을 합쳐 이루어냈던 것이다. 道南書院(1606년)에 뒤이어 17세기 초반에서 18세기 초반에 다른 서당들도 서원으로 승격하였으니 바로 玉城書院(1633년), 涑水書院(1657년), 近巖書院(1665년) 등이 그것이었다.

그러다가 상주에서 17세기 후반 이후 타 서당들도 孝谷書院(1685년), 花岩書院(1692년), 忠烈祠(1698년), 興巖書院(1702년), 淵岳書院(1702년), 鳳山書院(1708년), 雲溪書院(1711년), 西山書院(化東書院, 1713년) 등으로 서원으로 발전하게 되자 이에 자존감과 필요성을 느낀 백옥동영당도 서원으로 변화, 발전을 모색하게 되는 것이 아니었을까 생각된다.

1714년 서원으로 창건할 때 서원 명칭을 영당의 명칭을 그대로 이어 '백옥동서원'으로 하였고, 翼成公 黃喜를 주향으로 하고 忠簡公 全湜(1563~1642)을 배향하였다. 창건 당시 蔡彭胤(1669~1731)은 〈玉洞書院上樑文〉에서 厖村과 沙西의 행적을 칭송하면서,

> … (厖村께서는) 태종과 세종 대에 좌·우·영상에 올랐으며, 열흘에 한 번씩 조회하였네, 더욱이 몸에 간직된 仁과 義는 학문에 힘썼던 공부임을 알 수 있으며 考信에 전심한 것은 前賢들의 말을 거울로 삼으려 함이오, 배척에 전력한 것은 異端의 허위를 제거하려 함일세. 세상이 인정하는 효도는 충성에 옮겨졌고 사람을 가르치는 성의는 몸가짐에서 볼 수 있으며 자연 속에 노닐던 자취는 당시의 은퇴한 지취가 상상되고 廟堂 위에 엄연하던 위의는 지금의 끊임없는 香火를 남겼네.

또한 全先生(全湜, 호 沙西)을 배향한데는 원만하고 부드러운 자질을 가졌을 뿐만 아니라 우리 君子鄕의 三達尊으로 밝고 넓은 식견을 숭배함일세, 淵源의 전수는 退溪에서 西厓에 이르렀고 道友의 사귐은 蒼石 李埈과 愚伏 鄭經世이 있네, 학문을 연마하여 실용에 발휘한데는 삼가고 엄숙하라는 경전에 깊었고 의리를 지켜 뜻을 일관시킨 데는 평탄하고 험악한 처치에 관계하지 않았으며 鄭仁弘을 꺾어 正論을 붙잡았으니 국맥이 남몰래 연장되고 발해국을 맞서 수교를 마쳤으니 策書가 더욱 빛났어라, … 정치를 바로 잡을 의견을 자주 진언하였고 국난을 타개하려는 정성은 충성을 다하는 군사를 다시 거느렸네. 참다운 선비에게는 아무도 맞설 자가 없으니 어찌 나머지 것을 말할 나위가 있겠는가? …**17)**

라 하여 백옥동서원에 厖村과 沙西 2위를 승앙, 제향하는 뜻을 정리하고 있다.

그리고 이 창건과정에서 유념하고 주목해 보아야 할 것은 이때에 厖村과 함께 왜 沙西 全湜(1563~1642)을 배향하였는가 하는 것이다**18)**. 사서 전식은 앞에 잠시 거론한 것처럼 혼척으로 장수황씨와의 인연도 있고 항축과 함께 백운동영당 중건에도 참여한 인물이다. 그는 또한 鄭經世·李埈과 함께 '商山三老' '三達尊'라고 불렀던 인물로 임진왜란과 병자호란에 창의하고 상주 鄕約會를 행하며 향촌 교화에도 힘썼던 것으로 알

17) 《厖村先生文集》 附錄 下 〈玉洞書院上樑文〉(蔡彭胤): 《希菴先生集》 卷25 上樑文 黃厖村喜, 全沙西湜 白玉洞書院上樑文

18) 현재 옥동서원에 소장된 관련자료로 〈沙西全先生入享事蹟大槩〉(甲辰 6月 12日)가 있다.

려진다. 앞의 백옥동서원 상량문에서 보듯 이러한 사서 전식의 학덕과 행적이 추숭 받을 대상이고, 방촌과 사서가 '백년 사이에 덕망이 서로 호응'하고 있음을 강조한다.

또 이어서 이 상량문에서는 양 위를 제향하는 사림들의 공론과 서원 명칭에 대해서도 "(翼成과 沙西가) 백년 사이에 덕망이 서로 호응되니 과연 땅의 영기를 받았고 여러 선비의 의견이 모두 서원 건립에 일치되니 아마 하늘의 계시인가. 두 분의 香火를 계승하는 것은 모두 추모하는 마음에서 이고 서원의 이름을 달리하는 것은 존경하는 뜻이 아니라 보아 그대로 했다"고 하고 있다.

창건 이듬해인 1715년(숙종 41)에는 사림의 중론에 의하여 신덕리 천하촌에서 동쪽 100여 보 거리에 있는 헌수봉 아래 현 위치로 이건하였으며,[19] 이때 景德祠와 蘊輝堂도 건립되었다.

2) 축옹(畜翁) 황효헌(黃孝獻)과 반간(槃澗) 황뉴(黃紐)의 추배(1786년)

백옥동서원은 창건후 80여 년이 지난 1786년(정조 10)[20]에 방촌선생의 후손인 畜翁 黃孝獻(1491~1532)과 槃澗 黃紐(1578~1626)를 추배하여, 모두 4위를 제향하게 된다. 장수황씨 두인물의 추배는 이 시기 서원의 문중화 경향과도 어느 정도 연결된 현상으로 보이기도 한다.

---

19) 黃蘭善,《是廬先生文集》권 5, 玉洞書院重修記; 其後一百三十四年 而至明陵甲午 以沙西先生全公配之 越明年乙未 移其廟千稍東百餘步獻壽峰下

20) 이 추배년도는 1783년과 1786년으로 혼돈이 있는데, 鄭宗魯,《立齋先生文集》卷29, 〈玉洞書院堂齋及水石命名記〉의 '又畜翁槃澗兩賢 俱以先生之孫 躋享於當宁丙午 越四年己酉 士林上章請額'이라는 기록, 또 畜翁神道碑銘에서도 "畜翁先生黃公 以正朝丙午(1786년, 정조10) 配享于其高祖翼成公廟"라 하였다. 즉 병오년 추배 후 4년 뒤 기유에 청액하였다는 기록을 토대로 1786년으로 적는다.

그런데 소윤공 계열의 여러 인물 중에 왜 이 두 인물이 특별히 추배되었는지는 분명하게 밝혀지지 않는다. 우선 백옥동서원과 관련하여 처음 백화서당을 건립하고 초창기의 서원 유서를 마련한 축옹 황효헌의 노력, 그리고 임진왜란으로 백옥동영당이 전소된 것을 중건한 반간 황뉴의 업적을 기리고 추모하려한 것은 아니었나 생각된다.21)

黃孝獻(1490~1532)은 자를 叔貢, 호를 畜翁·玄翁·愼齋이다. 黃保身의 증손으로 25세가 되던 1514년(중종 9) 문과 별시에 을과로 급제하였다. 1515년(중종 10) 홍문관 정자가 되어 賜暇讀書를 하면서 상주에 머물렀고 1516년(중종 11) 중종이 至治를 추구하며 師儒를 택하게 하였는데, 이때 李耔·崔淑生·金世弼·金安國·蘇世讓·趙光祖·金絿·朴祥·金淨 등과 함께 선발되었고 1517년(중종 12) 홍문관 부수찬에 올랐으나 아버지의 병환을 이유로 사직을 청하고 큰형 黃孟獻과 함께 모친을 모시고 別業이 있는 상주로 다시 내려왔다.

바로 1518년 상주에 있으면서 황맹헌과 함께 옥동서원의 전신으로 황희의 영정을 봉안한 백화서당을 건립하였다. 그 해 다시 홍문관 수찬에 올랐으며, 1519년에는 性理大全을 경연에서 진강할 講官으로 선발된 것으로 알려진다. 1520년(중종 15) 사헌부 지평과 홍문관 부교리에 올랐다. 1524년(중종 19) 다시 사가독서를 하였으며, 홍문관 부응교·사헌부 장령·홍문관 응교에 임명되었다. 이때 권신인 金安老를 귀양 보내자고 청하였다. 1525년(중종 20) 사헌부 집의·직제학·승정원 동부승지가 되었으며, 이듬해에는 강원도 관찰사로 나아가 치적을 쌓았다.

---

21) 옥동서원 소장자료 중에는 병오년의 《追享時敎事錄 附到記》(丙午 12월 1일)이 있어 당시의 추진과 참관인 명단이 전한다.

1527년(중종 22) 성균관 대사성이 되었으며, 1528년(중종 23)에는 황해도 관찰사로 부임하였다가 모친의 병환을 이유로 사직하였다. 그러나 곧 이조참의에 임명되었으며, 1529년(중종 24)에는 이조참판으로 승진하였다. 이듬해 병조참판이 되어, 내외의 여러 관직을 역임하였고 1530년에는 《新增東國輿地勝覽》 편찬에 참여하기도 했다. 43세가 되던 1532년(중종 27) 안동부사 재임 중 관아에서 세상을 떠났다. 저서로는 〈下帷編〉, 〈渴掘編〉 등이 있고 《長溪二稿》가 전한다. 사람됨이 談論을 좋아하고 風儀가 아름다워 귀공자 같았으며, 학문을 좋아하고 문장에 뛰어났다고 전한다.[22]

黃紐(1578~1626)는 자를 會甫, 호를 槃澗이라 하였고 黃喜의 7세손으로 의령현감을 역임한 黃俊元(1548~1608)과 여흥민씨의 슬하에서 2남 1녀 중 2자로 태어났다. 황뉴는 어려서부터 뜻이 높고 재능이 뛰어났으며, 영특함이 남달랐다고 한다. 13세에 愚伏 鄭經世 문하에서 3년을 수학하였다. 1613년(광해군 5) 증광문과에 급제하였다. 1616년(광해군 6)에는 승정원 주서로 임명되었고 1621년(광해군 13) 스승 정경세와 함께 제술관에 임명되었으나, 나아가지 않았다. 광해군 집권기의 정치적 혼란 때문이었다. 관직생활 중에는 거취를 분명히 한 것으로 유명하다. 특히 槃澗 黃紐(1578~1626)에 의해서 1620년 전후에 백옥동영당이 중건되었고 아마도 이때에 사돈인 전식과 함께 하였을 가능성이 크다고 하겠다.

인조반정 이후 47세가 되던 1624년(인조 2)에 예조좌랑에 임명되었으

22) 《長溪二稿》, 《畜翁先生逸稿》. 李光靖 찬, 玉洞書院常享祝文. 畜翁 黃孝獻의 제향 축문에서는, "빙옥 같은 지조요 잘 다듬은 문장이며, 기묘명현의 덕행을 온전히 한 사람으로서 백세에 아름다운 명성을 길이 전하도다(氷玉其操 追琢其章 己卯名賢 己卯完人 百世流芳)"라 하였다.

나 나아가지 않았고, 전적을 거쳐 예조정랑으로 승진하였다. 1625년(인조 3) 사헌부 지평이 되어서는 공신을 배척하는 신진 사류를 비호하여, 외직으로 전보된다. 그리고 1626년(인조 4) 鏡城判官에 임명되나 병환을 이유로 사직하고 그해 한양에서 49세로 세상을 떠났다. 그의 죽음을 애도하는 李好閔, 鄭經世, 李睟光, 李廷龜, 金藎國, 李民宬, 李植, 李埈, 金著國, 李聖求, 李敏求 등 당대 유명 인사들의 제문과 만시를 통해서 황뉴의 교류의 범위와 사회적 명망, 위상을 확인할 수가 있다. 1786년 옥동서원에 배향되었으며, 저서로는 문집인《槃澗集》이 전한다.[23]

槃澗 黃紐의 제향 축문에서는, "타고난 아름다움과 연마한 공력으로 나아가고 물러섬에 다 사대하니 父祖와 스승 愚伏 鄭經世로부터 전해온 풍속과 교화로다(稟受之美 磨礱之功 進退事大 父師餘風)"[24]라고 하였다. 槃澗 黃紐는 畜翁 黃孝獻에 이은 방촌 정신 계승의 제2인자요, 나아가 退溪·西厓·愚伏으로 전승된 퇴계사상 계승자로서는 당대 영남의 碩德이었음을 특기한 것이다.

3) 청액 상소와 '玉洞' 사액(1789년)

玉洞書院 賜額은 백옥동 서원 유생들이 축옹과 반간이 추배된 4년 뒤인 1789년(정조 13) 1월 3일에 영남 사림들과 연대하여 유학 趙奎鎭 등이 사액을 청하는 상소를 올렸다.《일성록》에 보면 청액 상소의 내용을

---

23)《槃澗集》은 4권 2책의 목판본으로 5세손 敬中이 간행하려다 못한 뜻을 받들어 족손 皤老가 1813년(순조 13)에 편집, 간행하였다. 李象靖의 서문과 鄭宗魯의 발문이 있다.

24) 황뉴,《반간문집》(國譯本) 권 4 참조.

상소의 대략에, "故 相臣 翼成公 黃喜의 나라를 경영한 典章은 史籍에 환히 실려 있으므로 번거롭게 기술할 필요가 없을 것입니다. 저 상주 白玉洞은 곧 그의 仲子 한성 소윤 黃保身이 살던 곳이고 익성공이 일찍이 왕래했던 곳으로 사우를 지어 제향한 지도 이미 오래되었습니다. 다만 상소하여 호소한 일이 없었기 때문에 지금까지 사액의 은전을 받지 못하고 있으니, 어찌 성세의 흠전이 아니겠습니까. 그리고 忠簡公 全湜, 고 참판 黃孝獻, 고 지평 黃紐의 道學과 名節은 모두 儒宗으로 한 堂에 配享하여 영원토록 尊慕하고 있습니다. 삼가 바라건대, 특별히 사액해 주시어 院享의 예를 빛나게 해 주소서" 하였는데, 비답하기를 "참으로 그대들의 말과 같다면 익성공의 勳勞로 볼 때 제향하는 곳에 아직까지 사액하지 않고 있는 것은 흠전이라고 할 수 있다. 該曹로 하여금 본조에 있는 文跡을 상고하여 품처하게 하겠다" 하였다.(《일성록》 정조 13년 기유(1789) 1월 14일(신미)).

라 하고 있다. 청액 상소를 받은 정조는 예문관 제학 李秉模에게 액호를 비망하여 올리게 하였는데 '玉洞·德峯·道溪' 등으로 올리자 이중 〈玉洞〉으로 결정하여 사액하였다.[25] 사액이 결정되자 그해 4월 우승지 朴天衡을 보내 諭祭하고 揭額하였다.

---

25) 《厖村先生文集》 附錄 下 〈玉洞書院請額疏〉; 金埅, 《龜窩先生文集》 권12 白玉洞書院請額疏(己酉○代士林作)

5. 옥동서원과 교류 인맥

1) 사액이후 옥동서원의 위상

상주에는 수많은 원사가 건립되었지만, 사액서원은 도남서원과 흥암서원 뿐이었고, 이들 두 서원이 각기 남인과 서인(노론)을 대표하는 곳이었다. 이곳에 출입하는 인사들 역시 당색에 따라 나뉘지게 되었으며, 영조 무신란 이후 집권한 노론 세력들의 대남인 정책으로 인해 상주 지역에 흥암서원, 서산서원, 운계서원을 중심으로 신출 노론이 증가하였으며, 남인계 인맥은 도남서원을 중심으로 활동하였던 것으로 알려진다.[26)]

그러다가 1789년(정조 13) 옥동서원이 사액을 받고 새로운 모습으로 부각되면서 변화 모습이 보이기 시작한다. 즉 옥동서원이 추가로 사액을 받자 옥동서원은 상주목의 서부지역을, 도남서원은 동부지역을, 흥암서원은 관내를 영도하는 위치에 서게 되었다. 옥동서원이 1785년 黃孝獻·黃紐를 추향하면서 문중서원의 성격을 어느 정도 나타내기도 하였지만, 1789년 사액을 받으면서는 서원의 연관 세력들도 변화하게 된 듯하다. 옥동서원 건립 초에 상주 서부지역의 강씨, 정씨, 김씨 등의 지역 사림들이 많이 참여했었고, 18세기 말 이래 옥동서원이 노론화 경향을 보였기 때문에 민씨, 채씨, 윤씨 등 노론계 가문의 참여가 나타나기도 하였다.

한편 사액 직후인 1795년 立齋 鄭宗魯[27)]가 옥동서원 원장으로 堂·室의 이름을 명명하고 강학의 분위기를 조성한 뒤에는 옥동서원에서 "사리

---

26) 이수환, 2016, 〈창녕성씨 聽竹公派의 상주 정착과 노론계 院宇 건립 활동〉, 《朝鮮時代史學報》 79집, 조선시대사학회.

27) 정조가 재상 蔡濟恭에게 鄭宗魯의 인품을 물었을 때 채제공은 정종로를 "경학과 문장이 융성하여 영남 제일의 인물이다"라고 칭송하였다고 한다.

에 밝고 견식이 높은 분[哲匠]들이 대대로 나서 講筵을 때로 개설하여 揖讓하고 弦誦하는 기풍이 한 동안은 끊이지 않았다"28)라고 하였다. 이는 조선조 말기까지 옥동서원이 교학과 학문하는 서원의 기능을 다하려 했음을 알려 주는 기록이기도 하다.

白下 黃磻老(1766~1840)의 문집에 보면 옥동서원에서 강론을 파한 뒤 여러 인물들이 聯句로 지은 시가 보이는데, 姜世綸·姜世揆·柳尋春·黃磻老·李升培·黃獻老 등 당대 영남의 석학들이었다. 또 黃蘭善(1825~1908)의 《是廬集》에 의하면,

- 온휘당에서 장원 황원선 형을 모시고 소학 강론(蘊輝堂陪藏園兄講小學)
- 옥동서원에서 피서하며 공부하는 제군에게 夏課를 제시함(玉洞示夏課諸君)
- 청월루에서 임시 머물며 居接 제생에게 공고함(榜示淸越樓居接諸生)

등과 같은 글들도 보인다. 이를 통해 옥동서원의 다양한 강학과 토론, 학문 연구의 모습을 엿볼 수가 있다.29)

---

28) 黃蘭善, 《是廬集》 권5, 記 〈玉洞書院重修記〉 哲匠代作 講筵時開 揖讓揖讓之風 未嘗不優優

29) 소윤공의 가계에서 배출한 문인학자, 학맥을 권태을 교수는 黃保身·黃從兄·黃汝獻·黃孝獻·黃紐·黃德柔·黃翼再·黃沈·黃五·黃磻老·黃麟老·黃源善·黃蘭善 등으로 손꼽는다(권태을, 〈옥동서원의 존재의의〉, 《제2회 옥동서원 학술대회》, 방촌황희선생사상연구회, 2018).

2) 옥동서원 원장과 교류인맥

옥동서원에 소장된 성책류 고문서들을 보면 상주지역에서의 사족 교류 실상을 확인할 수가 있다. 옥동서원 소장 성책고문서 중에 인적 교류를 확인할 수 있는 자료로는 《焚香錄》(21책), 《駿奔錄》(12책), 《時到記(到記)》(15책), 《尋院錄》(10책), 《院錄》(4책, 1724~1882), 《任司錄(任員錄)》(2책, 1714~1899년, 1900~1960년) 등 다양하다.[30] 이들 자료는 조선후기 옥동서원의 실질적인 운영계층을 비롯하여 서원과 직간접적으로 이해관계를 함께하고 있었던 사림을 기록한 것으로 당시 옥동서원에 관련된 상주를 비롯한 인근지역 사림의 동향을 유추할 수 있게 해주는 자료이다.

《任司錄(任員錄)》은 옥동서원 院長과 齋任 같은 임원의 명단으로 선출연도와 이름을 기록한 자료로 이를 분석한 이수환 교수의 연구에 의하면 옥동서원 원장은 1714년 이후 초창기에는 안정적인 정착을 위해 지역 내 명망 있는 인사들을 원장으로 추대하였다. 초대 원장 진사 李泰至(1674~?)는 蒼石 李埈의 증손으로 당대 영남학파의 영수였던 葛庵 李玄逸과 친교가 있던 인물이었고, 장령 權相一, 주부 洪相民, 현감 洪道達 등 관직을 지닌 자들이 임명되어 서원의 안정적 운영을 도모하였다.

18세기 옥동서원 원장을 역임한 인사들을 성관별로 나열하면 長水黃氏 22명, 豊壤趙氏 16명, 興陽李氏 13명, 晋州姜氏 10명, 商山金氏와 缶林洪氏 5명, 信川康氏·慶州孫氏·星山呂氏·廣州盧氏가 각 3명 등이었다.

---

30) 《분향록》과 《준분록》 그리고 《시도기》는 옥동서원의 제례시 제례를 주관 또는 참석한 인사를 기록한 것으로 제례별 참석자의 직임과 이름이 기록되어 있다. 《원록》은 당시 옥동서원에 출입하였던 원생의 명단으로 가록(加錄)의 형식으로 작성되었으며 직임과 이름이 기재되어 있다. 《심원록》은 서원 내방인사가 자필 서명한 일종의 방명록으로 본관, 인명, 내방일 등이 기록되어 있다.

관력을 보면 군수·현감 등의 지방관 4명, 掌令·都事·獻納·奉事·主簿 등의 관료 8명, 생원·진사 14명으로 전체 원장의 28%에 해당되며, 나머지 72%인 36명은 모두 幼學이었다.

19세기 들어 원장을 맡은 인사들의 성격 변화는 더욱 뚜렷하게 나타나는데, 원장을 성씨별로 살펴보면 장수황씨 42명, 진주강씨 28명, 진주정씨 15명, 상산김씨 10명으로 후손인 장수황씨들이 점차 많아진다. 이는 18세기 이후 서원의 성격이 문중화 되어 가던 경향에서 비롯된 것이다. 그리고 주목할 것은 노론계로 표상되는 은진송씨 가문의 경우 이전 시기에는 1명의 원장만을 배출하였지만, 19세기 들어와 8명의 원장을 배출하면서 그 비중이 크게 높아지기도 한다.

또 하나 주목되는 현상은 19세기 들어서면서 중앙관료의 원장직 추대가 늘어나고 있다는 점이다. 이는 관권의 협조를 통해 서원의 운영을 원활히 하기 위한 조처로 보인다. 1850년(철종 1)에 상주목사가 임명된 이래 1910년까지 13명의 상주목사(군수)가 원장으로 임명되었는데, 이는 서원훼철 후 국가에서는 남은 서원의 원장을 지방 수령이 담당하여 운영·관리토록 했던 것과도 관련이 있다.

또한《蘭菊稧文簿》,《蘭菊稧册》(甲辰 9月)처럼 蘭菊稧 자료도 전해진다. 난국계는 옥동서원의 실질적인 운영을 보조하기 위해 결성한 계 조직으로 옥동서원 건립 이후, 지역 유림과 제향인 후손들이 결성하였으며, 이 조직이 대략 100여 년 전 '난국계'로 이름을 바꾸어 현재까지 계승된 것으로 보고 있다. 예전에는 옥동서원의 원장이 당연직으로 稧長을 맡았었다고 한다. 옥동서원과 연관하여 유학 진흥을 위해 漢詩 대회를 개최하기도 했었다. 현재 난국계 회원은 500여 명에 달하며, 2년마다

한 번씩 총회를 옥동서원에서 개최하고 있다. 임원으로 계장과 유사, 그리고 감사를 두어 옥동서원의 집기 구입, 재정 지원, 현안 문제 해결 등 다양한 부분에 걸쳐 옥동서원 보존을 위해 노력하고 있다고 한다.

한편 옥동서원에는 방촌 황희의 文廟從祀와 관련한 상소(陞廡疏)도 1점 남아있는데, 공주 유학 宋智修를 疏首로 경상도와 전라도 유생 약 200여 명이 연명한 것이다. 옥동서원이 정조대인 1789년에 사액을 받게 됨으로서 상주의 공론을 양분하는 흥암서원, 도남서원에 비견되었다. 하지만 문묘에 배향된 5현을 제향 하는 道南書院(정몽주·김굉필·정여창·이언적·이황)과 興巖書院(송준길) 등에 비하여 사액의 시기도 늦을 뿐만 아니라 문묘 제향인이 아니라는 점에서 차이가 났다. 이런 상태에서 황희에 대한 문묘 배향이 결정된다면 향촌에서의 영향력도 더욱 강화될 수 있었을 것이다. 이러한 문제의식은 계속된 방촌 황희의 문묘 종사 상소로 나타났던 것이고[31], 이 과정을 옥동서원은 주도적으로 추진하였던 것이다.

31) 황희의 문묘종사운동은 19세기 들어 모두 4차례가 있었으니 《고종실록》과 《승정원일기》에 보면 황희의 문묘종사와 관련한 ① 1883년(고종 20) 12월 후손 黃心顯의 상소 ② 1884년(고종 21) 4월 팔도 유생 李承璪 등 상소 ③ 1884년(고종 21) 6월 李世夏를 疏首로 다시 황희의 문묘 배향을 요청 ④ 1891년(고종 28) 6월 이색과 황희의 문묘 배향을 청하는 洪在衡 등의 상소가 보인다. 이러한 고종 년간에 시도되었던 황희의 文廟從祀, 즉 陞廡와 관련한 것으로 당시 충청도, 경기도 등 각 지역의 사림들이 주고받았던 通文과 發文을 엮은 자료가 바로 黃心顯이 만든 《厖村先生請陞廡實事》 1책이고 그 서문은 黃夔仁이 썼다.

6. 맺음말

상주는 추로지향(鄒魯之鄕)이라 불리는 영남 성리학의 상징적이고 대표적인 본 고장의 하나이다. 정우락 교수가 '강안학으로 본 상주 유학'이라는 주제로 학맥과 사상 동향을 연구, 정리하여 강조한 바 있듯이 상주지역이 영남학, 퇴계학의 발전 과정에서 보여 주는 성격과 영남학과 기호학이 상통하는 畿嶺學의 회통이 주목된다. 즉 상주가 지닌 지리적 성격은 기호와 영남, 그리고 낙동강 중류지역을 중심으로 한 영남학의 소통기능을 담당하면서 다양한 문화를 흡수하였고, 이러한 과정에서 다양한 유학사상과 인물들이 배출된 곳이었던 것이다.

특히 상주에는 조선 유학사의 백미라 할 수 있는 서원문화가 오늘날에도 계승되어 다른 지역에 비하여 16개소라는 많은 서원이 존재하는 곳이며, 특히 이중에서 상주 모동면 수봉리에 있는 옥동서원은 1871년 서원철폐령 때 훼철되지 않고 존속된 47개소 서원 중 유일하게 방촌 황희 선생을 배향하는 서원으로, 2015년 11월 10일 역사·문화재적 가치를 인정받아 사적 제532호로 지정된 특별한 문화유산이다.

그런 점에서 본 학술회의에서 발제자는 '옥동서원의 학맥과 학풍'이라는 주제를 가지고 이 두 가지의 성격과 특징을 추출하고 정리하여 보고자 하였다. 그러나 이 발제를 마치면서 계속 부담스럽고 아쉬운 것은 스스로가 평가해도 충분한 자료의 정리, 기대한 성과를 얻지는 못하였다는 점이다.

예컨대 옥동서원과 장수황씨 인물 배출과 사회사적 성격을 권태을 교수가 지목한 소윤공파 배출인물이나, 상주목의 지리지 《상산지》 인물조에 등재된 장수황씨 인물은 黃保身을 비롯하여 黃蘭善 등에 이르기까지 60여 인에 달하는데 이중에서 사족 활동과 학문활동으로 주목되는 인물들이 옥동서원과 어떠한 관련을 가지고 있으며, 어떠한 궤적을 남겼는지 살피는 것이 필요할 듯하다. 또 하나 아쉬운 것은 옥동서원에 소장된 성책 고문서들과 문집류 자료들이 지니는 성격과 옥동서원의 관련성에 대한 논의를 하지 못한 점이다.

물론 이는 발제자의 역량 부족이 문제이지만, 상주의 유학, 상주 사족 활동과 옥동서원, 장수황씨들의 활동상과 관련된 좀 더 많은 자료로 정리, 수합되어야 하는데 그러지 못한 것이 아쉽기만 하다. 그리고 지금까지 상주지역의 학풍과 인물 관련 연구들은 많았으나, 실제로 옥동서원의 학풍과 역할을 상주지역과 연계하여 밝힌 연구나 자료는 찾기 어려웠다. 앞으로 상주지역의 서원 간의 관계나 연계, 시대적 상황이 고려되면서 옥동서원 배출인물의 학문과 사상, 옥동서원의 향촌활동 등이 추가, 정리, 보완되면 좋겠다.

축옹(畜翁) 황효헌(黃孝獻)의 삶과 文學에 대한 조명[1]

이규필[2]

1. 들어가며

황효헌(黃孝獻, 1490~1532)의 본관은 長水, 초자는 達可, 자는 叔貢, 호는 畜翁이다.[3] 황효헌과 교유하고 황효헌을 기억하는 사람들은 한결같이 그를 당대 문단의 으뜸이었다고 기억한다. 다섯 살 어린 벗 潛庵 金義貞(1495~1547)이 이른 나이에 세상을 마친 황효헌을 애도하며 지은 만사에 "재기는 당시에 으뜸이었고, 풍류는 한양을 휩쓸었네. 웅대한 문장은 屈宋을 따랐고, 정대한 학문은 정주를 본받았네"라고 칭송하며, 그의 죽

1) 이 글은 옥동서원 주최, (사)방촌황희선생사상연구회 부설 방촌황희연구소 주관, 2019 제3회 옥동서원 정기학술대회(2019.09.21.)에서 발표한 논문이다.

2) 경북대학교 교수

3) 黃皤老, 白下集 卷9 先祖畜翁先生家狀: 先生諱孝獻, 字達可, 後改叔貢, 號畜翁.

음을 이백의 고사에 빗대어 "백옥루에 걸 기문을 지을 인물을 데려가기 위해 하늘이 재촉한 것"이라고 안타까워했다. 김의정이 만시에 쓴 칭송이 망자를 위한 의례적 賞讚은 아니었다. 동시대의 인물이었던 冲齋 權橃(1478~1548)은 "聲望이 일찍이 드러나 善類에게 인정받았다"고 평하였으며, 우리 시화사에 많은 영향을 미친 魚叔權 역시 그의 저서《패관잡기》에서 학문이 독실하고 문장에 뛰어났음을 증언하고 있다.

황효헌의 학문과 문장이 뛰어났음은 후대 학자들도 계속하여 증언하고 있다. 상주의 우복 정경세는 "덕망이 우뚝하고, 세상에서 청백리로 일컬어졌다" 하였고, 창석 이준은 "벼슬이 이조 참판에 올랐지만 청빈하고 검약함이 布衣의 선비나 다름없었다"고 말하고 있으며, 松溪 權應仁(1517~?)은 "문장이 전하하고 고고하여 사라질 수 없다"라고 평하였고, 성호의 제자인 순암 안정복 역시 "문장과 절의로 당시에 이름난 분"으로 황효헌을 평가하고 있다.

뿐만이 아니다. 정사인 실록에서도 황효헌의 인물됨을 높이 평가하는 기록을 찾아볼 수 있으니, 중종 21년 5월 20일 조에 황효헌을 강원도 관찰사로 임명하며 "黃孝獻은 士林의 명망과 時輩의 推許를 한몸에 지닌 채 늘 侍從으로 있었다. 전에 어버이 때문에 乞郡한 적이 있었다. 이는 당시의 의논이 구구하고 시새우는 사람이 많아서 반드시 낭패할 것을 알았으므로 미리 禍를 피할 자리를 만들기 위해 외직에 보임되기를 요구한 것이다. 그 뒤 과연 화를 당하지 않았다. 효헌은 尹金孫의 사위이다. 윤금손의 아들 尹自任도 사위인 奇遵·황효헌과 함께 과거에 급제하여 명망을 드날린 것이 당대 제일이었다. 그러나 己卯士禍 때 윤자임과 기준은 함께 낭패했지만 효헌은 끝내 보존되었으므로 윤금손이 신기하게 여겼다"라고 그 혜안과 처신을 높이 사고 있다.

> 사신은 논한다. 황효헌은 서울 사람으로 世宗朝의 名相 翼成公 黃喜의 玄孫이다. 사람됨이 談論을 잘하고 風儀가 아름다와 錦衣公子와 같았고, 학문을 독실히 좋아하여 文章도 유명하였다. 그런데 병을 간호하고 부모를 봉양할 뜻으로 외방의 補職을 구하여 안동 부사에 제수되었다가 얼마 못가서 졸하니, 나이 43세로 사람들이 모두 애석하게 여겼다. 그는 문장과 몸가짐에 있어 한결같이 古人을 사모하였다.

위 인용문은 중종 27년 6월 17일 기사에 실린 황효헌의 卒記이다. 이 짧은 기록에 황효헌의 문학과 인물됨에 대한 조선 조정의 공식적 평가가 분명하게 담겨 있다.

안타깝게도 황효헌의 시문이 대부분 일실되어 지금으로선 그의 문학세계에 대한 구체적인 실상을 소상히 알 수 없게 되었다. 하지만 시문이 일실되었다고 하여 그가 차지하는 지성사적 문학사적 위상이 현저히 폄하될 수는 없으며, 오히려 그 당대 위상의 실제적 면모를 재구할 필요성이 요구된다. 본고에서는 생애의 전반과 실록에 기록된 사실, 교유 인물과의 관계를 통해 조선 전기 지성사에서 차지했던 황효헌의 위상을 조명해 보고자 한다.

2. 황효헌의 가계와 생애

1) 가계

황효헌은 김해 부사 黃瓘의 아들로, 牧使 姜眉壽의 외손이다. 신라 28년, 절강 사람 黃洛이 交趾國으로 사신을 가던 길에 풍랑을 만나 조선으로 와서 현재 울진군 평해면 월송정 아래 崛山 북편 일대에 정착하였고, 그 후손 黃瓊이 신라 敬順王의 부마가 되었다. 고려조에 들어와 황경의 10세손 黃公有가 고려 명종조에 殿中監에 올랐다. 황공유는 李義方의 뜻을 거슬러 온 가족을 이끌고 전라북도 長水縣에 移居하였고, 이때부터 관향을 장수로 삼았다. 15세손 黃鑑平 역시 당대 덕망이 있던 학자였다. 이후 조선에 들어와 黃石富의 후손인 黃君瑞가 강릉 판관을 지냈고, 황군서의 아들 黃喜가 정승에 오르면서 甲族이 되었다.

황희는 24년간 정승을 지냈고 그 가운데 18년은 영의정을 지냈다. 황희가 영의정을 지낸 기간은 거의 세종조에 해당하므로 뒤에 세종의 묘정에 배향되었다. 태조의 요청으로 1394년에 出仕한 황희는 조선의 요직을 두루 거치며 조선의 행정과 법령을 정비하여 국가가 안정을 되찾는데 지대한 공을 하였는데, 양녕대군의 파출을 극간하다가 태종의 진노를 사 交河로 유배된 이후 남원에 移置되었다. 이후 세종조에 정계로 복귀하였고, 1431년에 영의정에 오른 뒤 1449년에 致仕하기까지 18년간 국정을 맡아 다스렸다. 그의 국정 운영 능력은 대단히 탁월한 것이어서 致仕한 뒤에도 세종이 수시로 자문을 구할 정도였다.

황희는 세 아들을 두었다. 장남이 판중추부사 胡安公 黃致身(1397~1484)이고, 셋째가 영의정을 지낸 烈成公 黃守身(1407~1467)이다.

둘째가 바로 황효헌의 증조부 黃保身으로, 門戶가 극성한 것을 경계하여 경상도 상주로 내려와 전원에 은거하였다.

황보신의 아들 黃從兄은 청도 군수와 선공감 부정을 지냈으며 사후에 참판에 증직되었다.

황종형은 여섯 아들을 두었는데, 첫째가 황효헌의 부친인 黃瓘이고, 둘째가 黃瓚, 셋째가 黃瑾, 넷째가 황필, 다섯째가 황완, 여섯째가 黃瑑이다. 황관은 생원시에 합격하고 김해 부사를 역임하였으며, 뒤에 이조 판서에 증직되었다. 황관은 아들 다섯을 두었다. 첫째 黃孟獻(1472~1535)은 문과에 급제하여 청요직을 두루 거쳐 예조 판서에 올랐으며, 중종 반정에 공을 세워 奮義靖國功臣에 책봉되었다. 둘째 黃允獻은 1496년에 생원시에 합격하고 이어 진사시에 합격하였다. 셋째 黃世獻은 1501년에 진사시에 합격하고 의금부 도사와 천안 군수 등을 역임하였다. 천안 군수로 있던 시절에 세금을 공정하게 거두고 송사를 잘 처리하여 鄕表裏를 하사받았다. 넷째 黃汝獻은 24세에 문과에 급제하여 이조 정랑과 울산 군수 등을 역임하였다. 이어 내직으로 들어와 홍문관 교리로 재직하며 賜暇讀書을 하였고, 성균관 전적으로 재직하는 동안 申用漑와 함께 《續東文選》을 撰進하였다. 황여헌은 특히 시문에 뛰어나 湖陰 鄭士龍, 陽谷 蘇世讓과 더불어 鄭黃蘇라 일컬어졌다. 황효헌은 이 형제의 막내이다.

2) 생애

황효헌은 아름다운 자질을 타고난 데다 어려서부터 절차탁마하여 널리 배우고 힘써 실천하였다. 18세가 되던 1507년에 진사시에 합격하고, 25세 되던 1514년 갑술 별과에 합격하였다. 당시 진사시의 고시관이 慕

齋 金安國(1478~1543)이었는데, 황효헌의 試卷을 보고 "제대로 된 인물을 얻었다"라고 칭찬하였다고 한다. 이후 弘文館 博士에 선임되고, 이어 藝文館 檢閱가 되었다.[4]

중종은 본디부터 유학을 숭상하여 성세의 정치를 재현하려는 포부를 품고 있었기에 인재 등용에 늘 관심이 있었다. 이 때문에 1516년에 의정부, 이조, 예조 및 성균관에 명하여 의론을 모아 師儒의 적임자를 뽑으라고 하였을 때 李耔, 崔淑生, 金世弼, 金安國, 蘇世讓, 趙光祖, 金球, 朴祥, 金淨 등을 뽑아 올렸는데, 이 명단에 황효헌도 들어 있었다.[5] 이해에 정암 조광조는 등과한 지 겨우 1년 만이었고, 황효헌은 2년 만이었다.

28세가 되던 1517년에 시헌부 지평과 지제교에 제수되었고, 이조 정랑으로 전직하였다. 부모님의 봉양을 위해 敬差官이 되어 외직으로 나갔다가 다시 홍문관 교리가 되어 湖堂에서 賜暇讀書하였다. 사가독서를 마치고 예문관 應敎에 특별 제수되었다. 그러나 御題의 排律을 짓지 못한 것으로 인해 스스로 탄핵하여 즉시 체직되었다. 예문관 응교는 뒤에 문형을 주관할 자를 염두에 두고 뽑는 자리이기 때문에 지극히 문재를 엄선하였다. 황효헌은 그 중요함을 알았기 때문에 응교 자리를 自劾하였던 것인데, 황효헌의 이러한 자핵은 이후 하나의 國朝故事처럼 조신들이 처신하는 기준이 되었다.[6]

---

4) 黃磻老, 白下集 卷9 先祖畜翁先生家狀: 生有美質, 自少能自淬礪, 博學力行. 十八, 中進士試. 二十五, 登甲戌別科, 金慕齋爲考官, 稱得人. 選弘文博士, 薦藝文檢閱.

5) 黃磻老, 白下集 卷9 先祖畜翁先生家狀: 中廟雅嚮儒術, 圖臻至治. 丙子命議政府吏禮曹成均館, 同議揀擇師儒可當人員, 抄李耔, 崔淑生, 金世弼, 金安國, 蘇世讓, 趙光祖, 金球, 朴祥, 金淨以啓, 而公與焉.

6) 黃磻老, 白下集 卷9 先祖畜翁先生家狀: 丁丑, 授司憲府持平知製教, 轉吏曹正郎. 爲覲出爲敬差官, 復爲弘文校理, 賜暇湖堂. 特授藝文應教, 諉不能賦御題排律, 自劾卽遞,

29세 되던 1518년, 다시 홍문관 수찬이 되었으나 늙은 양친을 모시기 위해 사직하고 고향으로 돌아왔다. 1519년에 조정에서는 경연에서《性理大全》을 進講할 적임자를 선발할 때 정암 조광조, 모재 김안국, 충재 권벌 등과 함께 황효헌이 被選되었으나, 고향에 내려와 있던 터라 달려가지 못했다. 당시 정암 조광조가 朝野의 중망을 받고 있는 한편 중종이 지나치게 의지하고, 또 정암 조광조 역시 자신의 진심과 학문을 가감 없이 펼쳐 내어 지칠 줄 모르고 經義 강론과 論事 토론에 열정을 쏟았으므로 다른 여러 학자들의 마음속에는 미묘하게 반목과 갈등의 싹이 트고 있었다.[7] 불화의 징후는 1519년의 봄에 발생하였다. 金友曾이 士林을 무함하는 사건이 발생하였던 것이다. 이 때문에 몇몇 식자들이 時事를 걱정하고 불안해하였고 그로 인해 權檖, 申鏛, 李耔 등이 분위기를 진정시키고 갈등을 해소하려고 노력하였으나 新進 文士들은 훈구대신들이 느끼는 분노와 상실의 분위기를 아랑곳 하지 않고 날카로운 예기를 마구 드러내었다. 그리고 마침내는 靖國功臣의 지위가 남발되었다고 지적하며 勳籍을 追奪하기에 이르렀다. 新舊 세력의 격렬해진 충돌은 결국 11월에 기묘사화를 일으켰다.[8]

蓋將來主文衡者爲之而爲極選故也.

7) 黃磻老, 白下集 卷9 先祖畜翁先生家狀: 戊寅, 復爲弘文修撰, 以親老呈辭, 受由而還. 己卯, 經筵將進講性理大全, 選可合者, 公與靜庵慕齋冲齋諸賢同被選, 而以在外不赴. 方是時, 靜庵趙先生, 大爲上下所倚重, 蘊義生宿, 鼓動流俗, 每入對, 必齋心宿慮, 如對神明, 知無不言, 言無不讜, 雖隆冬盛暑, 日昃不知罷, 上皆虛心竦聽, 日加奬勵, 而同侍者皆有厭苦色.

8) 黃磻老, 白下集 卷9 先祖畜翁先生家狀: 己卯春, 有金友曾誣毁士林事, 顧時勢有大可憂者, 乃與權公檖申公鏛李公耔, 務爲裁抑調停. 而新進少年, 必欲奮起事功, 鋒穎太露, 至如追奪靖國功臣之濫參者, 益增讐怨, 一時舊臣之不容於公議者, 陰伺間隙, 十一月北門之禍發矣.

기묘사화가 일어나기 전부터 황효헌은 조야의 미묘한 분위기를 감지하고 위험을 경고했다. 중종이 덕과 학문을 좋아하는 듯이 보이지만 조광조 등이 올리는 강경한 직언을 만나면 당황하여 경직된 태도를 숨기지 못했고, 많은 경우는 건성으로 대응하는 것을 황효헌은 감지하였다. 또 新進 士類들의 움직임에도 문제되는 점이 없지 않았다.

> 조광조의 학문은 한훤당 김굉필에게서 나왔다. 용모는 단정하고 언변이 있으며 풍채가 남들을 감동시켜, 존경하고 따르는 士類들이 門에 가득하였다. 金淨은 시로 세상에 뛰어난 데다 나이 서른넷에 형조 판서가 되고 향약을 독실히 실천하였다. 김식은 비록 경전에 해박하지는 않지만 성리설을 능히 극진히 하여 대사성이 되었으며, 매번 통독하는 날이면 학자들이 명륜당에 가득차서 종일토록 부지런히 읽어도 싫증내지 않았다. 이 세 사람은 사림의 영수로서 (중략) 혹 그 과격함을 억제하고 德器를 성취시켰다면 학업의 진취를 헤아릴 수 없었을 것이다. 그러나 그저 새로운 科目을 세우는 것을 좋아하고 舊臣을 배척하는 것에만 힘써 무신의 녹훈을 삭탈하기를 청하였으니, 불쾌하게 여기는 자가 많았다.9)

인용문은 당시 특히 두각을 드러낸 인물로 조광조와 함께 金淨, 金湜

---

9) 黃磻老, 白下集 卷9 先祖畜翁先生家狀: 禍作之前, 公私謂人曰, 上雖好善, 若聞讜直之論, 徙坐動容, 吾甚疑之. 又曰, 趙光祖之學, 出於金寒暄. 而貌端言辨, 風采動人, 士心欽仰, 趨附盈門. 金淨以能詩鳴於世, 年三十四, 爲刑曹判書, 力行鄕約. 金湜雖不能該博經傳°好爲性理之說, 爲大司成, 每於通讀之日, 學者盈於明倫堂, 終日亹亹無厭倦意. 此三人士林領袖, 琢磨爲善者亦多, 倘能裁抑其過激, 成就其德器則學業之進不可量. 而第以憙立新科, 多斥舊臣, 請削武臣錄勳, 不悅者衆.

을 들고 있어, 이들이 조선 중기의 經學, 道學, 文學을 주도하고 있음을 시사하고 있다. 황효헌은 이들 세 사람의 개인적 자질이 뛰어난 것을 잘 알고 있었고, 그들이 서로의 성장에 좋은 영향을 미치고 있음도 인정하였다. 그러나 이들의 銳氣와 선한 의지가 긍정적 방향의 상승작용만 불러온 것이 아니라 불안감과 시기라는 부정적 반작용도 동반하고 있음을 황효헌은 섬세하게 포착하고 있었던 것인데, 이 때문에 미리 화란을 예견하고 29세인 1518년에 고향 상주로 돌아왔던 것이다.

남곤을 위시한 훈구 세력들은 끝내 조광조, 김정, 김식을 유배 보내고 사형시켰다. 그러나 한 해 전에 정계에서 물러나 고향에서 강학한 황효헌은 화란의 칼끝을 피할 수 있었고, 오히려 《下帷》, 《渴掘》 등의 저술을 지었다. 《渴掘》은 翰苑에 있을 때 지은 疏箚를 엮어 만든 것이다.[10] 이와 관련하여 荷谷 許篈(1551~1588)은 《海東野言》에 "홍문관 박사 황모는 기묘년의 화란이 일어나기 전에 미리 염려하여 기미를 보고 일찍 전원으로 물러났다"는 요지의 찬사를 남겼다.

38세 되던 1527년에 기묘사화를 주도한 남곤이 죽고 문익공 鄭光弼(1462~1538)이 영의정이 되어 국정을 추스렸다. 이때 황효헌은 특별히 대사성에 선발되었고, 얼마 뒤 副提學을 거쳐 承旨가 되었다. 10년 만의 극적인 정계 복귀였다.[11]

---

10) 黃磻老, 白下集 卷9 先祖畜翁先生家狀: 戊寅歸鄕, 蓋以此也. 是時奸兇執政, 毒害縉紳, 國勢日危. 公因屛迹邱園, 無意當世, 著下帷渴掘等編. 渴掘云者, 裒稡在翰苑時疏箚者也.

11) 黃磻老, 白下集 卷9 先祖畜翁先生家狀: 逮至丁亥衮死, 鄭文翼復入相, 朝著淸明, 是歲特選公爲大司成, 遷副提學, 旋受銀臺, 好讀孟子, 雖晨朝悤卒, 必誦過一遍然後造朝.

잠시 외직으로 나가 황해도와 강원도 관찰사를 지내고 돌아와 41세가 되던 1530년에 이조 참판 및 홍문관 제학에 임명되었다. 당시 자급이 가선대부였는데, 문장이 남들보다 뛰어나 자급을 뛰어넘어 大提學에 의망되었다. 주요 士類들이 모두 화를 당하였기 때문에 조선의 학문과 문학의 미래가 황효헌의 어깨에 짊어져 있었던 것이다.12)

하지만 황효헌은 이내 다시 고향 상주로 돌아와 서생처럼 소탈하게 지냈다. 고향 상주로 돌아가는 길에 神勒寺를 유람하며 거만한 서생 몇 명이 시를 짓는 자리에 참석한 일이 있다. 공은 말석에 앉아 내색하지 않고 있었는데, 그 가운데 한 유생이 "지난번 금강산을 유람해 보니 참으로 명산이었고, 산승이 꺼낸 시축에 적혀진 황 아무개의 시가 참으로 絶作이었다"라고 하는 것이었다. 황효헌이 자신도 금강산을 유람한 일이 있노라고 맞장구를 치자 유생이 "젊은 선비가 어찌 그리 일찍 금강산을 보았소?"라고 물었다. 이에 공이 "강원도 관찰사를 지낸 일이 있어 우연히 볼 기회가 있었소"라고 겸손하게 대답하자 그들이 깜짝 놀라 자리를 뜨려 하였다. 이때 황효헌은 오히려 그들을 불러 "공들은 솔직하고 허심탄회하니 벗으로 삼을 수 있겠소"하고 조촐하게 잔치를 열어 대접하였다. 황효헌의 인품과 포용력이 드러나는 일화이다.13)

43세 되던 1532년에 안동 부사가 되어 외직으로 나왔고, 이해 6월 17

---

12) 黃磻老, 白下集 卷9 先祖畜翁先生家狀:己丑, 拜吏曹參判弘文提學, 嘉善階, 超大提學望, 以文章過人也.

13) 黃磻老, 白下集 卷9 先祖畜翁先生家狀: 尋還田里, 衣巾若書生, 見者莫知爲宰相. 遊神勒寺, 有三四書生同硏, 見公不禮, 公坐末席. 一儒言: "頃遊金剛山, 眞名山; 僧軸有黃某詩, 眞絶作也." 公曰: "僕亦嘗一遊, 果如公言." 儒曰: "年少儒生, 何見之早也?" 公曰: "曩者承乏, 叨任方伯, 偶一寄目耳." 儒輩相驚顧遠避, 公招之曰: "公等任情坦率, 可與爲友." 設小酌極歡而歸, 其忠厚不迫如此.

일에 관아에서 세상을 마쳤다. 향년 43세의 아까운 나이였다.[14)]

이상 짧은 생애에서도 드러나듯 황효헌의 문장력은 이미 당대에 인정을 받아 관력이 매우 화려하였다. 뿐만 아니라 소탈한 성품에 넓은 아량, 명철한 처세 등에서 범범한 속유와는 격을 달리하는 인물이었음을 알 수 있다.

3. 실록에서 찾아본 황효헌의 모습

황효헌의 시문은 거의 일실되어 그 온전한 세계를 볼 수 없지만 조선 正史의 공식적 기록에는 황효헌이란 인물의 진면목을 살펴볼 수 있는 단서가 적지 않다. 주변 인물의 사적인 증언이 아니므로 오히려 객관적인 조명이라 할 수 있다.

1) 賜暇讀書와 文名

> 중종 10년 을해(1515) 3월 27일(갑신), 권지 승문원 부정자 黃孝獻·奇遵을 모두 홍문관 정자로 삼았다. 이조 판서 박열이 아뢰었다. "尹子任이, 이미 관의 박사가 되었는데, 황효헌·기준은 모두 윤자임의 매부입니다. 홍문관의 南行이 4員뿐인데, 한 집안에서 그 세 자리를 차지하였습니다. 상피하는 준례는 없지만, 춘추관 기사관의 직위를 겸하게 되는 것이니 사체에 미안합니다. 개정하소서." 상이 곧 기준을 개정하고 鄭膺을 정자로 삼았다.

14) 黃磻老, 白下集 卷9 先祖畜翁先生家狀: 壬辰, 因事出補安東府, 六月十七日卒于官, 享年四十三.

중종 10년 을해(1515) 3월 27일(갑신), 安潤德을 평안도 관찰사로, 柳仁淑을 홍문관 부교리로, 申光漢을 修撰으로, 任權을 著作으로, 정응·黃孝獻을 정자로 삼았다.

중종 10년 을해(1515) 5월 5일(신묘), 이조·예조·대제학 등이 같이 의논하여 문신 金安老·金淨·蘇世讓·柳沃·柳墩·鄭士龍·申光漢·表憑·朴世熹·金綠·尹溪·黃孝獻·鄭膺·孫洙·柳成春·奇遵 등에게 賜暇讀書할 것을 抄啓하였다.

중종 10년 을해(1515) 5월 20일(병오), 예조 판서와 대제학이 같이 의논하여 賜暇讀書에 합당한 文臣으로 蘇世讓·鄭士龍·申光漢·朴世熹·金綠·黃孝獻·鄭膺을 고쳐 뽑았다.

중종 11년 병자(1516) 6월 19일(기사), 의정부·이조·예조·성균관이 함께 의논하여, 師儒에 합당한 인원으로 丁壽崗·方有寧·崔淑生·金世弼·李荇·金安國·金安老·金硡·申公濟·尹倬·李偉·趙邦彦·金楊震·柳溥·許遲·文瑾·宋欽·韓效元·李彦浩·孔瑞麟·申奉仝·鄭順朋·洪彦弼·蘇世讓·李元和·權受益·李壽·李謙·閔壽千·韓忠·崔灝·黃士佑·文瑞龜·表憑·趙光祖·李得仝·金振祖·朴祐·金絿·金綠·黃孝獻·安仲孫·趙有亨·裵益臣·金鏐·徐厚·陳植·柳墩·李純·李耔·朴祥·金淨을 揀擇하여 아뢰었다.

중종 11년 병자(1516) 11월 7일(갑신), 이조와 예조가 같이 의논하여, 홍언필·성세창·李彦浩·蘇世良·任樞·鄭士龍·柳墩·申光漢·朴世憙·조광조·張玉·황효헌·기준·鄭鷹·李忠楗으로 天文肄習官을 삼았다.

중종 11년 병자(1516) 12월 4일(경술), 弘文館修撰 黃孝獻을 체직하였다. 사신은 논한다. 황효헌은 젊어서부터 文名이 있었다. 그러나 몸을 보호하려 침묵하고 말을 하지 않으므로 儕輩가 비루하게 여기니, 황효헌이 병을 핑계하고 仕進하지 않았다.

중종 19년 갑신(1524) 5월 21일(을유), 政府가, "檢詳 黃孝獻은 賜暇讀書를 시키지 말고 本府에 常仕하도록 하십시오" 하고 청하니, 상이 다음과 같이 전교하였다. "讀書堂의 관원은 조종조로부터 중하게 여겨, 홍문관의 관원이라면 경연의 일이 중하므로 마지못해 옮겨 오겠으나, 다른 관사(官司)의 관원은 으레 옮길 수 없다. 정부에서 詳覆하는 일이 긴요하기는 하나, 舍人이 또한 대신할 수 있으며, 홍문관의 관원일지라도 경연의 상번·하번이 이미 갖추어졌으면 옮겨서는 안 되니, 무릇 독서당의 관원을 옮겨 오지 못하도록 政院이 알아서 이르라."

이상에서 보듯이 황효헌은 일찍이 문학의 재능을 인정받아 賜暇讀書에 몇 차례나 선발되었고, 학문을 인정받아 일세의 선비들로부터 師儒로 존경받았다. 당시 함께 거명된 인물들은 조광조, 소세양, 정사룡, 박상, 김정 등 당대 학문과 도학 및 정치를 주도하던 인물들이었다. 더구나 조선 조정의 사관이 공식적으로 '젊어서부터 文名이 있었음'을 인정하고, 몸을 낮추어 겸손한 태도로 일관했다고 평가한 데에서 황효헌의 인물됨을 알 수 있다.

2) 道學의 창도와 경전 강학

중종 13년 무인(1518) 11월 6일(임인), 政院이 《性理大全》을 講할 만한 사람 26인을 뽑아서 아뢰었다. 그 선발에 참여하게 된 사람은 孔瑞麟·金正國·申光漢·金銶·閔壽元·奇遵·鄭膺·權雲·具壽福·尹衡·李認·鄭順朋·閔壽千·柳墩·韓忠·尹自任·崔山斗·丁玉亨·朴世熹·黃孝獻·李若氷·張玉·李忠健·李希閔·曺彦卿·金湜이었다.

중종 14년 기묘(1519) 5월 17일(기유), 정원이 《성리대전》을 진강할 만한 사람을 선발하여, 남곤·김안국·이자·김정·조광조·김세필·신광한·김정국·김구·홍언필·김식·한충·박세희·기준·정응·장옥·조우·이희민·황효헌·권운·이충건 등 21인을 書啓하였다.

중종 15년 경진(1520) 윤 8월 16일(신축), 상이 그대로 따라 明倫堂에 나아가 侍講官 이하에게 술을 내렸다. 드디어 강서관을 나오게 하여 經義를 논란하게 하였는데, 金楊震·尹倬·丁玉亨 등이 《易》을 講讀하고, 成世昌·徐厚·蔡紹權이 《尙書》를 강독하고, 金磁·任樞·黃孝獻이 《詩》를 강독하고, 鄭百朋·蔡忱이 《論語》를 강독하고 柳溥·李謙·張玉이 《中庸》을 강독하였다.

조선이 유교의 나라였지만 조선 중기에 이르도록 그 깊이는 크게 성취하지 못했다. 황효헌은 도학 방면에서도 남다른 식견을 갖추고 있어 조정과 경연에서 《성리대전》, 《시경》, 《대학연의》 등을 진강할 인물로 뽑혔다. 당시 거론된 인물들은 김안국, 조광조, 김정, 김구, 기준, 김정국 등으로 이들은 모두 당대 도학을 선도하고 성리학에 침잠하여 강론하던 인물들이다. 여기에서 황효헌이 단순히 시문에만 뛰어났던 것이 아니라 학문에서도 당대 사림의 중망을 받던 중심인물이었음을 확인할 수 있다.

3) 명철한 시세 읽기와 신중한 처세

중종 12년 정축(1517) 8월 27일(경오) 弘文館修撰 黃孝獻이 병든 어버이 때문에 呈辭하였다. 황효헌에게는 당초부터 정사할 뜻이 없었다. 앞서 시종·대간이 尹珣 등의 아내의 음란한 짓을 논하여 문밖으로 내칠 때에 황효헌이 申光漢·張玉·孫洙 등과 함께 讀書堂에 있었다. 신광한 등도 상소하고자 하였으나 황효헌이 "우리는 疏遠한 신하요, 經筵에서 論思하는 처지이나 耳目을 의탁받은 자와는 다르니, 다만 글을 읽을 따름이고 이 일을 논할 것은 없다" 하였다. 동료가 드디어 그것을 그르다 하고 장옥이 士林에 말을 퍼뜨렸으므로, 황효헌이 드디어 스스로 불안하여 병을 핑계로 들어가 여러 번 정사하고자 하였으나 동료가 말렸었다. 마침 그 형 黃汝獻이 比安縣監이 되고 世業이 商山에 있으므로 그 어머니가 황여헌을 따라 돌아가매, 황효헌이 드디어 그 형 黃孟獻 등과 함께 정사하고 그 어머니를 따르니, 그대로 오래 머물러 돌아오지 않을 생각을 한 것이다.

중종 12년 정축(1517) 11월 7일(기묘) 弘文館副修撰 黃孝獻이 尙州에 있으면서 병으로 呈辭하니, 給由를 명하였다. 사신은 논한다. 황효헌이 전에 書堂에 있을 때에 함께 賜暇讀書하던 사람들이 소를 올려 일을 논하고자 하였으나 황효헌이 홀로 응하지 않았다. 황효헌이 時議에 용납되지 못한다는 것을 스스로 알고 外官에 보임될 생각을 하였으므로 尙州에 覲親하러 가서 병을 핑계하여 오지 않았다.

중종 14년 기묘(1519) 11월 18일(무신) 黃孝獻이 홍문관 박사로 있을 때에 유독 말하기를 "임금이 善을 좋아하시기는 하나 곧은 말에 대해서 반드시 자세를 고치고 容色을 바꾸시니 나는 매우 의심스럽게 여긴다" 하였는데, 이제 그 말이 과연 옳았다.

중종 21년 병술(1526) 5월 20일(임인) 黃孝獻을 江原道觀察使로 임명하였다. 사신은 논한다. 黃孝獻은 士林의 명망과 時輩의 推許를 한몸에 지닌 채 늘 侍從으로 있었다. 전에 어버이 때문에 乞郡한 적이 있었다. 이는 당시의 의논이 구구하고 시새우는 사람이 많아서 반드시 낭패할 것을 알았으므로 미리 禍를 피할 자리를 만들기 위해 외직에 보임되기를 요구한 것이다. 그 뒤 과연 화를 당하지 않았다. 효헌은 尹金孫의 사위이다. 윤금손의 아들 윤자임도 사위인 奇遵·효헌과 함께 과거에 급제하여 명망을 드날린 것이 당대 제일이었다. 그러나 己卯士禍 때 자임과 기준은 함께 낭패했지만 효헌은 끝내 보존되었으므로 윤금손이 신기하게 여겼다.

이상에서 보듯 황효헌은 시세 읽기에 명철했고, 처세는 신중했다. 옳고 그름을 논할 수 있어도 역학 관계와 허물의 정도를 보아 판단했고, 혈기에 따른 섣부른 행동을 자제했다. 이 때문에 오직 대의만 내세워 앞뒤 분간 없이 나서는 여타 사람들과 맞지 않은 부분이 있었고, 그 위험한 분위기를 일찌감치 간파하여 부모 봉양을 다할 겸 고향으로 퇴처했던 것이다. 하지만 선류들과의 옳은 의리는 공유하였다. 그야말로 명철한 처신의 모범적 사례를 황효헌에게서 볼 수 있는 것이다. 그리고 그것을 史臣이 정확하게 평가하였다.

4) 조정에서의 정론과 직언

중종 15년 경진(1520) 10월 8일(임진) 侍讀官 黃孝獻이 아뢰었다. "임금이 경연에 나아가는 것은 비단 학문을 할 뿐 아니라 좌우의 대신과 고금을 논란하는 것이 크게 유익합니다. 예전에 衛武公은 나이 90에도 학문에 힘쓰는 뜻이 줄지 않았거니와 무릇 임금이 어진 사대부를 만나는 때가 많고 환관 궁첩을 가까이하는 날이 적으면 자연히 임금의 덕이 날로 진취되는 것이니, 이를테면 夜對에도 부지런히 나오셔야 합니다. 宋나라의 경연관은 서로 서간을 통하여 '夜直에도 宣召가 있었느냐?' 하였는데, 夜氣가 청명할 때에 治道를 상의하고 의리를 연구하는 것이 더욱 마땅하기 때문이었습니다."

중종 15년 경진(1520) 10월 16일(경자) 석강에 나아갔다. 侍讀官 黃孝獻이 아뢰었다. "학교를 일으키는 것은 예전부터 중하게 여기는 바이나 위에서 하는 일을 보고서 감화되는 것이니 宮闈안의 일은 아랫사람이 보지 않는다 하여 조금도 마음에 소홀히 하지 마소서."

중종 19년 갑신(1524) 7월 19일(임오) 조강에 나아갔다. 시강관 黃孝獻이 臨文하여 아뢰었다. "漢宣帝는 名實을 綜核하였으나, 王成이 거짓으로 戶口를 늘렸다 한 것으로 상을 받았습니다. 선제는 明察하다고 하나 이런 과실이 있었던 까닭은 큰 데에는 밝지 않고 작은 것에 자세하였기 때문입니다. 光武帝는 英主라 하나 또 명찰하다고 지칭합니다. 대저 임금이 명찰하다고 불리는 것은 본디 지극한 덕이 아니니 德化를 근본으로 삼아야 합니다."

중종 19년 갑신(1524) 8월 24일(병진) 晝講에 나아갔다. 《대학연의》를 講讀하였다. 侍講官 黃孝獻이 아뢰었다. "陸贄의 상소에 '上澤이 下流에 부족하고 下情이 上聞에 막히니, 다시 면대하여 得失을 논하기를 청합니다' 하였습니다. 근래 이변이 많은 것이 예전부터 없던 일이므로, 신들도 상소하여 求言할 것을 아뢰었습니다. 재변이 이처럼 큰데 구언은 오히려 넓지 못하므로, 朝廷에 있는 신하는 그래도 혹 進言할 수 있으나, 外方 사람은 아뢰고자 하는 것이 있더라도 못하는 자가 있습니다. 청컨대 구언하는 분부를 내리시어 각각 써서 아뢰게 하여, 쓸만하면 쓰고 쓸 만하지 못하면 버리소서. 이것은 미천한 자에게서 듣는 도리이니, 그렇게 하면 무릇 외방 수령(守令)의 일과 백성의 고통을 간절히 아뢰는 자가 있을 것입니다."

중종 19년 갑신(1524) 11월 15일(을해) 夕講에 나아갔다. 시강관 황효헌이 아뢰었다. "김안로의 정상은 이미 본관의 소에 갖추어 아뢰었습니다마는 이 일은 당초에 臺諫의 見聞서 나온 것이 아니고 대신이 상세히 헤아려서 아뢴 것이니, 臺論으로 파직을 청하는 것과 같은 유례가 아닌데, 상께서는 六卿으므로 告身만을 빼앗아야 한다고 분부하셨습니다. 이즈음의 김안로에 관한 일은 온 朝廷이 論啓하고 한 사람도 아깝게 여기는 자가 없으니, 반드시 쾌히 따르셔야 物情도 후련할 것입니다. 다른 宰相이라면 모르겠으나, 김안로는 姻親이므로 반드시 공정하게 죄주어야 할 것입니다. 또 육경 중에는 아깝게 여길 만한 사람이 한둘은 있겠으나 이 사람은 사람들이 죄주어야 한다고 하니, 뭇사람의 의논이 이러한데도 유난하시면 인심이 불안 할 것인데, 귀양보내기에 무슨 어려울 것이 있어서 윤허하지 않으십니까? 귀양보내면 그도 장차 스스로 뉘우쳐서 그 자신도 보전할 수 있을 것이나, 이처럼 윤허하지 않으시면 공론이 더욱 일어나서 그 자신에게도 이롭지 않을 것입니다."

황효헌이 처세에 신중하였다고 하나 그것이 마냥 시속에 뇌동하거나 소신을 굽히는 것이 아니었음을 위의 인용문에서 볼 수 있다. 황효헌은 국가 정치와 임금의 덕화, 그리고 민생에 이르기까지 광범한 범위에서 위정자가 반드시 해야 될 도리를 천명하고 그것을 완곡한 태도와 어조로 임금에게 아뢰었다. 게다가 명백한 과실이 있는 간신, 그것도 백관의 모범이 되어야 할 고관이나 임금의 인친이 되는 인물에 대해서는 오히려 더욱 서슬 푸른 탄핵의 직언을 아끼지 않았다. 그야말로 정론과 직언이 무엇인지를 몸소 보여 준 표상이라 할 할 수 있다.

5) 聖學 振作에 대한 일념

중종 20년 을유(1525) 4월 24일(계축) 執義 黃孝獻이 아뢰었다. "世子께서 나이 어리지만 학문을 거의 통했습니다. 다만 賓客이나 僚屬들이 禮貌 갖추기를 한결같이 상의 앞에서처럼 하므로, 세자께서 비록 의심나는 데가 있다 하더라도 下問하지 않으려 하십니다. 의혹스러운 데가 있으면 반드시 풀어 버린 다음에야 환히 알게 되는 법이오니, 논란하게 하시기 바랍니다."

중종 20년 을유(1525) 8월 28일(을묘) 참찬관 黃孝獻이 아뢰었다. "법을 세우고 제도를 정하는 것이라면 누구나 進啓할 수가 없지만, 이는 경연에 관한 일이기 때문에 감히 아룁니다. 임금은 번거로운 온갖 機務를 보아야 하는데 어찌 매양 독서를 일삼을 수 있겠습니까마는, 지금 전하께서는 춘추가 한창이시니 마땅히 군신들에게 임하는 정신과 기운이 淸明하실 때, 위에서 音을 읽으시자면 자연히 성상의 마음을 단속하여 다스리시게 될 것이고, 더구나 아랫사람들이 들을 때 누군들 듣기가 즐겁지 않으리까? 대저 보통 사람들이 독서할 때 혼자 있으면서 읽거나 벗을 대하여 읽거나 하는데, 벗을 대하여 읽으면 혼자서 읽을 때보다 더 유익합니다. 어제 홍관문이 아뢰기를 '聖學이 고명하시므로 음은 읽으실 것이 없다' 하매, 성상께서 분부하시기를 '내가 어찌 고명하게 여기고 음을 읽지 않겠는가?' 하셨는데, 이 말씀은 또한 史册에 쓰일 것이니, 어찌 후세에 아름다움을 전할 일이 아니겠습니까? 상께서 음을 읽으심이 합당합니다."

황효헌은 국가를 일신할 수 있는 힘은 성학의 진작과 성균관 유생의 학문 진작이라 생각하여 틈만 나면 왕자와 임금의 학문 증진을 권면하였다.

6) 治家의 법도와 넓은 도량

중종 15년 경진(1520) 6월 17일(계유), 사신은 논한다. 기준의 아내와 黃

孝獻의 아내는 모두 坡城君 尹金孫의 딸이다. 그런데 기준의 아내는 늘 뽐내는 기색이 있고 황효헌의 아내는 기뻐하는 용색이 없었다. 윤금손이 전에 기준의 아내에게 "네가 네 지아비와 끝내 같이 살면 다행일 것이고, 황효헌의 처는 끝내 무사할 것이다" 하였는데, 뒤에 마침내 그 말과 같이 된 것이다.

중종 15년 경진(1520) 6월 27일(계미) 조강에 나아갔다. 持平 黃孝獻이 아뢰었다. "정축년에 대간이 名牌를 받지 않은 일은 지나친 일이기는 하나 매우 잘못하였다고 할 수 없으므로 추론할 수 없습니다. 굳이 다툰 것을 그르다 하여 죄주면 사람들이 다 말하지 않고 아첨만 할 것입니다. 옛사람은 일을 아뢰다가 황제의 옷자락을 당기기까지 하였는데, 지금에 이르러 그것을 보아도 사책에 빛나고 있습니다. 지금 그런 일이 있다면 반드시 죄라 하여 사형에 처할 것입니다." 상이 이르기를, "그 말이 옳다" 하였다.

황효헌은 집안을 다스림에 있어 검소하면서도 엄격하였고, 또 온화하며 다정하였다. 이 때문에 같은 자매로서 성격이 매우 비슷한 처지임에도 불구하고 동서인 복재 기준의 부인은 늘 자만한 기색이 있었는데 황효헌의 부인은 오히려 자랑하는 기색 없이 늘 차분하였다. 이는 그 치가의 법도가 부인에게까지 미친 것이다. 또 동료 대간들이 직간을 하다가 낭패를 당하거나 임금의 노여움을 사면 적극 나서서 변호해 주었다. 여기에서 그의 넓은 도량과 인간미를 아울러 느낄 수 있다.

4. 교류 인물들 탐구

1) 축옹 황효헌에게 시를 준 인물

순번	저자명	문집명	작품명	형식	편수	비고
1	魚得江 (1470~1550)	灌圃集	次韻黃叔貢郎中	칠절	1	1수
2	金克成 (1474~1540)	憂亭集	送黃應教孝獻許校理硡尹文學 思翼還京	칠율	1	총 8제 10수
			次黃叔貢	칠절	1	
			代紫雲答黃叔貢次韻	칠절	1	
			代紫雲答黃叔貢次韻	오율	1	
			答叔貢孝仲以詩見招 昌原宣化樓敍別	칠율	1	
			宣化樓送叔貢以弘文修撰赴召 二首	칠율	2	
			答黃應教留別	칠율	1	
			順安館黃應教以詩見投求和 因次其韻	칠율	2	
3	金世弼 (1473~1533)	十淸軒集	寄京畿都事黃君	칠율	2수	2수
4	朴祥 (1474~1530)	訥齋續集	黃正郎孝獻南省慈闈于慶州。宿檀月驛	칠절	4	4수
5	李荇 (1478~1534)	容齋集	送黃叔貢按察嶺東	오율	4	4수
6	金安國 (1478~1543)	慕齋集	安東府使黃叔貢挽	오율	3	3수
7	申光漢 (1484~1555)	企齋集	夜聞犬吠黃公叔貢自嶺南行過陰竹以詩相問呼燈簡復	칠율	1	2수
			七月二十日與驪興金使君泛舟于興原赤壁下兼示關東伯黃公	오고	1	

8	沈彦光 (1487~1540)	漁村集	寄黃叔貢	칠율	2	2수
9	奇遵 (1492~1521)	德陽遺稿	次答叔貢 黃孝獻	오율	1	2수
			次答叔貢	오율	1	
10	宋純 (1493~1582)	俛仰集	奉酬黃正郎叔貢	칠율	1	2수
			奉答黃學士叔貢	오고	1	
11	金義貞 (1495~1547)	潛庵逸稿	黃畜翁叔貢孝獻輓	칠율3 오율2	5	5수
12	崔演 (1500~1549)	艮齋集	次黃叔貢曉起卽事	칠절	1	총 9제 25수
			同行趙公宣別江陵妓不堪悽斷 叔貢作詩戲之卽用其韻	칠절	8	
			馬上又次叔貢韻洩趙公離懷	칠절	6	
			贈五臺山僧印熙次黃叔貢韻	칠절	3	
			偶成次叔貢韻	칠절	1	
			春思次叔貢韻	칠절	2	
			龍化驛憂旱作次叔貢韻	칠절	1	
			抵高城道中風雨驟作 次黃叔貢韻	칠절	2	
13	趙翊 (1556~1613)	可畦集	讚慶樓次黃參判孝獻韻	칠율	1	사후

축옹 황효헌이 시를 준 인물

순번	수신자명	문집명	제목	형식	편수	비고
	曦山主人	長溪二稿	寄曦山主人	오절	1	2수
			又(41세)	오율	1	
	미상	長溪二稿	贈同年	오율	1	1수

	李賢輔(1467~1555)	長溪二稿 聾巖集권5	次李聾巖花山養老宴詩(34세)	칠율	1	1수
	李浤(1440~1516)	長溪二稿	次歸來亭韻	칠율	1	1수
	奇遵(1492~1521)	長溪二稿	寄贈奇服齋穩城謫所	칠율	1	1수
	申光漢(1484~1555)	長溪二稿	寄申企齋(光漢)	칠율	1	2수
		企齋集	'夜聞犬吠…'의 원운	칠율	1	
	許昉(1523~1600)	長溪聯芳錄	留別許參奉(昉)	오율	1	1수
	柳仁貴(1463~1531)	長溪聯芳錄	挽柳參判(仁貴.號睡齋)(42세)	오율	1	1수
	李迪	長溪聯芳錄	挽校書李迪	칠률	1	1수
	金克成(1474~1540)	憂亭集	'答黃應敎留別'의 원운	칠율	1	3수
			'順安館…'의 원운	칠율	1	
			'宣化樓…'의 원운	칠율	1	
	魚叔權	稗官雜記	'贈魚叔權兄弟'	오율	1	1수

2) 인물 탐구

聾巖 李賢輔(1467~1555). 禮安縣 汾川里에서 태어난 이현보는 1494년 가을에 鄕試에서 장원하고, 1495년 봄에 생원시에 합격하였다. 1496년에 성균관에 들어갔고, 1497년 館試에 장원급제하였다. 이어 1498년에 문과 병과에 합격하였다. 1501년 4월, 金世弼의 천거로 예문관검열 겸춘추관 기사관이 되어 본격적으로 청환의 길을 걸어, 1504년에 성균관 전적, 세

자시강원 사서, 사간원 정언 등 주요 청요직을 두루 거쳤다. 이어 1508년에 부모 봉양을 위해 영천군수가 되었고, 1512년에는 愛日堂을 건립하여 부모님의 봉양에 힘을 기울였다. 잠시 내직을 거쳤다가 1518년에 안동 부사로 부임하였으며, 안동 부사 재직 당시 부모님을 위해 花山養老宴을 열었다. 화산양로연을 열 때 안동 고을의 民人 가운데 신분을 가리지 않고 80세가 넘는 노인들은 모두 초청하여 대접하였다.[15] 당시 이현보는 조야에 촉망을 받던 인물로 그의 문학과 시가는 당시 지성사와 문학사에 큰 영향을 미쳤으며, 이현보의 효도 역시 국가의 미풍에 지대한 영향을 미쳤다. 이현보가 화산양로연을 열었을 때 직접 시를 지었는데, 당시 조선 전기 문단에 막강한 위상을 지닌 주요 인물들이 모두 이 시에 차운시를 남겼다. 황효헌 역시 차운시를 남겨《농암집》권5 부록에 朴祥, 權檥, 金瑛, 曺伸에 이어 다섯 번째로 이름을 올리고 있다. 황효헌의 뒤를 이은 인물들이 鄭士龍, 李荇, 蘇世讓, 魚得江 등임을 볼 때 그 위상을 짐작할 수 있다. 이현보는 뒤에 예안의 汾江書院에 배향되었다.

灌圃 魚得江(1470~1550). 이현보, 김세필, 김안국 등과 친하게 지냈던 인물로 魚得江이 있다. 어득강은 1492년 진사가 되고, 1496년 식년문과에 병과로 급제하였다. 曲江郡守 등 외직을 거쳐, 1510년에 司憲府 掌令,

15) 己卯秋。設養老宴於任府。搜訪境內年八十以上老。自士族至賤隷。無問男女。苟準齒者咸與焉。多至數百人。時余之雙親。在花之隣縣。距半日程。年且八旬。�書云。老吾老。以及人之老。當此佳辰。開設宴席。聚賓客娛鄕老。而不先吾親。情與事豈得歟。因邀共參。分作內外廳。皆以吾老作主。大張供具。極盡歡欣。觀者稱美。予亦自多焉。蓋仕宦而至將相。享列鼎。榮養其親者。世豈無之。作宰隣邑。聚會鄕老。奉兩親同歡如予者。宜未多得。予亦不識此後能更作此會否。一喜一懼之懷。自然生於歡感之餘。遂成四韻詩。示座中求和。因以爲他日永留之資焉。

1518년에 司諫院 獻納, 1521년 弘文館 校理 등 청요직을 두루 거쳤으며 1529년에 대사간이, 1538년에 성균관 대사성이 되었다. 1549년에 嘉善大夫에 올라 상호군을 사직한 뒤, 경상남도 진주에 물러나 살았다. 해학과 풍류로 조선 전기 문단에 개성있는 자취를 남겼으며, 杜詩의 시풍이 있다는 평가를 받은 어득강 역시 당대 지성의 중심에서 중요한 위상을 차지한 인물이었다. 固城 葛川書院에 배향되었다.

十淸軒 金世弼(1473~1533). 1496년 과거에 급제하여 弘文館 正字로 환로에 올랐다. 1499년 吏部郎으로 北關에 갈 때 李賢輔를 선발 기용하였으며, 갑자사화에 연루되어 거제로 귀양갔다. 중종 반정 이후 호당에 선발되어 사가독서를 하고, 1516년에 전라도 관찰사를 거쳐 대사헌과 이조참판에 올랐다. 1518년 聖節使로 중국에 갔으며, 1519년에 《성리대전》 進講官으로 선발되었다. 1520년 陰竹縣 留春驛에 유배되었고, 1522년 해배되어 고향 충주의 知非川으로 은거하였으며, 그곳에서 工堂을 짓고 후진을 양성하였다. 忠州 八峯書院에 享祀되였다.

憂亭 金克成(1474~1540). 1496년 생원시에 장원하고, 1498년 文科에 합격하여 成均館 典籍으로 환로에 올랐다. 1499년 사헌부 감찰이 되었고, 1500년에 성절사 서장관으로 명나라에 다녀왔다. 중종반정에 참여하여 奮義靖國功臣이 되고, 예조참판 겸오위도총부 부총관 등을 거쳐 1520년에 경상도 관찰사를 역임하였는데, 바로 농암의 화산양로연 당시 김극성이 경상도 관찰사로 부임해 있던 때였다. 1521년 공조참판으로서 正朝使가 되어 명나라에 다녀왔고, 이후 우천성을 거쳐 병조 판서가 되

었으나 김안로의 모함을 받아 興德으로 유배되었다. 김안로 伏誅 뒤에 의정부 좌찬성을 거쳐 우의정이 되었으며, 1540년에 졸하여 고향 보령 靑所里에 묻혔다. 황효헌과는 매우 친하여 그의《憂亭集》에 황효헌에게 준 8제 10수의 시가 실려 있다.

朴祥(1474~1530). 成俔, 申光漢, 黃廷彧과 함께 文章四家로 일컬어진 인물로, 조선 전기를 대표하는 시인 가운데 하나이다. 光州 芳荷洞에서 태어나 1496년에 생원시에 합격하고, 1501년에 庭試 乙科에 합격하였다. 校書館 正字를 거쳐 博士가 되고, 이어 병조 좌랑, 전라 도사, 한산 군수 등을 역임한 뒤 1517년 모친 봉양을 위해 순천 부사가 되었다. 1521년 金世弼, 金安國과 함께 講學하였으며, 이해 겨울 중국사신 唐皐와 史道가 새 皇帝의 詔書를 가지고 오자, 文望으로 추천되어 接應하였다. 1522년《陶靖節文集》을 간행하고,《東國史略》을 수찬하였으며, 李耔·尹春年 등과《梅月堂文集》을 간행하였다. 1529년에 향리로 돌아가 이듬해 4월에 세상을 마쳤다. 1530년 6월 光州 鳳凰山 成才洞에 묻혔으며, 뒤에 광주 德山書院에 제향되었다가 다시 月峯書院으로 옮겨져 朴淳과 함께 향사되었다.

冲齋 權橃(1478~1548). 안동 道村里에서 태어나 1507년에 별시 문과에 합격하여 승문원 權知副正字와 藝文館檢閱이 되었다. 1508년 金宗直의 신원을 계청하고, 사간원 정언, 병조 좌랑, 홍문관 부교리 등 주요 청요직을 두루 거쳤다. 1512년 일본과의 講和를 반대하고, 1518년 성균관 사성, 우부승지, 도승지 겸 예문관직제학이 되었다. 1519년 기묘사화에

파직되어 고향으로 돌아와 은거하였고, 1520년 乃城縣 酉谷(닭실)에 복거하였으며, 1526년 봄, 집 서쪽에 小齋를 지어 '冲齋'(一名 寒棲堂)로 편액하였다. 1533년 특명으로 서용되어 龍驤衛 副護軍이 되었으나, 6월 무렵 金安老의 미움을 사 密陽府使가 되었다. 한성부 좌윤, 경상도 관찰사, 오위도총부 도총관을 거쳐 1539년에 改宗系奏請使로 중국에 가 《大明會典》을 續纂할 때 宗系를 고쳐주겠다는 勅命을 받고 귀국하였다. 1544년 《朱子大全》을 하사받아 그것을 考校하고, 이듬해인 1545년 기묘 제현의 신원을 청하였다. 1545년에 衛社功臣에 錄勳되고 吉原君에 봉해졌으나 을사사화로 인해 파직되어 향리로 물러났다. 1547년 양재역 벽서사건으로 유배되었가가 1548년에 配所에서 눈을 감았다. 三溪書院에 제향되었다.

容齋 李荇(1478~1534). 중종 연간의 文柄을 잡았던 문학의 거장이요 挹翠軒 朴誾과 조선 전기 문단을 주도한 대시인으로, 학자에 따라 조선 제일의 시인이라 일컬어지기도 한다. 서울의 남산 아래에서 태어나 18세 되던 1495년에 문과 병과에 급제하였다. 權知承文院副正字로 출발하여 淸宦의 요직들을 두루 역임하다가, 27세인 1504년에 홍문관 응교로서 생모 폐비 윤씨의 존호를 추숭하려는 연산군의 뜻을 거슬렀다가 唱義者로 지목되어 극형을 당할 처지에 놓이기도 했다. 29세 되던 1506년에 거제도 高節嶺에 위리안치되어 관노의 신분으로 양치기 생활을 하기도 하였으나 중종 반정이 일어나 사면되었다. 이어 淨業院에서 賜暇讀書하고, 성균관 사예, 대사간, 홍문관 부제학 등을 거쳐 1520년에 공조 판서로서 동지경연춘추관사 홍문관 대제학 예문관 대제학 지성균관사 동지의금부

사 세자우부빈객 등을 겸하였다. 1530년 왕명으로 《신증동국여지승람》의 校誤·增補를 주관 완성하고 그 序文을 짓기까지 하였으나, 1531년 許沆 등의 모함을 받아 이듬해 3월 평아도 함종에 유배되었다. 1534년에 적소에서 눈을 감았다. 그는 江西詩派를 배웠지만 그 형식만 답습하는데 그치지 않고 깊은 意格을 體現, 혼연히 一家를 이루어 조선조 屈指의 시인으로 평가된다. 일찍이 鄭希良이 젊은 시절의 용재를 두고, "학문은 모두 程朱의 그것이었다"고 칭찬하였으며, 용재가 말년에 지은 《和朱文公南岳唱酬集》에는 과연 道學的 意趣가 분분하다.

慕齋 金安國(1478~1543). 1478년 8월에 이천의 注村(지금의 이천시 부발읍 죽당리)에서 태어나 24세 되던 1501년에 생원진사시에 합격하고, 1503년에 문과별시에 합격하였다. 승원문 정자로 사환을 출발하여 승정원 주서, 홍문관 박사 겸 경연 사경관, 부수찬 겸 경연 검토관 등을 거쳐 1507년에는 승문원 교리와 사헌부 지평에 올랐다. 1511년에는 日本國使僧 弸中이 오자 宣慰使가 되어 맞이하였고, 洪彦弼·成世昌·鄭士龍 등과 함께 賜暇讀書하였다. 1517년에 경상도 관찰사가 되어 《二倫行實圖》와 《諺解呂氏鄕約》 등을 간행 반포하였다. 1518년에는 謝恩使로 중국에 다녀왔고, 중국에서 구입해 온 濂洛諸賢의 性理書를 간행·보급하도록 주청하였다. 1519년 겨울 기묘사화에 연루되어 利川의 注村에 퇴거하여 제생들과 經義를 강론하였다. 사화가 안정되고 權奸이 伏誅되자 다시 기용되어 1537년부터 上護軍 兼同知成均館事, 예조 판서, 우참찬 겸예문관제학 등을 역임하였고, 1539년에 중국사신 華察·薛廷寵이 오자 館伴이 되어 酬唱하였다. 이어 1540년에 홍문관·예문관 大提學 世子貳師를, 1541

년에 예조 판서를, 1542년에 世子貳師 都摠府都摠管을 겸하였다. 1543년에 세상을 떠나 長湍 海村里에 안장하였다. 여주의 沂川書院, 이천의 雪峰書院, 의성의 氷溪書院 등에 제향되었다.

老泉 金湜(1482~1520). 기묘팔현의 한 사람으로 1501년에 진사시에 합격하였으나 벼슬에 뜻을 두지 않고 주자학 연구에 침잠했다. 1519년 趙光祖와 金淨 등 사림파의 건의로 실시된 현량과에 장원으로 급제하여 성균관 사성이 되었고, 홍문관 직제학, 홍문관 부제학, 대사성 등에 임명되었다. 11월 기묘사화로 선산에 유배되었고, 그 뒤 신사무옥에 연좌되어 다시 절도로 이배된다는 말을 듣고 거창으로 피했다가 〈君臣千載義〉라는 시를 남기고 자살했다. 양근의 迷原書院, 청풍의 凰岡書院, 거창의 浣溪書院 등에 제향되었다.

企齋 申光漢(1484~1555). 신숙주의 손자로 경기도 고양에서 태어났다. 1507년에 사마시에 합격하고, 1510년에 문과 을과에 합격하였다. 1511년, 승문원 정자로 시작해 홍문관 저작, 승문원 박사, 홍문관 부수찬과 사간원 정언 등의 청요직을 두루 거쳐 1514년에 호조와 공조 좌랑을 거쳐 사가독서 하였다. 이후로도 三司와 성균관의 요직을 두루 지냈으며 35세 되던 1518년에 특명으로 성균관 대사성과 사간원 대사간이 되었으나 기묘사화에 휘말려 삼척부사로 좌천되었고, 1521년 辛巳誣獄에 삭탈관직 당하였다. 이후 모친상을 당하여 여주 元亨里에 우거하였다. 약 15년을 여주에서 우거하다가 55세 되던 1538년에 다시 성균관 대사성과 사간원 대사간이 되었고, 이듬해 都司迎慰使가 되어 중국사신 華察과 薛廷寵을

맞이하였다. 1543년에는 형조 판서, 1544년에는 이조 판서에 올랐으며, 62세 되던 1545년에 의정부 우참찬이 되어, 홍문관·예문관 대제학을 겸하였다. 대제학으로 있던 1550년 4월에는 〈紹修書院記〉를 지었다. 70이 되던 1553년에 致仕를 청하였으나 명종이 허락하지 않고 오히려 机杖을 하사하였으며, 1554년에야 門衡을 사임하였다. 저서 《企齋集》 외에도 소설집 《企齋奇異》를 남겼다.

陽谷 蘇世讓(1486~1562). 익산의 고향집에서 태어나 조부 蘇效軾의 扶安 任所에 따라 가서 仲兄 蘇世良과 함께 來蘇寺에서 독서하였다. 1504년 성균진사시에 합격하고, 1505년에 律詩科에 장원하였다. 중정이 즉위하고 靖國原從功臣에 錄勳되었으며, 1509년에 별시문과 갑과에 합격하여 權知承文院正字로 관직생활을 시작하였다. 1510년, 承政院 注書, 홍문관 부수찬이 되었고, 李荇·金安國·成世昌 등 6인과 함께 賜暇讀書하였다. 이후 弘文館修撰 兼經筵檢討官, 사간원 정언, 사헌부 지평, 기강원 필선, 홍문관 전적 등을 거쳐 1521년에는 李荇·鄭士龍과 함께 원접사 종사관에 뽑혀 문명을 날렸으며 이곳으로 1522년에 홍문관 직제학이 되었다. 외직으로는 황해도 관찰사와 전라도 관찰사, 한성부 우윤 등을 모두 지냈으며, 1533년에는 進賀使로 명나라에 다녀왔다. 1537년에는 병조 판서와 이조 판서를 지냈으며, 1543년에 형조 판서가 되었으나 탄핵을 받아 체직되었다. 이후 퇴거하다가 1562년 병으로 세상을 마쳐 익산의 回龍峯에 안장하였다.(조부의 이름이 蘇效軾, 부친의 이름이 蘇自坡인 것에서 알 수 있듯이 집안 대대로 東坡 문학에 상당한 관심을 기울였던 것으로 보인다.)

冲庵 金淨(1486~1520). 報恩 聲足里에서 태어나 14세 되던 1499년에 別試 初試에 장원하였다. 19세 되던 1504년에 생원시에 합격하고, 삼각산 淸凉寺에서 독서하였다. 22세 되던 1507년 봄 별시 문과에 장원하고, 성균관 전적과 홍문관 부수찬 등을 맡으며 환로를 출발하였다. 이해 賜暇讀書를 하고, 1508년에 文臣庭試에서 다시 한 번 장원하였다. 노모 봉양을 위해 잠시 외직을 맡아 충청도 도사로 나갔다가 이내 돌아와 1513년에 다시 賜暇讀書하고 또 외직을 청하여 淳昌郡守가 되었다. 30세 되던 1515년에 潭陽府使 朴祥과 함께 〈請復故妃愼氏疏〉를 올린 일로 報恩 含林驛에 유배되고, 이듬해 사면되어 1517년에 복귀하여 홍문관 부제학이 되어고, 사헌부 대사헌 등을 거쳐 34세 되던 1519년에 형조판서가 되었다. 11월에 기묘사화로 인해 錦山에 杖配되었다가 이듬해 진도로 移配되고 다시 제주도로 移配되어었다. 1521년 36세의 나이로 사사되었다. 報恩 象賢書院, 淸州 莘巷書院, 濟州 橘林書院, 淳昌 花山書院, 懷德 崇賢書院, 錦山 星谷書院에 향사되었다.

湖陰 鄭士龍(1491~1570). 19세 되던 1509년에 생원시와 별시문과에 합격하여 홍문관 정자로 벼슬길에 올랐으며, 1513년 사간원 정언이 되었고 1515년에 賜暇讀書하였다. 1516년에 문과 重試에 장원하고, 이듬해 11월 홍문관 직제학이 되었다. 1521년에 원접사 李荇의 종사관으로 중국사신 唐皐·史道를 맞아 수창하며 〈皇華和稿〉를 지었다. 승정원 우부승지를 거쳐 33세 되던 1523년에 부제학이 되었고, 파직과 복직을 거듭하다 43세 되던 1533년 7월에 성균관 대사성, 형조 참의가 되었다. 1534년에 동지사가 되어 중국에 다녀왔고, 1535년에 李希輔 등과 함께 師儒로 뽑

혔다. 47세 되던 1537년에 平壤迎慰使가 되어 중국사신 龔用卿·吳希孟을 맞이하다 〈朝天錄〉, 〈皇華和稿〉를 짓고, 1539년에 중국사신 華察·薛廷寵이 오자 製述官이 되어 시문을 지었다. 56세 되던 1546년에 원접사가 되어 중국사신 王鶴을 맞이하여 儐接하였고, 형조 판서에 올랐다. 62세 되던 1552년에는 일본 사신을 接賓하고, 이듬해 2월에 대제학이, 다시 이듬해에 병조 판서가 되었다. 70세 되던 1569년에 공조 판서가 되었고, 耆老所에 들어갔다. 80세 되던 1579년에 세상을 떠나 양주에 묻혔다. 조선 중기 문단에 가장 큰 영향을 미친 대시인으로, 申光漢과 함께 '시의 쌍벽'으로 일컬어졌다.

服齋 奇遵(1492~1521). 조광조의 문인으로 1513년에 사마시에 합격하고 이듬해 별시문과에 급제하여 홍문관 정자와 박사를 맡은 뒤 賜暇讀書하였다. 1516년 이후 경연 검토관, 사헌부 장령, 시강관 등을 두루 역임하였으나 기묘사화가 일어나 金湜, 金淨과 함께 하옥되어 아산으로 정배되었다. 신무사옥에 다시 유비되어 교살되었다. 온성의 忠谷書院, 아산의 牙山書院, 고양의 文峯書院 등에 제향되었다.

俛仰亭 宋純(1493~1582). 담양군 錡谷面 豆毛谷에서 태어나 21세 되던 1513년에 진사시에 합격하였다. 당시 담양부사로 와 있던 朴祥에게 수학하고, 24세 되던 1516년에 성균관에 들어갔다. 27세 되던 1519년에 별시 문과에 합격하여 승문원 권지정자로 화로를 시작하여 1520년에 예문관 검열, 홍문관 정자로 賜暇讀書 하였다. 30세 되던 1522년에 승정원 注書가 되었고, 중국사신 唐皐·史道에게 주는 贈別詩 製進에 참여하였

다. 33세 되던 1525년에 세자시강원 說書, 1526년에 홍문관 수찬, 1527년 사간원 정언, 1528년 홍문관 교리가 되었다. 1530년에 灼鼠之變의 獄事에서 朴氏母子를 변호하는 啓를 올렸고, 1533년 김안로가 득세하자 고향으로 돌아가 俛仰亭을 짓고 은거하였다. 김안로가 축출된 뒤에 다시 내직으로 돌아와 홍문관 직제학과 승정원 도승지를 거쳐 사간원 대사간과 사헌부 대사헌에 올랐다. 55세 되던 1547년에 奏聞使로서 명나라에 다녀왔으며, 대사헌과 이조 참판을 두루 맡았으나 陳復昌·李芑 등에게 논박당하여 유배되었다. 1551년에 사면받아 내외직을 두루 거쳤으며, 68세 되던 1560년에 중국사신을 접빈할 문사로 李滉·林億齡과 함께 추천되었다. 76세 되던 1568년에 〈명종실록〉 찬수에 참여하였고, 1582년에 90세를 일기로 세상을 마쳤다. 담양 龜山書院에 제향되었다.

潛庵 金義貞(1495~1547). 서울 壯義洞에서 태어나 1516년에 사마시에 합격하여 성균관에 들어갔다. 32세 되던 1526년에 문과에 합격하여 홍문관 정자가 되었고, 이어 著作, 博士, 修撰, 사간원 정언 등을 지냈다. 김안로가 잡아 가두려 하였으나 화를 면하고, 김안로 복주 이후 공조 좌랑, 예조 정랑, 승문원 교감 등을 두루 역임하였다. 51세 되던 1545년에 金麟厚와 함께 左右近臣이 되었고, 仁宗이 승하하자 병을 핑계로 고향에 돌아가 은거하다. '潛庵' 또는 '幽敬堂'이라 自號하다. 1547년 51세의 나이로 세상을 떠나 경상도 예천 황석산 선영에 묻혔다.

5. 나가며

이상에서 보듯이 정사와 문집 등에 흩어진 여러 문헌 자료들의 기록을 바탕으로 축옹 황효헌의 전 생애와 인품은 짧게 요약해 보면 옳음을 지키되 포용력과 친화력을 잃지 않는 것이었다 할 수 있다. 이는 방촌 정신의 계승에 다름 아니다. 그의 문학 역시 그 정신을 문필로 실천한 결과이다.

다음은 平安道癘疫祭文으로 중종 19년 12월 11일조 기사에 실려 있는 황효헌의 작품이다. 이 작품은 나라를 사랑하고 백성을 사랑하는 황효헌의 진심이 담긴 명작인데, 여기에 황효헌의 문학적 역량과 인간됨의 진면목이 모두 담겨 있다고 판단되어 결론을 대신하여 소개한다.

> 天地는 生生을 德으로 삼고 반드시 임금을 명하여 대리하여 돕게 하는데, 그 禍福이 增減하는 기틀은 사람에 달려 있고 천지에 달려 있지 않다. 귀신은 二氣에 근본하되 橫夭하여 어그러지고 답답한 氣가 혹 그 사이에 생겨서 원한이 되면 괴물이 되고 이물이 되고 疾癘가 되어 사람에게 환난을 내리는데, 그 吉凶이 나고 없어지는 근원도 사람으로 말미암고 귀신으로 말미암지 않는다. 그렇다면 귀신은 참으로 이기이고 이기는 곧 천지이니, 생생하는 것이 귀신의 本德이고 질려로 사람에게 환난을 주는 것은 귀신이 마지 못하여 하는 것이다.

> 내가 덕이 부족한 몸으로 외람되게 한 나라의 귀신과 사람의 임자가 되어, 학문은 하늘과 사람의 일에 밝지 못하고 功業은 位育에 오히려 아득

하므로, 직분은 대리를 그르치고 교화는 만족스럽지 못하여, 재변이 거듭 이르러 없는 해가 없게 만들었다. 修省이 알맞게 하는 데에 밝지 못하고 祈禳이 방도에 어두우므로, 이제 평안도는 나라의 요새인데 病氣가 번져 한 해를 지내도 아직 치성하여 백성이 夭死하여 주검이 날로 쌓이니, 무슨 허물로 백성이 이런 혹독한 벌을 받는가?

나 한 사람이 덕이 없으므로 調攝을 잘못하여 귀신이 혹 그 常道를 잃어, 禍가 백성에 미쳐 한 道가 쓸쓸하다. 대저 재변을 당한 자는 그 해가 장차 백성에게 미칠 것을 두려워하는 것인데, 더구나 해가 이미 백성에게 미친 것이겠는가? 이것은 이른바 한 사람이 재앙을 일으켜 만백성이 고통당하는 것이니, 내 마음이 두렵고 염려되어 어찌할 바를 모르겠다.

내가 생각하건대, 귀신은 아는 것이 있어 이해할 수 있으니, 精心血誠이 어찌 感通하지 않겠는가? 그러므로 內臣을 보내어, 祭物을 갖추되 깨끗하기를 힘쓰고 깨끗한 곳을 가려서 두 祭壇을 만들어, 나누어 제사하고 고하여 백성의 목숨을 빌게 한다. 바라건대, 너희 귀신은 흠향하고 빨리 사라져 원망하는 기를 풀어 生生의 본덕으로 돌아가라.

태악서원(台嶽書院)의 역사와 그 의의(意義)[1)]

이해준[2)]

1. 머리말
2. 장수황씨의 연기 입향과 활동
3. 기호서사와 방촌 제향
4. 방촌 위패 이안과 태악서원 창건
5. 율촌 박배와 태악서원 추배
6. 훼철 이후의 태악서원

1. 머리말

세종특별시 동면의 명학리에는 台嶽書院[台巖書院]의 유서가 남아 있다. 전국의 많은 서원들이 대원군의 서원 훼철령으로 훼철되고 이후 일부는 복원되기도 하였으나, 대부분은 유허지로 남아 있다. 태악서원의 경우도 遺墟碑가 남아 전하기는 하나 그 역사와 유래, 정신이 그동안 너무나도 알려지지 않고 있다는 아쉬움이 있었다. 이번 학술회의는 그 유서와 역사를 찾아 복원하고 기려 보려는 큰 의미를 지닌다 할 수 있을 것이다.

1) 이 논문은 2019년 11월 16일(토), 세종시 조치원읍 세종시민회관, (사)방촌황희선생사상연구회의 태악서원 학술대회에서 발표한 논문이다.

2) (현)공주대학교 명예교수.

지금까지 台嶽書院[台巖書院]에 대한 자료는 遺墟碑뿐이고, 창건 후 15년 만에 훼철되어서였는지 관련 자료도 전해지는 것이 없었다. 대체로 1856년(철종 7)에 연기 동면 명학리 태산마을에 창건되어 방촌 황희 선생을 제향하다가, 대원군의 서원 훼철령으로 1871년(고종 8)에 훼철되었다고만 알려지고 있었다. 그러나 연기지역의 다른 기록 속에서 이 서원의 존재가 거의 보이지 않아 아쉬움도 컸었다. 이는 창건 후 불과 15년의 짧은 역사 때문이 아닐까, 아니면 장수황씨 중심의 사우로 폭넓은 향촌 유림들의 활동이 없었던 때문이 아닐까도 추정되었다. 어쨌든 장수황씨 집안에서도 태악서원 관련 자료가 발견되지 않았고 다만, 유허비에

[전면] 台巖書院遺跡址

[후면] 哲宗七年 檀紀四千一百八十九年 丙辰 燕岐士林建台巖書院 于縣西台山村 高宗八年 檀紀四千二百四年 辛未 廢立 將于重建之意而此立石

라 하여 창건사적을 간략히 기록하면서 장차 중건할 뜻을 비치고 있음을 알 수가 있었을 뿐이었다.

그러다가 지난해에 상주박씨 율촌공의 13대손 박창섭선생이 栗村 朴培의 《栗村先生實記》 중에서 태악서원 관련 새로운 자료를 밝혀내고 알려 주셨다. 이를 계기로 그동안 미진했던 태악서원 연구에 작은 진전을 이룰 수가 있게 되었다. 특히 오늘의 발제에서는 그동안 연기 장수황씨 가문에 전해지지 않고, 전혀 알려지지도 않았던 배향 인물 栗村 朴培와 태악서원 관련 자료들을 분석하여 기존의 연구가 미진했던 아쉬움을 다소 보완하고 남은 과제들을 생각할 수 있게 되었다. 참으로 다행스럽고

보람찬 일이 아닐 수 없다.

오늘 학술회의에서 본 발제자는 '태악서원의 역사와 의의'를 살펴보고 뒤이어 태악서원 주향인물인 '방촌 황희의 인품과 리더십'(충남대 이종성 교수), 그리고 배향인물인 '율촌 박배의 생애와 학문'(충남도립대 곽호제 교수)이라는 발제가 이어진다. 이번 학술회의를 계기로 더 많은, 의미 있는 태악서원의 모습이 밝혀지고 계승되기를 기대하여 본다. 본 발제자의 발표 내용이 다소 부족하고 미흡하지만, 이에 대한 토론과 도움 말씀을 주시기 바라며, 이를 토대로 추후 보완, 추가하고자 한다.

2. 장수황씨의 연기 입향과 활동

연기지역의 장수황씨들은 胡安公派로 불리는데 장수황씨의 텃밭이자 입향지가 바로 명학리 台山[황우재] 마을이다. 금강의 큰 줄기가 만나는 황우산 자락 태산마을의 자연경관은 많은 문인들로부터 사랑을 받아왔다. 금강의 큰 줄기인 미호천은 동진나루를 거쳐 합강에서 금강과 합류하고, 한내[白川]는 팔봉산에서 발원하여 청원군 부용면의 행산리와 갈산리를 거쳐 연기군 동면 명학리 龍塘에서 금강에 합류한다. 태산 마을은 이러한 금강에 연하여 있어, 부강과 용당의 역사와 전통을 함께하면서 글 읽는 선비들이 조용히 살아가기 좋은 자연환경을 지녔다.[3]

명학리의 지명 유래는 마을이 선비들의 상징인 학이 알을 품고 있는

3) 黃櫶《菊隱私稿》권2, 〈태산횡당중수기〉에서 "이 땅에 뿌리를 둔 이래로 음직이 대대로 4~5대 전해지고 문한이 계속 이어지고 단아한 지조와 결백한 행실은 당대에 중히 여겨질 만 했다"고 하여 장수황씨의 연고와 전통을 자평하면서 자랑삼고 있다.

형국이며, 학이 많이 서식하며 알을 낳는 곳이라 하여 '鳴鶴'이라 불렀다는 구전이 있다. 또 명학에는 육송이 많아서 학이 육송에 둥지를 틀고 서식하며 많이 울었다고 하여 명학이라고도 하였다고도 한다. 內台는 황우재[黃牛峙]라고도 부르는데, 황우산 아래에 있는 마을 이름이다. 황우재는 원래 황우산에 있는 산성의 이름에서 유래된 것으로 생각된다. 황우산에는 臥牛形과 黃牛渡江형의 명당 일화가 전해진다. 이 명당은 자손만대에 걸쳐 香火를 받을 곳이라고 한다. 바로 이곳에 태악서원이 있다.

• **명학리 장수황씨의 입향유래**: 장수황씨는 언제, 누가, 어떠한 이유로 명학리 황우재 마을에 정착하였던 것일까? 《燕岐誌》에는 "黃堞이 처음으로 태산에서 살았다(始居台山)"라고 하는데, 台山이 바로 동면 명학리 황우재 마을이다. 명학리 장수황씨는 조선 초기 명재상으로 이름을 날린 厖村 黃喜의 후손들이다. 연기에 처음 입향한 인물은 황희의 아들인 胡安公 黃致身의 손자 黃堞이어서 넓게는 '胡安公派'로도 불리운다.

胡安公 黃致身(1397~1484)은 사재직장을 시작으로 중앙의 여러 관직을 거쳐 경기도관찰사, 형조와 호조 참판, 충청도병마절도사, 동지중추부사 겸 도총관, 판중추부사에 이르렀다. 뒤에 우의정에 추증되었고, 시호를 胡安이라 하였다. 묘소는 고양(덕수 천촌)에 있고, 金宗直이 지은 신도비가 있다.

황치신의 6남이자 연기 입향조 황첩의 아버지인 黃事孝(? ~1495)는 성종 8년(1477)에 식년시에 급제한 뒤 황해·평안도 감사와 대사헌, 예조판서를 역임하였다. 아들 坦의 공훈으로 長原君에 봉해졌으며 시호는 良靖이다.

• **연기 입향조 黃渫:** 장수황씨 호안공파의 연기 입향조 黃渫은 방촌 황희의 5세손이자 대사헌을 지낸 黃事孝의 셋째 아들로 음사로 司直을 지냈고, 중종반정에 참가하여 공을 세워 原從勳에 기록되고 병조참판에 증직되었다. 황첩은 연산군 말기의 어지러운 정세를 피해 은거할 곳을 찾아 전라도로 가면서 동면 黃牛山을 지나던 중 산세에 호감을 느끼고 지나가던 사람에게 산 이름을 물었다 한다. 그리하여 산의 이름도 누런 황소가 누워 있는 형국이라 하여 황우산이라 불리는 것을 알게 되었고 '황씨가 황우산에 사는 것이 적격'이라 생각하여 황우재[黃牛峙]에 터를 잡았다고도 한다.

입향의 시기는 '연산군의 혼란한 때를 당해서'라든가, '대개 구름과 숲과 물, 그리고 돌이 군자가 거처할 만한 곳임을 취하신 것'(《台山黌堂重修記》)이라 하는 것과 관련하여 대체로 연산군 때인 1500년 전후일 듯하고, 세거지로 태산을 선택한 것은 수려하고 안온한 자연환경 탓이라 하겠다. 여기에 황우산이라는 지명이 주는 상징과 황씨와의 연관의식도 이러한 결정에 또 다른 계기가 되었다고 생각된다.

그러나 이러한 입향에는 보다 실제적인 사유도 있었다고 생각한다. 예를 들면 경제적인 기반이라든가, 인척관계 같은 것이 그러한 것이다. 즉 황첩의 처가 부안 임씨이고, 그가 입향할 당시 동면 명학리에 부안임씨가 세거하고 있었던 것으로 보면 처가와의 인연을 토대로 이 일대에 정착한 것으로 보인다. 부인 부안임씨는 林石鐵(1450~1515)의 딸로 2남 2녀 중 첫째 딸이었다. 임석철은 부안임씨 연기 입향조인 전서공 林蘭秀의 증손이었으니, 이 지역에서의 지위와 족적 기반은 매우 컸었을 것이다. 장인인 임석철은 성품이 온화하고 삼강오륜을 존중하고 이를 몸소 실천하여 모범이 되었으며, 특히 부모를 극진히 모셨고 선세의 유업을 이어 학덕을 닦았다고 그의 사적에 기록되어 있다(《부안임씨 족보》, 參奉林公石鐵事蹟).

황첩은 妻鄕인 태산에 정착한 이후 서당을 열어 후일 태산서원[태산횡당]의 유서를 마련하였던 것으로 전해지며, 황첩의 묘는 문의와 연기의 경계인 탁석(啄石)의 곤좌에 있다.

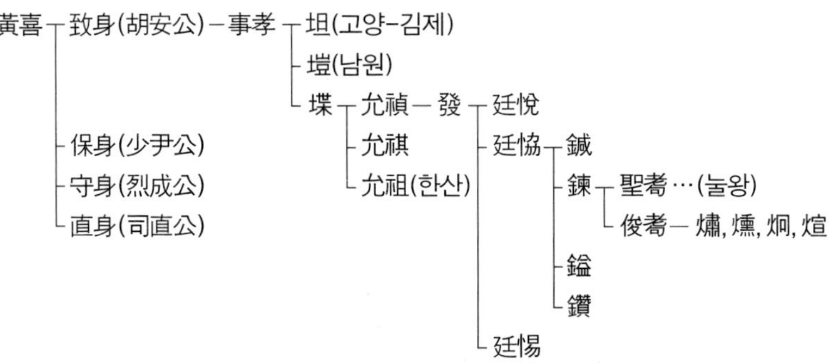

황첩의 1자 黃允禎은 진주강씨 姜文翰(1464~1547)의 사위가 되었고 벼슬이 修義 副尉에 이른다. 차자인 允祺는 무후이고, 3자인 부안현감 允祖의 후손들은 충청도 한산지역에서 번성하였다. 황윤정의 장남인 黃發은 예빈시 직장을 지냈으며, 배위는 문의지역에서 저명했던 보성오씨 吳軾의 딸이었고, 동생 黃大中(1551~1597)은 강진으로 이거하였고, 정유재란 때 충절로 남원 충열사에 제향되고 원종공신에 녹훈되고 좌승지에 증직된다. 충무공 이순신이 兩蹇堂이라는 호를 내려준 것으로 유명하다.

발의 차자인 黃廷協(1567~1648)은 효행으로 이름을 날리는데 《연기인물지》에는 부친이 병이 들자 얼음 속에 잉어를 잡고 꿩을 잡아 드리는 효성을 보였으며, 이것이 감영에 알려져 영릉참봉에 제수되었고 후에 이조

참의에 증직되었다. 《효제등록》에는 1713년(숙종 39) 사인 황정협이 복호(復戶세금면제)의 포상을 받은 것으로 기록되고 있다.

• **黃廷喆과 동학사 초혼각:** 한편 이 시기에 공주에서 활동이 주목되는 장수황씨 인물로 黃廷喆(1547~1626)이 있다. 우리에게 잘 알려져 있지 않아 아쉬움이 크지만, 바로 황정철은 계룡산 초혼각의 제향과 운영에 큰 역할을 하였던 인물로 방촌의 7대손으로 병사공 事長의 후예이다. 종부시정 黃允峻의 손, 장례원판결사 黃博의 아들로 1586년 문과에 급제하여, 승문원부정자·저작·주서를 거쳐, 형조좌랑이 되었고 1592년 임진왜란에는 병조정랑으로 광해군을 호종하였고 난이 끝난 뒤 지평·장령·집의·좌부승지·장례원판결사 등을 거쳐, 호조참의에 이르렀다. 1606년 謝恩副使가 되어 정사인 형조판서 韓述과 함께 명나라에 다녀왔다. 광해군 때 난정의 조짐이 보이자 봉산군수에 제수되었으나 병을 칭탁하고 나가지 않았다가 1618년(광해군 10) 벼슬할 뜻을 버리고 향리로 돌아갔다.

그런데 이러한 사정을 張維가 지은 黃廷喆의 墓碣銘에서는,

> 광해군 초년에 어지러워질 조짐이 점차 나타나기 시작하였는데, 공도 또한 이미 노년에 접어들면서 더욱 벼슬살이 할 뜻이 없어진 나머지, 散班에 처하며 녹봉을 받지 않은 지가 거의 10년이나 되었다. 그 뒤 무오년(1618년, 광해군 10년) 가을에 이르러 마침내 병으로 사직하고 公山(公州)의 별장으로 돌아와 田野 사이에서 유유자적하며 세상일을 까마득히 잊고 살다가 병인년(1626년, 인조 4년) 9월 모일에 80세의 나이로 생을

마쳤다.

라고 좀 더 상세히 밝히고 있다.[4)]

이렇게 황정철이 '광해군 말년에 병으로 사직하고 공주의 별장으로 돌아와 田野 사이에서 유유자적하며 세상일을 까마득히 잊고 살았다'고 하였는데, 이와 관련하여 두가지의 사실이 정확하게 추가되어야 할 듯하다. 하나는 공주와의 인연이 바로 부인 晉州 鄭氏가 영동 현감으로 병조참의에 추증된 鄭麟德의 딸이며, 처남이 바로 임천군수였던 鄭天卿(1547~1600)이었다는 점이다. 그것이 공주 별장에 머무는 배경일 것이다. 그리고 다른 하나는 이 시기와 관련한 황정철의 특기할 공주행적은 처남 정인경과 함께 계룡산 동학사 초혼각[현재의 숙모전]의 제향과 수호에 끼친 공적이라 할 것이다.

공주 동학사 招魂閣은 단종과 단종 복위를 도모하다 처형된 사육신, 그리고 그들의 부자 형제로 연좌되어 죽은 100여 명의 혼을 기리고자 제사를 지내왔던 곳이다. 그리고 이 초혼각의 최초의 기록으로 1597년(선조 30)에 〈招魂閣記〉를 남긴 인물이 바로 鄭天卿이다.[5)] 정천경은 임진정유왜란에 공을 세워 원종공신2등에 책록되었던 인물로, 단종조 3상의 한 분인 鄭苯의 5대손으로 임천군수로 재직하면서 초혼각 제향에 제관으로 참여하고 그때에 〈招魂閣記〉를 지었다. 문제는 이 시기가 아직도 사육신에 대한 신원이 이루어지지 않은 상태였고, 앞에 소개한 것처럼 선조가 사육신을 제대로 평가하지 않던 시기였다. 그런데도 그로부터 불

4) 《국조인물고》 권24 名流 黃廷喆

5) 진주정씨 참의공파 종중, 《茂東 鄭天卿의 생애와 사적》, 공감투데이, 2019

과 20여 년 뒤에 그것도 현직 관리가 이러한 제향에 참여하고 있다는 것은 쉽게 납득되지 않는다. 또 다르게 보면 충신의 후예로서 큰 위험을 감수한 행동이었다고 보아야 할 것이다.

그런데 바로 이때에 정천경이 매제인 黃廷喆(1547~1626)과 협의하여 류방택, 김시습, 조상치, 조려, 성희, 송간, 이축, 정지산 등 8선생을 초혼각에 추가로 제향하기로 하였다. 그리고 또 하나 초혼각과 관련하여 黃廷喆은 1621년(광해군 13) 〈招魂閣守護節目〉을 만든다. 이 절목은 초혼각이 오래되어 폐해질 것을 두려워하여 만든 것으로 이 역시 이 시기에, 어떻게, 그리고 왜 황정철이 일종의 공적인 문서인 〈초혼각 수호절목〉을 만들 수 있었는지 궁금하다. 그리고 그로부터 70여 년 뒤인 1691년(숙종 17)에 사육신의 관직과 명예가 되살려졌고, 단종 임금도 1698년(숙종 24)에 복위가 이루어진다. 황정철과 정천경의 적극적 노력은 바로 이러한 국가의 은전이 내리기 전에 이러한 의식을 실천한 것은 특기할 일이다.

• **조선 중기의 장수황씨:** 장수황씨가 연기지역에서 본격적인 향촌활동을 벌이면서 위상을 강화한 것은 다음 대인 [俊耉-煊-晩淸-實]代였다. 국은 황헌이 찬한 부친 黃益源의 家狀에서 "6세조 俊耉는 향당에서 문학과 덕행으로 칭송하였고, 5세조 煊과 고조 晩淸, 증조 實이 모두 청금록에 올라 유행을 보였던 인물들"이라고 하였듯이, 俊耉(1645~1706)는 고을에서 문학과 덕행으로 칭송을 받았던 인물이며, 이후 대를 이어 인물을 배출하였고 연기향교 등에서 괄목할 만한 사족활동을 벌였다.

이러한 모습을 우리는 연기향교에 소장된 燕岐 鄕案 자료를 통해서 그 모습을 어느 정도 살필 수가 있다. 연기현의 鄕案은 1645년에 작성된 이래 계속 수보되었는데 향안에 입록된 명단[좌목]으로 연기지역 사족들의 동향을 살펴볼 수 있다. 연기현의 향약 좌목은 크게 구 향안 좌목과 신 향안 좌목으로 나누어진다. 1645년에 작성된 구 향안은 3차례에 걸쳐 개수되는데, 구 향안 좌목은 1645년에 입록된 명단과 중수 이후 1689년, 1692년, 1697년 세 차례에 걸쳐 입록된 총 115명의 명단이다. 그리고 다시 신 향안을 작성하는데 여기에는 1679년과 1706년부터 1732년까지의 명단이 수록되어 있다. 이를 성씨별로 분석하여 표를 만들어 보면 다음과 같다.

〈표〉 연기현 舊鄕案 좌목 등재자의 성씨별 분석

연대 / 성씨	1645	1689	1692	1697	합계	연대 / 성씨	1645	1689	1692	1697	합계
洪	11	4		9	24	朴	1			2	3
林	8	3		10	21	田	1	1			2
張	4	2		8	14	鄭			1	1	2
兪	1	1		8	10	柳				2	2
成	2	4		2	8	蔡	1				1
尹	3	2		2	7	韓			1		1
金	2	1	1	1	5	楊				1	1
姜	3	1			4	李				1	1
黃			1	3	4	安				1	1
崔		1		3	4	합계	37	20	4	54	115

〈표〉 新鄕案 등재자의 성씨별 분석

연대 / 성씨	1697	1706–1732	계	연대 / 성씨	1697	1706–1732	계	연대 / 성씨	1697	1706–1732	계
林	11	88	99	李	1	13	14	田		4	4
洪	10	44	54	鄭	1	13	14	孟		3	3
兪	9	43	52	金	2	10	12	蔡		3	3
張	9	35	44	朴	2	10	12	姜		3	3
成	2	30	32	尹	2	10	8	慶		2	2
黃	4	28	32	韓		6	6	閔		2	2
柳	2	14	16	楊	1	4	5	합계	54	377	431
崔	3	11	14	呂	1	3	4				

이 표를 통해서 보이듯이 장수황씨는 구향안에는 1679년 좌목에 4명만이 기록되어 있다가 1706년부터 1732년 사이에는 28명으로 급격한 증가를 보인다. 이러한 향안입록 숫자는 1위 부안임씨, 2위 남양홍씨, 3위 기계유씨, 4위 결성장씨에 이어 창녕성씨와 함께 장수황씨가 이 시기에 급격히 성장한 사족 활동상을 보여 준다고 할 수 있다.

이처럼 18세기 중엽에 장수황씨가 연기지역에서 본격적인 향촌활동을 벌이면서 위상을 강화하는 것은 [俊耈-熄-晩淸-實]의 시기였다. 그리고 이러한 향촌 활동과 장수황씨의 사회적 저명도가 바탕이 되어, 厖村 선조가 1800년대 초반에 岐湖書社에 제향되고, 1856년에 台嶽書院 창건도 이루어질 수 있었다고 보여지는 것이다.

• **효자 황직(黃稷)**: 장수인이며 황재복의 증손이다. 어려서부터 지성으

로 어버이를 섬기며 맛있는 음식을 드리고 아침저녁으로 안부 드리는 일을 소홀히 하지 않았다. 부친이 병에 걸리자 대변을 맛보며 손가락을 자르고 하늘에 기도하였다. 이때 의원이 병자에게 붕어가 좋다고 하였지만 마침 때가 겨울이라 얻을 수 없는데 한 마리의 까마귀가 문 앞에 선 느릅나무 밑에 산 붕어 한 마리를 떨어뜨렸다. 손으로 그것을 잡아 병자에게 드리니 효력이 있었다. 사림(士林)들이 일제히 일어나 도에 알려 포상을 받았다.(연기지)

• **19세기말 연기향약과 장수황씨:** 약간 시기는 뒤이지만 1880년대 초반에 조직 운영된《燕岐鄕約》과 장수황씨의 관련을 잠시 언급하여 보고자 한다. 이는 바로 19세기말 장수황씨의 향촌사회에서의 위상과 활동상을 보여 주는 자료이기 때문이다.

연기향약 자료는《鄕約案》2책,《鄕約座目》2책,《鄕約設立案》1책이 연기향교에 보존되어 있다. 연기《향약안》에는 1878~1880년 연기현감이었던 송명노가 진신유사로 기록되고, 향약 임원의 직임과 명단, 뒤에는 각 면별 임원이 기록되어 있다. 연기현 향약의 임원은 진신 宋明老, 도약장 黃處佐, 도약헌 兪天柱, 부약헌 林德坤, 도약정 張翊相, 부약정 成載璣이고, 각 면별 임원은 面約長, 童蒙訓, 公員, 色掌, 別檢, 掌善, 掌過, 掌罰, 掌貨, 有司, 掌記, 讀約, 直日이 각각 1명씩 기록되어 있다.《향약좌목》2책에는 각 면별로 약원들의 명단이 1책(430명) 2책(214명)으로 나누어 기록되어 있다. 이중 장수황씨 인물로 다음과 같은 인명들이 보인다.

(좌목1)

남면 黃道源, 黃稷, 黃萬源, 黃浩源, 黃稙

동일면 黃奎烈, 黃處佐, 黃處佑, 黃起源, 黃琰, 黃益源, 黃鼎源

(좌목 2)

동일면 黃處佐, 黃處佑, 黃起源, 黃琰, 黃益源, 黃璨, 黃穆, 黃一源, 黃珌, 黃穎

남면 黃明顯, 黃益顯, 黃箕顯, 黃箕源, 黃欑, 黃錫顯

다음으로 연기향교의 흥학 관련 사적을 엿보게 하는 자료가 바로 1886년(고종 23) 〈燕岐鄕校興學記〉(현감 李聖烈 기)이다. 당시 도유사는 林兢佑, 장의는 黃櫶과 張學鎭이었는데, 관찰사 심의신이 당시 문풍이 부진했던 연기향교의 흥학을 돕기 위해 500냥을 지원하였고, 이 자금을 가지고 향교의 선비들이 춘추로 會講할 재정이 마련되었음을 밝힌 글이다. 燕岐縣 鄕校興學節目 2책은 바로 이와 연계하여 작성된 구체적 시행 규약이다. 모두 7개 조목이 수록되어 있다.

3. 기호서사(岐湖書社)와 방촌(厖村) 제향(祭享)

태악서원(일명 태암서원)은 방촌 황희를 제향한 서원으로 연기유림에 의해 연기 동면 명학리 119번지 외태에 1856년(철종 7)에 건립되었다가 15년 만인 1871년 대원군의 서원훼철령으로 훼철된 것으로 전해진다. 창건 당시의 사적이 남아 전하지 않아 상세한 창건 과정을 밝히기 어려운 아쉬움이 크지만, 창건 과정에 장수황씨들이 중심이 되고 이에 함께한 연기 유림들의 참여가 있었을 것임은 자명하다.

그런데 여기서 우리가 반드시 살피고 넘어가야 할 또 하나의 사실이 있다. 즉 태악서원이 건립되기 이전에 연기지역 장수황씨들의 활발한 활동, 향촌세력으로 부상하면서 방촌 황희 공을 연기지역의 서원[岐湖書社]에 추배, 제향하였던 사실을 유의하여야 한다.

즉 1857년(철종 8) 12월 10일 회덕향교에서 연기 태악서원에 보내온 〈회덕향교 통문〉6)에 보면,

> 래에 귀향에서는 방촌 황선생의 위판을 받들어 모시다가 태악서원에 이안한다 운운하니 가히 모든 군자들이 현인을 사모하는 성대한 의리를 흠모합니다.

라 하고 있다. 이를 미루어 보면 기존에 방촌을 제향하는 곳이 있었으며, 이 시기에 위패를 옮기고 태악서원을 창건한 것을 칭탄하고 있다. 그런데 이와 관련하여 발제자가 근자에 새로 발견한 자료에 의하면 기존에 제향했던 서원이 바로 부안임씨들이 건립한 岐湖書社이었고, 그곳에 厖村의 위패가 봉안되었다는 사실이다.

공주의 岐湖書社는 현재의 세종특별시에 소재하였던 조선 후기의 사우로 부안 임씨들이 1710년 창건하였고 처음 이름은 世德祠였다. 창건의 유래를 살펴보면 1679년(숙종 5) 林纘賢이 부안임씨의 연기 입향조인 임난수의 묘소를 보수하던 중, 376자의 지석을 발견하여 이를 근거로 우암

6) 《栗村先生實記》 권 2 〈懷德鄉校 通文〉

宋時烈에게 신도비문의 찬술을 부탁하여 신도비를 세웠고, 1710년(숙종 36)에는 임난수의 부조묘를 확대, 발전시켜 기호서사를 건립하기에 이르렀다고 알려진다.《서원등록》에 의하면, 기호서사는 원래 1710년에 '世德祠'라는 문중 성향이 짙은 이름으로 건립되었다가 사우와 같은 書社로 발전하였고 林椿(고려 의종~명종 때), 林蘭秀(1342~1407), 林穆을 제향하였다고 한다.

그리고 1800년에 岐湖書社가 중건되는데 당시의 중건기를 性潭 宋煥箕(1728~1807)가 지었다. 이 〈岐湖書社重建記〉에서,

> 공주 羅城의 獨樂亭 곁 수 10무쯤에 書社가 있으니 이는 林公 3賢(林椿, 林蘭秀, 林穆)의 院宇 舊址로 이번에 중건하였다. … 원래 숙종 경인년(숙종 36, 1710년)에 多士들이 書社를 건립하였으나 賜額을 받지는 못하였고 그리고 (영조조에) 朝令에 금법으로 묶여 제향하지 못하게 되었다. 이를 가히 한탄스러워 하다가 근자에 湖中의 儒林들이 禮曹와 監營에 청원하여 '구제를 따라서 수즙하고 기호서사라 편액하고 제향'하게 되었다.7)

고 하여 영조조에 일시 훼파되었다가 다시 중건하였음을 기록하고 있다. 영조 즉위 초에 남설 서원에 대한 통제를 하기 위하여 私建 書院을 조사하게 하였고, 마침내 1741년(영조 17) 4월 8일 팔도의 서원과 사우 중 1714년 이후 사사로이 건립한 것들을 조사하여 훼철하게 하였다. 당

7) 宋煥箕,《性潭先生集》卷14 記 岐湖書社重建記

시 훼철된 서원 사우 중에 세덕사도 포함되었던 것이다. 그리고 이를 한탄하던 후손들과 연기사림들이 1800년에 기호서사를 중건하고, 이어 5년 뒤인 1805년(순조 5)에는 威毅公 林興(?~1439)을 추배하여 모두 4위를 제향하기에 이른다.

그런데 《부안임씨 전서공파 선조보감》(2000, 전서공파대종회)에 의하면 바로 이때에 威毅公 林興의 〈岐湖書社升享祝文〉을 장수황씨 判書 黃昇源(1732~1807)가 지었음을 밝히고 있다. 황승원은 林興의 승향 축문에 "守義西山 托跡五柳 風儀如昨 江淸峰秀"라 칭송하고 있었던 것이다.

判書 黃昇源(1732~1807)은 조선 후기의 문신으로 호조정랑 黃處信의 손자이자 형조좌랑 黃瓛의 아들이다. 황해도관찰사, 이조참의·대사헌·이조참판·한성부판윤 등을 거쳐, 공조판서·개성부유수, 예조판서·홍문관제학·형조판서 등을 역임하였다. 시호는 文獻이다. 1805년은 중앙 고위직을 역임하며 영향력을 지녔던 시기였다. 이를 통하여 연기지역 부안임씨들과 장수황씨가 깊게 연결되어 있었음을 알 수가 있다.

그리고 더욱 주목할 것은 바로 이 어간에 기호서사에 厖村 黃喜가 추배, 제향되었다는 사실이다. 즉 시기는 정확하지 않지만, 이를 증빙하는 기록으로 방촌의 춘추제향 축문을 宋穉圭(1759~1838)가 짓고 있는데 송치규의 문집인 《剛齋先生集》에 〈公州岐湖書社 厖村黃公春秋享祝文〉이 "輔佑聖朝 培養士氣 功垂永世 式擧報祀[8)]"라 수록되어 있다. 방촌의 추배, 제향은 장수황씨 황승원이 威毅公 林興의 〈岐湖書社升享祝文〉을 지어 주는 것이나, 당시 황승원의 정치, 사회적 지위를 고려해 볼 때 이

8) 宋穉圭, 《剛齋先生集》 卷7, 祝文. 公州岐湖書社 厖村黃公春秋享祝文.

시기 어간에 인연이 만들어지고, 방촌이 추배·제향되는 것이 아닌가 생각된다. 그리고 시기는 정확하지 않지만 황승원과 송치규의 생몰년을 감안하였을 때 1805년에서 1807년 어간, 아니면 1800년대 초반~1830년대 어간이었을 것으로 추정된다.

아직도 아쉬운 것은 이러한 자료 이외에 방촌을 기호서사에 제향하는 과정과 자료가 전혀 전해지지 않는다는 것이다. 자료를 더 찾고 보완해야 하지만, 어쨌든 이는 18세기 후반에서 19세기 초반에 부안임씨와 장수황씨의 관련성, 그리고 연기지역에서의 장수황씨 활동이 그 배경이었을 것으로 보인다.

4. 방촌(厖村) 위패(位牌) 이안(移安)과 태악서원(台嶽書院) 창건

그리고 더 나아가서 연기의 장수황씨들은 기호서사에 제향되던 방촌의 위패를 이안하여 독립된 사우를 건립하게 된다. 바로 1856년(철종 7)의 태악서원 창건이 그것이었다. 아주 정확한 근거 자료라고 보기는 어렵지만, 1857년(정사년, 철종 9) 12월 10일 회덕향교에서 연기 태악서원에 보내온 〈회덕향교 통문〉을 보면

> 곁에서 들으니 귀향에서는 근래에 厖村 황선생의 위판을 받들어 모시다가 태악서원에 移安한다 운운하니 가히 모든 군자들이 현인을 사모하는 성대한 의리를 흠모합니다.9)

9)《栗村先生實記》권 2〈懷德鄕校 通文〉

라 하여 1856년 기호서사에서 방촌의 위패를 이안하면서 태악서원이 창건되었음을 알 수가 있다. 그런데 이 과정을 주도하고 계획한 주체가 누구였으며 어떠한 과정으로 창건이 이루어졌는지에 대한 자료가 너무 없다.10)

다만 이 기회에 발제자는 1856년이라는 창건 연대와 관련하여 활동했던 연기지역의 장수황씨 인물들을 살피고 그 행적 등에서 태악서원과 관련된 자료와 일화를 수습하는 것이 필요하다고 본다. 특히 필자가 보기에 창건 시기로 보면 台隱 黃璞(1780~1857)의 생애와 학문이 연상된다. 태악서원 건립 시기 문중의 최고 원로이며 학문에 있어서도 가장 출중했던 인물로 자는 而衡, 호는 台隱이다. 良靖公 黃事孝의 11대손으로 향리 인근의 한학자 洪秉九에게 수학하였고, 心齋 宋煥箕(1728~1807)에게 수학하고 錦谷 宋來熙(1791~1867)와 도의로 사귀었던 학자였다. 송환기는 우암의 5대손이고 송능상의 문인이다. 명학 장수황씨의 학맥은 서인-노론계 학맥으로 연결되고 있음을 알 수가 있으며 은진송씨와의 연계와 인연도 매우 커서, 이러한 인연이 토대가 되어 방촌의 〈公州岐湖書社 厖村黃公春秋享祝文〉을 宋穉圭(1759~1838)가 짓고 태악서원의 제향과 축문 행장 등을 짓는 계기가 되지 않았나 싶고, 율촌의 추배도 이런 학맥과의 연고가 배경이 되지 않았을까 추측해 보기도 한다. 태악서원이 1856년에 설립되는 데 이 때 그의 나이 76세로, 아마도 그는 태악서원 건립에 있어 문중의 가장 중요한 역할을 한 인물로 추정된다(燕岐鄕校 典校였던 黃益

10) 이는 앞으로 우리가 함께 노력하여 챙겨야 할 귀중한 부분이며, 사실 그런 점에서 栗村의 가문에 전해진 列邑 서원 향교의 通文과 稟目 같은 자료들이 장수황씨 가문에서도 출현되기를 기대하여 본다.

周의 고조).

또 黃處坤(1786~1846)은 자가 敬心인데, 心齋 宋煥箕의 문인이자 黃璞의 후배로 宋煥箕 문하에서 함께 수학한 것으로 보이며, 황박과 함께 당대 연기 장수황씨 문중의 유학자로 활약하였다. 黃處佐(1811~1888)는 자는 德化인데 錦谷 宋來熙의 문인이며, 태악서원이 건립될 때 나이가 45세이고 철폐될 때 나이가 60세이다. 이로 미루어 보면 아마도 태악서원 건립에 있어서 문중의 지도자로, 또한 유림의 지도자로 주도적인 역할을 한 인물로 추정된다(黃相顯의 고조).

한편 태악서원 건립기에 20대이지만, 당시에 장수황씨 인물로 黃碩源(1835~1889), 黃益源(1837~1907) 형제도 주목된다. 黃碩源은 黃珣의 큰 아들로 자는 大海인데 효자로 이름나 있다. 가난한 살림에 어버이를 섬기고 고기 잡고 나무하여 부모의 입맛에 맞는 음식을 봉양해 드리고, 친병이 위급해지자 목욕하고 하늘에 빌며 대변을 맛보고 손가락을 자르고 7일을 먹지 않았다 한다. 그리하여 몇 날을 연명하였고, 돌아가시자 예를 다하여 장사지냈다. 향당의 선비들이 이러한 효행을 누차 감사에게 알려 포상을 받았다. 그의 行狀은 한말의 애국지사요 유학자인 志山 金福漢이 지었고, 墓表는 운재 崔永祚가 지었다(연기지). 태악서원이 설립할 때 그의 나이 21세이고 철폐 때 나이가 36세이다. 이로 미루어 보면 황석원도 태악서원 당시 활약한 인물로 볼 수 있다.

黃益源(1837~1907)은 黃珣의 둘째 아들로 초명은 泗源, 자는 友三이다. 그의 아들 국은 황헌이 지은 〈家狀〉에 의하면 그는 四從叔인 黃璞과 인근의 한학자 洪秉九에게서 배웠다고 한다. 집안이 어려워 가솔을 거느리고 주경야독하였으나, 한결같은 공을 들일 수 없어 학문을 중도에 그만두게 되었는데, 그것이 한이 되어 어린 아들 황헌에게 항상 경계하기를, “내가 학업을 마치지 못해 후회막급이니, 너는 부지런히 공부하여 나의 깊은 바람을 져버리지 말거라”라고 하였다. 효성도 지극하여 팔순을 넘긴 모친을 정성으로 봉양하고 83세로 운명하자, 일체 朱子家禮에 따라 喪禮를 마쳤다. 형제간에도 우애가 돈독하였고, 동생인 啓源이 출계를 하였지만, 한 담장 안에 있어 굴뚝을 연이어 살았다. 자식과 조카들을 가르침에 근검함으로 면려하고, 종족을 대함에 화목으로 권하였으며, 만년에 宗家가 5리쯤 옮겨 살았는데, 비록 극심한 추위나 더위에도 몸소 제사에 참여하여 후손들의 본보기가 되었다 한다. 제3품 통정대부에 추증되었다. 태악서원 설립 때 나이가 19세이고 철폐 때 나이가 34세이므로, 황익원도 형 황석원과 함께 태악서원의 일원으로 활약했을 것으로 추정된다.

한편 직접 태악서원 건립과 운영에 참여한 것은 아니지만, 태악서원이 훼철된 이후 서원의 전통을 계승하여 서당을 짓고 후학들을 강학한 黃櫶(1858~1929)과 黃鳳顯(1881~1955)도 언급할 필요가 있다. 黃櫶(1858~1929)은 황익원의 아들로 자는 汝度, 또는 景習이고, 호는 菊隱이다. 부친 황익원으로부터 가학을 익혔는데, 황박, 황처곤, 황처좌 이후 연기 장수황씨 가운데 유학자로서 가장 학문이 높았던 인물이다. 그의 저술로《菊隱私稿》가 있는데 주로 향토색이 짙은 서정시가 많고, 특히 台山黌堂重修記, 菊隱堂記, 惜陰堂記, 不換亭記, 先考正三品通政大夫府君家狀 등이 저명하다. 황헌은 재야에서 평생 詩作에 몰두하였고, 연기향교의 지도자로 활약하였다. 또한 〈태산횡당중수기〉에서 볼 수 있는 바와 같이 태악서원 철폐 이후 문중 후손들의 강학에 평생을 보냈다. 황헌의 아들 黃鳳顯(1881~1955)은 자가 子安, 호는 鶴南이다. 부친 황헌의 가학을 이어 받아 황익원-황헌-황봉현 3대의 文翰을 이었다. 한말에 태어나 일제강점기를 거쳐 해방 직후의 혼란기를 살았다. 황봉현도 평생 재야에서 시를 지으며 詩友들과 문학 활동으로 일생을 보냈다. 燕岐鄕校를 중심으로 유림의 일원으로 활약하였고, 많은 詩社를 결성하여 향토시의 계발에 기여하였다. 그의 저서《鶴南私稿》는 향토색이 짙은 많은 시가 수록되어 있으며, 특히 〈芙江八景〉은 오늘날 향토문화 연구의 소중한 가치가 있다.

5. 율촌(栗村) 박배(朴培)와 태악서원 추배(追配)

그런 중에도 태악서원과 관련하여 중요한 자료가 확실히 남아 있는 것이 바로 栗村 朴培의(1504~1574) 추향에 관련된 자료들이다. 본 절에서는 먼저 율촌 박배의 학문과 행적을 살펴보고, 다음으로 어떠한 인연과 동기로 추배가 이루어지는지, 그리고 마지막으로 관련 자료들을 소개하여 보도록 하겠다.

1) 栗村 朴培의 행적과 학행

'율촌 박배의 생애와 학문'에 대하여는 곽호제 교수의 상세하고 깊이 있는 발제가 이어지므로 본고에서는 간략하게 그 큰 모습만을 정리하고, 태악서원 추배 제향의 과정에 대하여 주목하여 상세하게 다루어 보고자 한다.

栗村 朴培(1504~1574)는 자를 益之, 호를 栗村이라 하였고 생원 玉谷

允文의 아들이고 이조판서 良生의 5세손, 대사헌 濡의 현손이다. 효행으로 말한다면 정성스런 효도는 絶倫하여 3년의 廬墓살이에 날마다 세 번씩 묘지 앞에 가서 곡을 하였고, 비와 눈이 온다고 해서 그치지 않았다고 한다. 1607년(선조 40) 율촌의 손자인 朴廷蘭이 지은 율촌공의 행장에는

> 공은 타고난 자품이 절륜하고 총명하고 지혜로웠으며 나이 겨우 13세에 六經 및 백가의 모든 서적에 융통하여 심오한 뜻과 정미하게 온축된 것을 환연히 풀지 않음이 없었다.

고 하며11) 특히 교유와 학맥을 요약하여

> 冲庵 金先生과 圭庵 宋先生으로 더불어 道義로 교제를 하였고, 德性을 薰陶하고 經理를 講究하였으며, 해를 넘겨서 돌아가서 琴書齋 朴光輔와 華齋 朴光佑 두 종숙부를 모시고 책을 들고 어려운 문제를 논의하였는데, 날이 새고 밤이 늦는 줄을 알지 못하였다. 그러므로 두 분께서 일찍이 장려해서 허여하지 않음이 없었다고 한다. 이러한 율촌의 모습을 圭庵 宋麟壽는 "명문의 자제로 재주는 높고 기질은 아름다우며 학문은 넓고 들은 것은 많으며, 그의 선군 玉谷公의 문장을 繼述하고 그의 백종숙 琴書齋의 예학을 익히고 계종숙 華齋의 절의를 싫도록 들어서 그들을

11) 《栗村先生實記》 서문(1911년, 宋台憲)에는 규암 송인수가 율촌을 칭찬하여 "재주는 높고 자질은 아름다우며 학문은 넓고 견문은 많으며, 문장과 예절은 문정(門庭)의 교양으로부터 나온 것이다"고 하고 있다.

> 사모하고 본받음으로 體를 이루었으니 門庭의 가운데서 그의 학행이 나온 것이다. 時俗의 선비로 누가 이보다 낫겠는가"라고 칭송하였다 한다.
> (朴廷蘭 찬 栗村 行狀 중)

라고 한다.

공은 기묘사화 이후 개연히 탄식하여 말하기를, "나는 이미 세상과 더불어 멀어졌다"고 하고, 청주 서쪽에 은둔하여 집에 '栗村'이라는 편액을 달고 호로 삼고 유유자적하며 초야에서 생활하였다. '栗村'이라는 호는 증평읍 율리에 세거한 것과 관련된다고 한다. 栗谷 李珥가 당시 청주의 목사로 내려와서 공의 行義를 듣고 명종에게 계달하여 처음에 병절교위를 제수하였으나 취임하지 않았고 이어 世子侍講院 翊衛司 左衛率에 제수되었다. 1574년(선조 7) 11월 11일에 운명하였으니 향년이 71세로 묘소는 청주의 서쪽 모시동(毛詩洞) 선고의 묘지 아래 임좌에 있다.

율촌의 학풍과 생애를 錦谷 宋來熙는 栗村의 묘갈명에서

> 가정을 다스림은 예로 하였고 처세는 기미를 살폈으며 학문이 넉넉하였지만, 자신을 믿지 않았고 세상에 숨어 살아도 걱정이 없었다. 공을 벗한 자 누구이고 공을 천거한 자 누구이었던가? 이로써 공을 본다면 거의 알 것이다.[12)]

라 칭송한다.

12) 御家以禮兮 處世審機兮 學優未信兮 遯世无悶兮 友公者誰兮 薦公者誰兮 以此觀公兮 庶可知兮

1852년(철종 3)에 쓴 10세손 鏞來가 지은 栗村公의 行狀 跋文에 보면 "11대조 옥곡부군과 10세조 율촌의 문장과 도학이 사람들의 본보기가 되고 덕업과 문망이 세상의 宗核이었으나 두 분의 문적이 병화로 불에 타고 없어진 것이 태반이며 종가의 후사가 끊어진 뒤에 전하고 지키는 사람이 없었고 지류의 후손들은 쇠잔한 관계로 사방으로 이산하여 문적을 찾을 수 없었다"고 한다.

그러나 우연히 용래는 1852년 10월 15일 공산의 아리현에서 율촌의 문적을 찾아내고 이를 토대로 율촌의 추숭 작업을 할 수 있었던 것이다. 이글에서 鏞來는 "공의 종숙부인 琴書齋와 華齋 형제는 도학과 명절로서 원우에 배향되었으나, 공은 일문의 현자로서 유광과 은덕이 후세에 틀림이 없으나 제향을 이루지 못함에 불초들이 한을 품고 있다"고 하고 있다.

2) 율촌(栗村)의 태악서원 추배(追配)

태악서원이 창건된 이후 율촌 박배의 추배에 대한 논의가 시작되는 것은 1857년(철종 8)으로 보인다. 주위 향교와 유생들의 추배 통문이 이 해 12월에 집중되고 연기군수에게 추배의 상황을 알리는 보고서[稟目]가 올려지고 있기 때문이다.

그런데 이러한 태악서원에의 율촌 추배 시도는 1852년 후손 鏞來에 의하여 공산(공주) 아리현[鵶峴]의 종인 집에서 栗村 行狀[1607년, 손 廷蘭 찬]이 발견되고, 이를 衡中이 종중통문(1852년 10월 20일)으로 唐加山, 薇山, 墻村 梨峴 奉天의 문중에 보내어 알리고, 이 해에 錦谷 宋來熙가 묘갈명을 찬술하였던 것을 미루어, 이러한 일련의 추숭사업과 연장선상에서 추배도 추진되었음을 예감할 수 있다.[13].

한편 현재의 자료로서는 통문의 수합처가 연기향교와 태악서원인 것을 미루어 연기향교 유림과 태학서원이 주관이 되어 추진했음은 분명하다. 그리고 이 과정을 실질적으로 주관한 후손들이 누구였는지는 잘 알려지지 않는다. 확언하기는 어렵지만 추측하건대, 자료를 발견한 鏞來가 나서고 衡中 등 당대 연기지역에서 활동과 명망이 있었던 상주 박씨 후손들이 함께 연기향교와 태악서원에 추배를 시도, 추진했다고 본다.

• **태악서원 추배 통문**(1857~1858년): 1857년(철종 8) 정사년 12월에 율촌의 서원제향을 지원하는 청주향교, 회덕향교, 공주향교, 문의향교의 통문이 연기향교와 태악서원[태악사]에 전달되었고, 이듬해인 1858년(철종 9) 정월에는 화양서원의 통문이 전해졌다. 대개 이들 통문에서 강조되는 율촌의 행적과 학행의 추숭 내용은 거의 동일하고 상세하였다. 이중 주목되는 것은 1857년 12월 10일에 회덕향교에서 보낸 통문(《懷德鄕校 通文》)으로 이를 보면

> 공의 도학의 바름이 백세에 모범이 되심을 가히 알겠도다. 그런데 이제껏 腏享(享祀)의 의절이 빠졌던 것은 흠결이었다. 들으니 귀향에서는 근

13) 이와 관련해서 주목할 것이 바로 합호서원이다. 安珦을 제향하는 동면 합강리 합강마을의 合湖書院은 1716년(숙종 42) 후손 安景信 등이 안향의 영정을 봉안하기 위해 영당으로 창건하였다가 1843년(헌종 9)에 후손 安靖良, 安師良과 연기 유림들에 의하여 합호서원으로 발전한다. 그리고 이때에 안향을 주향으로 栗村의 종숙부 琴書齋 朴光輔와 德齋 辛蕆를 함께 배향하였다. 10년 후이지만 이와 유사하게 율촌의 추배시도가 도모되었다고 추정되기도 하는 것이다. 합호서원도 1868년 대원군의 서원철폐령으로 훼철되었다가 1939년 복설되었고, 현재는 안향만을 독향하고 있다.

래에 厖村 황선생의 위판을 받들어 모시다가 태악서원에 移安한다 운운하니 가히 모든 군자들이 현인을 사모하는 성대한 의리를 흠모합니다. 방촌과 율촌이 비록 출처에는 다름이 있으나 의당 도학의 契合은 많고, 방촌이 斯道를 붙들어 세우고 이단을 배격하였는 바, 이는 곧 율촌이 도학에 硏精함과 세상의 어둔 습속을 깨우는 데 힘쓴 것과 같습니다. 관복을 입고 공양한 것은 방촌의 순수한 효도이고, 율촌이 비바람이 부는 묘지에 가서 곡한 것은 지극한 효도입니다. 시대가 뒤이고 처지가 서로 멀더라도 도학의 학문과 효우의 행의는 전후로 하나의 궤도이고 고금에 부합하니 이는 진실로 함께 제향을 올리는 데 부합합니다.

라고 율촌의 학행을 집약하고 있다. 당대 호서지역의 상징적인 서원으로 위상이 특별했던 〈華陽書院 通文〉(1858년 정월)에서도 "아름답고 아름다도다! 율촌 박공의 큰 도덕과 뛰어난 학문이며 純實한 효도와 곧은 충성과 사우의 연원과 출처의 시종 등이 능히 장장히 넉넉히 사문의 백대 사표가 되나니 우리들의 존모함이 귀향과 다름이 없다"고 칭송하고 있었다.

• **태악서원 추배**(1858년): 이러한 주위 지역 향교의 통문을 수합하고 이를 토대로 태악서원 유생들은 1857년(철종 8) 12월 25일에는 연기태수에게 태악서원에의 율촌 추배를 요청하는 품목을 올리게 된다. 그 내용을 보면 다음과 같다.

○ **台嶽書院儒生上燕岐倅稟目** 정사년(1857) 12월 25일

(태악서원의 유생들이 연기 태수에게 올리는 품목)

1. 태악서원은 본래 翼成公 黃先生을 오롯이 제향하는 곳으로 감히 품의합니다.

1. 청주사림이 栗村 朴先生을 본원에 추배하는 일을 가지고 열읍에서 통문이 차례로 도착하였음을 감히 품의합니다.

1. 栗村 朴先生의 휘는 培이니, 世德을 가지고 말을 한다면 이조판서 휘 良生의 5대손이고 대사헌 휘 濡의 현손이며, 생원으로 호가 玉谷인 휘 允文의 아들이고, 琴書齋 휘 光輔와 華齋 휘 光佑의 종질이며, 효행으로 말한다면 정성스런 효도는 絶倫하여 3년의 廬墓살이에 날마다 세 번씩 묘지 앞에 가서 곡을 하였고, 비와 눈이 온다고 해서 그치지 않았으며, 道學으로 말을 한다면 친히 琴書齋와 華齋 등 두 종숙부의 庭訓을 받았고, 충암 김 선생과 규암 송 선생의 문하에서 강마(講磨)하여 드디어 大儒를 이루었고, 세상에 숨어 살면서도 고민함이 없었으며, 알아주고 장려함으로 말하면 栗谷 李先生께서 조정에 포장을 천거하여 世子翊衛司左副率이 되었습니다. 근래에는 龍田 宋山丈이 묘갈을 찬술하였습니다. 實蹟이 이와 같음에 士論이 모두 함께 나서서 앞으로 追配를 하고자 금월 26일에 本院에서 일제히 모이기로 하였음을 감히 품의합니다.

그리하여 士論을 모아 追配를 결정하려는 모임을 12월 26일에 태악서원에서 갖기로 하였다고 하고 있다. 그리고 이듬해인 1858년(철종 9) 3월 20일에는 열읍유생들이 三溪 趙秉悳 1800~1870)14)에게 글을 올려 율촌의 200여 년 이 지난 아쉬움으로 추배 제향에 도움을 청하였다. 이에

三溪 趙秉悳은 사론을 따라 台嶽書院에 율촌의 추배 제향을 추진하는데 이와 관련하여 1858년(무오) 3월에 삼계가 태악서원 유생들에게 의 보낸 〈三溪趙公答台嶽祠儒生書〉가 《栗村先生實記》에 보인다. 이 답신에서 삼계는

> 율촌 박선생은 이미 율곡 선생께서 천거하셨고, 또한 충암과 규암으로 더불어 도의의 교제가 있었습니다. 그렇다면 그의 평일의 언행과 지절의 아름다움은 이에서 증명이 이미 되었고 뒤에 서원에 제향 하는 일은 士論으로 일치가 되었으니 진실로 마땅한 일입니다.15)

라 하고 이해 3월 23일에는 율촌의 추배를 익성공위에 고하는 고유문과 추배시 봉안제문, 춘추양정축문을 지어 보내고 있다.16)

---

14) 趙秉悳의 본관은 양주. 호는 肅齋로 동지중추부사 趙最淳의 아들이다. 일찍이 洪直弼과 吳熙常의 문하를 출입하며 학문을 닦았다. 1852년(철종 3) 음보로 지평이 되고, 1859년 경연관, 이조참의, 호조참판을 역임했다. 任憲晦 등과 함께 한말의 거유이자 성리학자로도 이름이 높았다. 저서로 《肅齋集》이 있고, 시호는 文敬이다. 이 시기에 삼계는 執義, 承旨를 지냈고, 同門들과 〈梅山集〉을 교정하고 있었고 이듬해인 1858년 12월에는 이조 참의에 제수되었다.

15) 趙秉悳, 《肅齋集》 卷18 書 〈答燕歧台嶽祠栗村朴公追配禀目〉: 山丈之稱 固不可當 僉尊之問 又何敢對乎 然而栗村朴先生 旣爲栗谷先生所薦 又與冲菴圭庵 爲道義之契 則其平日言行志節之美 于斯可徵 而後來俎豆之享 士論之歸一 固其宜也 誰復有異議於其間也哉 至若告文丁祝 兩賢之爲此虛留 已迫一旬 盖緣賤身之不在家 而於心不安則極矣 謏陋無聞 未嘗一爲此等文字 而玆於兩賢之懇 雖不敢終辭 顧今有未遑者 不得已姑俟病間 圖所以應命 伏惟僉尊恕察而徐徐焉

16) 趙秉悳, 《肅齋集》 卷21 告祝

○ 台嶽祠栗村追配時黃翼成公位先事告由文

上黨之栗村 有有學有行而遯世无悶者 近邑多士 咸願餟食於一宇 故世子翊衛司左衛率朴公 今日妥靈 謹以酒果 先事告由

○ 燕岐台嶽祠栗村朴公追配時奉安文

於惟朴氏 商山炳靈 粤自羅麗 奕世名卿 至于玉谷 經術典刑 猗歟先生 胚胎前光 天賦絶倫 斐然成章 就正有道 冲圭兩賢 琴書蕐齋 學有淵源 處世審機 絶意榮途 晦行晦身 無貳無虞 瞻彼栗村 扁齋慕陶 受知石潭 爵縻鶴 確乎不拔 乃遂初服 遯野高標 激勵頹俗 瞻玆台嶽 黃公攸祀 公宜幷躋 詢及多士 矧是桑鄉 不遠伊邇 曷不尸祝 妥侑此堂 縟儀斯擧 日吉辰良 濟濟衿紳 咸造勿惰 仰惟明靈 豈遐棄我 其始自今 餟享千春 庶幾歆右 啓佑後人

春秋享兩丁祝文

居家至行 遯世苦節 士林矜式 永頌休烈

그런데 이와 관련하여 우리에게 또 다른 궁금증과 과제를 남겨 주는 글이 보이는데 그것은 바로 1858년(무오) 5월 단오일에 三溪 趙秉悳이 태악서원 유생들에게 보낸 글에,

> 존경하는 선조 율촌선생의 추배는 응당 康襄公으로 더불어 東位가 되니 진실로 저도 같은 뜻입니다. 제가 어찌 감히 다른 논의를 할 수 있겠습니까.

라는 내용이다. 이는 율촌과 함께 태악서원의 또 다른 추배제향 인물로 康襄公이 거론되고 있는 것이다. 그러나 강양공이 과연 누구인지, 왜 ,언제 추배되는지가 전혀 알려지지 않는다. 이 역시 정말 우리들에게 남겨진 과제가 아닐 수 없었다.

아주 조심스럽지만 康襄公으로 남양홍씨의 洪恕가 보이는데, 앞의 연기향안 분석에서 보듯이 남양홍씨들의 위상이 컸던 상황을 연계하여 이 시기에 洪恕가 추배된 것은 아니었을까 추정해 보기도 한다. 洪恕는 남양홍씨로 지밀직사사 南陽君 師範의 아들이다. 고려 말에 대호군을 역임하고, 1399년(정종 1) 우군동지총제, 1401년(태종 1) 좌명공신 4등에 책록되면서 南城君에 봉하여졌다. 1402년 전라도병마도절제사로 파견되어 왜구를 소탕하였으며, 1407년 謝恩使가 되어 명나라에 다녀왔다. 1412년 개천도감 제조가 되고 곧이어 南陽君에 改封되었다가 병으로 죽었다. 그의 시호가 康襄이었다.17)

5. 훼철 이후의 태악서원

태악서원(台嶽書院)은 1871년(고종 8) 대원군의 서원 훼철령으로 훼철되었다. 훼철 이후 황헌의 손자 황필주(1911~)의 전언에 의하면, 훼철 당시 재목을 가지고 현재의 종가와 서당을 건축하였다고 한다.

태악서원의 유지는 현재 연기군 동면 명학리 248번지)에 남아 있으며, 앞에 소개한 것처럼 후일의 중건을 기대하는 유적비를 현지에 세웠다. 아

17) 충남도립대학교 교수

랫말의 서당이 바로 태산횡당(연기군 동면 명학리 248번지)이며, 건립된 시기는 적어도 1910년 이전으로 추정된다. 이곳은 지금 문중의 공동 공간으로 사용되고 있지만(건물은 수차 변형되었음), 1970년대까지도 서당으로 강학을 하던 곳이다.

글을 마치면서 지금도 아쉬운 것은 다른 연기지역의 기록 속에서 이 서원의 존재가 드러나지 않는 것이며 이는 불가사의한 일이기도 하다. 물론 존속 기간이 15년에 불과하기 때문일 수도 있고, 한편으로 장수황씨 중심의 사우로 폭넓은 대외적 향촌유림 활동이 없었던 탓인지도 모르겠다. 아쉬운 것은 서원 조직으로 운영되었을 경우 각종 문서 자료가 보전되었을 가능성에 대한 것이다. 율촌 박배의 가문에서 새로운 자료가 나온 것이 다행이며, 앞으로 혹 또 다른 자료가 점검되면 역사와 의미가 추가로 부가될 수 있을 것이다.

율촌(栗村) 박배(朴培)의 生涯와 學問[1]

곽호제[2]

1. 머리말

역사에서 빛나는 행적과 학문을 성취한 인물을 드러내기 위해서는 이를 증명할 수 있는 근거를 필요로 한다. 우리는 탁월한 도의와 학문적 업적을 남겼음에도 불구하고, 남겨진 자료가 아예 없거나 湮滅되어 역사에 드러내지 못한 위인들을 어렵지 않게 발견하곤 한다.

상주박씨 율촌 박배의 경우가 대표적인 사례이다. 율촌은 16세기에 士林들이 道德的 義理를 앞세우고 權勢에 대응하던 시기를 살았던 인물이다. 그는 문중 내에서는 부친인 玉谷 朴允文과 從叔父인 琴書齋 朴光輔, 華齋 朴光佑의 道義와 學問을 계승하였고, 그리고 交遊關係에 있던 冲

1) 이 논문은 2019년 11월 16일(토), 세종시 조치원읍 세종시민회관, (사)방촌황희선생사상연구회의 태악서원 학술대회에서 발표한 논문이다.

2) 충남도립대학교 교수

菴 金淨과 圭菴 宋麟壽의 節義를 직접 目睹하였다. 율촌은 일찍이 학문적 성취를 이루었으나 道德的 義理를 지키기 위해 公利와 權要들의 不義를 피해 淸州 栗村으로 은거하였다.

그러나 율촌의 학문적 위상과 도덕적 의리를 지키기 위한 行蹟을 알 수 있는 자료는 거의 인멸되어 찾아볼 수 없는 상태였다. 다행히도 단편적이나마 그의 행적을 소개한 家狀이 발견되어 희미한 가능성을 엿볼 수 있을 것으로 생각된다.

1852년에 율촌의 10세손 朴鏞來가 공주 雅里峴[아리 고개, 현 공주시 봉정동]의 宗人 집에서 율촌의 가장을 찾아내면서 후손들로부터 율촌의 학문적 위상과 행적에 대한 의문이 시작되었고, 율촌은 厖村 黃喜와 더불어 연기군 동면 명학리 119번지[현 세종시 동면 명학리]에 건립되었던 台嶽書院에 배향된 사실까지도 확인되었다. 따라서 지금까지 역사에서 묻혀 있었던 율촌 박배의 학문적 위상과 행적을 찾는 일은 매우 흥미로운 일이기도 하다. 그러나 가장에 서술된 내용만 가지고 학문과 행적을 찾기에는 자료상 한계가 있다.

필자는 율촌 박배의 학문과 행적을 밝혀내기 위해 그의 家系와 生涯를 살펴본 후 交遊와 學問을 규명하고자 한다. 이를 위해《尙州朴氏世譜》(회상사, 1984)를 확인하여 상주박씨가 청주 지역으로의 입향과정 및 세거지와 태악서원과의 거리를 살펴보고, 상주박씨와 청주 주변 지역의 유력성씨와의 혼인관계를 통해 상주박씨의 위상을 정립하고자 한다. 나아가서 율촌과 부친 옥곡공 그리고 율촌과 두 종숙부와의 학문적 관계와 교유관계에 있던 충암 및 규암과의 관계를 규명하고자 한다.

2. 가계(家系)와 생애(生涯)

尙州朴氏는 朴彦昌을 시조로 모신다. 박언창은 신라 54대 景明王(재위 917~923)의 다섯째 아들로 沙伐大君에 봉해졌고, 그의 임무는 草賊 및 後高句麗와 後百濟의 魔手로부터 沙伐州를 방어하는 것이었다. 현재 尙州[3] 지역인 沙伐州를 食邑으로 하사받았으나, 후백제의 침략으로 본국[신라]과의 교통이 단절되자 919년(경명왕 3) 後沙伐國을 창립하였다. 그러나 후사벌국은 지속적으로 침략해 오는 후백제와 힘겹게 항쟁하다가 929년(경순왕 원년)에 결국 패망하였고, 이때 박언창도 敗死한 것으로 보인다. 박언창은 패사 후 傳沙伐王陵(경북 기념물 제25호, 경북 상주시 사벌면 화달리 산44-1 소재)에 매장된 것으로 전해진다.

박언창의 아들 朴昱은 왕건을 도와 고려 개국공신이 되었고, 명종 때 復泉倉副使를 지낸 10세 朴甄부터 본관을 尙州로 삼았다. 박견의 손자 12세 朴侶는 충렬왕 때 僉議贊成事를 지냈고 商山府院君에 피봉되었다. 상주박씨 후손들은 박여를 중시조로 모시고 있으나 묘소가 실전되었으므로, 청원군 강외면 쌍청리(內棠甘 咸朴山)에 壇을 만들고 碑를 세웠다.

박여의 증손 15세 朴良生은 아들 朴濡와 두 딸을 두었는데, 큰 사위가 田祖生(1318~1392, 본관; 潭陽, 자; 季耕, 호; 耕隱, 埜隱 田祿生의 아우)이고, 둘째 사위는 조선 초기에 禮曹參議를 지낸 殷長孫이다. 은장손으로부터 〈殷長孫 – 女 金有聲 – 子 淑精 – 女 申瑛 – 子 弘緖 – 子 欽(象

3) 尙州는 '商山'이라고도 일컫는다. 상주는 본래 三韓時代에 辰韓의 영토였으나, 185년(新羅 伐休王 2, 高句麗 故國川王 7) '沙伐國(혹은 沙弗國)'으로 독립해 오다가, 신라 沾解王 때 '上州'로 고쳐 軍主를 두었다. 진흥왕이 '上洛郡'으로 고치고, 신문왕 때 다시 '沙伐州'로 개칭되었다가, 경덕왕 때 현재의 이름인 '尙州'로 다시 고쳤다.

村, 平山申氏)〉과 〈申瑛 - 女 金繼輝 - 子 長生(沙溪, 光山金氏)〉으로 연결되어 조선 중기의 대표적인 문중과 혼인관계를 맺었다.

16세 朴濡는 사헌부감찰과 문화현령을 지냈고 대사헌까지 올랐다. 그의 세 아들[寅地·亨地·貞地] 중 셋째 朴貞地〈通禮院贊儀〉의 자손들이 청주 지역에서 세거하였다. 박정지의 큰 아들 增〈繕工監副正〉의 큰 아들이 朴允文(1475~1540, 자; 德章, 호; 玉谷)으로 박배의 부친이다. 상주박씨로 맨 처음 청주 지역에 묘가 조성된 사람이 박배의 부친 박윤문이다.

朴培는 16세기 초에 과거에 뜻을 두지 않고 학문에 전념했던 隱士로서, 자는 益之이고, 호는 栗村이다. 그는 1504년(연산 10)에 출생하여 1574년(선조 7)에 71세의 一期로 타계함으로써, 사림들이 勳舊勢力과 맞서서 義理를 지키려다 禍를 당했던 士禍의 시대를 직접 目睹하고 이를 피해 淸州로 隱身하였다. 朴允文과 配 玄風郭氏와 그의 아들 朴培와 配 安東金氏의 묘소는 오송읍 상봉리 산5[毛詩洞]에 조성되어 있으며, 그들과 후손의 재실이 상봉리 22에 있다.

박배는 아들 넷[士元·士亨·士仁·士貞]을 두었는데 첫째 사원과 넷째 사정은 無後이다. 둘째 사형(通禮院引儀)의 첫째 아들 應蘭(生員, 漢城左尹)의 후손들은 증평 율리에서 세거하고, 사형의 넷째 아들 夢蘭(進士)의 후손들은 燕岐 지역에 세거하고 있다. 율촌의 셋째 아들 사인(宣敎郎)의 후손들은 청주 東林山 주변 지역[오송읍 쌍청리·공북리·상봉리·상정리 등]와 연기 霽谷[갯골, 연기군 남면 월산리], 공주 지역 등지에 분포되어 세거하고 있다.

《尙州朴氏世譜》에서 12세 박여의 후손들은 그의 관직 이름을 따서 '贊成事公諱侶派'라고 구분하였다. 그리고 박배의 후손들은 16세 박유의 마지막 관직인 대사헌의 관직명과 20세 박배의 호를 따서 '大司憲公諱濡四世孫栗村公諱培派'로 구분하였다.

한편 박정지의 둘째 아들 璘(生員, 工曹佐郞)이 네 아들[光輔·光弼·光佐·光佑]을 두었는데, 이들이 박배의 5촌 당숙이다.

박인의 첫째 아들 朴光輔(1486~1554, 자; 國柱 또는 國楨, 호; 琴書齋, 관; 南部主簿)는 웃사람을 孝道와 恭敬으로 섬겼으며 자신과 다른 사람에게는 剛嚴하였고, 經史를 섭렵하였으며 부귀를 티끌 보듯이 하면서 거문고와 서책만을 즐겼다. 中宗 때 左承旨를 역임하고 忠淸道水軍節度使를 지낸 韓忠(1486~1521, 호; 松齋, 시호; 文貞)의 추천으로 중종의 부름을 받았으나 나아가지 않았다. 묘소는 청주시 강외면 상정리4)에 조성되어 있다. 박인의 둘째 아들 光弼(1489~1541 자; 國樑)은 1519년(중종 14) 문과을과에 합격하여 정선군수, 파주목사를 지내고 司成까지 올랐으며, 묘소는 파주 오리동에 있다. 박인의 셋째 아들 光佐(1492~1543, 자; 國幹)도 1525년(중종 20) 문과을과에 합격하여 文義縣令과 繕工監正을 지냈고, 묘소가 파주 오리동에 있다.

박인의 넷째 아들 光佑(1495~1545, 자; 國耳, 호; 華齋·潛昭堂)는 1519년 생원이 되었을 때 己卯士禍가 일어나자 靜菴 趙光祖를 伸冤하기 위해 諸生들을 이끌고 闕門에서 號泣하면서 상소문을 올렸다. 상처를 입어 옷을

---

4) 《尙州朴氏世譜》에는 박광보 묘소의 위치가 淸州西木果洞古老里로 표시되어 있다. 고노리는 인근 마을 이름으로 '호계리'가 있는데 옛날에 범과의 다툼 때문에 생겨난 이름이다. 그 내용은 虎患이라고 하여 범들이 가축을 해치고 때로는 사람까지 死傷케 하니 젊은 장정들이 자율대를 구성하여 모여 지내던 곳이 '장작골'이고, 노인들을 보호하던 곳이 '古老里'이며, 부녀와 어린이들이 생활하던 곳으로 '담안' 등이 있다. 지금은 오송읍 상정리에 속한다.

찢어서 머리를 싸매고 外廊에 앉아서 당시 나이 젊고 글씨에 능한 참판 李滉(1498~1554, 본관; 固城, 호; 守谷, 시호; 靖惠)과 첨지 金魯(1498~1548, 본관; 安東, 호; 東皐, 書藝家)에게 붓을 잡게 하고 자신이 伸寃疏를 불러 쓰게 하였는데, 그 文詞가 용솟음치듯 節義와 文望을 나타내었다. 1525년 형 광좌와 함께 동시에 과거에 합격하여 臺省, 嶺東亞使 江陵府使, 弘文館校理를 거쳐 司諫이 되었을 때 乙巳士禍가 일어나 임금에게 다투어 논쟁하다가 奸臣들의 미움을 받아 마침내 10월 5일에 洞仙驛[5]으로 유배되던 중 杖毒으로 인하여 敦化門 밖에서 殉節하였다. 감옥에 갇혀 진술에서 "곤장의 크기가 넓적다리만 하니 命이 오늘 다하리라. 求仁得仁[바라는 바를 이룸]하였으니 어찌 원망하리오"라고 하여 꿋꿋한 氣槪와 節義를 표현하였다. 세 아들이 공부하되 科擧에 응하지 말 것을 부탁하였다. 1547년(명종 2) 추가로 서적과 재산을 빼앗겼다가, 1570년(선조 3) 栗谷 李珥의 상소로 신원되었다. 1710년(숙종 36)에 청주 宋泉書院에 배향되었고, 1731년(영조 7)에 이조판서에 증직되었으며, 1787년(정조 11)에 '貞節'이라는 시호를 받았다. 묘소는 청주시 서원구 남이면 수대리에 있고,尤菴 宋時烈이 墓表를 찬하였다.

5) 황해도 봉산군 동선면.

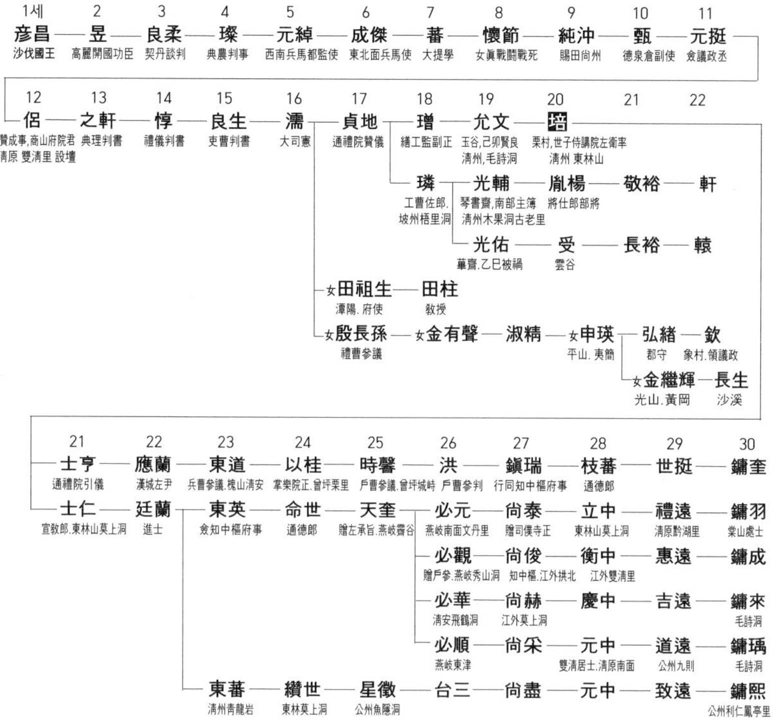

[尙州朴氏 世系圖 – 淸州 地域 中心으로]

청주 지역에 세거하기 시작한 상주박씨의 세거범위를 지도에 작성하였다. 상주박씨는 크게 세 곳의 범위에 포함된다. 우선 21세 사형의 후손들은 주로 증평 율리에 세거하고 있고, 26세 필관의 후손들은 주로 강외면(현 오송읍)에 세거하고 있으며, 필원과 필순의 후손들은 강외면과 연기지역에 산재하고 있다. 30세 용희의 후손들은 공주 봉정리에 세거하고 있다. 그리고 18세 인의 후손들은 청주 남면과 옥산면 지역에 散在되어 세거하고 있다.

증평 율리에서 오송까지의 직선거리가 30km이고, 19세기 중엽에 박

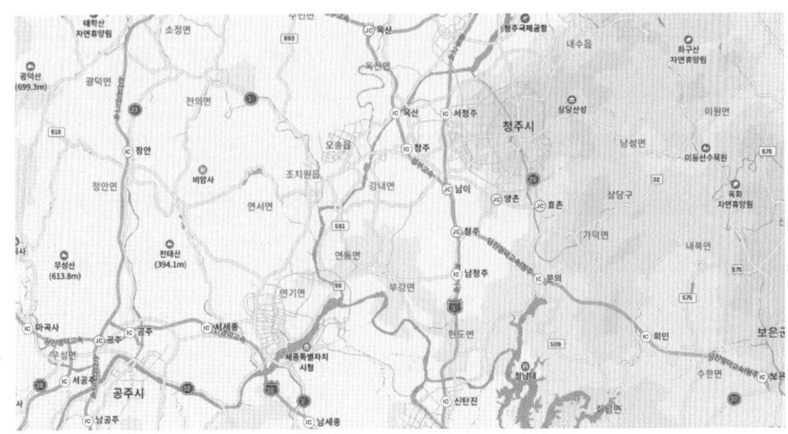

[상주박씨 세거지 분포 - 율촌 후손 중심]

배가 追享되는 태악서원까지의 직선거리가 32km, 공주 봉정리에서 오송까지의 직선거리가 26km, 태악서원까지의 직선거리가 24km이고, 오송에서 태악서원까지 13km이다. 오송에서 이들의 세 곳 세거지의 중간 지점에 태악서원이 위치하고 있다. 즉 태악서원의 위치가 상주박씨 율촌 후손들이 모두 왕래하기에 용이한 곳이라고 할 수 있다.

청주를 중심으로 인근 지역에 세거했던 상주박씨는 인근 지역의 유력 성씨와 혼인관계를 형성하였다. 《尙州朴氏世譜》에서 박배를 중심으로 15세 朴良生부터 30세 鏞字 항렬까지의 범위에서 상주박씨와 혼인한 妻家 중에 妻曾祖부터 妻父까지의 직위가 표시된 대상을 정리하면 다음의 [표 1]과 같다.

박배의 부친 박윤문은 玄風郭氏와 혼인하였는데, 妻父는 監察 郭殷年이고 妻祖父는 僉正 郭信이며 妻曾祖는 直長 郭堡山이다. 현재 東林山[6]

6) 고지도에는 동림산에 있는 사찰 이름으로 '洞林寺'이 보인다. 어딘가에 동자의 착오가 있었던 것으로 생각된다.

세거지역	세	이름	본관	妻父		妻祖		妻曾祖		其他
				姓名	職位	姓名	職位	姓名	職位	
雙淸里 設壇	15	良生	昌寧成氏	成士達	昌山府院君	成彦信	政堂文學	成君阜	領議政	壻 田祖生 府使 潭陽
坡州 梧里洞	16	濡	長溪白氏		直提學					
坡州 梧里洞	17	貞地	德水李氏	李龜年	副正					
坡州 梧里洞	18	璔	森溪周氏	周允溫	判書	周尙忠	郡守	周禧	判書	
坡州 梧里洞	18	璘	德水張氏	張有誠	同知	張俊		張潾	神武侍衛司左領將軍	
坡州 梧里洞	19	光佑	密陽朴氏	朴義齡	通禮院引儀	朴纘	主簿	朴徐昌	監司	
坡州 梧里洞	20	宜	安東權氏	權樞	參判	權璉	進士	權○	參奉	
			咸平李氏	李○	主簿	李震	牧使	李世應	咸安君	
淸州 東林山	19	允文	玄風郭氏	郭殷年	監察	郭信	僉正	郭堡山	直長	
淸州 木果洞 古老里	19	光輔	咸陽呂氏	呂貞輔		呂宗貌	察訪	呂稽	參判	壻 閔喜男 生員
毛詩洞	20	培	安東金氏 (三陟秦氏)	金穖	縣令	金有元	生員			
古老里	20	胤楊	晉州鄭氏	鄭磤	忠順衛	鄭禮亨	副司直	鄭浩	長興庫副使	
淸州 東林山	21	士亨	載寧康氏	康樞	通德郞					
淸州 東林山	21	士仁	幸州奇氏	奇玕						領議政 奇自獻 后
淸原 江外面	22	應蘭	坡平尹氏	尹禹民						坡平君 贊 玄孫
淸州 東林山	23	東英	淸州李氏	李景祥						補國景肅公 李佇后
淸州 東林山	24	命世	牙山李氏	李廷培						牙城君 李碩蕃 后
燕岐 露谷	25	天奎	興陽柳氏	柳益厚						興陽 柳世雄 后
燕岐 雙淸里	26	必元	順興安氏	安德永						文成公 安裕 後孫
燕岐 東津	26	必順	順興安氏	安欽						文成公 安裕 後孫
公州 鳳亭	26	台三	咸平李氏	李廷華	通德郞					
槐山 曾坪 栗里	27	鎭瑞	大丘徐氏	徐後行	及第					
槐山 曾坪 栗里	27	鎭模	河東鄭氏	鄭寅格	通德郞					
槐山 曾坪 栗里	28	熙蕃	慶州金氏	金昌義	通德郞					
燕岐 雙淸里	28	元中	安東金氏	金德煥	通政大夫					
槐山 曾坪 栗里	30	鏞龜	驪興閔氏	閔健植	通政大夫					
槐山 曾坪 栗里	30	鏞學	全義李氏	李玄彩	嘉善大夫					

[상주박씨 혼인대상 성씨 – 청주지역 중심]

을 중심으로 오송읍과 맞닿은 옥산면 금계리에 있던 曲水書院7)에 배향된 44명의 인물에 박윤문의 처조부와 같은 郭信8)의 이름이 확인된다. 곡수서원에 배향된 곽신이 현풍곽씨라면, 상주박씨가 청주 지역에 입향하여 정착하게 되는 배경이 박윤문이 현풍곽씨와 혼인하면서 妻鄕에 정착한 것이 계기가 아닌가 생각된다. 그리고 박광보가 咸陽呂氏와 혼인하였는데, 오송읍 상정리에 咸陽呂氏 集姓村이 형성되어 있다. 박광보 역시 함양여씨와 혼인하면서 妻鄕으로 정착한 것으로 추정된다. 상정리 呂村말에는 고려 말에 낙향한 靖平公 呂稱(1351~1423, 호; 樗谷, 시호; 靖平)의 후손들이 세거하고 있고, 1619년(광해 11) 경에 稚溪 呂祐吉(1567~1632, 호; 稚溪 혹은 痴溪)이 여칭의 위패를 봉안하기 위해 靖平祠를 건립하였다.

그 밖에도 처증조에서 처부까지 이름과 직위를 확인할 수 있는 경우가 많았다. 박배의 처는《尙州朴氏世譜》에 三陟秦氏로 기록되었다가 1817년(순조 17) 本姓인 安東金氏로 환원되었음을 기록하였다.9) 처조부

7) 곡수서원은 1479년(성종 10)에 처음 건립되었다고 전해지며, 최초 창건 당시에는 서원이 아닌 사당의 성격이었을 것으로 추측된다. 곡수서원의 이름은 곡수리에 건립되었으므로, 마을 이름을 붙인 것이다. 서원과 관련된 여러 기록에는 나타나지 않고, 오직 憲宗代에 편찬된《淸州邑誌》에 '곡수성신사'로 기록되어 있다. 현재 흔적만이 遺址에 남아 전할 뿐이다.

8) 곡수서원에 배향된 郭信의 본관이 玄風인지 아니면 淸州인지는 확인할 필요가 있다. 그 이유는 옥산면 금계리 일대가 조선 초기 이래 淸州郭氏의 세거지이기 때문이다.

9) 고려 충렬왕 때 金鶴이 左侍中으로서 원나라에 갔는데 元帝가 坐席을 도리에 맞지 않게 배치할 것을 명하자, 김학이 이에 小中華임을 주장하면서 반발하였다. 원제가 노하여 목을 베고자 하였으나, 외국의 來賓임을 두려워하여 본국에 송환하여 죽이라고 하였다. 충렬왕이 그의 節概가 늠름함을 가상히 여겨 거짓으로 죽였다고 하고 살려서 三陟에 이르게 하고 그의 姓을 바꾸어 秦이라 하였다. 金자의 아래 획을 人의 위에 더하여 秦이 되니, 밖에서 보면 비록 글자를 바꿨으나 안에서 보면 실제로 옛날의 글자가 있는 것이다.(《栗村先生實記》〈三陟秦氏還復本姓安東金氏事蹟〉(35쪽))

와 처증조의 이름과 직위는 확인할 수 없지만, 21세 박사인의 처는 영의정 奇自獻의 후손, 22세 朴應蘭의 처는 坡平君 尹贊의 玄孫, 23세 朴東英의 처는 淸州李氏 補國敬肅公 李伔의 후손, 24세 朴命世의 처는 牙山李氏 牙城君 李碩蕃의 후손, 연기 지역의 25세 朴天奎의 처는 興陽柳氏 柳世雄의 후손, 26세 朴必元과 朴必順의 처는 文成公 安裕의 후손인 것으로 확인되었다.

박배의 생애와 학문이 드러나게 된 계기는 1607년 그의 손자(22세) 朴廷蘭이 찬한 〈行狀〉10)을 1852년(철종 3) 10월 15일 30세 朴鏞來[정란의 8세손]가 公山 雅里峴[현 공주시 봉정동]의 宗人 집에서 찾아내면서부터이다. 박용래는 자신이 찾은 율촌의 행장에 10월 그믐에 〈跋文〉11)을 썼고, 28세 박형중[정란의 6세손]은 10월 20일 唐加山, 薇山, 墻村, 梨峴12), 奉天의 문중에 종중통문을 보내어 알렸다13). 그후 1911년 3월 30세 朴鏞瑀가 家狀의 기록과 墓文 및 校院의 通文을 수집하여 《栗村先生實記》를 편찬하였다14).

박배는 조선 중기 기묘사화와 을사사화에 사림들이 크게 희생되던 시

---

10) 《栗村先生實記》〈栗村行狀(朴廷蘭撰)〉(17쪽).

11) 《栗村先生實記》〈栗村行狀跋(朴鏞來撰)〉(28쪽).

12) 충청북도 청주시 흥덕구 모충동과 개신동 사이에 있는 고개 아래에 있는 마을이다. '배티'의 '배'는 이 고갯마루에 배나무들이 있었기 때문에 붙여진 이름으로 보인다. '이현(梨峴)'은 '배티'를 한자화한 지명이다. 모충동 쪽 배티마을에는 곡산연씨(谷山延氏)가 많이 살았다 하여 '연배티', 개신동 쪽 배티마을에는 상주박씨가 많이 살았다 하여 '박배티'라고 부르기도 했다.

13) 《栗村先生實記》〈宗中通文(朴衡中發文)〉(38쪽).

14) 《栗村先生實記》의 序文(13쪽)은 通政大夫前行祕書監丞 宋台憲이 썼고, 跋文(95쪽)은 鄭光謨가 썼다.

기에 생존하였다. 이때 박배의 부친 박윤문은 어려서부터 正人君子의 儀度가 있었고, 어버이를 섬김에는 정성과 예의가 지극하였고, 몸을 지탱하고 사물을 접함에는 自然에서 나오지 않음이 없었으며, 本性에 이르러서는 탁월하고 여유있는 氣風이 있어서 그 志操를 굳건히 지켰다. 박윤문은 1534년(중종 29) 60세에 생원시에 합격한 후 정원에 들어와서 지은 詩에서,

早懷攀桂志 일찍이 과거에 뜻을 품었는데
纔得擢蓮名 이제 겨우 蓮榜에 올랐다.
六十雖云晩 예순이 비록 늦다고 말하지만
萱堂喜氣盈 어머니는 기쁨이 가득하시네.

라고 60세의 늦은 나이에 蓮榜에 이름이 올랐지만, 어머니의 기쁨에 더 중요한 의미를 부여하는 孝誠을 엿볼 수 있다.

부친으로부터 孝心을 이어받은 박배도,

> 나는 앞으로 道가 있는 곳에 나가서 바르게 하고, 어버이를 기쁘게 섬기는 것은 좋은 음식으로 받들어 모시는 것이 가장 우선이다.15)

라고 하였다. 생활하는 기본자세로 道理를 바르게 할 것과 어버이께 기쁨을 드리는 것으로 좋은 음식을 받들어 모실 것을 다짐하는 모습이다. 그리고 어버이의 喪을 당해서는 말하기를,

---

15) 《栗村先生實記》〈栗村行狀(朴廷蘭撰)〉(17쪽).

하루에 세 번 墓地에 가서 哭하는데, 비가 오고 눈이 와서 못하거나 혹 슬픔을 闕[빼어 먹음]하면 終制를 넘겨 3년을 더욱 돈독히 하겠다.16)

라고 하였다. 하루에 세 번 묘지에 가서 哭할 것을 결심하였고, 혹여 빠지게 되면 終制를 넘겨서라도 3년을 지키겠다는 각오로서 어버이에 대한 孝誠을 몸소 실천할 것을 결심한 것이다. 상제가 끝나자 이로 인하여 세상에 뜻을 끊고 權要를 좇지 않았다.

3. 교유(交遊)와 학문(學問)

율촌은 타고난 風趣가 絶倫하고 학문을 일찍 성취하였으므로, 총명하고 지혜로웠으며 공경하고 純實하였다. 道理로 談論해서 일찍이 斯文의 準則이 되었다. 나이 겨우 13세에 六經 및 百家의 모든 서적에 融通하여 심오한 뜻과 정미하게 응축된 것을 환연히 풀지 않음이 없었다. 그러고도 오히려 스스로를 믿지 못하여 말하기를, "나는 앞으로 道가 있는 곳에 바르게 설 것이다"라고 하면서 道德的 義理를 학문과 처세의 座右銘으로 삼았다.

율촌의 교유와 학문에 대하여 行狀에서 다음과 같이 요약하였다.

世上에 뜻을 끊고 權要를 좇지 않았으며, 말은 公利에 미치지 않았고 宿學이 이미 넉넉하였지만 더욱 노력을 많이 하였으며, 切磋한 功이 즐기

16)《栗村先生實記》〈栗村行狀(朴廷蘭撰)〉(17쪽).

는 자의 영역에 흡족히 도달하였으며, 本源을 깊고 굳게 해서 渟滀하고 넉넉하였으니, 이에 冲菴 金先生과 圭菴 宋先生으로 더불어 道義의 交際를 하였다. 德性을 薰陶하고 經理를 講究하였으며, 해를 넘겨서 돌아가서 琴書와 華齋 두 從叔父를 모시고 책을 들고 어려운 문제를 문의하였는데, 날이 새고 밤이 늦는 줄을 알지 못하였다. 그러므로 二公이 일찍 장려해서 許與하지 않음이 없었다.17)

冲菴 金淨(1486~1521, 본관; 慶州, 호; 冲菴·孤峯, 시호; 文貞)은 報恩 출신으로, 1507년(중종 2) 증광문과에 장원으로 급제하여 1514년에 淳昌郡守가 되었다. 이때 왕의 求言에 응해 潭陽府使 朴祥(1474~1530, 본관; 忠州, 호; 訥齋, 시호; 文簡)과 함께 억울하게 폐출된 端敬王后 愼氏의 復位를 주장하고, 아울러 신씨폐위의 주모자인 朴元宗 등을 追罪할 것을 상소했다가 왕의 노여움을 사서 報恩에 유배되었다. 1516년 석방되어 형조판서에 올랐으나 1519년 기묘사화 때 극형에 처해지게 되었으나, 영의정 정광필 등의 옹호로 제주도로 유배되었다. 그 뒤 辛巳誣獄18)에 연루되어 중죄에 처해져 賜死되었다. 1545년(인종 1) 복관되었고, 1576년(선조 9) 文

17) 《栗村先生實記》〈栗村行狀(朴廷蘭撰)〉(17쪽).

18) 1521년(중종 16) 10월 11일 觀象監判官 宋祀連과 그의 妻男 平民 鄭瑺이 安處謙의 모친 장례식에 온 인사들의 방명록을 安瑭 일파의 역모가담자 명단이라고 거짓 고변한 사건이다. 安瑭과 그의 아들 安處謙, 安處謹 등, 그리고 權磌, 李忠楗, 趙光佐 등이 살해되었다. 선조 즉위 후 안당의 종손 安璐, 그 족질 安庭蘭이 억울함을 상소하였다. 1586년(선조 19) 안로의 처 윤씨의 상소로 조사하여 3년 뒤인 1589년 최종적으로 안당의 역모는 허위사실로 확인되었다. 안당 등은 누명을 벗고 시호를 받았으며, 송사련의 아들 宋翼弼, 宋翰弼 등은 良人이 된 지 2대가 되었다는 이유로 西人이 처벌을 반대하였지만 東人과 西人의 논쟁 끝에 도로 還賤되어 노비가 되었다.

簡의 시호를 받았으며, 1646년(인조 24) 영의정에 추증되었다.

圭菴 宋麟壽(1499~1547, 본관; 恩津, 시호; 文忠)은 1521년(중종 16) 별시 문과에 갑과로 급제하여 弘文館正字가 되었다. 이때 金安老가 정권을 장악하자 홍문관의 모든 관원이 김안로를 탄핵하였다. 그 뒤 사헌부지평, 홍문관교리·부응교 등을 역임하면서 당시 유행한 사치풍조를 배격하고 교육진흥책을 건의하였다. 그러나 김안로의 재집권을 막으려다 오히려 그 일파에게 미움을 받아 1534년 濟州牧使로 좌천되었다. 이때 송인수는 병을 이유로 부임하지 않았는데, 이를 빌미로 김안로 일파에게 탄핵을 받아 泗川으로 유배되었다. 1537년 김안로 일당이 몰락하자 풀려나 대사헌까지 올랐는데, 尹元衡·李芑 등의 미움을 받아 1543년 전라도관찰사로 좌천되었다. 인종이 즉위하자 대사헌이 되어 윤원형을 탄핵하였다. 1545년 을사사화가 일어나자 한성부좌윤에 있다가 파직당하여 淸州에 은거하던 중 賜死되었다. 평생 학문을 좋아하여 사림의 추앙을 받았으며 제주의 橘林書院에 제향되었다.

율촌은 충암 김정과 규암 송인수보다 8살, 5살 年下이지만 사화 이전에 서로 젊은 나이부터 道義로 교제하였다. 율촌이 이들과 교제하면서 학문적인 전수는 물론이고, 절의정신을 본받을 수 있었을 것으로 생각된다. 충암이 1521년에 사사되었으므로, 율촌과 만날 수 있었던 기회는 충암보다 규암이 더 많았을 것으로 보인다. 규암은 을사사화 이후 청주에 약 2년 정도 은거하였기 때문이다. 그렇기 때문에 규암 송인수는 율촌에 대하여 좀 더 자세히 알 수 있었을 것으로 생각된다. 규암이 율촌에 대하여,

> 益之[栗村 朴培]는 名門의 자제로 재주는 높고 기질은 아름다우며 학문은 넓고 들은 것은 많으며, 그의 先君 玉谷公[朴允文]의 文章을 繼述하고 그의 伯從叔인 琴書齋[朴光輔]의 禮學을 익히고 季從叔인 華齋[朴光佑]의 節義를 싫도록 들어서, 그들을 사모하고 본받음으로 體를 이루었으니 門庭의 가운데서 (그의 學行이) 나온 것이다. 俗儒와 時士가 누가 이보다 낫겠는가.[19]

라고 칭송하였다고 한다.

즉 규암은 율촌이 蔚然히 詞垣의 宗匠이 되어 세상에 크게 떨친 부친의 文章과 經術을 이어받았고, 伯從叔父 琴書齋 朴光輔의 禮學을 전수받았으며, 季從叔父 華齋 朴光佑의 절의정신을 계승한 것으로 문중의 영향을 받았다는 사실을 더 높이 평가한 것이다.

율촌은 기묘사화와 을사사화를 지나면서 충암과 규암, 그리고 종숙부인 필재가 입은 화를 목격하고, 세상에 진저리나는 厭症을 느꼈을 것이다. 율촌은 기묘사화 이후 개연히 탄식하여 말하기를, "나는 이미 세상과 더불어 멀어졌다"라고 하고, 청주 서쪽 (동림산)에 은둔하여 집에 '栗村'이라는 편액을 달고 이를 號로 삼아 유유자적하면서 초야에 묻혀 생활하였다.

율곡 이이가 1571년(선조 4) 淸州牧使로 내려와서[20] 67세였던 율촌의

---

19) 《栗村先生實記》〈栗村行狀(朴廷蘭撰)〉(17쪽).

20) 율곡은 1571년 6월 청주목사로 부임하여 1572년 3월 병으로 사임하기까지 10개월의 짧은 기간 동안이었지만 民生에 지대한 관심을 보이면서 여러 가지 개혁을 추진하였다. 西原鄕約을 직접 만들어 시행하기도 하였으며, 貢納의 폐단에 대해서도 貢案의 개정, 收米法 시행등을 구상하고 제시하였다. 서원향약은 이이가 청주 지역의 백성을

行誼를 듣고 宣祖에게 啓達하여 처음에 秉節校尉를 제수하였고, 이어서 世子侍講院 翊衛司左衛率에 제수하였다.21)

錦谷 宋來熙(1791~1867, 자; 子七, 본관; 恩津)는 율촌의 학행과 생애에 대하여 자신이 쓴 墓碣銘(幷書)에서

> 가정을 다스림은 禮로 하였고, 處世는 機微를 살폈으며, 학문이 넉넉하였지만 자신을 믿지 않았고, 세상에 숨어 살아도 걱정이 없었다. 공을 벗한 자 누구이고, 공을 천거한 자 누구이던가? 이로써 공을 본다면 거의 알 것이다.22)

라고 높이 평가하였다. 즉 율촌이 생존했던 시기에 道義를 굽히지 않은 節義의 인물로 평가되는 충암 김정과 규암 송인수와 교유하였고, 퇴계 이황과 함께 조선 성리학의 巨頭인 율곡 이이가 천거한 율촌의 학문적 위상을 대변하였다.

율촌의 도의와 학문에 대한 존숭은 후손들에게도 이어졌다. 1852년(철종 3)에 10세손 鏞來(1812~1859, 호; 惺齋)가 지은 율촌의 行狀跋文에

敎化하고 美風良俗을 진작시키기 위해 만든 것이다. 양반뿐만 아니라 모든 신분의 주민을 참여시키는 契 조직을 鄕約에 연계시켰다는 것이 특징이다. 율곡이 재임하는 동안 청주동헌에 심은 手植松은 舊 청원군청 뒤뜰에서 松節을 보여 주다가 1946년 枯死하였다. 율곡이 직접 소나무를 심은 사실을 기념하기 위해 1886년(고종 13)에 '栗谷先生手植松'이라 새겨진 비석을 세웠다.

21) 《栗村先生實記》〈栗村行狀(朴廷蘭撰)〉(26쪽). 그러나 錦谷 宋來熙가 撰한 〈墓碣銘幷書〉에는 "世子翊衛司左衛率에 제수되었으나 취임하지 않았다"라고 하였다(《栗村先生實記》 42쪽).

22) 《栗村先生實記》〈墓碣銘幷書(宋來熙撰)〉(42쪽).

> 11대조 玉谷府君[朴允文]과 10세조 栗村府君[朴培]의 文章과 道學이 사람들의 본보기가 되었고 德業과 文望이 세상의 宗核이 되었으니, 가만히 생각하면 그 당시 두 先祖의 문헌은 金石에 새기고 인쇄에 기록된 것이 많았다. 그러나 兵火가 여러 번 일어나서 불에 타고 없어진 것이 태반이고 宗家가 끊어진 뒤에 전하고 지키는 사람이 없었고, 支流의 후손들은 쇠잔한 관계로 사방으로 이산하여 그 유물의 萬에 하나도 수습할 수가 없었다.23)

라고 하면서, 문장과 도학의 본보기였고 덕업과 문망의 宗核이 될 정도로 많았던 옥곡과 율촌 先祖의 문헌이 兵火와 후손들의 쇠잔으로 보존할 수 없었던 사실을 吐露하였다.

그러나 용래가 우연히 1852년 10월 15일 公山 雅里峴[현 공주시 봉정동]의 宗人 집에서 22세 廷蘭公이 지은 율촌의 家狀을 찾아내고, 이를 토대로 율촌의 道義와 學問에 대한 추숭작업을 전개할 수 있었다. 용래는 이어서

> 공의 종숙부이신 금서재와 필재 형제는 모두 도학과 名節로써 院宇에 배향되었다. 그러나 공이 一門의 賢者로 幽光과 隱德이 후세에 들림이 없으니, 賢祖의 영령이 감히 뒤가 있다고 말할 수가 있겠는가! 不肖들이 이에 대한 한을 품고 있은 것이 여러 해가 되었다. … 하늘이 우리 가문을 보호하려고 해서 先烈을 闡揚하게 되었으니, 그렇다면 어찌 깊이 감

23) 《栗村先生實記》〈栗村行狀跋(朴鏞來撰)〉(28쪽).

취 둔 가운데서 다시 옥곡공의 유적이 발현되지 않음을 알까! 아울러 앞으로 來世의 귀감으로 삼아서 그 아버지에 그 아들이 있다 말하겠는가! 하늘은 아득하니 감히 우러러 질의하지 못하고 불초는 感泣함을 안고 돌아와서 드디어 가문 내의 한둘의 동지로 더불어 그 家狀을 抄해서 곧바로 그 顚末을 기록하였다.24)

라고 하며, 율촌의 종숙부 금서재[박광보-연기 合湖書院 배향]와 필재[박광우-청주 宋泉書院 배향] 형제는 도학과 명절로서 원우에 배향되었으나, 율촌은 一門의 賢者로 유광과 隱德] 후세에 들림이 없으니 후손들이 이에 대한 한을 품고 있은 것이 여러 해가 되었다고 하였다. 따라서 玉谷과 栗村의 행적을 來世의 龜鑑으로 삼을 것을 여러 종인들에게 전하고자 하였다.

4. 태악서원(台嶽書院) 추배(追配)

태악서원은 岐湖書社(1710년 창건, 세종시 나성로 96[나성동 101])에 제향 되었던 세종 때의 명재상 厖村 黃喜(1363~1452, 본관; 長水, 시호; 翼成)의 위패를 移奉하여 1856년(철종 7) 연동면 명학리 119에 창건되었고, 2년 후인 1858년(철종 9) 栗村 朴培를 추배하였다.

율촌 박배의 태악서원 추배에 대한 논의는 태악서원 창건 이듬해인 1857년(철종 8)부터 시작되었다. 율촌의 추배를 주도한 인물이 누구였는

24) 《栗村先生實記》〈栗村行狀跋(朴鏞來撰)〉(28쪽).

지 확인할 수 없으나, 家狀을 발견한 박용래와 가장을 문중에 알린 박형중 등 상주박씨 인물들이 연기향교 유림들과 함께 추진했던 것으로 짐작된다.

1857년 12월에 율촌의 서원제향을 지지하는 청주향교, 회덕향교, 공주향교, 문의향교의 통문이 연기향교와 태악서원에 전달되었고, 1858년(철종 9) 정월에는 화양서원에서도 "율촌 박공의 大道와 絶學, 순전한 효도와 곧은 충성, 師友의 연원, 출처의 始終 등이 능히 명백하고 아름답게 사문의 백대 사표가 되니 우리들의 존모함이 귀향과 다름이 없다"라고 칭송하는 통문[25]이 전달되었다.

그리고 1857년 12월 25일에는 연기태수에게 〈台嶽書院儒生上燕岐倅稟目〉[26]을 올려 12월 26일에 태악서원에서 士論을 모아 추배를 결정하기로 하였음을 전달하였다. 그리고 이듬해인 1858년 3월 20일에는 열읍 유생들이 三溪 趙秉悳[27]에게 글을 올려 추배제향에 도움을 요청하였다[28]. 이에 조병덕은 士論에 따라 태악서원 유생들에게 〈三溪趙公答台嶽祠儒生書〉[29] · 〈台嶽祠栗村追配時翼成公黃先生位告由文〉[30] · 〈台嶽祠

25) 《栗村先生實記》〈華陽書院通文〉(74쪽).

26) 《栗村先生實記》〈台嶽書院儒生上燕岐倅稟目〉(84쪽).

27) 趙秉悳(1800~1870, 본관; 楊州. 호; 肅齋, 시호; 文敬)은 동지중추부사 趙最淳의 아들로서, 일찍이 洪直弼과 吳熙常의 문하를 출입하며 학문을 닦았다. 1852년(철종 3) 蔭補로 지평이 되고, 1859년 경연관, 이조참의, 호조참판을 지냈다. 任憲晦 등과 병칭되던 한말의 거유였으며, 성리학자로도 이름이 높았다. 저서로 《숙재집(肅齋集)》이 있다. '三溪'는 남포 삼계리에 그의 本家가 있었고 삼계에서 타계하였으므로(肅齋年報), 그 지명을 따서 붙여진 이름으로 보여진다.

28) 《栗村先生實記》〈列邑儒生上三溪趙公文〉(62쪽).

29) 《栗村先生實記》〈三溪趙公答台嶽祠儒生書〉(65쪽).

30) 《栗村先生實記》〈台嶽祠栗村追配時翼成公黃先生位告由文〉(54쪽).

追配奉安文〉31)과 〈春秋享兩丁祝文〉32)을 지어 보냈다.

이러한 과정을 거쳐 1858년 3월 말경에 율촌 박배가 태악서원에 추배되었을 것으로 추정된다.

그러나 태악서원은 창건 후 15년이 지난 1871년(고종 8) 대원군의 서원 훼철령으로 훼철되었다. 현재 태악서원의 遺址는 상하 2단으로 층을 이룬 밭으로 개간되었고, 중간에 두둑을 쌓아 나무를 심었기 때문에 서원의 흔적은 찾아볼 수 없는 상태이다. 주민(長水黃氏라 함)의 전언에 따르면 몇 년 전까지 남아 있던 비석을 두둑에 묻었다고 한다.

5. 맺음말

尙州朴氏인 栗村 朴培는 16세기 초중엽 권세가들에 의해 사림들이 禍를 입었던 기묘사화와 을사사화가 일어날 때 道德的 義理를 지키기 위해 淸州 東林山에 은거했던 隱士로서, 연기 태악서원에 방촌 황희에 이어 추배된 인물이다.

어린 나이에 학문을 성취했던 박배의 도덕적 의리는 부친 玉谷 朴允文과 두 분의 從叔父 琴書齋 朴光輔, 葦齋 朴光佑의 학문과 절의를 계승하였고, 교유관계에 있었던 冲菴 金淨과 圭菴 宋麟壽의 영향을 받은 것이었다. 청주목사로 부임했던 율곡 이이는 율촌의 行誼를 듣고 선조에게 계달하여 병절교위를 제수하였고, 이어서 세자익위사좌위솔에 제수하였으나 나아가지 않았다.

31) 《栗村先生實記》〈台嶽祠追配奉安文〉(55쪽).

32) 《栗村先生實記》〈春秋享兩丁祝文〉(58쪽).

상주박씨는 본래 파주 지역에서 세거하였지만, 士禍를 피해 19세 박윤문과 20세 박배가 청주 지역으로 이거하여 그의 후손들이 점차 청주 주변 지역[증평 율리, 강외면 일대(현 오송읍), 연기(현 세종시), 공주 봉정]에 산재하여 세거하고 있다. 이들 지역에 세거하는 상주박씨는 청주 주변의 다른 유력 성씨와 혼인관계를 통하여 사림으로서의 지위를 유지하면서 상호 유대를 강화하였다.

특히 박배의 부친 박윤문이 玄風郭氏와 혼인하면서 처향에 정착한 것으로 추정된다. 동림산을 중앙에 두고 서쪽이 오송읍이고 동쪽이 옥산면 금계리인데, 금계리에 있던 곡수서원에 배향된 44명의 인물 중에 박윤문의 처조부와 같은 郭信의 이름이 보이기 때문이다. 이러한 사실은 박광보의 묘소가 오송읍 고로리에 위치하는데, 고로리[현 오송읍 상정리 呂村말]에 박광보 妻의 성씨인 咸陽呂氏가 세거한 사실과 같다. 함양여씨는 1619년(광해 11)에 고려말 이곳으로 낙향한 정평공 여칭의 위패를 봉안한 정평사를 건립하였다.

박배의 후손들은 文章과 道學의 본보기였고 德業과 文望의 宗核이 될 정도로 많았던 玉谷과 栗村 父子의 문헌이 兵火와 후손들의 衰殘으로 보존될 수 없었던 사실을 토로하였다. 그러나 30세 朴鏞來가 1852년 공주 아리현[현 공주시 봉정동]의 宗人 집에서 22세 廷蘭公이 지은 율촌의 家狀을 찾아내고, 이를 토대로 율촌의 도의와 학문에 대한 추숭작업을 전개할 수 있었다.

율촌의 종숙부 금서재와 필재 형제는 道學과 名節로서 원우에 배향되었으나, 율촌은 일문의 현자로 幽光과 隱德이 후세에 들림이 없으니 후손들이 이에 대한 한을 품고 있는 것이 여러 해가 되었다고 하였다. 따라서 옥곡과 율촌의 행적을 來世의 龜鑑으로 삼을 것을 여러 종인들에게 전하고자 하였다.

청주를 중심으로 주변 지역에 형성된 상주박씨 박배 후손의 주된 세거지는 증평 율리, 오송읍, 공주 봉정 등 세 곳으로 집약되었다. 1858년 박배가 추향되는 태악서원은 상주박씨 세거지의 중간 지역에 해당된다. 태악서원에서 오송까지의 직선거리가 13km이고, 나머지 세거지 사이의 직선거리는 24km에서 32km 정도였다.

율촌이 태악서원에 추배된 것은 1858년 3월 말경이다. 태악서원 추배에 힘썼던 인물은 확인할 수 없지만, 가장을 찾았던 율촌의 10세손 박용래와 가장을 찾은 사실을 주변의 문중에 알렸던 8세손 박형중이 중심이 되었을 것으로 추정된다. 그리고 연기향교와 태악서원 유림들이 인근 향교의 지원과 삼계 조병덕의 도움을 받아 율촌을 추배할 수 있었다.

상주박씨는 청주 인근 지역의 하루 일정의 거리에 세거하면서, 금서재와 필재, 그리고 율촌까지 서원에 배향하여 청주 일대에서 유력한 사족으로서의 지위를 확보하게 되었다.

제3부

방촌 황희의 후예들

〈지천 황정욱 초상(국립중앙박물관소장)〉

지천(芝川) 황정욱(黃廷彧)의 생애와 현실인식[1]

김경수[2]

1. 머리말

1532년(중종 27)에 태어나 1607년(선조 40) 75세로 돌아간 지천 황정욱[3]은 제11대 중종부터 제14대 선조까지 4명의 군주시기를 살았다. 그의 활동은 명종 13년 급제한 이후의 언론 삼사직 수행과 선조 17년의 종계변무 해결, 임진왜란 초기 근왕병 모집 활동 등으로 대분된다. 따라서 그의 현실인식 역시 이 시기의 활동과 직접적으로 연관되어 나타난다. 특히 지천이 근왕병 모집 중 포로가 되었던 문제로 상대 당파의 비난과

---

1) 이 글은 (사)방촌황희선생사상연구소 주최, 방촌황희연구소 주관한 2019 제5회 방촌황희선생 정기학술대회, 서울 종로구 파고다어학원, 2019.11.02.)에서 발표한 논문이다.

2) 청운대학교 교양대학 교수

3) 이하 지천이라고 칭함.

탄핵을 받았던 사실을 근거로, 선조 대의 정국 운영과 제 정치 세력의 이해관계를 살필 수 있어 주목된다.

주지하듯이 선조(1552~1608, 재위 1567~1608)는 중종과 창빈 안씨 사이에 태어난 덕흥대원군과 정세호(1486~1563, 본관; 하동)의 딸 사이에서 3남으로 태어났다.[4] 적자가 아닌 서자 출신으로 승계했던 선조는 왕위의 정통성과 법통성을 매우 중요하게 생각했다. 그러다 보니 양반 사대부 관료들과의 원만한 관계 유지를 위해 예민하게 반응했고, 특별한 상황이 발생할 때마다 수시로 입장과 태도를 바꾸었다.[5]

선조의 예민한 성격은 자신의 후계구도 선정 과정에서도 나타났다. 임진왜란 당시 분조를 이끄는 등 능력이 검증되었음에도 불구하고, 광해군[6]이 후궁 소생이라는 사실을 극복하지 못하고, 심경의 변화를 일으켰다. 54세에 인목왕후를 통해 얻은 어린 적자 영창대군(1606~1614)에게 왕위를 승계시키려는 의도를 드러냈던 것이다. 선조의 속마음을 감지한 북인은 광해군 지지세력(대북)과 영창대군 지지세력(소북)으로 분열되었고, 이후 정국은 상당히 불안정하게 전개되었다. 그런데 이러한 배경이 모두 선조로부터 비롯되었다는 사실이다.[7]

---

4) 선조의 비는 의인왕후 박씨(반남 박응순의 딸)와 계비는 인목왕후 김씨(연안 김제남의 딸)인데, 계비가 선조 나이 54세에 영창대군을 출산했다. 이외에 공빈 김씨(1553~1577, 김해 김희철의 딸)와 장남 임해군(1572~1609)과 차남 광해군(1575~1641)을 비롯하여 11명의 부인을 통해 14남 11녀를 두었다.

5) 지천의 탄핵 과정에서도 대간의 탄핵 반대와 수용이 반복적으로 나타났던 사실에서 확인할 수 있다.

6) 광해군은 평소 효성이 지극하고, 학업에도 열중이었다. 17세의 나이에 임진왜란이 발생하자, 세자로 책봉되어 평안도와 강원도, 황해도 등지를 돌면서 민심수습과 군사 모집 등을 적극 수행하는 등 백성들로부터 신망을 크게 얻었다.

7) 왕위 계승 문제를 두고 관료들의 입장이 갈린다는 것은 국가의 존립이 흔들린다는 사

한편 광해군이 적극적인 분조 활동을 통해 백성의 신망을 얻은 것에 비해, 근왕병 모집 중 왜군에 체포된 임해군과 순화군은 조선군의 전쟁 수행에 방해가 될 뿐이었다. 임해군과 순화군을 수행하던 지천 역시 함께 포로가 되었는데, 이로 인해 선조 25년 이후 지천의 행적은 비판과 탄핵의 대상으로 전락되고 말았다.

본고에서는 관각삼걸(館閣三傑, 장사룡, 노수신, 황정욱)로 꼽히는 등 학자 관료로서의 위상을 지녔던 지천의 생애와 현실인식에 대해 살펴보고자 한다. 이제까지 그에 대한 연구가 거의 없는 점에서,8) 당파 간 갈등으로 점철된 선조 대 정국 변동과 지천의 현실인식 파악이 가능할 것으로 기대된다.

2. 지천의 가계

지천(1532·중종 27~1607·선조40, 본관; 長水, 자; 景文, 호; 芝川)은 조선 청백리의 상징이자, 영원한 영의정으로 칭송되는 황희의 6대손이다. 증조가 방답진첨절제사를 지낸 섬(蟾), 할아버지가 조지서별제를 지낸 기준

실의 반증인데, 정작 광해군과 영창대군을 둘러싼 파쟁의 가장 큰 원인 제공자가 선조였다는 사실이다. 더군다나 임진왜란으로 선조의 권위가 실추된 것에 비해, 분조를 이끌었던 광해군의 항전활동은 빛을 발했다. 아버지가 잃어버린 인심을 아들이 얻은 것이다. 권력은 부자 간에도 나눌 수 없는 만큼, 전쟁 후에 선조는 전쟁의 공을 자신의 것으로 챙기고자 했다. 자신의 피난을 수행했던 인사들은 호성공신으로 책봉한 반면, 광해군을 수행했던 인사들과 의병 및 수군의 활동은 철저하게 배제했던 것이다.

8) 문집(황영하, 《지천집》, 2017)에 수록된 해제와 한문학 분야에 차용주의 글(〈황정욱 연구〉, 《한국한문학작가연구》2, 아세아문화사, 1999)과 김종서(〈지천 황정욱의 삶과 시〉, 《한국한시연구》20, 한국한시학회, 2012), 구사회(〈황정욱론〉, 《조선시대 한시작가론》, 이회, 1996) 등의 글이 있지만, 역사학 분야의 연구 성과는 없다.

(起峻), 아버지는 문과 급제 후 행호분위부호군(行虎賁衛副護軍)을 역임한 열(悅)이다. 지천은 아버지 열과 어머니 양천허씨 용(墉)의 딸 사이에서 1532년(중종 27) 4월 26일 태어났다.9) 직계의 혼맥을 살펴보자.

지천의 장인은 순창 조전인데, 조전의 아버지가 조위이다. 조위의 장인이 무오사화 당시 김종직의 죽음에 항의하다가 유배형을 받은 사림계 인사 유정수(1451~1502, 본관; 문화)이다. 이는 지천의 직계가 사림계와 일정 부분 연관되어 있음을 의미하는데, 그가 흠모하고 따르고자 했던 사람이 김안국이었다는 사실과도 연관된다.10) 지천은 순창 조전의 딸 사이에서 장남 혁과 형(정식)에게 출계된 차남 석, 삼남 철11) 및 전주 이욱과 박유신에게 출가한 딸 등 3남 2녀를 두었다.

문과에 장원 급제한 장남 혁은 파평 윤엄의 딸 사이에서 1남 3녀를 두었다. 윤엄의 조부(섭)는 성종의 부마(정숙옹주 남편), 성혼의 문인으로 서인계 인사였다.12) 윤엄은 안동 김주(1512~1563)의 사위인데, 김주는 1563년(명종 18) 종계변무를 처리하던 중 명나라에서 죽었다. 혁의 아들 곤후의 장인 의령 남언경(1528~1594)13)은 정여립모반 사건으로 파직되었으나, 3년 뒤 복직되었던 조선 최초의 양명학자이다. 곤후의 장남은 할아버지와 함께 순화군을 모시고 근왕병 모집 중 왜에 잡혀 8세에 죽었다. 차

9) 임진왜란 직전 통신정사로 일본에 다녀왔던 황윤길은 지천의 삼종조부이다.

10) '모재선생께서는 백대의 스승이라 문하에서 노닐며 가야할 길 찾았네...'(《지천집》 권2, 贈朴僉知士豪 幷序).

11) 문과 급제 후 성균관 학유를 지냈다.

12) 4남 民逸의 장인이 서인계 申礫이다.

13) 개국공신 남재의 6대손으로 서경덕의 문인이다.

남 상은 덕수 장운익14)의 사위이다. 3녀는 남양 홍서봉(1572~1645)15)에게 출가하였는데, 그는 인조반정 이후 정국의 운영에 깊숙하게 관여하였다.

혁은 재취 풍양 조정기의 딸 사이에서 2녀를 두었는데, 첫째 사위가 선조의 6남 순화군이다. 둘째 사위는 영월 신희업인데, 그는 김직재옥사16)를 일으킨 신율과 처남매부 사이이다.17) 이에 따라 혁과 사위 두 명(홍서봉과 신희업)이 김직재옥사에 연루되는 기묘한 상황이 벌어지기도 했다.

혁은 평소에 율곡과 송강을 선비의 표준으로 삼으면서, 이발과 이길 및 정여립 등 동인계 인사들은 경원시 하였다. 이는 지천의 직계가 서인계와 상당히 협력적이라는 사실을 반영한다. 서인계가 밀려나는 1591년 정철의 건저의 사건에 연루되어 아버지와 함께 삭탈관직 후 문외출송 당했던 것 역시 당색과 무관하지 않다. 그는 임진왜란 당시 사위 순화군을

14) 장운익은 호성공신 2등에 책봉된 밀양 朴崇元(1532~1592)의 사위이다. 그의 4남 중 차남 유(1587~1638)는 김상용의 사위로, 효종비 인선왕후의 아버지이다. 1612년 김직재 옥사에 연루해 파직되었으나, 1623년 인조반정에 가담해 정사공신 2등에 녹훈되었다. 김장생의 문인이었고, 병자호란 당시 주화론을 주장하였다.

15) 1611년(광해군 3) 동부승지 역임 중 김직재옥사에 장인 황혁이 연루되어 삭직되었으나, 1623년 인조반정에 참여하여 정사공신 3등에 책봉되었다. 1628년(인조 6) 유효립의 모반을 고변, 영사공신 2등에 책봉되었다. 병자호란 당시에는 주화론을 주장하였고, 봉림대군의 승계를 반대하였다.

16) 김직재 옥사는 1612년(광해군 4) 2월 대북파 일당이 소북파를 제거하려고 일으킨 무옥이다. 그들은 순화군의 양자인 진릉군 태경(晉陵君 泰慶)을 추대하려고 했다는 이유로, 황혁과 혁의 처남 조수륜, 정철의 문인 권필 등을 고문 끝에 죽였고, 지천의 차남 석, 김직재와 6촌간이었던 송상현의 동생 송상인, 혁의 사위 신희업 등을 위리안치 하였다.

17) 지천 집안과 신율 집안의 안연에 대해서는 《광해군일기》에 자세하다(《광해군일기(중초본)》 권51, 4년 3월 18일(壬子)).

모시고 근왕병을 모집하던 중 포로가 되었을 때, 아버지를 대신하여 항복권유문을 작성하였다. 이에 대해 지천이 항복권유문 작성은 본의가 아니었음을 밝힌 별도의 서신을 올렸으나, 유성룡이 선조에게 전하지 않았다. 결국 이 문제로 혁은 1593년(선조 26) 이산에 유배 후 1599년(선조 32) 신천으로 이배되었다가, 김직재옥사에 연루되어 1612년(광해군 4) 옥사했다.

지천의 첫째 딸은 광평대군의 6대손 이욱[18]과의 사이에서 3남을 두었는데, 3남이 후원(1598~1660)[19]이다. 후원은 김장생의 문인으로 병자호란 당시 강력한 척화를 주장하였으며, 송준길과 송시열을 천거하여 등용시키기도 하였다. 그의 첫째 사위는 김석주(1634~1684, 본관; 청풍),[20] 둘째 사위는 박태보(1654~1689, 본관; 반남)[21]이다.

임진왜란 초기 포로가 된 일로 선조 중반 이후 엄청난 비난과 탄핵을 받았던 지천은, 1607년(선조 40) 8월 14일 돌아갔다.[22] 장남 혁도 유배형과 김직재옥사에 연루되어 옥사했다. 형 정식에게 출계한 차남 석도 함경도 종성으로 귀양 갔다가 전라도 흥양 이배 후 배소에서 돌아갔다. 손자

18) 태조 이성계의 제7자 방번의 8대 손이다. 1398년 왕자의 난으로 방번이 돌아가자, 세종의 배려로 다섯 번째 광평대군 이여에게 후사를 잇도록 하였다.

19) 김장생의 아들 김반(김집의 동생)의 사위로, 김장생의 문인이다. 인조반정 후 정사공신 3등에 책봉되었고, 《인조실록》 편찬에 참여하였다.

20) 할아버지는 영의정 김육이고, 아버지는 병조판서 김좌명(현종비 명성왕후의 숙부), 어머니는 오위도총부도총관 신익성(신흠의 아들)의 딸이다. 보사공신 1등에 책봉되었다.

21) 아버지가 박세당으로 윤선거의 외손자이다. 기사환국 당시 인현왕후의 폐위를 반대하다가 진도 유배 중 죽었다. 서인 소론파와 적극 교유하였다.

22) 전쟁 중에 수행했던 손녀 사위 순화군은 선조 40년 3월 18일 돌아갔다.

곤후도 24세의 나이로 돌아갔으며, 곤건의 맏아들은 8세의 나이에 포로 당시 죽었다. 결국 임진왜란 초기 근왕병 모집 활동 중 포로가 된 사실로 지천의 직계는 멸문의 화를 당했던 것이다.

지천의 행적에 대해서는《광해군일기》의 졸기에 상세하게 서술되어 있다. 그런데 포로 당시의 행적을 광해군 대 강홍립의 활동과 비교하는 등 긍정적으로 서술하고 있다는 사실이다.[23] 이는 서인계 주도로 이루어진 인조반정 이후의 정국 운영과 무관하지 않은 것으로 생각된다.

지천은 고손 황이징 등의 요청[24]과 서인계의 이정구, 김류, 윤방, 신흠 등이 복관의 당위성을 주장하면서 신원될 수 있었다.[25] 누명을 쓴 지 30여 년 만에 관작의 회복과 영의정에 추증되었던 것이다. 황혁의 치제와 자손을 녹용하라는 명을 내릴 당시, "귀환하게 되어 그를 미워하던 당시 집권자"와 "신율이 사형수를 사주하여 역옥을 만들었는데"[26]라는 표현이 있다. 이는 지천부자가 왜란 당시 동인들에 의해 절대적인 비난과 비판을 받았다는 사실 및 신율의 조부 신점과의 원한으로 김직재옥사에 연루되었음을 보여 준다.

효종 대 박장원(1612~1671, 본관; 고령)[27]은,

23) 《광해군일기(정초본)》 권139, 11년 4월 13일(丙寅), 《광해군일기(정초본)》 권166, 13년 6월 22일(壬辰).

24) 《지천집》 부록 하에는 '신원소', 김류와 이정구의 '금부회계'와 '대신의' 등이 있다.

25) 《인조실록》 권6, 2년 7월 12일(甲子).

26) 《인조실록》 권1, 1년 4월 11일(庚午).

27) 1636년(인조 14) 문과에 급제했으나, 병자호란이 발생하자 외할아버지 심현을 따라 강화도로 피난하였다. 1639년 전임사관을 역임하였고, 《선조수정실록》 편찬 시 기사관으로 참여하였다.

임진왜란 중에 문사(文士)로서 사기를 돋운 이는 지천이라고 칭송하였는데, 이에 대해 효종은 요즘 세상에 나오기 어려운 인재라는 말로 화답하였다.[28]

효종 3년 외손 이후원이 지천의 집에 소장되어 있던 선조의 어필 인본 두 점을 바쳤으며,[29] 죄망에 걸린 지 150년 만인 1741년(영조 17) 문정(文貞)이란 시호가 하사되었다.[30] 영조는 직접 광국공신의 후손을 소견[31] 하는 예를 갖추는 등 상당히 배려하였다.

지천은 문장·시·서예에 능하여 관각삼걸로 인정받았는데, 이는 가학(家學)의 영향과 무관하지 않다.[32] 허균 같은 인사는 지천의 시에 대해 "굳세고 힘차며 깊고 드넓다"라면서, 천년 이래 절창이라고 높이 평가하였다.[33] 저서로 《지천집》이 있으며,[34] 졸기는 《광해군일기》에 수록되어 있다.[35] 지천의 신도비명은 홍서봉이, 묘지명은 외손 이후원의 부탁으로 송시열이, 시장(諡狀)은 오원(吳瑗, 1700~1740)이 썼다.[36]

이상에서 보듯이, 지천의 가계는 왕실과의 국혼 및 서인계 명문가와의

---

28) 《효종실록》 권8, 3년 5월 15일(乙酉).

29) 《효종실록》 권8, 3년 5월 25일(乙未).

30) 《영조실록》 권54, 17년 8월 20일(壬子).

31) 《영조실록》 권116, 47년 6월 16일(乙酉).

32) 《지천집》 권2, 칠언율시(모친 생신에 부친이 보여 준 시에 공경히 차운함).

33) 허균, 《성소부부고》 권5, '黃芝川詩卷序'.

34) 1632년(인조 10)에 간행되었는데, 그 과정에 대해서는 문집의 해제 참조.

35) 《광해군일기》(중초본) 권76, 6년 3월 28일(庚辰). 그런데 지천의 졸기가 정초본에는 없다.

36) 《지천집》 해제 참조.

혼맥을 통해 가격(家格)을 높였다. 그러나 직계 인사들 중 일부가 김직재옥사와 김제남옥사,[37] 유효립옥사[38] 등에 연루되면서 처형되었다. 당시 정국을 크게 흔들었던 정치적 사건에 깊숙하게 연관되었다는 것은, 정국 운영 과정에서 그만큼 영향력이 컸다는 사실을 반증한다. 이제 그의 관력과 활동, 현실인식을 살펴보자.

3. 지천의 활동과 현실인식

지천은 1552년(명종 7) 사마시에 합격하였고, 6년 뒤인 1558년(명종 13) 식년문과에 급제하였다. 급제 후 시강원 설서와[39] 호조좌랑,[40] 예조좌랑[41] 등을 역임하다가, 해미현감으로 나갔다.[42] 이어 청홍도 도사,[43] 사간원 헌납[44]으로 활동하였다.

---

37) 김제남(1562~1613, 본관; 연안)은 1602년 둘째딸이 선조의 계비(仁穆王后)가 되자, 연흥부원군에 봉해졌다. 1613년 대북파 이이첨 등에 의해 외손자인 영창대군을 추대하려 했다는 옥사에 연루되어 사사되었다.

38) 유효립(1579~1628, 본관; 문화)은 인조반정 이후 참형된 유희분의 조카이다. 1628년(인조 6) 광해군을 상왕으로 삼고 인성군 이공(仁城君 李珙)을 추대하려는 옥사를 도모했다가 처형되었다.

39) 《명종실록》 권27, 16년 윤5월 8일(丁酉).

40) 《명종실록》 권27, 16년 8월 13일(庚午).

41) 《명종실록》 권27, 16년 12월 22일(丁丑).

42) 《지천집》 부록 상1, 행장.

43) 《명종실록》 권29, 18년 5월 29일(丙午).

44) 《명종실록》 권31, 20년 1월 11일(己酉).

이어서 홍문관 수찬[45]과 사헌부 지평,[46] 홍문관 수찬,[47] 성균관 직강,[48] 장령[49] 등 명종 후반기까지 청요직인 언론 삼사직을 두루 역임하면서, 예리한 안목으로 당면 현안을 정확하게 짚어냈다. 선조 즉위 후의 관료 생활을 보자.

선조 즉위 후 경연관으로 활동하였던 그는, 경전에 근거한 명료한 강론을 펼쳤다. 선조는 지천의 곡진한 의견을 적극 수용하였으며, 이에 노수신은 강관 중 첫째라고 칭송하였다.[50] 중국 사신이 왔을 때 가관관(假館官)[51]으로 활동하기도 하였으며, 두 달 뒤 《명종실록》 편찬을 위한 실록청이 구성되자,[52] 실록 편찬을 위한 기초 작업으로 초초를 정리하는 방의 낭청에 편성되어 실무를 담당하였다.[53]

"항상 책과 역사에 관한 일을 스스로 즐겼다",[54] "붓을 꽂고 학궁에 오

45) 《명종실록》 권32, 21년 1월 26일(戊午).

46) 《명종실록》 권32, 21년 3월 25일(丙辰).

47) 《명종실록》 권33, 21년 6월 17일(丙子).

48) 《명종실록》 권33, 21년 7월 25일(甲寅).

49) 《명종실록》 권33, 21년 11월 13일(己巳).

50) 《지천집》 부록 상1, 행장.

51) 성균관에서 국가의 큰 의식을 행할 때 성균관의 관원 이외에 임시로 임명한 관원을 말한다(《선조실록》 권2, 1년 6월 13일(辛卯)).

52) 《명종실록》 편찬 당시 총재관(감관사) 홍섬(洪暹)을 비롯하여 지관사(9명), 동지관사(10명), 편수관(20명), 기주관(16명), 기사관(20명) 등 모두 76명이 참여하였다. 명종이 돌아가고 1년 후인 1568년(선조 1) 영의정 이준경과 우의정 홍섬이 편찬관 선발을 논의하면서 시작되었다. 편찬 사무를 3방으로 구분하고 각방의 당상과 낭청 및 사무 등을 구성한 뒤 1571년 34권 34책으로 완수했다.

53) 《선조실록》 권2, 1년 8월 12일(己丑).

54) 《지천집》 부록1, 행장.

르니 진실로 훌륭한 사관이 되었다"[55]

등의 표현을 보면, 역사(당대사)에 대한 관심이 남달랐음을 알 수 있다.[56]

선조 1년 이후 예조정랑,[57] 교리[58] 등을 역임하다가, 한동안 외직을 수행했던 것으로 보인다. 1580년(선조 13)에 진주목사 부임 중 과천에서 발병하여 귀가했다는 기사[59] 이후, 그의 중앙직 수행과 관련된 인사 내용이 더 이상 실록에 보이지 않기 때문이다.[60] 15년 9월에 원접사 이이가 지천을 종사관으로 데리고 가고자 했으나, 재상경차관으로 경상도에서 임무 수행 중이라는 이유로 허락되지 않았다는 기사 역시, 외관직 수행 중이었음을 보여 준다.[61] 이듬해 3월에 경회루에서 치른 정시(칠언배율 20운)에서 장원하여 뛰어난 학문을 발휘하였다.[62]

선조 17년 그의 생애에서 가장 중요한 일이 벌어졌다. 조선 개국 이후 해결되지 않고 무거운 숙제로 남아 있던 종계변무를 위한 주청사의 막중한 임무가 맡겨진 것이다.[63]

---

55) 《지천집》 부록 下, 제문(윤근수).

56) 전임사관을 역임했던 그는 《지천집》에서도 사관과 관련된 기사를 표현하였다(권2, 次韻).

57) 《선조실록》 권1, 즉위년 11월 7일(戊午).

58) 《선조실록》 권2, 1년 7월 12일(己未).

59) 《선조실록》 권14, 13년 12월 1일(丙申).

60) 선조 17년 종계변무를 위한 주청사 선정 시 충청감사 역임 중이었다.

61) 《선조실록》 권16, 15년 9월 13일(戊辰).

62) 《선조실록》 권17, 16년 3월 27일(己酉).

63) 《선조실록》 권18, 17년 2월 18일(乙丑). 이에 대해서는 다음 절에서 살피고자 한다.

종계변무를 마무리하고 선조 18년 이후 예조참판[64]과 호조판서[65]를 역임하였다. 호조판서 역임 시 선대의 신주가 파주에 있어 분향하기 어려우므로, 서릉 헌관으로의 전직을 요청하였다. 조상을 모시려는 지천의 진심을 읽은 선조가 전직을 허락했음에도 불구하고, 사헌부에서는 탄핵을 요구했다.[66] 대간의 탄핵을 받은 지천은 관례대로 사직소를 올렸으나,[67] 선조는 "체직시킬 만하면 어찌 체직시키지 않겠는가. 마땅히 조리한 다음 출사하라"는 말로 받아들이지 않았다.

선조 24년 병조판서에 제수되었을 때도,[68]

> 양사에서는 간악한 무리와 붕당을 지어 국은을 저버렸다는 이유로 지천 부자의 파직을 요청했다.[69] 선조가 받아들이지 않자,[70] 12월까지 지속적으로 치죄를 요청하였다. 그러나 선조 역시 원훈(元勳) 및 훈신(勳臣)이란 표현을 사용하면서 거부하였다.[71]

---

64) 《선조실록》 권19, 18년 4월 26일(丁卯). 이날 인사에 대해 세주에는, "성품이 실로 추솔하고 비루하여 淸論에 버림받은 지 오래다. 박순과 정철의 문하에 추부한 덕으로 높이 올랐다. 갑신년(1584년) 여름 외람되이 주청사의 임무를 띠고 갔다가 칙서를 받아가지고 돌아왔는데, 그 공으로 2품의 반열에 올랐다. 남의 조소와 비난을 어찌 면할 수 있겠는가"라는 극폄의 글이 실렸다. 당파 간 갈등과 대립이 이미 극심해졌음을 확인할 수 있다.

65) 《선조실록》 권21, 20년 8월 3일(庚申).

66) 《선조실록》 권21, 20년 10월 30일(乙酉).

67) 《선조실록》 권21, 20년 12월 13일(丁卯).

68) 《선조실록》 권25, 24년 1월 12일(己酉).

69) 《선조실록》 권25, 24년 7월 2일(乙丑). 이때 지천은 정철의 건저의사건에 연루되어 낙향했다가, 전쟁이 발발하자 다시 조정의 부름을 받았다.

70) 《선조실록》 권25, 24년 7월 22일(乙酉).

71) 《선조실록》 권25, 24년 11월 16일(戊寅) 및 24년 12월 8일(庚子) 등.

지천에 대한 선조의 신뢰와 배려를 읽을 수 있다.

지천은 임진왜란 발발 전까지 상대 당파의 집요한 탄핵에 시달렸다. 선조 7년 동서분당 이후 이이의 사망과 정여립 옥사, 건저의 사건 등 당파 갈등의 한복판에서 동인의 비판을 온몸으로 맞았던 것이다. 비판과 탄핵이 지천에게 쏠렸다는 것은, 정국의 향방에 끼친 그의 영향력이 컸다는 사실을 반증한다. 이제 그의 활동 중 종계변무에 대해 살펴보자.

1) 종계변무와 광국공신 책봉

종계변무란 명나라의 《대명회전》과 《실록》 등에 이성계가 우왕 때의 권문세족이자 이성계의 정적이었던 이인임의 후손이라는 것과 네 명의 왕(공민, 우, 창, 공양)을 시해했다는 기록의 개정을 요청한 사건을 말한다. 이 문제는 태조 이성계의 집안 문제를 바로잡는 것으로 그치는 것이 아니라, 왕조의 정통성과 법통성을 세우는 일과 직결되는 만큼 건국 이후 상당히 중요한 외교 현안의 하나였다. 더군다나 명나라가 이 문제를 빌미로 조선의 복속을 좀 더 강화하려고 했다는 점에서, 어떤 외교적 사안보다 시급하게 해결해야 하는 문제였다. 그런데 이 문제를 해결했던 인물이 바로 지천이었다는 사실이다. 사건의 발단 과정과 역대 군주가 추진했던 종계변무를 간략하게 살펴보자.

이 사건은 1390년(공양왕 2)에 이성계의 적이었던 윤이(尹彝)와 이초(李初)가 명나라로 도망가서 이성계를 음모하려는 목적으로 벌인 일이었다. 즉 공양왕은 고려 왕실의 후손이 아니고 이성계의 인척이며, 이성계의 아버지가 이인임이라는 거짓 보고에서 비롯된 것이었다. 이 내용이 명의 《태조실록》과 《대명회전》에 수록되었던 것인데, 조정에서는 오류 기사

의 개정을 적극적으로 요청하였다. 이에 대한 첫 논의가 태종 대 있었다.72)

태종 3년 사평 좌사(司平左使) 이빈과 처남 민무휼을 보내 종계가 잘못 기록되어 있으니 수정해 줄 것을 요청하였던 것이다. 이듬해 3월 사은사 이빈·민무휼과 하정사 김정경 등이 예부의 자문을 가지고 돌아오면서, 명의 기록이 개정되었다고 하였다. 그러나 실제로 해결되지 않았음이 확인되자,73) 참지의정부사 여칭(呂稱)을 다시 보내 해결하고자 하였다.74) 그러나 태종 대에는 소기의 성과를 거두지 못하고 끝났으며, 100년이 지난 중종 대 다시 제기되었다.

중종 13년 천거과를 당장 시행하기 어려운 것은, 예조판서 남곤이 종계 관련 주청문을 작성하느라 바쁘기 때문이라는 기사75)가 있다. 이 기사는 중종 13년에 종계변무 관련 일이 추진되었음을 의미한다.76) 이듬해 3월 남곤은 종계변무와 관련된 명의 칙서를 가지고 돌아왔다.77) 그러나 종계문제의 일부만 수정되었을 뿐, 사왕(四王, 공민왕, 우왕, 창왕, 공양왕) 시해에 대한 일은 해결되지 않았다.78) 주청사를 다시 보내 사왕 관련 일을 고쳐야 한다는 주장이 제기되었는데,79) 이때 기묘사림 김정은 제대

72) 《태종실록》 권6, 3년 11월 15일(己丑).
73) 《태종실록》 권7, 4년 3월 27일(戊辰).
74) 《태종실록》 권7, 4년 4월 9일(己卯).
75) 《중종실록》 권33, 13년 5월 26일(甲子).
76) 이때까지만 하더라도 원로대신과 신진세력 모두 종계변무에 대해 협력적이었다.
77) 《중종실록》 권35, 14년 3월 15일(戊申).
78) 《중종실록》 권35, 14년 3월 22일(乙卯).
79) 《중종실록》 권35, 14년 3월 24일(丁巳).

로 일을 처리하지 못한 남곤의 잘못을 비난하였다.[80] 종계변무 문제로 원로대신과 신진(기묘) 사림의 미묘한 대결 구도가 나타나는 상황이 연출된 것이다.

기묘사림 김정과 윤은보의 남곤 파직 요청을 받아들인[81] 중종이 새로운 주청사를 보내려고 하자, 정광필 등 원로대신들이 반대하였다.[82] 종계변무를 둘러싸고 기묘사림과 원로대신의 갈등이 본격화되었던 것이다. 그러나 두 세력 간의 대립은 11월에 발생한 기묘사화로 기묘사림이 제거되면서, 더 이상 확산되지 않았다. 위훈삭제 등 기묘사림의 과격한 개혁 요구로 야기되었던 기묘사화의 발생원인 중 종계변무 역시 적지 않은 영향을 끼쳤음을 확인할 수 있는 것이다. 중종 24년에 종계변무가 다시 제기되었지만, 실질적인 개정이 이루어지지 못한 채 명종 대로 넘어갔다.

명종 역시 종계변무에 관심을 보이면서,[83] 첨지중추부사 이탁에게《대명회전》의 개정 사항을 확인해 보라고 하였다.[84] 그러나 대신들이 적극 동의하지 않다 보니, 명종 10년까지 별다른 진척 사항이 없었다.

명종 11년 한리 학관(漢吏學官) 임기(林芑)가 종계변무는 반드시 필요

80)《중종실록》권35, 14년 3월 27일(庚申).

81)《중종실록》권35, 14년 4월 7일(庚午). 당시 김정의 주장에 대해 사관은, "조정의 의논은 모두 너무 지나치다고 여겼고, 대신들도 이에 대하여 불평하였다."라는 부정적인 논평을 하였다. 결국 이 문제는 훈구의 조직적인 반발, 즉 중종 14년 11월의 기묘사화 발생 원인의 하나였다고 생각된다.

82) 당시 반대 입장을 피력한 인사는 정광필, 안당, 신용개, 고형산, 이계맹, 이장곤, 김안국, 신상, 윤은필 등이었다.

83)《명종실록》권11, 6년 6월 22일(己卯).

84)《명종실록》권14, 8년 윤3월 8일(甲寅).

한 사안이라는 상소를 올리면서,[85] 조정에 새로운 바람을 일으켰다. 1557년(명종 12) 새해 벽두에 명종이 주청사 파견 의지를 다시 밝혔고,[86] 1주일 뒤 조사수(1502~1558, 본관; 한양)를 파견하였다.[87] 여전히 《대명회전》의 수정이 이루어지지 않자,[88] 18년에 김주[89]를 다시 진하사로 파견하였지만, 별다른 성과를 거두지 못했다.[90] 명종의 노력에도 불구하고, 종계변무는 다시 선조 대로 넘어가고 말았다.

선조 즉위 이후 5년과 6년, 14년[91]에 주청사를 계속 파견하였지만, 확실한 결과를 도출하지 못했다. 이에 선조는 17년에 다시 주청사를 선발하였는데, 이때 충청감사로 외직 수행 중이던 지천이 선발되었다.[92] 당시 선조는 "이번 주청에 조정에서 제대로 된 사람을 얻었으니, 나는 경만 바라볼 뿐이오"[93]라는 말로 강한 신뢰감을 보였다. 지천 역시 선조의 신뢰를 바탕으로, 임무 수행에 만전을 기하였다.[94]

---

85) 《명종실록》 권21. 11년 10월 8일(癸巳). 임기는 상소를 통해 태조 이후 역대 조정에서 진행한 종계변무 사실을 상세하게 정리하였다.

86) 《명종실록》 권22. 12년 1월 1일(乙卯).

87) 《명종실록》 권22. 12년 1월 7일(辛酉). 조사수의 요청에 따라 부사는 송기수로 임명되었다.

88) 《명종실록》 권23. 12년 10월 6일(乙酉).

89) 윤엄(황혁의 장인)의 장인이다.

90) 《명종실록》 권29, 18년 5월 2일(己卯). 그런데 주청사 김주는 9월 27일 사망하였다(명종 18년 9월 27일(壬寅)).

91) 선조 5년(12월 26일)에 이양원(주청사), 윤근수(부사), 이해수(서장관)가, 선조 6년(2월 28일)에 이후백(주청사), 윤근수(부사), 윤탁연(서정관)이, 선조 14년(4월 20일)에 최옹(주청사)가 파견되었다.

92) 《선조실록》 권18, 17년 2월 18일(乙丑).

93) 《지천집》 부록 상1, 행장.

94) 명에 갔을 때, 천자의 태도가 소극적이자, 직접 예부로 찾아가 "신이 명을 받들어 멀

선조 17년 3월 동부승지에 제수되어 2개월 정도 임무 수행 중,95) 5월 3일 한응인(서장관), 송상현(질정관)과 함께 명으로 출발하였다.96) 6개월 뒤인 11월에 중찬된 《대명회전》 중 개정된 조선 관련 전문을 가지고 귀국함으로써, 마침내 조정의 숙원을 풀 수 있었다.97)

종계변무를 해결하고자 하는 지천의 자세는 상당히 적극적이었다.

당당한 왕실계보 분명히 전해 오니 이씨의 서린 뿌리 덕의 터전 쌓았네98)

라는 시의 내용처럼, 국정 과제를 해결하려는 의지가 매우 결연했음을 알 수 있다. 지천의 적극성만큼 선조 역시 "지천은 태조의 공신이지 나의 공신이 아니다"라는 말로, 종계변무의 성과에 대해 큰 의미를 부여하였다.

1588년(선조 21)에는 사은사로 갔던 유홍이 《대명회전》 중 조선 관계 부분의 반사본(頒賜本)을,99) 1589년(선조 22)에는 윤근수가 《대명회전》 전체를 가지고 옴으로써, 건국 이후 최대 외교 현안 중 하나였던 종계변

리 온 것은 선인들의 원통함을 풀고 작은 나라의 수치를 씻으려는 것"(《지천집》 부록 상1, 행장)이라고 강력하게 주장하였다.

95) 《선조실록》 권18, 17년 3월 1일(戊寅). 이날 인사에서 형(廷式)은 사간에 제수되었다.

96) 《선조실록》 권18, 17년 5월 3일(戊寅).

97) 《선조실록》 권18, 17년 11월 1일(癸酉). 선조는 모화관에서 이를 맞은 뒤 종묘에 고하고, 사형죄 이하의 사면과 주청사 일행 및 백관의 품계 가자, 노비와 전택을 하사하는 조치를 취하였다.

98) 윤근수, 이후백, 최립 등 주청사 임무를 수행한 인사들에 대한 시를 남기기도 하였다(《지천집》 권2, 칠언율시).

99) 《선조실록》 권22, 21년 3월 28일(辛亥). 이날 선조는 수백 년 마음의 응어리를 풀 수 있게 되었다고 하였다. 5월에는 선조가 모화관에 나가 칙서를 맞고 권정례를 행했다.

무가 최종 마무리되었다.[100] 이어 후속 조치로 공을 세운 인사들에 대한 포상과 사은표문이 작성되었다. 이어 왕실의 정통과 법통을 세우는 종계변무에 공을 세운 인사들에게 상을 하사했다. 광국공신 책봉이 그것이다.

1590년(선조 23) 사절단으로 명나라에 다녀오거나, 주청문을 작성한 인사 중 공로가 뚜렷한 19인을 선정한 뒤, 이들을 다시 세 등급으로 구분하여 공신 책봉을 하였다.[101] 이때 누구보다 큰 공을 세운 지천은 광국공신 1등에 책봉되었다.

그런데 광국공신의 책봉과 관련된 기사가 《선조실록》에는 없고, 《선조수정실록》에만 있다.[102] 공신 책봉 시 대부분 서인계 인사들이 책봉되었던 사실을 볼 때, 국책 기록조차 당파 간 갈등에 의해 서술의 차이를 보였음을 확인할 수 있다.[103]

이상에서 보듯이, 종계변무는 건국 이후 200년 동안 역대 군주 모두

---

100) 《선조실록》 권23, 22년 10월 27일(辛丑). 이때 《대명회전》의 전질을 받아 왔다.

101) 1등은 3인으로, 1589년 성절사로 명나라에 가서 개정된 《대명회전》을 가지고 돌아온 윤근수(해평부원군)와 1584년 종계변무 주청사로 개정·간행된 《대명회전》을 확인하고 돌아온 황정욱(장계부원군), 1587년 주청사로 명나라에 가서 중수된 《대명회전》 가운데 조선에 관계된 제본을 받아온 유홍(기계부원군)을 수충공성익모수기광국공신(輸忠貢誠翼謨修紀光國功臣)이라 하였다. 2등은 7인으로, 1573년 주청사로 명나라에 다녀온 이후백, 1575년 사은사로 종계변무를 주청한 홍성민, 1577년 사은사로 다녀온 윤두수, 1584년 서장관으로 다녀온 한응인, 1587년 서장관으로 다녀온 윤섬, 1589년 종계변무를 주청한 윤형, 1584년 역관으로 다녀온 홍순언 등에게 수충공성익모광국공신(輸忠貢誠翼謨光國功臣)이라 하였다. 3등은 9인으로, 종계변무의 주문을 지은 기대승, 1563년(명종 18) 종계변무사로 갔다가 객사에서 죽은 김주와 이양원, 황림, 윤탁연, 정철, 이산해, 유성룡, 최황 등을 수충공성광국공신(輸忠貢誠光國功臣)이라 칭하였다.

102) 《선조수정실록》 권24, 23년 8월 1일(庚午).

103) 이에 대해서는 다음 절에서 살피고자 한다.

관심을 기울였던 매우 중요한 현안 중 하나였다. 무엇보다 왕실의 정통성을 바로 잡고, 명으로부터 정당성을 인정받는 일이라는 점에서 관심이 집중되었다. 이와 같이 중요한 일을 지천이 해결하였다는 것은 정국 주도의 핵심 세력으로 부상할 수 있는 배경과 선조의 총애를 받는 요인이 되었음은 물론이다.

그런데 당시 종계변무를 추진했던 인사들이 대부분 서인계였음은 상당히 주목된다.[104] 실제로 종계변무가 마무리되고 광국공신 책봉이 진행되던 선조 23년까지 서인계가 정국을 주도하였던 것과 무관하지 않다. 그런데 선조 24년 윤3월 건저의 사건이 발생하면서 서인은 정치적으로 엄청난 타격을 받았고, 이듬해 임진왜란의 발생과 함께 정국 주도권을 동인에게 넘겨야 했다.

여하튼 선조 대 종계변무가 마무리되면서 왕실의 계통을 바로잡을 수 있게 되었다. 지천은 군주의 관심이 컸던 종계변무의 해결에 공을 세우면서 선조의 신뢰와 총애를 받을 수 있었으며, 정국 운영의 핵심 세력으로 등장할 수 있었다.

그런데 정치란 매뉴얼대로 전개되지 않고 급변하는 것이 고금의 진리이다. 더군다나 선조 25년의 임진왜란은 이제껏 경험하지 못한 전국토의 황폐화와 민생파탄, 관료층에 대한 불신 고조와 외교의 난맥 등 상상할 수 없는 위기 상황을 초래하였다. 지천 역시 이러한 현실에서 자유로울 수 없었다. 이제 그의 임진왜란 초기 근왕병 모집 활동과 이후 전개된 정파 갈등에 대해 살펴보자.

---

104) 《광해군일기》 권1, 즉위년 2월 21일(戊寅). 선조 행장.

2) 임진왜란 초기 근왕병 모집

종계변무의 공을 인정받아 공신으로 책봉된 이후 지천의 관료생활은 확실히 보장된 미래였다. 그런데 임진왜란의 발생과 선조의 파천, 순화군을 모시고 근왕병을 모집하다가 체포되면서, 그의 관료 생활은 질곡으로 떨어지고 말았다.

전쟁 발발 전까지 조선의 지배층은 동아시아에서 벌어지고 있는 정세 변화에 능동적으로 대처하지 못했다. 구체제의 적폐를 털어 내지 못했을 뿐만 아니라, 극심한 당파 갈등으로 정치·사회·경제·외교적으로 총체적인 난맥을 연출할 뿐이었다. 이런 상황에서 발생한 전쟁의 전개 방향은 불을 보듯 뻔한 상황이었다.105)

오랜 전국시대를 거치면서 전쟁으로 훈련된 일본군과 군적수포제의 실시로 군대와 질과 군인의 사기가 저하된 조선군과 치른 전쟁 초기 상황은 조선군의 일방적인 패배와 일본군의 거칠 것 없는 북진으로 이어졌다. 연이은 관군의 패배와 도순변사 신립의 패전 소식까지 접한 선조는 4월 30일 서울을 떠났고, 일본군은 아무런 저항 없이 서울에 입성할 수 있었다(5월 3일). 전쟁 발발 2개월 만에 서울과 평양이 함락되었을 뿐만 아니라, 선조의 명나라 망명과 '나라가 반드시 망할 것'이라는 소문까지 떠돌았다. 나라를 이 지경으로 만든 관료들에 대한 백성들의 불신이 더해지면서, 국정은 마비상태에 빠졌다.

선조는 광해군에게 분조를 맡기고, 근왕병 모집을 위해 임해군과 순

---

105) 전쟁에 참전한 군사는 70만 명 이상으로 세계사적으로도 대규모의 전쟁이었다(정구복, 〈임진왜란의 역사적 성격과 의미〉, 《임진왜란과 한일관계》, 경인문화사, 2005). 그런데 침략국인 일본이나 조선을 지원한 명나라의 경우, 자국 영토에서 벌어진 전쟁이 아니었기 때문에, 직접적인 피해를 입지 않았다.

화군을 함경도 지역과 강원도 지역으로 보냈다.[106] 지천은 호소사(號召使)가 되어 의병 모집의 격문을 돌리는 등 적극적으로 활동하였지만,[107] 왜군의 공격에 밀려 회령으로 들어가 임해군과 합류해야 했다. 그러나 6월 13일 평양성을 점령한 가등청정이 파죽지세로 함경도까지 진출하자, 왕자 일행은 위기에 빠지고 말았다. 설상가상으로 국경인(鞠景仁, ?~1592)의 모반으로 왜군의 포로가 되면서,[108] 조선군의 전쟁 수행에 방해 요인이 되고 말았다. 더군다나 포로 상황에서 아들 혁이 항복권유문을 작성했던 문제로, 이후 지천 부자의 관료 생활은 탄핵과 비난의 대상으로 전락되었다.[109]

포로가 된 상황에 대해 동인계의 이희득(1525~1604, 본관; 전주)은 지천 부자가 폐단을 부려 민심을 잃었기 때문이라고 보고하였다.[110] 체포 당시 지천이 왕자를 구출하기 위해 비밀언서[111]를 작성해서 보내는 등

---

106) 《선조실록》 권26, 25년 4월 30일(己未). 임해군은 김귀영과 윤탁연에게, 순화군은 지천 부자와 원주에 살았던 이기에게 수행하도록 하였다.

107) 당시 임진왜란에 대한 지천의 인식은 "임진년과 같은 난리를 고금천지에 없었던 일"(《지천집》 권3, 上都堂書), "전란으로 상심했던 임진년 이후", "슬프도다 난리는 언제나 끝나려나", "난리통에 도성은 함락되고 집도 없어졌으니"(《지천집》 권2, 칠언율시)와 같이 매우 우려하는 입장이었다.

108) 《선조실록》 권31, 25년 10월 19일(乙巳).

109) 《선조실록》 권35, 26년 2월 10일(乙未). 선조 26년 명의 대규모 지원군이 도착하자, 일본군은 포로들을 데리고 함흥으로 이동했다. 두 왕자와 지천 일행이 풀려난 것은 1593년 6월 1일이다(《지천집》 권3 擬與日本關白書).

110) 《선조실록》 권30, 25년 9월 16일(癸酉). 지천 부자가 순화군을 모시고 떠났다가 포로로 되는 과정 역시 《선조수정실록》(권26, 25년 7월 1일(戊午))은 《선조실록》과 상당히 다른 견해를 밝히고 있다. 《선조수정실록》에는 지천 부자의 문제라기보다, 토관진무 국경인의 문제가 크다고 기록하였다.

111) 《선조실록》 권31, 25년 10월 2일(戊子).

적극적인 노력을 기울였음에도 불구하고,[112] 상대 당파에서는 전혀 인정하지 않았다. 함께 포로로 있다가 도망 나온 이홍업의 추고 과정에서, 지천 부자의 포로 생활이 대단히 험한 상황이었다고 보고했지만,[113] 이 역시 전혀 받아들이지 않았던 것이다.[114]

여하튼 전쟁 중에 왕자가 체포되었다는 것은, 전쟁 수행에 불리한 요인이 되었음이 자명하다. 왕자와 함께 포로가 되었던 지천부자 역시, 잘잘못을 떠나 관료들에게 비난 받을 소지가 다분했던 것이다. 더군다나 항복권유문에 실린 내용으로 인하여, 더욱 곤욕을 치러야 했다.

그러나 지천은 공초를 통해 포로 당시 상황과 입장을 당당하게 주장하였을 뿐만 아니라,[115] 할지(割地)와 강화를 언급한 것은 왕자를 급히 탈출시키기 위한 일이었을 뿐 다른 뜻은 없었다고 억울함을 주장하였다.[116] 나아가 항복권유문에 "관백전하라고 한 것은, 이전의 국서에 이미 사용했던 관례였음과 적들이 스스로 자기 임금을 지칭한 말이기 때문에 단지 말한 대로 썼을 뿐", "옛날의 군자는 죄가 있는 가운데에서 죄가 없음을 찾고자 하였거늘, 지금의 의론하는 자들은 베낀 편지에서 실제 죄

112) 《선조실록》 권31, 25년 10월 19일(乙巳). 이날의 기사에는 북병사 한극함과 남병사 이영의 서장 및 임해군과 순화군, 김귀영, 지천, 황혁 등의 서장, 가등청정의 글도 실려 있다.

113) 《선조실록》 권31, 25년 10월 23일(己酉).

114) 이들은 '국가의 수치',(《선조실록》 권36, 26년 3월 11일(丙寅) 혹은 '통분스러운 일',(《선조실록》 권40, 26년 7월 13일(을축) '대의가 멸절되고 人紀가 무너진 일'로 인식할 뿐이었다(《선조실록》 권41, 26년 8월 6일(丁亥)).

115) 《선조실록》 권41, 26년 8월 2일(癸未).

116) 《선조실록》 권41, 26년 8월 9일(庚寅).

를 찾고 있으니 잘못",117) "비록 세상의 비방을 들었지만 나라가 위태롭고 어려울 때 힘을 떨쳐 두 왕자를 보호할 수 있었던 것은 하늘이 반드시 알아줄 것"118)과 같은 표현으로 불편한 속마음을 드러냈다.

상대 당파에서 신라 때 박제상처럼 행동하지 못했다고 주장하자,

> 죽을 수도 있고 죽지 않을 수도 있는 일에 죽는다면 용기를 상하는 것119)

이라는 맹자의 말을 인용하여 적극 대응하였다. "(上都堂書; 필자)의 글을 그대로 베껴 사관에게 보내 사실에 근거하여 정직하게 기록하게 한다면 내가 죄가 있는지 없는지, 나를 알아주든지 나를 죄를 주든지, 반드시 후세의 공론이 있을 것"120)이라는 말로, 자신의 당당함을 강조하였다.

한편 지천이 왕자들과 포로가 되었다는 사실은, 개인의 영역을 넘어 국가의 문제로 비화된 여지가 컸다. 따라서 선조를 비롯하여 조정의 관료들은 민감하게 반응하면서, 이들의 석방에 관심을 기울였다. 그런데 당시 조선의 국력이 미약하기는 했지만, 중국에 의존해서 문제를 해결하려고 했던 선조의 태도는 문제의 소지가 컸다.121) 전적으로 명에 의존해서 해결하려는 사대주의적 태도로 인해, 정국의 혼란과 전쟁 수행 중이던

117) 《지천집》 권3, 上都堂書.

118) 《지천집》 권4, 祭順和君文.

119) 《맹자》 이루장 하.

120) 《지천집》 권3, 上都堂書.

121) 《선조실록》 권35, 26년 2월 11일(丙申).

장병들의 사기를 떨어뜨렸기 때문이다.[122)]

선조의 사대주의적 태도만큼이나, 관료들의 행태 역시 문제의 소지가 많았다. 정파 간 갈등에 함몰되어 전쟁을 초래한 잘못에 대한 반성 없이, 오직 지천이 포로가 되었던 사실만 부각시켰던 것이다. 국가의 수치,[123)] 풍신수길을 "관백 전하"라고 한 것, 선조에게 '臣'자를 사용하지 않은 것에 대해 극도의 반감을 보일 뿐이었다.[124)] 1593년 6월 풀려났을 때, "지천 부자의 죄가 더없이 크고 악이 극에 달했는데, 끝내 목숨을 부지했으니 어찌 국가에 상형(常刑)이 있다고 하겠는가.'"[125)]라는 사관의 논평은, 당시 동인계 관료들의 비난 수위를 이해하는 데 요긴하다. 이제 지천의 생애 마지막까지 포로 사실을 둘러싸고 벌어진 정파 간 갈등 사실을 살펴보자.

전쟁 중이었음에도 불구하고, 동인계 인사들은 지천부자를 반드시 처벌해야 한다고 주장했다. 지천은 자신의 행동과 행적이 어쩔 수 없었음을 항변하였지만, 동인계는 지천의 공격을 계기로 정국 주도권까지 장악해 나갔다. 동인이 장악한 사간원과 사헌부에서 지천의 치죄를 지속적이며 정략적으로 끌고 갔던 것이다. 그런데 초반에 지천에게 유배형을 내렸던 선조가 추가 치죄는 불가하다는 심경의 변화를 보였다. 그러자 사관

122) 전란 당시 의병이나 수군의 활약상에 대한 포상보다, 폄하로 일관하였던 선조는 이순신이 한산도에서 병선 40여 척을 만들고 있다고 하자, 다만 중국이 구원해 주기를 믿을 뿐이라고 하였다(《선조실록》 권85, 30년 2월 25일(丙戌)). 이는 국내 정치와 국방까지 명에 맡기겠다는 태도와 다르지 않다고 생각되기 때문이다.

123) 《선조실록》 권36, 26년 3월 11일(丙寅).

124) 《선조실록》 권36, 26년 3월 21일(丙子).

125) 《선조실록》 권40, 26년 7월 13일(乙丑).

은 "임금을 배반한 것보다 더 중한 죄가 없고 적에게 붙은 것보다 더 큰 악이 없는데, 정욱 부자는 왕실의 인척이라는 이유로 유독 죽음을 면하였으니 그러고도 국가에 형벌이 있다고 하겠는가"[126]라고 하면서, 선조까지 비판하기에 이르렀다.

선조 28년에는 유배지에서의 작폐 건까지 거론되었고,[127] 비변사에서는 국문 필요성을 제기하였다.[128] 지천은 극형도 받아들이겠다는 의지를 피력하면서, 자신의 억울함을 강력하게 주장하였지만, 결국 위리안치의 명이 내려지고 말았다.[129] 대간과 홍문관에서는 ""지천이 형을 받는다면 훌륭한 역사가는 의당 복주(伏誅)되었다고 할 것"이라며, 지천의 치죄는 후대의 평가와 민심을 따르는 일이라고 주장하였다.[130] 그런데 다시 선조의, 마음이 바뀌었다.

선조 29년 순화군의 부인(지천의 손자며느리) 요청에 따라 지천을 방면한 것이다.[131] 동인계에서 방면 철회 요구를 주장하였지만, 선조 역시 포로 당시 작성한 항복권유문은 핍박을 받아 쓴 것이며, 방면은 원훈에 대

126) 《선조실록》 권41, 26년 8월 27일(丁未).

127) "귀양 가 있으면서 오히려 옛 악습을 길러서 다방면으로 작폐하고 기탄없이 방종하여 고을 사람들로 하여금 괴로움을 견디지 못하게 하고 있습니다."(《선조실록》 권59, 28년 1월 18일(辛卯))와 "혈기를 가진 자라면 누군들 그의 고기를 씹어 먹고 그의 가죽을 깔고 자려고 하지 않겠습니까."(《선조실록》 권59, 28년 1월 19일(壬辰)). 두 기사는 동인계 인사들의 표현이다.

128) 《선조실록》 권59, 28년 1월 22일(乙未).

129) 《선조실록》 권61, 28년 3월 11일(甲申).

130) 《선조실록》 권61, 28년 3월 18일(辛卯)과 22일(乙未). 이때에도 지천 부자의 처벌을 요구한 인사들은 동인계 인사(정구와 김우옹)들이었다.

131) 《선조실록》 권85, 30년 2월 3일(甲子).

한 국가의 배려라고 하면서 받아들이지 않았다.132) 대간은 "형벌의 정도를 잃은 조치",133) "방면 후 앞으로 어찌 국가를 다스릴 것인가"134)라는 말로 저항했고, 선조는 "왕자를 보호하기 위해서, 일시적으로 두려워서 그런 일",135) "국가의 체면",136) "목숨은 붙어 있더라도 마음은 이미 죽은 것이나 마찬가지"137)이라는 말로 물러서지 않았다. 이 문제는 선조 26년 이후 내내 정국의 화약고였던 것이다.138)

당시 정국은 상대 당과의 협치는 찾아볼 수 없고, 오직 원수처럼 인식하는 분위기만 있을 뿐이었다. 동인계가 지천에 대해 집요할 정도로 비난했던 것에 비해, 자파 인사 인사들에 대해서 극찬했던 태도를 통해 확인할 수 있다.139)

동인계의 집요한 비난과 탄핵이 반복되던 상황에서 선조 33년 또 다

---

132) 《선조실록》 권85, 30년 2월 14일(乙亥). 동인계 관료들의 방면 철회 주장은 5월 19일(己酉)까지 계속되었다.

133) 《선조실록》 권85, 30년 2월 18일(己卯).

134) 《선조실록》 권87, 30년 4월 2일(壬戌).

135) 《선조실록》 권85, 30년 2월 18일(己卯).

136) 《선조실록》 권85, 30년 2월 21일(壬午).

137) 《선조실록》 권86, 30년 3월 6일(丙申).

138) 《선조실록》 권107, 31년 12월 14일(乙丑).

139) "(김응남은)넓은 도량은 河海와 같고 굳은 지조는 높은 산악과 같으니, 그는 나라의 柱石이라 할 만하다. 집에 있어서는 부모에게 효도하고 형제간에 우애가 있었으며, 자신의 몸가짐은 청렴하고 검소하였다. 갖추어 기록할 겨를이 없으므로 단지 그 중요한 점만 들었다."(《선조실록》 권85, 30년 2월 25일(丙戌))와 "(오억령은)성품이 조용하고 자상하며 단아하고 신중하며"라는 당시 사관의 논평에 비해, 정철을 '奸澈'이라고 표현하는 등 정파 간 갈등의 골이 매우 깊었음을 알 수 있다. 이에 대해, 서인계 윤근수는 '기회를 잡아 보복하는 행위'(《지천집》 부록 상1, 壽序)라는 말로 반론을 제기했다. 또한 지천은 '훗날 훌륭한 사관의 붓으로 남겨진다면 靑史에서 씻어 줄 것이라고 주장하였다(《지천집》 부록 하, 李安訥 挽詩).

시 반전이 일어났다. 지천 부자의 곤욕은 '하늘에 사무치는 억울함'이란 윤인백의 상소가 제기된 것이다.140) 이에 대해 서인계 윤두수는 긍정적으로 수용했는데, 동인계의 이원익과 이덕형, 이항복 및 사관들은 부정적으로 평가하였다.141) 이 사실은 선조 33년 이후 서인계의 목소리가 커지기 시작했음을 의미한다. 신잡(申磼)은, "그간의 잡설을 어찌 믿을 것인가",142) 윤근수는, "황정욱이 죄진 이유를 모르겠다…연로한 원훈이 오랫동안 버림받고 있는 것은 미안하다"143)라는 주장을 제기하였던 것이다. 이에 힘을 얻은 선조는 지천을 석방하라는 조치를 내렸다.144)

지천의 방면이 이루어지고 4년이 지난 선조 39년에, 일본에서 화친 요청을 하였다. 지천은 "종묘 사직의 복이고 백성들이 다시 살아날 수 있는 계기"라고 인식했다.145) 사행이 위험한 일이기는 하지만, 전날의 억울함을 풀 수 있는 기회이므로, 아들(혁)을 사신으로 보내달라는 상소를 올렸다.146) 지금은 누명을 벗을 수 없지만, 후세에 알릴 수 있는 방안이라

140) 《선조실록》 권128, 33년 8월 13일(癸未). 지천은 자신의 처지와 상황을 알고 있는 인사((함정호, 이장배, 이진충, 이해, 조인징)들을 언급하였다(《지천집》 권3, 上都堂書).

141) 《선조실록》 권128, 33년 9월 1일(辛丑).

142) 《선조실록》 권134, 34년 2월 24일(癸巳).

143) 《선조실록》 권141, 34년 9월 11일(乙巳).

144) 《선조실록》 권152, 35년 7월 22일(辛巳). 선조는 "(대간의 반대는)논할 것이 못 된다", "연로한 훈신이니 놓아주는 것이 무방하다"(《선조실록》 권163, 36년 6월 29일(甲寅))라고 하였다. 이에 대해 대간은 "석방하라는 명은 실로 私心에서 나온 것",(《선조실록》 권153, 35년 8월 8일(丁酉)) "혼인 관계로 비호"(《선조실록》 권163, 36년 6월 29일(甲寅))와 같은 말로 비난하였다.

145) 《지천집》 권3, 請遣男赫 通信日本疏.

146) 《선조실록》 권199, 39년 5월 28일(乙未). 이에 대해 사관은 비판적인 논평을 했다.

고 생각했던 것으로 보인다. 임진왜란 중 포로가 되어 국정에 부담이 되고 누명을 썼던 상황에서 벗어날 수 있는 기회라고 판단한 것이다. 이는 포로 상황이 어쩔 수 없었던 일이며, 당당하다는 자신감의 표현이라고 할 수 있다.

선조의 방면 조치가 내려진 뒤, 윤근수는 정치란 효치(孝治)가 우선이라면서 지천 부자의 방환을 요청하였다.[147] 윤근수의 주장에 삼사의 반대와 파직 요청이 잇따랐고, 사관은 붕당의 화를 자초하는 행위라고 논평하였다. 다시 동·서인이 정면 대치하는 국면이 전개되었는데,[148] 선조 후반기 정국 운영에서 지천이 여전히 정국의 뇌관이었던 것이다. 당시 갈등 상황에 대해 실록조차 서로 다르게 기록하고 있다. 이를 보자.

선조 26년 이후 14년 정도 장황하게 전개된 지천의 정죄와 해배 상황을 기록하고 있는 《선조실록》과 《선조수정실록》의 서술 내용[149]을 살펴보자.

---

147) 《선조실록》 권214, 39년 7월 29일(己未). 이에 대해 사관은 "윤근수는 황정욱과 똑같은 사람이다"라는 말로 비판하였다.

148) 《선조실록》 권215, 40년 8월 1일(辛酉)과 8일(戊辰).

149) 《선조실록》은 1609년(광해군 1) 7월부터 편찬하기 시작하여 다음해 11월에 완성하였다. 처음에는 이항복이 총재관이었으나, 뒤에 기자헌이 대신하였다. 기사가 조잡하고 당파 관계로 공정한 입장을 견지하지 못한 것이 많아 역대 실록 가운데 가장 질이 떨어진다는 평을 받고 있다. 서인 이이·성혼·박순·정철 및 남인 유성룡 등에 대한 비방이 많은 것에 비해, 이산해·이이첨 등 북인에 대해서는 지나친 칭찬을 하여 시비가 많이 왜곡되었다. 《선조수정실록》은 인조 반정 후 서인이 집권하자, 수정하자는 의견이 대두되어 편찬되었다. 1641년(인조 19) 2월에 대제학 이식의 상소로 수정을 결의하고, 이식에게 수정을 전담시켰다. 1646년(인조 24) 1월 이식이 다른 일로 파면되고, 곧 사망하면서 수정 사업은 중단되었다. 그 뒤 효종 즉위 초 여러 차례 수정 작업을 진행하고자 했으나, 실천에 옮기지 못했다. 1657년(효종 8) 3월 수정실록청을 다시 설치하고 영돈녕부사 김육과 채유후 등에게 맡겨 그해 9월에 완성을 보았다(신석호, 〈조선왕조실록의 편찬과 보관〉, 《사총》5, 1960).

가) "헌부가 죄인 황정욱과 황혁의 일을 잇달아 아뢰었으나, 상이 따르지 않았다. [정욱은 성품이 교활하고 권세와 이익을 탐하여 하지 못하는 짓이 없었다. 혁은 사람이 부랑(浮浪)하여 본래 행검(行檢)이 없었다. 이들은 끝내 임금을 배반하고 적에게 붙어 스스로 극악한 대죄에 빠졌다.] 사신은 논한다. 임금을 배반한 것보다 더 중한 죄가 없고 적에게 붙은 것보다 더 큰 악이 없는데, 정욱 부자는 왕실의 인척(姻戚)이라는 이유로 유독 죽음을 면하였으니, 그러고도 국가에 전형이 있다고 하겠는가. 이영(李瑛)이 비록 죄를 자복하고 죽었지만 지하에서 눈을 감지 못할 것이다."**150)**

나) "헌부가 황정욱을 방송하려는 명을 도로 거두기를 청하니 상이 따랐다. 정욱은 인품이 꼬장꼬장해서 세속과 어울리지를 못하였고, 그가 전한 격문이 당로자에게 거슬렸다. 임진란을 당해 왕자를 보호하다가 적중에 잡혔을 때 주문을 정본과 가본 두 통으로 만들어 적을 속여 전달했는데, 당시 재상이 정본은 숨기고 가본만을 보냈다. 그가 돌아온 뒤에는 대관이 삼성 교좌하여 논죄하였으나 옥사를 주관하던 신하가 구원하여서 죽음은 면하고 북변에 유배되었다. 앞서 7월에 상이 원훈 구신이라 하여 특별히 석방하자, 양사가 달이 넘도록 논집하여 끝내 명을 도로 거두게 하였다. 사신이 '임금을 잊고 나라를 저버린 죄가 천지에 사무친다'고 썼으니 심하지 않은가."**151)**

150) 《선조실록》 권41, 26년 8월 26일(丁未).

151) 《선조수정실록》 권36, 35년 8월 6일(乙未).

가)의 기사는 시작부터 죄인 황정욱이라고 서술하면서, '교활'과 '부랑', '극악한 대죄' 등 부정적인 내용으로 일관하고 있다. 사관의 논평 역시 대단히 비판적으로 평가하고 있다. 이에 비해 나)의 기사는 지천의 행적을 옹호하고 있을 뿐만 아니라, 가)의 기사에서는 볼 수 없는 포로 당시의 실상을 보고하기 위한 서신 작성 활동에 대해서도 소개하고 있다. 사관의 논평 역시 지나치다는 입장으로 상반된 입장을 견지하고 있다.

두 실록의 기사를 통해, 당파의 견해가 반영된 서술 차이를 읽을 수 있어, 당시 당쟁이 어느 정도 심각하게 전개되었는지를 실체적으로 이해할 수 있다. 실록을 편찬하던 주체(당파)에 의해 사료의 취사선택과 가중치 적용이 있었음을 확인할 수 있는 것이다.

3) 지천의 현실인식

지천의 활동은 명종 13년 급제 후 언론 삼사에서의 언관직 수행과 선조 17년 종계변무 처리, 임진왜란 초기 강원도와 황해도에서의 근왕병 모집 활동 등으로 대분된다. 특히 근왕병 모집 중 포로가 된 일과 항복 권유문 작성 건으로 선조 중반 이후 상대 당파의 격렬한 비난과 탄핵을 받았으며, 이후 전개된 당파 간 갈등과 대립의 한복판에 있었다. 이를 바탕으로 그의 현실인식을 살펴보자.[152)]

평소 지천은 경학에 조예가 깊고, 학문 연마를 게을리 하지 않았다.[153)] 이는 문형의 자리가 비었을 때, 관료들 모두의 추천으로 홍문관과

---

152) 지천의 현실인식은 선조 25년 이전으로 제한되는 면이 있다. 임진왜란 당시 포로가 되었던 문제로 형을 받으면서 현실 정치에 참여할 수 없었기 때문이다.

153) 그는 스스로 이름을 날리게 된 것은 집안교육(家學) 덕분이라고 하였다(《지천집》 권

예문관의 대제학에 오른 것에서 알 수 있다. 선조 대 경연관으로 활동할 당시에는, 이치에 근거한 현실적인 대안을 제시하였다. 말은 간략하였고 의사가 명백하여 선조가 흔쾌히 받아들였다는 것을 보면, 해박한 지식을 바탕으로 당면 과제의 구체적인 대안을 제시하였던 것으로 보인다. 노수신은 "참된 강관의 재목", 이이는 "배우기를 좋아하니 재주가 날로 진보하여 당할 수가 없다", 기대승은 "(문생들에게)너희들을 위하여 훌륭한 스승을 얻어 놓았으니 서울에 가거든 집지하고 가르침을 받으라"[154]와 같은 표현을 볼 때, 그의 학문에 근거한 현실인식을 이해할 수 있다.

선조 1년 홍문관 교리 역임 시에 연명으로 "뜻을 세울 것, 집을 다스려 정제할 것, 정통을 높일 것, 조정을 바르게 할 것, 시비를 정할 것, 淫祀를 금할 것" 등의 여섯 조목의 상소를 했다.[155] 선조 즉위 초에 올린 상소로 국정 운영의 구체적이고 현실적인 방향성을 제시한 것으로 생각된다.

12월에는 주강에 참석하여 방납의 문제를 해결할 수 있는 방안을 제안하였다. 이때 그는 작은 일이 시행되어야 큰일을 할 수 있다면서, 어떤 일이든 철저해야 한다는 태도를 강조하였다.[156] 지천의 주장에 선조는 매우 옳은 판단이라는 반응을 보였다. 나아가 군국의 일을 의논하려면 질실(質實)하고 유아(儒雅)하여 함께 일할 만 한 황정욱 같은 인물이 필

2, 칠언율시).

154) 《지천집》 해제.

155) 《선조실록》 권2, 1년 7월 12일(己未). 부제학 노수신, 직제학 김만상, 전한 민기문, 응교 유희춘, 수찬 송응개와 신담, 저작 조정기(장남 혁의 장인) 등과 함께 상소를 올렸다.

156) 《선조실록》 권2, 1년 12월 19일(癸巳).

요하다는 선조의 언급157)을 보면, 지천의 뛰어난 능력과 국정 운영에 끼친 영향력을 이해할 수 있다.

지천은 격렬해지는 선조 대의 당파 갈등에 대해서 상당히 우려하기도 했다.

> "난세에 동서로 나뉘었구나",158) "정국이 혼란하여 온통 갈림길인데", "아득한 世道는 누가 되돌릴 것인가"159)

와 같은 표현은, 당시 당쟁의 폐단이 어느 정도 깊었는가를 잘 보여 준다.

그는 민생의 어려움과 사회 정의의 실천에 대해서도 강조했다. "백성을 속이려고 하니 온갖 거짓이 생긴다", "벼슬살이 하면서 정성을 다 하였네"160)와 같은 주장은, 관료들이라면 모름지기 민생과 정직에서 출발해야 한다는 주장과 일치한다.

그는 책임의식도 대단히 컸다. 포로 문제로 정국의 혼란이 가중되었을 때, "왕자로부터 김귀영에 이르기까지 모두 저의 망령된 식견에 의해 잘못을 저지른 바가 되었습니다. 원컨대 스스로 그것을 감당하고자 하니, 동행했던 사람들에게까지 미치지 않게 했으면 합니다"161)라고 하였다. 포

---

157) 《선조실록》 권22, 21년 1월 5일(己丑). 당시 함께 거론된 인사는 황임, 이증, 안자유, 이준민, 김명원, 홍성민, 이산보 등 서인계이다. 이는 전후 시기에 서인 주도의 종계변무 처리 등이 진행되어 선조의 서인 우대가 있었음을 의미한다.

158) 《지천집》 권1, 오언율시(贈安演兄弟)

159) 《지천집》 권2, 칠언율시(送徐君受益赴義州) 및 (哭具景時思孟)

160) 《지천집》 권2, 칠언율시.

로가 된 상황 및 항복권유문 작성과 관련된 모든 책임을 자신이 안고 가겠다는 의지를 천명하였던 것이다.

선조 18년 경연 시에는 중국과 우리나라 학제와의 동이점에 대해 보고하였다. 이때 유생을 융성하게 대접하는 중국의 풍습을 언급하면서, 유학의 장려를 주장하였다.162) 선조 22년에는 면복에 두르는 중국 혁대 제도의 도입을 제안하는 등 중국식 교육제도와 의복제도의 수용을 강조하였다.163)

호조판서 역임 시에는 조상의 신주가 파주에 있으므로 서릉 헌관으로 보내줄 것을 요청한 적이 있었다.164) 이는 그가 예의의 실천을 상당히 중시하였다는 사실을 의미한다. 특히 지천은 예악에 밝아서 고금의 상변에 정통하였다. 조정에서 예악에 대한 논의가 있는 경우, 대부분 그의 의견을 수용하였다. 1578년(선조 11) 인성왕후 국상 시, 축문에 애자국왕휘모(哀子國王諱某)라고 하자, 상소를 올려 '효손 모'라고 칭하는 것이 타당하다고 주장하였다. 이후 '효'자 사용이 상례가 되었음은 물론이다.165)

종계변무 일로 선조가 종묘에 제사 드릴 당시, 절차와 과정에 대해 근거로 삼을만한 것이 없었다. 이때 지천은 고금의 문헌을 바탕으로 새로운 제례를 만든 뒤, 예의사(禮儀使)로서 선조를 열성(列聖)의 신좌(神座)

161) 《지천집》 권3, 相都堂書.

162) 《선조실록》 권19, 18년 4월 17일(戊午).

163) 《선조실록》 권23, 22년 1월 14일(壬戌).

164) 《선조실록》 권21, 20년 10월 27일(壬午). 그러나 이 문제로 그는 사헌부의 탄핵을 받아야 했다.

165) 《지천집》 해제.

앞에 인도하는 예식절차 일체를 진행하였다. 그 과정에서 법도와 절차상 아무런 문제가 발생하지 않았고, 제사를 마친 선조는 예조판서(지천)가 예식의 절차를 도와서 아무런 문제가 발생하지 않았다고 칭찬하였다.166) 예학에도 정통하여 시속의 선비들이 따지는 자잘한 의례에 구애받지 않았다는 기록167) 역시, 그의 예학(예악)에 대한 깊이와 넓이가 상당했음을 이해할 수 있다.

지천이 예조판서 역임 시 마련한 종묘제례악의 운용에 대해서는 선조 당대 기사에서 찾아볼 수 없다. 그런데 《효종실록》에 "종묘에 제향하는 악장은 국초에 詞臣이 지은 것만 가지고 역대 임금들의 신위에 연주하고 있는데, 각기 다르고 맞지 않으므로 혼령을 강림하게 할 수 없으니 각 室마다 악장을 지어 혼령을 편안하게 해야 한다"168)라는 기사가 있다. 이 기사는 선조 대 지천이 제안하여 마련된 종묘제례악을 따라야 한다는 것과 다르지 않다.

현종 대 송준길도 종묘에 사용할 악장에 대해 지천의 주장을 언급하였다.

> 태묘에는 보태평(保太平) 9장 11성(聲)169)을 각 묘실의 초헌 때에 통용하고, 정대업(定大業) 9장 11성170)을 아헌과 종헌 때에 통용하는데, 선왕

---

166) 《지천집》 부록 상1, 행장.

167) 《지천집》 부록 상1, 행장.

168) 《효종실록》 권6, 2년 6월 22일(丁卯).

169) 종묘에 사용하는 악장의 이름으로 초헌 때에 연주한다. 본래는 세종 때 宴禮에 쓰는 음악으로 마련하였던 것인데, 세조 8년에 종묘악으로 처음 연주되었다(《현종실록》 권10, 6년 8월 15일(戊辰)).

의 덕을 찬송한 장은 세종대왕 당시의 일에 그치고 그 아래로는 빠져 있습니다. 문소전을 없애기 전에는 각 묘실마다 악장을 따로 만들어 사용하였으니, 태묘에는 여러 묘실에 9장을 통용하면서 문소전에는 각 묘실에 따로 만들어 사용한 뜻이 어디에 있었는지 진실로 알지 못하겠습니다. 선조 조에 예판으로 있던 황정욱은 태묘의 묘실마다 각각 한 장(章)을 만들어 사용하기를 청하였습니다.[171)]

라는 송준길의 차자가 그것이다. 이때 송준길은 이름 있는 신하로서 반드시 나름의 소견에 따른 것이라고 강조하였다.

지천의 종묘 제례악에 대한 논의는 숙종 대 남구만[172)], 영조 대 윤순,[173)] 순조 대 예조에서도 제기하였다.[174)] 이는 결국 종묘에 사용될 음악에 대한 지천의 주장이 수용되었고, 선조 이후 종묘제례악에 대한 기준이 되었음을 의미한다.

지천이 현실정치의 정책 입안과 집행 과정에서 제안한 내용은 실록에서 그다지 많이 찾아지지 않는다. 가장 역동적으로 활동할 수 있었던 선조 25년 이후에, 근왕병 모집 시 포로가 되었던 일로 처벌을 받으면서 정치 활동을 할 수 없었기 때문이다. 향후 지천과 관련된 자료가 좀 더 확보된다면, 조선 중기(명종~선조) 정국 운영에 반영된 지천의 구체적인 현

170) 종묘에 사용하는 악장의 이름으로 아헌과 종헌 때에 연주되며, 만들어진 시기 등은 보태평과 같다(《현종실록》 권10, 6년 8월 15일(戊辰)).

171) 《현종실록》 권10, 6년 8월 15일(戊辰).

172) 《숙종실록》 권30, 22년 1월 14일(辛未).

173) 《영조실록》 권46, 13년 10월 21일(乙巳).

174) 《순조실록》 권7, 5년 윤6월 18일(己亥).

실인식의 파악이 가능할 것으로 기대된다.

4. 맺음말

지천의 생애와 현실인식을 명종 13년 급제 이후의 관력과 선조 17년의 종계변무, 임진왜란 초기 근왕병 모집 활동 등을 중심으로 살펴보았다. 본문의 내용을 정리하는 것으로 맺음말에 대신한다.

1532년(중종 27)에 태어나 1607년(선조 40)에 돌아간 지천은 중종부터 선조까지 4명의 군주 시기 동안 75세를 살았다. 조선시대 명문인 장수황씨 황희의 후손으로 학문과 정치력을 겸비한 학자 관료로 1552년(명종 7) 사마시, 6년 뒤인 1558년(명종 13) 식년문과에 급제하여 명종 재위 기간 동안 청요직을 두루 역임하였다. 장남(혁)의 사위가 선조의 아들이었다는 점과 당시 국정의 가장 중요한 현안의 하나였던 종계변무를 해결했다는 사실, 임진왜란 당시 왕자를 모시고 근왕병 모집 등 종군 활동을 했던 점 등을 고려해 볼 때 정국에 끼친 영향력이 작지 않았던 것으로 이해된다.

시간의 고금을 막론하고 정치 운영 과정에서 음모와 배신, 협치와 대립은 언제나 현재진행형이었다. 그러다 보니 성향이 다른 정치 세력 간 권력 투쟁이 전개되었다. 그중 한 세력은 권력과 부를 독점하였으며, 다른 한 세력은 권력과 부의 분점을 논하면서 새로운 판짜기에 열중하였다. 동인과 서인으로 갈라지기 시작한 선조 7년 이후의 정국 역시 동일한 현상으로 나타났다. 서인으로 자정했던 지천은 종군활동 시 포로가 되었던 문제로 상대 당파의 집요한 비난과 비판, 탄핵에 시달려야 했고,

이후 그의 생애는 징계와 해제, 유배와 해배로 얼룩진 삶 그 자체였다. 함께 포로로 잡혔던 아들 역시 오랜 시간 질곡의 시간을 보내야 했으며, 결국은 김직재옥사로 생을 마감해야 했다.

주지하듯이, 임진왜란은 승자도 패자도 없이 끝난 국제전이었다. 전쟁 과정과 전쟁 이후에도 지배층들은 여전히 권력과 부를 누렸다. 전쟁의 원인과 전개, 결과에 대한 반성과 자주국방을 위한 정책 입안은 찾아볼 수 없었으며, 오로지 격렬한 정쟁만 전개할 뿐이었다. 명·청 교체기에 직면하여 실리적인 외교술보다 대명의리론만 주장했을 뿐, 이반된 민심과 민생의 회복은 관심 밖이었다. 전쟁 이후 강조된 예학과 예치 및 예송 논쟁 등의 전개는 그들만을 위한 새로운 리그의 탄생일 뿐이었다. 이에 비해 방화, 도륙, 강간, 포로, 부역 등은 오롯이 백성들의 몫이었고, 전쟁이 끝났어도 고달프고 비참한 생활에서 벗어날 수 없었다.

이와 같이 전국토의 황폐화와 민생을 도탄에 빠뜨렸던 임진왜란 당시, 지천은 임해군과 순화군을 모시고 강원도와 함경도에서 근왕병을 모집하는 등 온몸을 던져 질곡에 빠진 국가와 민족의 위기를 극복하고자 했다. 피난지에서 의병 모집의 격문을 돌리면서 난국을 헤쳐 나가고자 했던 것이다. 포로가 된 사실과 항복권유문을 작성한 문제로 동인의 집요한 비판으로 유배형에 처해지고 말았다. 1597년 왕의 특명으로 석방되었으나, 복관되지 못한 채 죽었다. 상대 당의 모든 것을 배척하는 극단적인 방향으로 전개되었던 당쟁의 최대 희생양 중 한 사람이 지천이었던 것이다. 어제의 역사는 오늘과 내일의 거울이듯이, 국난의 위기 상황에서 당쟁의 희생양이 되었던 지천의 생애와 현실인식을 돌아보는 이유가 여기에 있다.

지천(芝川) 황정욱(黃廷彧) 문학에 나타나는 강건(剛健)에 대하여[1]

이재숙[2]

1. 서론

지천 황정욱(1532~1607)은 16세기 중기 해동강서시파(海東江西詩派)의 범주 안에서 당대의 시풍을 이끈 호소지(湖蘇芝) 삼가(三家) 중의 한 시인으로 잘 알려져 있다. 당시 목릉성세(穆陵盛世)는 다양한 시인들이 많은 작품을 창작하고 전성기를 누린 때로서, 시화비평서에 그들의 시를 평가하며 우열을 논한 내용들 역시 풍부하다.

허균은 시에 대해 스스로 대단히 자부했던 황정욱에 대해 추억하면서 그의 시를 "드높고 굳세고 힘차며 깊고 드넓다[矜持勁悍, 森邃沉寥]"라고

1) 이 글은 (사)방촌황희선생사상연구소 주최, 방촌황희연구소 주관한 2019 제5회 방촌황희선생 정기학술대회, 서울 종로구 파고다어학원, 2019.11.02.)에서 발표한 논문을 보완하고 수정하여,《漢文古典研究》39집, 2019(한국한문고전학회)에 게재한 글이다.

2) 충남대학교 한문학과 교수

하며 천 년 이래 절창으로 높이 평가하였다.[3)] 또한 허균은 지천의 시가 눌재 박상에서 나와 소재 노수신·호음 정사룡의 시 수준을 드나들어 자못 그 유파는 같으나 더욱 뛰어나다고 하였다.[4)] 谿谷 張維는 유독 호소지 삼가의 시 중에서 지천의 시가 많이 전하지 않는 것을 안타까워하면서 지천의 시를 "橫逸奇偉"[5)]라고 평하고 독자적으로 이루어낸 지천 시의 높은 경지를 칭송하였다. 한편, 김창협은 호소지라고 하여 시인들을 병칭하지만 세 사람의 시가 다른 점을 주장하고 특히 지천은 "矯健奇崛"하여 황정견·진사도에서 나왔으나 宏放함이 노수신에 못 미치고 노수신의 시가 가장 뛰어나다고 평했다.[6)]

황정욱에 대한 연구는 해동강서시파로 규정되어 최초로 조명이 되었고,[7)] 이러한 선대 문인들의 品評을 중심으로 생애와 행적에 대해 밝혀지기 시작하였다.[8)] 이후에는 황정욱의 임란전후의 삶에 주목하여 유배와 정치적 실의를 중점적으로 해명하고 유배 이전과 이후의 작품에 대한 고찰로 이어졌다.[9)] 지금까지의 연구를 종합해보면 강서파 또는 두보의 시

---

3) 허균, 《성소부부고》 권5, 〈黃芝川詩卷序〉, 余友趙持世裒其近律百餘篇, 余始寓目,則其矜持勁悍, 森邃沉寥, 寔千年以來絶響.

4) 위의 글, 覈所變化, 蓋出於訥齋, 而出入乎盧·鄭之間, 殆同其派而尤傑然者.

5) 장유, 〈芝川集序〉, 《谿谷集》 권6, "讀之, 橫逸奇偉, 名章雋句, 磊磊驚人…후략"

6) 김창협, 《農巖集》 권 34, 〈雜識 外篇〉 한국문집총간 162권, 373a면, 芝川, 矯健奇崛, 出自黃·陳,而宏放, 不及穌, 穌齋其最優乎.

7) 이종묵, 〈해동강서시파연구〉, 서울대 박사논문, 1994.

8) 구사회, 〈황정욱론〉, 《조선시대 한시작가론》, 이회, 1996, 황정욱의 생애 및 시의 면모를 개략적으로 밝힌 초기 연구사적 의의가 있다.
차용주, 〈黃廷彧 硏究〉, 《한국한문학작가연구》 2, 아세아문화사, 1999.

9) 이은주, 〈황정욱 시의 대비적 양상에 대한 일고찰〉, 《한국한시작가연구》 6, 2001.
김종서, 〈芝川 黃廷彧의 삶과 시〉, 《韓國漢詩硏究》 20, 한국한시학회, 2012.

풍 영향관계를 중심으로 다루어진 측면이 있고, 아울러 생애 및 행적에 대해 대체로 규명되었다.

한편 그의 정신세계를 주목하여 인격 양상을 조명해 보려한 연구와, 시의 형식적인 면을 분석한 연구10)는 지천 황정욱의 삶과 문학을 이해하는 데 새롭게 진일보한 연구 성과라고 할 수 있다. 특히 16세기 한시사에서 가장 주목되는 호소지 삼가의 문예미 측면을 다룬 연구11)는 지천 황정욱 한시의 矯健橫逸의 미감에 대해 고찰함으로써 황정욱 한시의 특징과 독자적 면모를 밝히려한 것에 의의가 있다.

본고는 지금까지의 연구 성과를 바탕으로 황정욱이 세상을 떠났을 당시 지인들이 지은 挽詩와 그의 사상을 엿볼 수 있는 글을 통해 그의 삶을 대표하는 정신세계의 지향점을 유추해 보고자 한다. 아울러 황정욱 시 전체12)에 나타나는 "강건함"13)의 문예미에 대해 주목하고 한시 작품에 드러나는 경물 묘사의 특징, 시상의 전개, 즐겨 쓰는 시어 및 표현 등을 분석해 보고자 한다.

---

10) 신향림, 〈黃廷彧 詩에 나타난 大人의 人格理想〉, 《한국한문학연구》 27, 한국한문학회, 2001.
이민호, 〈芝川 黃廷彧 詩의 拗體에 대하여〉, 《어문연구》 42, 한국어문교육연구회, 2014.

11) 이종묵, 〈湖蘇芝 律詩의 文藝美〉, 《한국한시연구》 23, 한국한시학회, 2015. 지천 황정욱 한시의 율시를 대상으로 허균의 《國朝詩刪》에 선발된 작품을 살핀 것이다.

12) 황정욱의 한시는 그다지 많이 남아있지 않다. 5언 절구 6수, 칠언절구 75수, 오언율시 28수, 칠언 율시 84수, 칠언 배율 1수 등, 총 166제 194수이다. 본고는 한국문집총간 41권 《芝川集》을 참고하였다. (이하 《지천집》)

13) 본고에서 지칭하는 "강건함"은 한시비평 용어와는 별개의 단어로, 《주역》에서의 剛과 健의 개념을 차용한 것이다. 황정욱 삶과 관련하여 《주역》 〈困卦〉의 군자의 처신을 염두에 둔 것이다.

본고는 백광훈이 "황모공의 시는 經術에서 나와 義理를 자득하여 이루어진 文이다. 점필재와 나란하고 정사룡과 소세양은 그에게 미치지 못한다"14)라고 평한 것에 근거를 두었다. 다름 아닌 도학과 경술을 대표하는 점필재와 나란하다고 극찬한 것은 나름 이유가 있다고 여겨진다.

황정욱 한시 전체의 문예적 특질은 그가 삶 속에서 추구한 정신지향과 정치적 부침 및 실의의 상황 속에서 보여 준 강개함, 곧 지천의 인격과 무관하지 않다. 이에 본고는 지천이 곤궁한 처지에서 儒學의 수양방법론을 한시 면면에 드러내고 있는 점을 주목하여 이를 《주역》에서 말한 剛健의 개념과 관련지어 살펴보고자 한다.

이른바 "文如其人"·"文品卽人品"이라고 하여 문학이 반드시 다 그러하다고 할 수는 없겠으나, 문학 작품의 표현과 언어·意象·意境은 시인의 인격과 긴밀한 관계가 있고 이는 작품의 총체적인 문예미를 결정하는 요소이다.15) 지천의 한시작품은 지천이 추구한 학술과 경술을 바탕으로

---

14) 황혁, 《獨石集》, 〈先府君行狀〉 한국문집총간 2차본 7권, 220a면, …及與詞人白光勳, 評隲國朝以來詩家曰, 黃某公詩發於經術, 濟以自得義理之文也. 當與佔畢齋竝驅, 湖陰陽谷, 不是及也.

15) 王士禎은 《帶經堂詩話》에서 "시로써 뜻을 말한다. 옛 작가들 중 도연명, 사령운, 왕유, 두보, 위응물 같은 사람들은 그 시가 모두 남아 있으니, 일찍이 시험 삼아 그 평생의 행적으로써 그 시를 살펴보았더니 작품마다 그 사람됨과 닮지 않은 것이 없었다. 천 년 전으로 올라가 옛사람들과 사귀려는 사람들은 스스로 이를 분별할 수 있을 것이다.[詩以言志, 古之作者, 如陶靖節·謝康樂·王右丞·杜工部·韋蘇州之屬, 其詩具在, 嘗試以平生出處考之, 莫不各肖其爲人, 尙友千載者, 自能辨之."라고 하였다. 文如其人 이론은 《書經》 〈舜典〉의 "詩言志"와 《시경》 〈毛詩序〉에 "詩者, 志之所之也."라고 한 전통적인 이론을 계승하는 말이지만, 후대에 작가가 진실을 감추거나 실재와 다르게 꾸며낼 수 있는 예외적인 경우도 배제할 수 없음이 지적되었다. 특히 劉勰은 《文心雕龍》 〈體性〉에서 작가의 선천적 재능과 기질, 후천적 학습과 습관이 작품의 風格을 결정하며 이는 인위적으로 바뀔 수 없다고 하였다. 결국 文如其人論은 심성수양과 깊은 관련이 있는데 좋은 작품을 위해서는 반드시 도덕적 수양이 있어야 하고 眞時

곤궁한 처지에서 경물을 대상으로 자신의 극복 의지를 표출한 것으로 보인다. 이에 지천 삶의 굴곡과 실의의 배경을 먼저 살펴보고, 한시 작품에 표출된 강건함의 의미를 재고해 보고자 한다.

2. 삶의 굴곡과 실의(失意)의 극복

지천 황정욱은 27세에 급제하여 출사한 이후 무난하게 여러 관직을 지냈으나 자세히 들여다보면 다양한 정치적 사건 및 임진왜란과 붕당의 여파로 굴곡진 삶을 살았으며 만년은 더욱 불행하였다고 할 수 있다.

임진왜란 이전 큰 업적으로는 1584년(선조17) 宗系辨誣奏請使가 되어 명나라에 다녀온 일이다. 太祖 李成桂의 부친이 李仁任으로 오인되어 명나라의 기록이 잘못되었는데 이때 《大明會典》을 수정하는 황제의 칙서를 받아 돌아왔고 1589년 尹根壽가 드디어 《대명회전》 전질과 칙서를 받아 돌아왔다. 선조는 전후에 봉사한 공로가 있는 이들을 녹훈하였는데, 지천은 長溪府院君으로 책봉되었다.

그러나 지천이 한창 관직에 머무른 1575년(선조8) 이후부터 東西朋黨이 시작되었고 평소 강개한 성격인 지천은 대척적인 사람들에게 미움을 많이 받았다.

지천의 삶에서 가장 큰 사건은 1592년 임진왜란 당시에 順和君[16]을

가 될 수 있다는 이론이 제기 되었다. 이에 대해서는 (홍광훈, 〈文如其人論의 전개양상과 문학적 효용〉, 《中國語文論叢》 36, 2008.) 참조.

16) 이름은 이보(李玒), 선조의 여섯째 왕자이고, 부인은 승지 黃赫의 딸로 곧 황정욱이 처조부가 된다. 1592년(선조25) 임진왜란이 일어나자 왕의 명을 받아 황정욱·황혁 등을 인솔하고 근왕병을 모병하기 위해서 강원도에 파견되었다. 회령에서 왜군에게

모시고 함경도로 피신하였을 때의 일이다. 회령부에서 여덟 살이던 지천의 증손자는 왜적에게 죽임을 당했고, 1592년 10월에 지천은 적장의 강요에 의해 임금에게 講和를 권유하는 장계를 쓰게 된다. 이때 지천은 왜적을 속이며 가짜 장계를 작성하고 아울러 격식에 맞는 별도의 장계를 은밀히 작성해 왕자의 여러 편지들과 함께 전달하게 하였으나, 중간에서 빼버린 사람들 때문에 선조에게 제대로 전달되지 않았다. 왕자의 목숨이 위태로웠고 포로가 된 위험을 알리고자 하였으나, 저들은 강화를 종용하고 적장을 殿下라 칭했다고 비난하여 억울한 누명을 쓰게 된다.

당시의 이 일이 동인·서인 간 정치의 쟁점이 되면서, 이후 정권을 장악한 동인의 집요한 공격을 받아 길주에 유배되었다. 1597년 왕의 특명으로 석방되었으나, 복관되지 못한 채 1607년에 생을 마쳤다. 임진왜란 이후의 삶은 유배지에서 겨우 목숨을 부지 할 수 있는 불안한 삶의 연속이었다. 지천의 아들인 황혁 역시 항복권유문을 썼다고 반대파의 탄핵을 받아 理山에 유배되었다가 신천으로 이배되었고 1612년 무고를 받고 투옥되어 옥사하였다.

임진왜란이 일어나기 전인 1591년(선조24) 7월에는 尹斗壽, 柳根, 黃赫 등과 함께 兩司의 탄핵으로 파직되는데, 이는 당쟁 과정에서 鄭澈의 잔당으로 몰렸기 때문이다. 화친과 관계된 장계 문제 역시 동서붕당의 회오리 속에서 지천은 당쟁의 희생이 되었음을 알 수 있다. 지천의 만년의 삶 역시 4년여 간 유배와 10여 년 田里에서 은거하며 곤궁하였다. 스스로 전원으로 물러난 소회를 "가슴속 생각을 가만히 헤아려 보니, 절반은 나

체포되어 포로가 되고 부산까지 끌려가 1593년에서야 풀려났다.

라를 위해 절반은 전원생활 위해 살았네[多少胸中閒計較, 半爲家國半田園]"17)라고 회고하기도 하였다. 다음 유근이 쓴 만시를 살펴보면 이러한 지천의 생애를 간략히 짐작해 볼 수 있다.

유근, 〈挽芝川先生[지천 선생 만시]〉18)

憶昔朝天日　추억하노니 예전에 명나라 가서
眞成不世功　세상에 없는 공적 세우셨지
高名人所仰　높은 이름 사람들이 우러렀으나
末路命之窮　말년에는 운명이 곤궁하셨지
峻秩皆身外　높은 지위도 다 몸 밖의 일이고
稀年亦夢中　일흔의 나이 또한 한바탕 꿈이어라
幽明若相負　이승과 저승으로 이처럼 어긋났으니
何地竭吾衷　어디에서 나의 마음 다 토로할까

유근은 황정욱의 문인으로서 1591년 탄핵을 함께 받았고 누구보다 지천의 생애를 잘 이해하는 관계였다고 할 수 있다. 지천은 유근이 충주감영에서 조정으로 돌아갈 때나19) 일본 사신의 선위사로 갈 때에 시를 지어 주고20) 유근이 《황화집》을 보내오자 그의 시재를 칭찬하며21) 줄곧

17) 《지천집》, 권 1, 〈閑居偶吟〉, 426c면.
18) 柳根, 《西垌詩集》 권1, 한국문집총간 57, 민족문화추진회, 428d면.
19) 《지천집》 권2, 〈在忠州使臬, 贈柳校理根還朝〉 440a면.
20) 《지천집》 권2, 〈送柳晦夫根宣慰日本使臣〉 440b면.
21) 《지천집》 권2, 〈柳晦夫送示皇華集,率占却寄〉 446c면.

문학에 대해 소통하는 제자였다.

수련은 지천이 《대명회전》의 오류를 잡는 데 공을 세운 것을 말한 것이고, 함련은 말년 지천의 삶이 곤궁했음을 함축적으로 표현한 것이다. 스승이 높은 관직을 역임하고 70여 세의 생을 살았으나 결국 15여 년 간 온갖 공격과 모함 속에 고난을 받았음을 안타까워한 것이다. 이에 대해 유근은,

> "患難을 만났을 땐 하늘도 어쩔 수 없었으니, 한번 길이 막히자 15·6년이 지났네, 시운인가 천명인가 이 지경에 이르다니, 평소 생각 말할 수 없으니 만사가 끝이도다"라고 탄식하고 열다섯에 지천의 문하에 들어가 온갖 고난을 겪은 스승을 보며 아무것도 할 수 없었던 자신이 부끄럽다 22)고 하였다.

지천은 1593년부터 1597년까지 유배 기간 동안에도 지속적인 정쟁으로 다시 불려와 추국을 받고 또 위리안치되었다. 중간에 선조가 지천을 오랜 공신이라고 하여 두둔했으나 여러 간관들은 극력 반대하여 방면은 꽤 오래 걸렸다. 게다가 1597년 5월에 유배가 풀렸음에도 도성에 드나드는 것이 제한되었다. 1600년부터 지천 부자의 위서 사건에 대해 상소가 올라오고 옹호하는 논의가 이루어졌으나, 반대파에서는 끈질기게 몇 차례의 석방 명령을 취소시켰다. 선조 역시 정치적 정쟁의 여파에서 눈치를

22) 유근, 〈祭文〉, 《芝川集》 附錄 下, 494c면, 전략…禍患之來, 奈何乎天, 一落窮途, 十五六年, 時耶命耶, 乃至於此, 素心莫白, 萬事已矣. 自惟無狀, 十五登門, 險阻艱難, 慙負何言…(후략)

보느라 답답해하며 마음대로 어쩌지 못하였고, 결국 인조 때에 이르러서야 신원이 이뤄지고 관작을 회복하였다.[23)]

이 때문에 지천이 세상을 떠나자 당대 지인들과 여러 인사들은 지천의 원통함을 크게 탄식하고 애도하며 억울함을 풀지 못하고 세상을 떠난 것에 대해 분통해 하였다.

다음은 지천과 함께 과거에 합격하고 관직에서나 문단에서 오랜 기간 동지로 지냈던 윤근수의 제문이다.

윤근수, 〈祭長溪府院君文[장계부원군 제문]〉[24)]

…전략…

公始得出　공이 비로소 빠져나와

來詣行在　행재소로 찾아뵈니

有以假狀　가짜 문서를 가지고

請公之罪　공의 죄를 청하였네

圜墻置對　감옥에서 심문을 받고

謫隣北戎　북쪽 변방으로 귀양갔다가

旣而歸田　얼마 후에 시골로 돌아와

作一禿翁　늙은 노인이 되었구나

班行迹阻　조정의 벼슬길 막히고

畎畝神傷　시골에서 상심하였네

23) 홍서봉, 《鶴谷集》 卷8, 〈長溪府院君芝川黃公神道碑銘 幷序〉 한국문집총간 79권, 529a면.

24) 윤근수, 《月汀集》 卷7, 한국문집총간 47권, 295b면.

…중략…

有銜不祛　재갈 물려 풀어지지 않고

有冤莫伸　원통함을 풀 수 없어

一疾奄逝　한번 병들어 갑자기 세상 떠나니

萬事悲辛　모든 일 비통하고 괴롭네

以此蓋棺　이렇게 인생 마치니

痛矣其奈　통탄한들 어찌하리오

…후략…

윤근수는 "승냥이 범 득실거리는 속에서 험난한 일 다 겪고, 죽을 고비 넘기고 돌아왔는데 모든 일이 결단났다"라고 임진왜란 때의 지천이 당한 위서 사건을 표현하였다. 아울러 "오랜 허물 풀리지 않아 공연히 초나라 혼백"을 불렀다고 하면서 지천의 억울함을 초나라 충신 굴원에 빗대었다.[25] 지천은 아들 황혁에게 "세상에 나를 알아주는 사람이 없다. 오직 나를 알아주는 사람은 월정뿐이다"라고 했을 정도로 둘의 정의는 두터웠다. 또한 지천은 살아 있을 때 묘비나 묘지의 일을 월정공에게 부탁하는 것이 좋겠다고 말했을 정도로 절친한 사이였다.[26]

이처럼 지천이 세상을 떠났을 때 많은 서인의 문사들이 그의 원통함

25) [尹根壽, 李準],《芝川集》附錄下,〈祭文〉, 494a면, 전략…豺虎叢中, 備嘗險難, 萬死歸來, 一敗塗地, 身落江湖, 詠追蘭芷, 夢斷鵷班, 迹阻修門, 宿累未釋, 空招楚魂…후략…

26) 황혁,《獨石集》,〈先府君行狀〉한국문집총간 2차본 7권, 220a면, 전략…先君常謂弗類孤等曰,世其莫我知矣. 知我者, 只有月汀公在世, 異日墓道之事, 可煩諸月汀公. 후략….

을 애도하였다. 徐渻은 "비방 쌓여 끝내 하늘까지 닿았다"[27]라고 비판하고, 沈喜壽는 "적진에서 돌아온 건 목숨 아낀 것 아닌데, 돌아와 죄인되니 원통함 어찌하랴"[28]라고 하면서 지천의 억울함을 풀어 줄 수 없음을 한탄하였다. 양 대에 걸쳐 교유가 도타웠던 具宬 역시 지천의 죽음을 슬퍼하고 원한을 안타까워하면서 지천이 자신의 목숨을 가벼이 여기고 종실의 왕자를 소중히 여긴 점에 대해서 높이 기렸다.

하지만, 이러한 지천의 의리는 알아주지 않고 "死地에서 탈출은 하였으나 위기는 어찌하여 갈수록 얽혀드나[死地雖能脫, 危機奈轉嬰]"라고 하여 안타까워하였다. 이에 대해 선조가 확연히 억울함을 풀어 주지 않고 남들의 말에 현혹된 것에 대해 지적하였다. 특히 증자의 어머니가 증자와 이름이 같은 사람이 살인을 저질렀는데, 증자가 살인을 했다고 믿지 않더니 세 사람이 연이어 같은 말을 하자 베틀의 북을 던지고 달아났다는 고사를 사용해,

"억울한 죄 아쉽게도 조명되지 않았고, 북 던지게 한 참소 애통하게도 밝히기 어려웠네[覆盆嗟莫照, 投杼痛難明]"[29]

라고 하여 선조가 남들의 말에 현혹되어 믿어 버린 것에 대해 맹렬히 지적하였다.

지천의 삶에 있어서 임진왜란의 강화권유문 위서 사건은 스스로에게

27) 서성,《藥峯遺稿》권2,〈黃芝川 廷彧 挽〉, 한국문집총간 63권, 167a면. 瀛海文章伯, 凌煙第一勳, 名高空斗望, 謗積竟天薰, 鷺渚驚秋晚, 終南已夕曛, 魂招應不去, 恒逐日邊雲.

28) 沈喜壽,《芝川集》附錄 下, 495d면, 전략…來自賊庭非愛死, 歸仍罪籍奈含冤, 恨無張恕留章力, 塚草難沾禮葬恩.

29) 具宬, 挽詩,《지천집》부록 하

뿐만 아니라 당대 서인 당파에 매우 큰 시비 거리가 되었고, 결국 억울함을 풀지 못하고 세상을 떠났으므로 안타까움이 컸다. 전란과 유배를 겪은 만년의 삶은 지천 문학에 있어서 지대한 영향을 끼쳤다.

과연 그렇다면 지천 스스로는 자신의 정치적 굴곡과 失意를 어떻게 받아들였는지 그 글을 통해서 살펴보고자 한다.

황정욱, 〈次韻[차운]〉30)

丹心平日指天期	평소의 충성심 하늘을 두고 기약했고
按釰當前不復疑	칼을 잡고 앞서는 것 다시 의심하지 않았지
國破家亡離亂際	난리에 도성 함락되고 집안은 망하고
名隳身辱聖明時	태평성대에 명예 실추되고 몸은 욕되었네
紫袍謾道顏卿着	안경이 붉은 도포 입었다고 부질없이 말하지만
漢節唯須屬國知	소무가 한나라의 절개 지킨 것 모름지기 알아야 하네
千載若無良史在	천년 후에 훌륭한 사관이 없다면
古人奇詭亦孤危	옛사람의 훌륭한 자취 또한 외롭고 위태로우리라

지천 자신은 평소 충성을 늘 기약하고 위기가 닥쳐오는 순간 언제나 앞장설 것을 의심하지 않았음을 수련에서 말하였다. 이어 임진왜란으로 나라가 위망할 때 본인 역시 명예가 실추되고 집안이 망했음을 담담히 말하였다.

30) 《지천집》 권2, 443c면.

5구의 안경은 唐나라 顔杲卿을 이른다. 安祿山의 반란 때 반군을 크게 무찔러 공을 세웠으나, 나중에 안녹산에게 붙잡혀서 그를 크게 꾸짖고 죽임을 당하였다. 속국은 漢 武帝 때 典屬國 벼슬를 지낸 蘇武를 이른다. 소무가 흉노에 사신으로 가자, 흉노의 임금 單于는 그를 억류하고서 갖은 방법으로 항복을 권하였으나, 끝내 절개를 굽히지 않았다. 자신이 목숨을 바쳐 큰 공을 세우지는 못했으나 다만 소무처럼 절개를 지켰음을 함축한 구절이라고 할 수 있다. 안고경과 소무가 훗날 역사에서 훌륭한 사관을 통해 그 충절이 전해진 것처럼 이러한 자신의 결백이 소명되기를 바라는 마음이 표현된 것이라고 할 수 있다.

지천은 자신을 소무와 비교하면서 "소무가 지금 우리나라에 태어난다면 반드시 死地에 몰릴 것이다"라고 하고 소무의 절개 역시 세상 사람들이 말을 꾸며서 모함하여 결백을 밝힐 수 없을 것이라고 당대의 행태를 비판하였다.[31] 이처럼 지천은 자신을 모함하는 자들이 의리를 분명하게 보지 못함을 한탄한 것이다.

지천은 당시 자신을 두고 정쟁하는 상황을 "곡직 구분하지 않고 사람들이 떠든다[曲直不分人自鬧]"라고 표현하였고, 이안눌이 자신의 억울함을 알아준 것에 대해 고마워하는 뜻을 표현하기도 하였다.[32]

그렇지만 지천의 글을 통해 살펴보면 자신이 시비의 정쟁과 모함의 중

31) 황혁, 〈先府君行狀〉, 앞의 책, …전략… 先君偶曰, 我國人心褊淺, 見得義理不分明, 若使蘇武生今世, 必置之死地. 弗類赫對曰, 寧有是理. 先君微哂曰, 癡兒誤矣. 借令今人議武之罪, 必曰爾在匈奴十九年所矣. 命爾牧羊則牧羊, 至取小單于弓弩. 而補治之資, 活以不死, 乃至飡雪齧氈, 無乃餒乎. 又何以娶胡女生子爲也. 爾之所以秉使節而示不屈安在, 以此文致之, 武何能自白, 仍徐曰, 爾小子閱歷世變, 其知之矣.…후략

32) 〈四月廿六,乃余初度,李正郎安訥惠壽詞 二首, 不勝感愧, 作此答之〉, 《지천집》 권2, 447b면.

심에 있는 것을 답답해하면서도, 대체로 자신의 운명은 곧 하늘이 의도하는 바가 있는 것으로 여기고 순응하는 태도로 귀결된다.

황정욱, 〈題贈黃亞使敏中[아사 황민중에게 지어 주다]〉

내가 이번에 임금의 은혜를 입어 고향으로 돌아가려는데, 관동에서 발길 닿는 대로 떠돌아다니던 때의 일이 은근히 생각이 났다. 그때 경치 좋은 곳이 또한 다른 사람의 차지가 되어 있었다. 대개 하늘이 내가 평생 쉴 곳도 없이 울울하여 여기저기 떠도는 사람처럼 지내기에, 한결같이 의도하는 바가 있어서 문득 또한 이와 같이 어긋나게 하는 것 같았다. 참으로 웃을만한 일이다. 이에 절구 한편을 지어 기록하여 한바탕 웃음거리로 삼는다.[33]

胸中了了遷居地	마음속에 분명히 옮겨 살 곳 있었는데
輸與江山富貴人	강산은 부귀한 사람에게 부여되었구나
從此西歸無復戀	이제부터 한양으로 돌아갈 미련 다시 없으니
白鷗何處不相親	갈매기는 어디 있어 가까이 오지 않는가

지천은 고향으로 돌아갈 명을 받고 옛날 자신이 관동으로 가려 했던 일을 회고하였다. 자신의 의도와는 달리 이미 다른 사람의 차지가 된 승경지를 떠올리고 자신의 뜻처럼 되지 않는 것은 분명 하늘이 한결같이

33) 〈題贈黃亞使敏中幷序〉《지천집》 권1, 429b면, …전략…余今蒙恩,, 將放歸, 竊自注想於關東雲水縹緲之間, 而其所選勝之地, 又爲他人所占却, 蓋天以余平生無稅駕之所, 纍纍然如東西南北之人也. 一有所嚮,輒又乖張如此, 眞可笑也. 仍率占一絶錄上, 以博一哂.

의도하는 바가 있음을 말하였다. 이러한 天命順應의 자세는 다른 여러 시에도 나타나는데, 대체로 임란 이후의 자신의 삶의 굴곡과 실의에 대해서 관조적인 자세를 엿볼 수 있다.

황정욱, 〈夜坐偶占, 示內姪趙生[밤에 우연히 지어 처조카 조생에게 보이다]〉34)

栗里歸田日　고향으로 돌아오게 되어
王官晩隱時　관리는 늘그막에 은거하네
古人知進退　고인은 진퇴할 줄을 알았는데
吾道竟支離　나의 도는 끝내 지루하구나
海內無家久　전국에 집 없어진 지 오래고
南邊報捷遲　남쪽에선 승전 소식 더디네
百年餘幾許　남은 인생 이제 얼마나 남았나
若命且安之　명에 따라 편안히 마음먹으리라

위 시는 정확히 언제 지어진 것인지 분명하지 않다. 그러나 수련의 내용으로 보아 길주에 유배된 이후 시골에서 한가히 지내도록 한 것이 1597년의 일이니 이때 이후 쯤 지은 것으로 보인다. 당시 지천은 석방을 명받았으나 언간에게 다시 저지당해 도성에 들어오지 못하고 시골에서 한가히 지내야 하는 처지였다. 황해도에서 경기도로 들어올 때 옮겨가면서 묵은 장소가 일정하지 않을 정도였고, 선조는 그때마다 식량과 약을

34) 《지천집》 권1, 435c면.

챙겨 주기도 하였다. 이때 당시의 자신의 심경을 표출한 시로서 지극히 참담한 심경이었음에도 미련에서는 천명을 편안하게 여긴다는 뜻으로 맺고 있다. 말구는《장자》〈人間世〉에, "어찌할 수 없다는 것을 알고서 운명에 편안히 한다[知其不可奈何, 而安之若命]"라는 뜻을 인용한 말이다. 궁액으로 처참한 심경이지만 담담히 운명에 편히 한다는 뜻으로 강직한 태도를 견지하고 있다.

지천이 허균에게 준 다음 시 역시 같은 맥락의 의미를 찾아 볼 수 있다.

황정욱, 〈送人赴遂安郡[수안군으로 가는 사람을 보내며]〉 2수 중 첫째수 **35)**

詩才突兀行間出　시재는 우뚝하니 동료들 가운데 뛰어난데
官況蹉跎分外奇　벼슬 복은 어그러져 분수 밖에 기구하네
摠是人生各有命　이 모두 인생에는 각기 명이 있으니
悠悠餘外且安之　알 수 없는 그 외의 일에는 편안히 보게나

위 시는 허균이 수안군수로 좌천되어 가는 1604년(선조37) 8월에 지천이 전송하며 지어 준 것이다. 지천은 허균이 詩才가 출중했어도 벼슬자리는 불운한 것을 언급하며, 인생에는 제각기 운명이 있으니 알 수 없는 일에는 마음 쓰지 말라고 말하였다.

허균은 이 시를 자신의 문집에 기록하면서 "특별히 감회가 깊다[殊甚

35)《지천집》권1, 430d면.

感慨]"라고 하였다. 또한 지천이 玉堂에 있을 적에 대궐안의 小桃를 소재로 읊은 화운시를 제시하고 "함축된 뜻이 심원하고 措辭가 奇悍하다"고 하면서 특히 칭송하였다.36) "공연히 해바라기 마음으로 태양을 향하네[空有葵心向太陽]"37)의 시를 들어 허균은 당대 관료들을 비판하며 해바라기의 충심으로 비유한 지천 시의 措辭, 강개함, 重厚함을 높이 평가한 것이다.

지천이 정치적 실의와 곤궁한 삶에서 추구한 지향점은《주역》〈繫辭傳上〉의 "하늘의 뜻을 기꺼이 받아들이고 명이 있음을 알기 때문에 걱정을 하지 않는다.[樂天知命, 故不憂]"와도 통한다고 할 수 있다. 다음 시는 파직된 후 고향으로 돌아가는 길에 쓴 것이다.

황정욱, 〈罷官向芝上, 午坐樓院[벼슬을 그만두고 지천으로 향하다가 낮에 누원에 앉자]〉38)

午憩東樓卸馬鞍　낮에 동루에서 쉬며 말안장 푸는데
窮陰忽作暮天寒　음침한 기운 일어나고 저녁하늘 차갑네
紅塵謾說歸田好　속세에서 귀향이 좋다 말들하지만
白首猶歌行路難　흰 머리로 오히려 행로난 노래하네
天或試人聊自遣　하늘은 나를 혹 시험하니 그저 스스로 마음 달래고
雨還留客蹔求安　비 도리어 나그네 머물게 하니 잠시 편안함 구하네

36) 앞의 책, 성소부부고 제25권.
37) 황정욱, 〈次李伯生詠玉堂小桃〉,《孤潭逸稿》권4, 한국문집총간 53권, 66b면.
38)《지천집》권2, 438d면.

明朝刮目鄕山碧　　내일 아침 눈 비벼 고향 푸른 산 볼테니
且費今宵一夢闌　　장차 오늘 밤 한바탕 꿈을 꿔야하리

이 시 역시 1580년 해주목사에서 파직당하여 지천으로 가는 도중 지은 것이다. 지천은 하늘이 자신을 시험하는 것이라 여기며 스스로를 위로하고 비속에서 잠시 쉬었다 가는 것처럼 편안함을 구한다고 하였다. 이처럼 지천이 樂天知命하며 편안할 수 있는 원천은 지천이 평생 추구한 經術의 의리와 학문에서 비롯된 것이라고 할 수 있다.

> 임진란 때 우리 부자는 왕자 순화군을 모시고 함경도로 들어갔다가 회령의 반군들에게 붙잡혀서 적에게 넘겨졌다. …중략… 조정에서는 우리 부자의 죄를 따져서 모두 멀리 귀양을 보냈다. 유배지로 온 뒤로 또 뜻하지 않은 비방을 불러와 三省에서 탄핵을 받기에 이르렀다. 천한 몸이 고문을 받다가 거의 죽게 되어 겨우 남은 목숨을 유지하였으니, 아! 참혹하다. 부자가 마침내 유배지로 돌아오게 되었으니, 스스로 생각해 보면 죄는 큰데 처벌은 가벼워 임금의 은혜가 끝이 없다. 다만 사람의 길흉화복은 모두 미리 정해진 것이어서 사람의 힘으로 어떻게 할 수 있는 것이 아니나 또한 몽매간에도 징험할 수 있는 일이 있다.
>
> 근심과 시름에 쌓여 무료하게 지내던 중 우연히 옛날 방법을 모아 그 중에서 글을 뽑아 써서 때때로 살펴보아 修身하고 省察하는 자료로 삼는다. 모든 일에 敬愼하지 않으면 안 될 것이니, 이는 옥처럼 성숙하게 하여서 곤경해서 벗어날 수 있게 할 것이다. 을미년(1595) 시월 초하루 길성의 집에서 쓰다.[39)]

위의 글은 지천이 처음 길주에 유배되었을 때 곤경을 극복하기 위해 옛날 修身과 省察의 공부 방법을 메모하여 적어 둔 책의 발문이다. 주어진 운명은 인간이 어찌 할 수 있는 바가 아니지만, 모든 일에 "敬과 愼"으로서 수신하고 성찰하면 어떠한 상황에서도 성숙하여 다듬어질 수 있다는 것이 핵심이다. 宋나라 張載의 〈西銘〉에, "빈천과 우척은 너를 옥처럼 다듬어 완성시키는 것이다[貧賤憂戚, 庸玉汝於成也]"라고 하였다. 스스로 참혹한 지경이라고 할 수 있는 어려움 속에서 강건한 자신의 정신 지향과 수양방법을 옛 성현의 글에서 찾아 기록하고 극복하려는 뜻을 이 글을 통해 더 명확하게 알 수 있다.

백광훈이 "황모공의 시는 經術에서 나와 義理를 자득하여 이루어진 文이다. 점필재와 나란하고 정사룡과 소세양은 그에게 미치지 못한다"[40] 라고 한 것도 지천이 평생 추구한 유학의 수양론과 이로써 관통하는 정신지향을 두고 평가한 것이라 하겠다.

지금까지 한시의 영향관계와 시풍의 평가에 국한되어 살펴온 지천 황정욱의 문학에 대해 관점을 달리하여 지천의 삶에서의 정치적 사건 및 실의의 배경, 그에 대한 지천의 지향점를 살펴보았다. 여기서 주목할 점

---

39) 〈夢書跋〉, 《지천집》 권4, 466d면, 壬辰之亂, 吾父子奉王子順和君入北道, 爲會寧叛民所縛給于賊,…중략…朝廷論吾父子之罪, 俱遠竄, 自來謫中, 又速意外之謗, 至被提參于三省, 賤督幾死于拷掠之下, 僅延殘喘, 吁慘矣. 父子遂還發安置, 自惟罪大罰輕, 天恩罔極, 但人之吉凶禍福, 皆所前定, 非人力可爲者, 而亦有夢寐徵驗之事, 憂愁無聊之中, 偶集古方, 拈出以書之, 時取檢看, 以資修省, 亡非隨事敬愼, 庸玉汝以出困阨者也. 乙未十月初吉, 書于吉城之寓舍.

40) 앞의 책, 행장, …及與詞人白光勳, 評隲國朝以來詩家曰, 黃某公詩發於經術, 濟以自得義理之文也. 當與佔畢齋竝驅, 湖陰,陽谷,不是及也.

은 지천이 줄곧 경학을 바탕으로 이루어진 의리사상 및 樂天知命의 자세를 견지하려 했다는 점이다. 이러한 사상은 지천이 정치적인 고립, 붕당간의 정쟁과 모함 속에서도 굳건하게 지탱할 수 있었던 핵심적인 요소라고 하겠다.

3. 자견(自遣)과 강건(剛健)한 기상

앞 장에서는 임진왜란 당시 위서사건과 붕당의 정쟁으로 지천이 처한 역경과 시련을 여러 자료를 통해서 확인하고 이를 극복하려는 삶의 자세와 지천의 강인한 의지, 정신 지향에 대해 유추해 보았다. 본장에서는 지천의 내면세계의 지향점이 어떻게 시로 표출되었는지 작품의 소재나 묘사, 시어 등을 중심으로 살펴 대체적으로 강건함으로 집약되는 특성에 대해 살펴보고자 한다. 그의 한시 작품은 남은 수가 얼마 되지 않고 대체로 유배와 은거기에 지은 시와 지인들 간에 주고받은 증답시가 많다. 그의 한시에 많이 드러나는 이미지와 소재 및 시어들은 지천이 평소 추구한 정신지향과 일치되는 점이 주목된다.

가장 절친했던 벗 윤근수는 제문에서 지천 황정욱의 문장에 대해 두 구로 표현했다. 곧

> "시는 두보를 본받아 우뚝하게 영역을 확립했고, 섬약한 풍조를 떨쳐버리고 전아하고 강건함을 위주로 하였다[詩規老杜, 卓然自樹, 力振弱調, 雅健爲主]"41)

라고 하였다. 또한 백광훈이 지천의 문학을, "經術에서 나와 義理를 자득하여 이루어진 文이다"라고 표현한 것은, 한시 작품에 있어서도 그 기상이 경술을 바탕으로 전아하고 강건했음을 지칭한 것이라고 볼 수 있다. 본장에서는 강건함의 의미를 《주역》의 내용에 근거해 서술해 보고자 한다.

우선 강건(剛健)이란 뜻을 나름대로 경전에서 살펴보기로 한다. 剛은 《주역》〈困卦 彖傳〉에 "困은 剛이 가려진 것이니, 험해도 기뻐하며 곤궁해도 형통함을 잃지 않으니, 오직 군자만이 가능할 뿐이다"[42]라고 하였다. 剛은 곧 군자로서, 소인에게 가려진 곤궁함 속에서 군자의 처신 방법을 강조한 것이다. 程子는 이를 "陽剛한 군자가 陰柔한 小人에게 엄폐 당하였으니, 군자의 도가 곤하고 막히는 때이다"[43]라고 설명하였다. 군자는 곧 大人으로 지칭되며 이 "대인은 剛中을 따르기 때문"이라고 하였다. 특히 곤괘는 군자가 소인에게 가리워져 困乏하고 곤궁한 때의 처신을 빗대어 표현한 말이 많다. 군자는 곤궁할 때 자신의 소신을 지키고 굳건한 기상을 견지하는 것이다.

한편 健은《周易》〈乾卦 象傳〉에, "하늘의 운행이 굳세니, 군자가 이것을 본받아 스스로 힘써 쉬지 않는다[天行健, 君子以, 自彊不息]"라고 한 것에서 의미를 유추해 볼 수 있다. 이에 程子는 "지극히 굳셈은 천도를 볼 수 있다. 군자가 이를 보고서 스스로 힘써 쉬지 않음은 하늘의 운행이

41) 윤근수,《月汀集》卷7,〈祭長溪府院君文〉앞의 책.

42)《주역》〈곤괘 단전〉, 彖曰, 困, 剛也, 險以說 困而不失其所亨 其唯君子乎.

43)《주역》〈困卦〉, 정자의 전, 剛陽君子而爲陰柔小人所掩蔽, 君子之道, 困窒之時也.

굳셈을 본받는 것이다"[44]라고 설명하였다. 굳셈으로써 하늘의 도를 깨닫고, 또한 하늘의 이치를 깨달아 스스로 끊임없이 견디며 노력하는 것이다.

물론 주역의 뜻을 바탕으로 지천 한시의 강건함에 대한 시평을 그대로 적용하기에는 무리가 있다. 또한 주역에서 표현된 강과 건의 내용 역시 무수히 많다. 중요한 것은 주역에서 대인군자는 자연의 이치를 통해 자신의 처지와 현실적 상황을 경계하고 극복하려 했다는 점이다. 지천 한시에 이러한 내용들이 면면히 표현되고 있는바, 본고에서는 표현 기교와 용사, 자구의 배치를 통해 지천시의 시풍을 살폈던 것과 달리 시인의 정신지향과 관련하여 지천의 내면세계를 형상화한 기점을 연결해 보고자 한다. 지천의 작품에는 누정시가 많고 특히 "드넓은 바다, 높은 산, 바위, 하늘, 거친 물결과 파도" 등 강건한 이미지의 소재와 시어들을 많이 쓰고 있다. 또 그것을 자세히 살펴보면 자연의 항상성과 무한함을 표현하여 그 강건함과 역동성의 이미지를 구현해 낸 것이 주목할 만하다. 이는 자연경물을 바라보며 흥취를 노래한 제가의 한시와는 다른 특질이다.

1593년 길주에 유배된 이후 지천은 경물시를 많이 지었는데, 길주의 험란한 지형과 산맥, 기이한 경물 등을 묘사하면서 곤궁한 자신의 처지를 빗대고, 한편으로는 우뚝하고 웅장한 자연 경물의 무궁함을 바라보며 장대하고 강인함, 굳건함의 이미지를 시에서 자주 형상화하였다. 〈吉州八詠〉[45] 제7수, 〈嶺東送客〉에서는 "가련쿠나, 오열하며 흐르는 앞 시냇물, 밤낮없이 이별을 원망하는 소리로다[可憐嗚咽前溪水, 日夜長含怨別聲]"라

44) 《주역》〈乾卦〉, 정자의 전, 至健, 固足以見天道也. 君子以自彊不息, 法天行之健也.

45) 《지천집》 권2, 〈吉州八詠〉 428c면.

고 하여 천지자연의 변함없는 흐름을 표현하였다. 다음의 시를 살펴보자.

황정욱, 〈吉州 八詠[길주 팔영]〉 중 여덟째 수 (磨天觀海[마천령에서 바다를 보다]) 46)

長白南傾嶽翠連　장백산 남쪽으로 뻗어 푸른 산맥 이어지고
嶺東山頂出雲煙　마천령 동쪽산 정상 구름 속에 솟아 있네
忽看滄海無窮際　홀연 가없는 바다를 바라보니
積氣剛風遠擧天　운무에 강풍 불어 먼 하늘이 걷히는구나

위의 시에서는 길주 주변의 장백산과 마천령의 여러 산들을 바라보며 웅장함을 그대로 묘사하였다. 길주의 "저물녘 풍경, 진남의 새벽 종소리, 백탑촌의 밥 짓는 연기, 산성의 석양, 온천의 목욕, 문암의 낚시, 영동에서의 전송, 마천령의 바다" 등, 여덟 가지의 제재로 읊은 시들은 지천이 유배지로 온 초기의 심경을 담담히 그려내고 있으며, 새로운 지역의 낯선 풍경을 형상화한 것이다.

그러나 "깎아지른 높은 성곽", "푸른 바다 큰 고래도 끌어올 수 있는 어부의 낚시하며 소리치는 소리" 등의 표현으로 역동적이고 강한 이미지를 함축하고 있다. 위의 시에서도 "끝없는 바다[滄海無窮]", "강한 바람[剛風]" 등은 광활하면서도 역동적인 이미지를 불러일으킨다. 말구의 "강한 바람이 불어와 하늘을 걷힌다"는 표현은 아래의 시에서도 보인다.

46) 위의 책.

여기에서 積氣는 곧 하늘을 가리운 소인이며 剛風은 군자의 기상을 표현한 것이라고 할 수 있다. 지천은 强風이라 하지 않고 굳이 剛風이라는 시어를 지속적으로 썼다. 이 강풍은 강하고 거센 바람이 아니라, 끊임없이 부는 끈질긴 바람에 가깝다. 즉, 곤궁한 처지에서도 자신의 도를 견지하며 견디는 자신을 빗댄 것이다.

황정욱, 〈登浩然亭, 次栗谷韻[호연정에 올라 율곡 시에 차운하다]〉 2수 중 둘째 수47)

浩蕩眞無礙　　너른 물 참으로 막힌 데 없고
虛空却向巓　　허공은 산머리로 문득 향하네
八窓雲霧盡　　사방의 구름 안개 모두 걷히니
萬里日星懸　　만 리에 해와 별 걸려 있네
大氣還浮地　　큰 기운이 도리어 땅을 띄우고
剛風本擧天　　높은 바람 하늘을 들어 올리네
有誰窮上下　　위아래 다 가 본 사람 누가 있으랴
吾欲學飛仙　　나는 신선이 되는 법 배우고 싶구나

위 시는 1578년에서 1579년 즈음 지은 것으로 추정된다. 이 시에서도 "無礙"라고 표현되었고 높은 산 정상의 모습과 확 트인 경물의 광경 등을 앞 시와 유사하게 묘사하고 있다. 특히 경물에 대해 지속적으로 유사한 표현이 등장하는 것이 주목된다. 萬里와 萬古, 萬魚, 千層 등의 숫자로 표현하는 시간과 공간, 대상의 광활함 역시 지천시에 자주 등장하는 시

47) 《지천집》 권2, 433d면.

어이다.

황정욱, 〈白川如意社, 新築小舍, 題曰八達亭[배천의 여의사에 작은 집을 새로 짓고, 팔달정이라 적다]〉**48)**

世事不如意　　세상일 내 뜻과 같지 않은데
何爲里得名　　어찌하여 마을 이름 그리 지었나
人間皆幻妄　　인생 모두 허깨비 망상들인데
物外孰輸贏　　세상 밖에 누가 지고 누가 이길까
天地胸襟闊　　천지간에 가슴 활짝 열리고
江山眼界平　　강산에 시야가 툭 트였구나
吾生方一快　　내 삶이 바야흐로 즐거워지니
到此句還成　　이제야 시구가 이루어지네

황해도 지역 배천의 여의사에 작은 집을 짓고 은거하는 시기에 지은 것으로 파악된다. 마을 이름이 如意이지만, 지천 자신의 일은 세상에 뜻대로 되는 것이 없었으므로 수련에서 마을 이름에 대해 자조한 것이다. 그리고 자신의 집 이름을 八達亭이라고 지었으니, 어느 곳이든 四通八達하는 넓고 평탄함을 표현한 것이다. 실제 경물을 바라보는 시야가 확 트인 것을 묘사했겠지만, 지천 자신의 가슴속이 확 트이고 광활하게 드넓음을 강조한 것이라 하겠다. 지천 시에 이러한 표현이 다음 시에도 나온다.

황정욱, 〈寄題抱月亭[포월정에 써서 주다]〉**49)**

48) 《지천집》 권2, 435b면.

49) 《지천집》 권2, 439a면.

해주에 사는 이수익의 작은 정자이다[海州居李守益小亭]

何緣一棹過滄溟　무슨 인연으로 배를 저어 바다를 건넜는가
快見飛甍耀極汀　물가에 비친 높은 다락 시원하게 보이네
曾躡此丘收勝概　일찍이 이 언덕 올라 좋은 경치 보았는데
却聞新賞出前亭　문득 새로운 완상거리 있다 듣고 앞 정자로 나갔네
海門萬里金波動　만리 해협에 금빛 물결 일렁이고
碧落千層素氣經　천층 높은 하늘에 흰 기운이 지나가네
八九胸中添絶灑　운몽택 삼킨 듯 가슴속 매우 시원하여
御風疑入廣寒扃　바람타고 달나라에 들어가는 것 같네

앞 시에서 지천은 강산의 시야가 트인 것을 표현하며 "天地胸襟闊 천지간에 가슴이 활짝 열린다"라고 하였다. 또 이를 매우 상쾌하게[吾生方一快] 여겼는데, 정자에서의 경관 묘사는 대체로 이와 같은 유사한 표현을 자주 사용하였다.

위 시에서는 이수익의 정자에서 널리 내려다보이는 바다와 높은 하늘의 흰 구름을 상상하였다. 그리고 이를 漢나라 사마상여(司馬相如)의 〈子虛賦〉에, "여덟아홉 개의 운몽택을 삼킨 듯, 그 흉중이 일찍이 막힘이 없었다[呑若雲夢者八九, 於其胸中, 曾不蔕芥]"50)라고 한 것을 인용하였다. 운몽택을 삼켜도 가슴속에 걸림 없다는 것은 곧 포부가 아주 웅대함을 의미한다.

50) 《漢書 卷57上 司馬相如傳》

지천의 한시에는 "胸襟闊", "八九胸中" "快見" 등 경물을 바라보는 지천의 심경이 호탕하고 굳세게 표현되어 있다. 운몽택을 삼킨 듯한 광활함은 자신의 마음 상태를 표현한 것이고, 자신의 처참하고 원통한 처지를 받아들이고 곤궁함 속에서도 형통함을 잃지 않으려 한 삶의 자세를 엿볼 수 있다.

지천은 자연 경관을 대할 때 천지자연의 운행과 변함없는 항상성을 언급하고 이를 바탕으로 강건한 정신세계를 지향하며 자신의 곤궁함을 극복하려는 모습을 형상화하였다.

다음 시에서는 利城의 동헌에 차운하여 자신의 곤궁함을 초나라 신하에 비유하고, 곤궁함은 바다가 어두운 기운을 쓸어내듯 지나갈 것임을 일출의 모습에 투영하였다.

황정욱, 〈次利城東軒韻[이성 동헌의 시에 차운함]〉 4수 중 둘째 수51)

萬里滄溟掃翳昏　만 리의 푸른 바다 어두운 기운 쓸어 내니
乾坤初闢坎離門　천지에 물과 불의 문이 처음 열렸네
衆峯父祖皆相揖　뭇 봉우리 부조같이 모두 서로 읍을 하고
高頂星辰却可捫　꼭대기에서는 별들 만질 수 있을 듯
驅石漫傳秦帝跡　돌을 몰고 갔다는 진시황 때 얘기 전해오는데
割腸誰慰楚臣魂　애끊는 초나라 신하 혼은 누가 위로하리오
桑田亦是須臾事　상전벽해되는 것은 잠시 동안의 일이니
賊滅時平海水飜　적이 없어져 태평해지면 바다물 뒤집히리라

51) 《지천집》 권2, 442a면.

원래의 시는 신흠이 1595년 巡按御史로 함경도 利城縣에 갔을 때 지은 〈이성의 동헌에서 네 수를 읊다[利城東軒四詠]〉52)이다. 이춘영과 황정욱 등이 뒤이어 화운하였다.53) 상촌은 "바다, 해변의 산, 소나무 숲, 버드나무의 제방"에 네 가지에 대해 읊었는데 후인들이 소나무를 읊은 시를 높이 평가하고 절조라고 칭송하며 화운한 시가 전해진다. 수련은 해변의 산에서 일출을 바라본 풍경을 묘사한 것으로, 천지가 처음으로 음양의 문을 열어 젖혔다고 표현하였다. 함련 역시 일출의 기운과 형세를 역동적으로 표현하였는데, 이러한 수련 함련의 형상화는 신흠이 "함지에서 솟는 해에 어두움이 트이니, 드높은 산악들의 바다 문이 열리네[咸池初日豁氛昏, 列嶽崚嶒迸海門]"라고 한 것과 달리 지천은 하늘과 땅, 물과 불 등, "乾坤坎離"의 네 괘의 움직임으로 표현하였다.

지천시에 나타나는 강건함은 이렇듯 경물을 바라보는 지천의 기상과 관점, 내면세계와 밀접한 관련이 있다. 아래 시는 광활한 자연의 운행과 장관을 바라보며 자신의 곤궁한 처지를 극복하고 그 속에서 자연을 본받으려 한 자세를 느낄 수 있다.

황정욱, 〈遊穿島[천도에서 노닐다]〉54)

仇池小有潛通地　　구지 소유천 몰래 땅에 통하는데
極目披襟海上臺　　옷깃 헤치고 바닷가 누대를 멀리 바라보네

52) 신흠, 《상촌선생집》 제12권.

53) 신익전, 《동강유집》 제14권, 〈書先君利城四詠後〉, 이춘영의 차운시는 《體素集》 권上에 〈申敬叔作利城四詠蓋謂海也海山也松林也柳堤也次韻〉이라는 제명으로 실려 있다. 이밖에 崔岦, 柳夢寅, 허적, 金尙憲 등의 차운시가 남아 있다.

54) 《지천집》 권2, 443b면.

八九平呑雲夢闊　팔구 개의 넓은 운몽택 마음으로 삼키고
三千遠覩漢槎回　아득히 삼천 물결에 은하의 뗏목 돌아오네
滄波浩渺鯨爭戲　끝없는 푸른 파도에 고래가 다투어 노닐고
碧落霏微雨驟來　까마득한 하늘엔 소나기 쏟아지네
老去壯觀眞快意　늙어가며 보는 장관 참으로 통쾌하니
向來憂惱摠成灰　지나간 근심 걱정 모두 재가 되는구나

지천은 穿島를 마치 신선이 머무는 멋진 곳이라고 하여 누대에서 바다를 바라보며 넓은 시야와 확 트인 정경을 통해 자신의 심경을 형상화하였다. 운몽택을 삼킨 듯 가슴속이 드넓어짐을 呑胸이라고 표현했다. 이런 장관을 바라보고 자신이 겪고 있는 유배와 실의, 곤궁함을 잊은 듯 참으로 통쾌하다[眞快意] 하였다. 미련의 두 구는 지천 자신이 유배지의 궁한 처지에서도 형통함을 잃지 않고, 자연의 굳건함을 바라보며 군자로서의 자세를 견지하려 한 것을 표현한 것이라 여겨진다.

지천은 〈題砥柱臺〉**55)**에서도 큰 바위를 보고 "산과 바다 뒤바뀌어도 홀로 남으리니, 우레치고 바람 불어도 움직이기 어려우리[嶽海驚翻只獨留, 雷風搏擊猶難動]"라고 하여 영원불변한 바위의 강인함을 강조하였다. 그리고 말구에서 또 한 번 "끝까지 바라보니 가슴속이 막힘이 없구나[八九胸呑在極眸]"라는 표현을 썼다.

지천의 시에는 대인군자가 본받아야 하는 대상이 있고 이를 가리우는 小人과 험란한 世波를 상징하는 시어가 빈번히 사용되었다. 주로 積氣,

55) 《지천집》 권2, 443c면.

구름, 세찬 물결, 벼락과 바람, 비, 등이 그것이다. 이것은 주역에서도 유사하게 표현되는 단어이다. 군자가 소인에게 가린 바 되어 곤경을 겪으나 천지자연이 순행하여 회복될 것을 기다리며 험난해도 기뻐하며 곤궁해도 형통함을 잃지 않는 군자의 자세를 지향하였다. 이 때문에 경물시에서 흔히 나타나는 낭만적이거나 역사적 懷古 의식·정감의 표출보다는 시간과 공간의 광활함·영원불변한 자연, 경물의 굳셈과 역동적 이미지들이 강건한 기상으로 형상화되고 있다. 원망과 실의의 한탄의 어조가 비교적 적고 대체로 자연물의 강건함과 강인함을 묘사하는 방법으로 자신의 처지를 극복하며 스스로를 위로하는 양상을 띤다.

황정욱, 〈將卜居于吾助川之上, 夜宿村舍, 忽遇大水, 前川漲溢, 仍思朴淵之勝[오조천가에 집터를 잡으려 하면서 밤에 시골집에서 묵었는데, 갑자기 큰물을 만나 앞내가 불어 박연폭포의 좋은 경치가 생각나다]〉56)

東眺天磨竝聖居　동쪽으로 천마산과 성거산 바라보고
朴淵深在洞門回　박연폭포처럼 깊어 골짜기 문 앞 둘러가네
青山玉液何時坼　청산의 깨끗한 물 어느 때에 터졌는지
碧落銀河此夜開　하늘의 은하수가 밤에 쏟아졌네
聲入千巖萬壑吼　소리는 천봉만학에 울리고
爽隨大氣剛風培　상쾌함은 대기의 굳센 바람 따라 커지네
依然導我參寥廓　아련히 나를 텅 빈 하늘로 인도하니
眞若飛仙挾往來　참으로 나는 신선이 오가는 것 같구나

56) 《지천집》 권2, 444c면.

오조천은 황해도의 하천으로 성거산에서 발원하여 흐르는데 주변 산들이 병풍처럼 두르고 있는 곳이다. 이를 千巖萬壑이라고 간단히 묘사하면서도 맑은 물이 큰소리로 울리며 흐르는 모습에 자신의 처지를 빗대었다. 큰물이 불어난 것은 위기와 고난일 수 있으나, 지천은 하늘의 은하수가 쏟아진 것으로 표현하였다. 그리고 경련에서 불어난 앞내의 물소리가 천봉만학을 울려 상쾌한 기운이 굳센 바람에 더 커진다고 하여 역동성을 표현하고 이러한 장관이 주는 장쾌한 이미지를 형상화하였다. 이에 지천 스스로 즐거워하며 인간세상에서 벗어나 신선세계에 온듯하다 표현하였다. 여기에서도 "剛風이 북돋아준다"는 표현을 썼으며 "青山玉液"이 터져 만학에 울린다는 것은 자신의 억울함을 밝혀 주는 의리와 正道를 상징하는 것이라고 할 수 있다.

지금까지 지천의 한시에 나타나는 강건함의 특징에 대해서 지천이 자주 쓰는 시어와 표현법, 형상화에 대해《주역》의 〈困卦〉와 〈乾卦〉 등에 함축된 대인군자의 처신과 관련하여 살펴보았다. 지천은 관각문인의 대가로서 용사와 기교, 칠언율시의 措辭에 대해서 자주 그의 시에 대한 평가가 언급되었다.

본고는 지천의 문학에 투영된 면면은 경학에 조예가 깊은 문인으로서 자신의 곤궁한 처지를 대변할 수 있는 시어와 이미지를 통해 강건한 문예미를 이루었다는 가능성에 대해 살펴본 것이다. 따라서 지천의 문학에 나타나는 강개함과 강건성은 당대 황정견, 진사도의 영향 아래 송시풍의 영향이라는 점을 논외로 하고 다만, 지천의 내면세계와 정신지향의 반영, 그의 기상과 연결지어 고찰한 것이다.

4. 결론

지천의 한시는 호소지 삼가 중에 제일 적은 작품 수가 전하여 당대 지천이 이루었던 문단의 명성과 관각문인으로서의 업적 및 문학사적 가치와 위상을 논하기에는 부족한 면이 많다. 게다가 임진왜란이후 아들 황혁 및 증손자까지 세상을 일찍 떠났고 붕당의 정쟁 속에 많은 모함을 받아 생을 마칠 때까지 불행한 삶을 살았다. 당대의 많은 시인들이 이에 대해 역시 안타까워하였고, 그나마 시화 비평서에 지천의 뛰어난 작품과 경향에 대해 시평과 기록이 남았다.

다만 현재 지천의 문학 연구는 다소 이들 작품의 품평에 한계를 두고 그 테두리 안에서 벗어나지 못한 점이 없지 않아 있다. 지천의 표현으로 "운몽택 여덟아홉 개를 품을 정도의 큰 포부와 드넓은 경지"를 지향했던 그의 사상과 문학을 작은 연못에 울타리를 두어 놓치고 있는지 모를 일이다. 적은 작품으로 지천의 대인군자로서의 기상과 강건함의 특징을 온전히 살펴볼 수 없는 것이 안타깝지만, 앞으로 다양한 자료를 보충하여 지천의 진면목을 밝힐 수 있기를 기약한다.

독석(獨石) 황혁(黃赫)의 시대상황과 생애[1]

김문준[2]

1. 머리말
2. 학문과 文名
3. 관직 생활과 가문의 시련
4. 맺는 말

1. 머리말: 황혁의 가문과 왕가와의 인연

황혁(黃赫, 1551; 명종 6~1612; 광해군 4)은 선조 대와 광해군 대 초에 활약한 문신이다. 그의 본관은 장수(長水)이고, 자는 회지(晦之), 호는 독석(獨石)이다. 시호는 장천군(長川君)이다. 황혁의 생애에 관한 기록은 이의현(李宜顯, 1669~1745)[3]이 지은 황혁의 신도비 〈증 좌찬성 독석 황공 신도비명 병서〉(贈左贊成獨石黃公神道碑銘 幷序)에 자세히 기술되어 있다.[4]

---

1) 이 글은 (사)방촌황희선생사상연구소 주최, 방촌황희연구소 주관한 2019 제5회 방촌황희선생 정기학술대회, 서울 종로구 파고다어학원, 2019.11.02.)에서 발표한 논문이다.

2) 건양대학교 교수

3) 본관은 용인(龍仁). 자는 덕재(德哉), 호는 도곡(陶谷), 시호는 문간(文簡)이다. 경종 대의 신임사화 때 유배되었다가, 영조 때 우의정에 올랐다. 정미환국으로 파직되었다가 박필몽 등의 반란을 평정하여 다시 영의정이 되었다.

4) 《陶谷集》, 권11, 神道碑銘, 〈贈左贊成獨石黃公神道碑銘 幷序〉

황혁은 익성공(翼成公) 황희(黃喜)의 후손으로, 고조는 방답진첨절제사(防踏鎭僉節制使)를 지낸 황섬(黃蟾)이며, 증조는 조지서 별제(造紙署 別提)를 지낸 황기준(黃起峻)이다. 조부는 행호분위부호군(行虎賁衛副護軍)과 숙천부사(肅川府使)를 지내고 영의정에 추증된 장원부원군(長源府院君) 황열(黃悅)이다. 아버지는 윤충공성익모수기광국공신(輪忠貢誠翼謨修記光國功臣)으로 병조판서(兵曹判書)를 지낸 문정공(文貞公) 장계부원군(長溪府院君) 지천(芝川) 황정욱(黃廷彧, 1532~1607)이다. 어머니는 순창조씨(淳昌趙氏) 조전(趙詮)의 딸이다.

황혁의 부인은 파평윤씨(坡平尹氏)로 좌랑(佐郎)을 지낸 윤엄(尹儼)의 딸이다. 윤엄은 성종(成宗)의 막내딸 정숙옹주(靜淑翁主)의 손자이다. 영평위(鈴平尉) 윤섭(尹燮)과 정숙옹주 사이에 아들이 없어 윤섭의 조카인 윤지함(尹之諴)이 그 후사가 되었는데, 윤지함의 아들이 윤엄이다. 황혁의 후배(後配)는 풍양조씨(豊壤趙氏)로 사인(舍人)을 지낸 조정기(趙廷機)의 딸이다. 황혁의 사위는 선조의 6째 왕자 순화군(順和君) 이보(李玨, 1580~1607)이다. 따라서 황혁은 성종의 막내딸 정숙옹주의 손녀를 아내로 맞았고, 선조의 아들을 사위로 맞았으니, 이씨 왕가와 두 번의 혼인 관계가 있다.

황혁은 16세기 말 치열해 가는 당쟁과 임진왜란이라는 큰 전란과 광해군(光海君, 재위 1608~1623) 대의 북인(北人) 정국에서 파란 많은 생을 살다가 역모에 걸려 죽음을 당했다. 이러한 그의 생애는 임진왜란 전후의 조선 시대 정황을 함축적으로 보여 준다. 황혁은 고봉(高峰) 기대승(奇大升)의 문인이었으며 아버지 황정욱(黃廷彧)과 함께 문명(文名)이 높았으나, 역모에 걸려 옥사하였으므로 아쉽게도 황혁의 학문과 사상을 엿볼 수 있는 유문(遺文)은 거의 남지 않았다.

2. 학문과 문명(文名)

황혁의 시문집《독석집》(獨石集)이 남아 있다. 그 내용은 시는 143수, 잡저는 교서 4편, 상량문 1편, 제문 3편, 행장 1편, 표 5편, 〈대책〉(對策) 1편이 있다. 부록으로 그에 대한 제문·묘갈명 등이 수록되어 있다.《독석집》의 초간본은 황혁의 사위 이욱(李郁)이 수집하고 그 아들 이후원(李厚源)이 정리했다.[5] 이것을 외손 유시번(柳時蕃)이 1670년(현종11)에 목판으로 간행하였고, 그 후에 현손 황휘(黃暉)가 증보 재편하였으며, 이것을 6대손 황선(黃璿)이 1727년(영조3)에 목판으로 중간(重刊)하였다. 1904년 8월에 방계(傍系) 8세손(世孫) 황현(黃玹)이 발문을 지었다.[6]

비록 남은 유문은 거의 없어도, 당시 문사(文士)들의 기록들은 황정욱·황혁 부자가 당대에 자못 문명(文名)이 높았다는 사실을 알려 준다. 황혁의 신도비를 지은 이의현(李宜顯)은 황정욱·황혁 부자를 송나라의 소순(蘇洵)·소식(蘇軾) 부자에 대비하여 다음과 같이 기술했다.

> 독석 황공은 장계공(長溪公)의 장자(長子)로서 선고의 문장을 훌륭하게 계승하기를 마치 노천(老泉; 소순(蘇洵))의 뒤를 그의 아들 동파(東坡; 소식(蘇軾))가 계승한 것처럼 하였으니, 그 뛰어난 명성이 한 시대에 진동하

5)《谿谷集》, 제6권, 序, 〈芝川集序〉

6)《梅泉集》, 제6권, 跋, 〈獨石亂稿鈔本跋〉

였다.[7]

율곡(栗谷) 이이(李珥)는 황정욱·황혁 부자와 같은 시대를 살았는데, 자신을 방문한 황혁에게 말하기를 황정욱의 시는 경술(經術)에서 출발하여 마음의 자득(自得)으로 이루어진 의리의 글이라고 다음과 같이 평했다.

> 율곡이 옛날 석담(石潭)에 있을 때 하루는 찾아가서 문안드렸는데 황혁에게 이르기를, "옛날 옥당(玉堂)의 글 친구 중에 신군망(辛郡望)은 앉아서도 글을 안 읽어 재주가 날마다 줄었는데, 주공(主公: 황정욱)은 외곬으로 학문을 즐겨 재주가 배나 증가하여 문장을 당할 수 없었다"고 하였다. 시인 백광훈(白光勳)과 국조(國朝) 이래의 시가(詩家)를 평가하면서 말하기를, "황 아무공의 시는 경술(經術)에서 출발하여 마음의 자득(自得)으로 이루어지니 의리의 글이다. 점필재(佔畢齋, 김종직(金宗直, 1431~1492))와 더불어 이름을 떨친 것이요, 호음(湖陰, 정사룡(鄭士龍, 1491~1570))이나 양곡(陽谷, 소세양(蘇世讓, 1486~1562))은 여기에 미치지 못한다" 하였다. 〈황혁이 지은 지천(芝川) 황정욱 행장에서 나옴〉"[8]

7) 《陶谷集》, 권11, 神道碑銘, 贈左贊成獨石黃公神道碑銘 幷序, "獨石黃公 以長溪公冢子克世其文章 如老泉之東坡 聲名震一世.

8) 《栗谷全書》, 어록, 出黃赫所撰黃芝川廷彧行狀, "栗谷昔在石潭°一日往候焉°謂赫曰°舊時玉堂文僚中°辛君望坐不讀書°其才日退°主公一味嗜學°其才倍°文不可當也°及與詞人白光勳°評騭國朝以來詩家曰°黃某公詩°發於經術°濟以自得°義理之文也°當與佔畢齋竝驅°湖陰, 陽谷°不是及也°出黃赫所撰黃芝川廷彧行狀"

계곡(谿谷) 장유(張維)는 평하기를, 당대를 대표하는 시인으로 다음과 같이, 호음(湖陰) 정사룡(鄭士龍), 소재(蘇齋) 노수신(盧守愼), 지천(芝川) 황정욱 등 3인을 칭했다.

> 내가 어렸을 때 예원(藝苑; 문단)에 대한 여론(餘論)을 꽤나 들었었는데, 근대의 명가(名家)를 일컬을 때 시(詩) 분야에서는 반드시 호(湖)·소(蘇)·지(芝)를 거론하곤 하였다. 호는 호음(湖陰) 정공(鄭公)을 가리키고, 소는 소재(蘇齋) 노공(盧公)을 의미하며, 지는 지천(芝川)을 말하는데 지천은 바로 장계(長溪; 장수) 황공(黃公)의 호이다.[9]

이처럼 이이나 장유와 같이 당대의 일류 명현들이 황정욱을 점필재(佔畢齋) 김종직(金宗直)과 더불어 이름을 떨친 문장을 지닌 문인으로서 당대를 대표하는 시인이었음을 인정하였다. 이이의 뒤를 이어 병조판서를 지내고 정여립 옥사(鄭汝立獄事) 직후인 1590년에 우의정을 지낸 청천당(聽天堂) 심수경(沈守慶, 1516~1599)은 자신과 이웃에 사는 유근(柳根)·황혁(黃赫)·황치성(黃致誠)이 모두 장원을 하여 네 명의 장원이 이웃하고 있다는 사실을 자랑스러워하는 기록을 남겼다.[10] 이와 같이 두 부자의 문명(文名)은 자못 높았다고 할 수 있다.

황혁은 고봉(高峯) 기대승(奇大升)의 문인으로서 한국 도학의 전통을

9) 《谿谷集》, 제6권, 序, 芝川集序, "維少也 頗聞藝苑餘論, 其稱近代名家詩, 必曰湖蘇芝, 湖謂湖陰鄭公, 蘇謂蘇齋盧公, 而芝川者 長溪黃公號也."

10) 《大東野乘》, 遣閑雜錄, 沈守慶 撰

계승하기도 했다. 황혁은 기대승이 사망하자 지은 만장(挽章)11)에서 고봉에 대해 다음과 같이 기술하여 스승 고봉의 도학을 계승하였음을 표현했다.

등불 아래 가르침 생생도 하고　至今燈下誨
눈앞에서 들은 말씀 그대로인데　依舊眼前辭
격려하신 그 은혜 갚기 어렵고　奬勵難恩報
일깨우신 그 정리 유독 깊어라　提撕獨我私

황혁은 기대승의 문인이었으나 아쉽게도 황혁의 학문과 사상을 엿볼 수 있는 글은 전하지 않는다. 그는 아버지와 함께 문명이 높았으나, 역모에 걸려 옥사하였으므로 남은 유문(遺文)이 적다. 황혁은 기축년(1589, 선조22)의 정여립의 모반 사건, 혹은 정개청의 원사(寃死) 사건으로 알려진 기축옥사에 관해 기록한 《기축록》(己丑錄)12)의 편자로 알려져 있는데 확

11) 《高峯別集》, 부록 제2권, 挽章, 三十, 挽章[門人黃赫獨石]

12) 이 일기는 《대동야승》에 실려 있다. 대체로 정개청과 최영경을 두둔하는 기록이 많다. 기축년 당시의 사건을 주로 당시의 장계와 전지(傳旨) 등을 모아 날짜 순서로 기록했다. 상권은 영남의 최영경(崔永慶)의 행장(行狀)과 묘갈(墓碣) 및 무함을 입고 신원(伸冤)된 일 등을 실었고, 하권은 호남의 정개청이 무함을 당한 일을 실었다. 상권의 절반 이상은 지봉 이수광의 일기와 좌의정 허욱 및 당시 명유(名儒)로서 무고로 죽은 최영경·정개청의 문인들의 기록을 참고하여 기록한 것이다. 하권은 최영경에 관한 전기(傳記) 자료와 당시 함께 화를 당한 강견(姜涀)·이발(李潑)·백유양(白惟讓)·백진민(白振民) 부자의 유사(遺事)와 자명소(自明疏) 등이 있다. 주로 정개청에 관한 기록과 전라도 유생들이 정개청을 옹호하여 올린 상소문들이 있다. 기축록의 기록은 동인의 글도 있고, 정철·성혼 등 서인에 관한 글도 있다. 이긍익(李肯翊)의 《연려실기술》에 동인들의 기축록에는 푸른 점, 서인들의 기축록에는 붉은 점을 찍어 양론(兩論)의 차이를 대조해 놓았다고 한다.(《고산유고》, 제3권 상, 소, 〈國是疏〉(효종 9, 1658) 및 한국문집총간 고전번역서 《대동야승》, 기축록, 해제 참조)

실하지는 않다.[13)]

황혁의 시문집 《독석집》의 내용은 시, 교서, 상량문, 제문, 행장, 표(表), 〈대책〉(對策), 제문·묘갈명 등이 수록되어 있다. 이 가운데 대책(對策)은 황혁이 과거에 응하여 왕의 물음[聖策]으로 시정(時政) 문제를 과제로 제시하자 그 대책을 논하여 답을 적은 과거 장원(壯元) 답안지로서 치도(治道)를 논한 글이다. 대책(對策)으로 기술한 내용은 《대학》(大學)이 논한 치평지도(治平之道)는 오로지 재용(財用)과 용인(用人)인데, 치도(治道)로는 부국(富國)의 술(術)은 재족(財足)에서 나오고 치지(致治)의 실(實)은 용인(用人)에 근원하는 것으로, 옛 제왕(帝王)의 정치도 재물을 절용(節用)하여 근재(謹財)하여 족용(足用)하고 뛰어난 인재를 널리 불러 용인(用人)하여 찬치(贊治)하게 하는 것이라는 유교의 전통적인 답안이다.[14)]

---

13) 《기축록》은 조선고서간행회본과 《연려실기술》 〈문예전고〉(文藝典故)에 황혁이 편찬한 것이라고 기록되어 있다. 그러나 《기축록》의 내용에 황혁보다 후대의 인물인 허목(許穆)이 지은 〈곤재전(困齋傳)〉 및 《우득록(愚得錄)》의 서문이 수록되어 있어 후대에 글을 추가 편집한 것으로 보여진다. 한편, 허목은 백사 이항복이 펴낸 것이라고 기록하였다. 허목은 〈백사(白沙) 이상국(李相國) 사적〉 (《記言》, 권10, 중편, 人物, 〈白沙李相國事〉)에서 "백사 이항복이 기축년 원옥(冤獄)에 관한 일을 기록하여 《기축록》을 지었는데 강릉본(江陵本) 《백사집》(白沙集)에 실려 있었다. 그러나 지금은 그 글이 남아 있지 않고, 개작한 《기축록》이 세상에 유행하는데 그 내용이 많이 변경되었으니 어떻게 된 일인가"라고 기록했다. 〈최수우(崔守愚) 사적〉(《記言》, 권26, 하편, 世變, 〈崔守愚事〉)에서도 "《백사유고》(白沙遺稿)에 《기축록》이 있어 선생의 원통한 일이 매우 상세하게 실려 있었는데, 뒤에 그 자손들이 권세를 가진 자의 말을 듣고 감추어서 위작(僞作) 《기축록》이 세상에 전해진다"고 기록했다.

14) 《獨石集》, 對策, "臣聞爲治之道 固非一端, 而其大則有二焉. 富國之術 必由於財足. 而致治之實 亦原於用人. 故泉流表不匱之源 俊乂有旁招之美, 於以頒九條之式, 而調度自不至於空, 足以供一世之用, 而人材亦有需於實用, 則古之帝王所以謹財而足用, 用人而贊治者, 不外是矣."

3. 관직 생활과 가문의 시련

황정욱·황혁 부자의 관직 활동의 대강과 그들이 수 차례 당한 가문의 시련은 황혁의 신도비를 지은 이의현의 〈증 좌찬성 독석 황공 신도비명 병서〉에 잘 요약되어 있다.

> … 신묘년(1591, 선조 24) 당화(黨禍)에 연루되었고, 이어서 임진왜란(壬辰倭亂)의 곤액을 당하였으며, 다시 임자년(1612, 광해군4)의 무옥(誣獄)에 걸려 끝내 목숨을 잃고 가문이 침체되었다. 그 운명의 기구하고 험난함이 또 한 시대의 으뜸이니 말하는 사람들이 지금까지 이를 매우 가슴 아프게 여긴다.15)

위와 같이 황정욱·황혁 부자는 정변과 전란을 겪으면서 세 번의 큰 화액(禍厄)을 겪었다. 첫째는 정철(鄭澈)이 건저문제(建儲問題)로 위리안치될 때 그 일당으로 지목되어 변고를 당한 일이다. 황정욱은 진주목사·충청도관찰사·승지를 역임하였고, 1584년 종계변무주청사(宗系辨誣奏請使)로 명나라에 다녀왔다. 그 공으로 동지중추부사가 되고, 호조판서가 되었다. 임진왜란이 일어나기 3년 전인 1589년에 정여립(鄭汝立) 모반 사건에 연좌되어 파직되었다가 곧 복직되었다. 이듬해 종계변무의 공으로 광국공신(光國功臣) 1등이 되어 장계부원군(長溪府院君)에 책봉되고 대제학

15) 《陶谷集》, 권11, 神道碑銘, 贈左贊成獨石黃公神道碑銘 幷序, "獨石黃公 以長溪公冢子 克世其文章 如老泉之東坡 聲名震一世. 然一跆於辛卯黨禍 再厄於壬辰兵亂 三絓於壬子誣獄 卒以殞其身而湛其宗 其命途之奇釁 又爲一世最 談者至今傷之."

이 되었다. 이어 예조판서·병조판서 등을 역임하였다.

황혁은 1570년(선조 3)에 진사가 되고, 1580년 별시문과(別試文科)에 장원으로 급제하였다. 전적(典籍), 예조와 형조의 낭관(郎官), 봉상시(奉常寺) 첨정(僉正)을 역임하고, 사헌부(司憲府) 지평(持平)을 지냈으며 삼자함(三字啣; 知製敎)을 겸대(兼帶)하였다. 외직으로는 함경도와 평안도의 도사(都事), 직산현감, 고양군수를 지냈다. 장악원정(掌樂院正)으로 장계공(長溪公)의 맹회에 참석하여 전례(典禮)에 따라 통정대부(通政大夫)에 오르고 첨지판결사(僉知判決事)와 호조참의에 임명되었다. 1585년에는 전라우도 암행어사로 다녀왔다. 이어 승정원 우승지(右承旨)가 되었다가, 1591년 정철(鄭澈)이 건저문제(建儲問題)로 위리안치될 때 그 일당으로 지목되어 삭직되고 문외(門外)로 출송(黜送)되었다.

이때에 양사(兩司)인 대사헌 이원익(李元翼), 장령 조인득(趙仁得)·윤담무(尹覃茂), 지평 이상의(李尙毅)·정광적(鄭光績), 대사간 홍여순, 사간 권문해(權文海), 헌납 김민선(金敏善), 정언 이정신(李廷臣)·윤엽(尹曄) 등이 합계(合啓)하여 송강 등을 유배할 것을 청하였다. 당시의 관련 기록을 보면 다음과 같다.

> 선조 24년 신묘(1591, 만력) 7월 2일. 양사(兩司; 司憲府, 司諫院)에서 아뢰기를, "병조 판서 황정욱·우승지 황혁·좌승지 유근(柳根)·호조 판서 윤두수(尹斗壽)·황해 감사 이산보(李山甫)·사성(司成) 이흡(李洽)·병조 정랑 임현(任鉉)·예조 정랑 김권(金權)·고산 현감(高山縣監) 황신(黃愼)·사과(司果) 구면(具葂, 具寬)은 정철의 당이 되어 사람을 상하고 물(物)을 해쳤으며 더욱이 황정욱은 횡포하고 탐닉하니 청컨대 모두 파면하소

서.[16]

이때 홍성민(洪聖民)·이해수(李海壽)·윤두수·윤근수(尹根壽)·이산보·박점(朴漸)·유공신(柳拱辰)·백유함(白惟咸)·장운익(張雲翼)·이춘영(李春英)·황정욱·황혁·김권·황신·유근·이흡·임현·구면 등도 다 연좌로 유배되었으며, 이성중(李誠中)은 세자 책립을 공과 함께 건의하였고 우성전(禹性傳)은 시론(時論)에 따르지 않은 때문에 평소 공을 좋아하지 않았으나 함께 죄를 얻어 유배되었다.[17] 이에 송강은 위리안치(圍籬安置)되었으며, 이춘영·유공신·백유함·윤두수·홍성민·이해수·장운익 등은 북쪽 변방으로 유배당하고, 박점·황혁·우성전(禹性傳)·윤근수는 삭탈관직당하였으며, 황정욱·이산보·이성중·이흡·임현·김권·황신·구면 등은 파직당하였다. 또한 선조에게 순화군과 황혁의 딸과의 파혼을 청하는 요구도 있었으나 선조는 이 요구는 받아들이지 않았다.[18]

두 번째는 임진왜란 때의 왜군에 피랍되어 항복권유문을 쓴 일로 징계를 당한 일이다. 황혁이 건저문제로 파직된 다음해인 1592년 4월 임진왜란이 일어났다. 1592년 4월 13일에 왜군이 부산포로 침입했다. 부산에 상륙한 왜군은 보름 만에 한양을 점령하고, 5월 말에 개성을 점령하고, 두 달 만인 6월 13일에 평양성을 점령했다. 선조는 의주까지 피난했다. 바다에서는 이순신이 지휘하는 수군이 왜군을 격파하여, 수군을 북상시켜 육군과 합류하고 식량과 무기를 공급하려던 왜군 계획은 봉쇄되었다.

16)《己丑錄》, 상

17)《宋子大全》, 권155, 신도비명, 松江鄭公神道碑銘 幷序

18)《燃藜室記述》, 권14, 선조조 고사본말, 辛卯時事.

또한 전국에서 의병이 일어나 일본군의 보급로를 차단했다. 의주로 피난한 선조는 명나라에 구원을 요청했다. 명이 지원군을 보내어 조명(朝明) 연합군은 1593년 1월에 평양성을 탈환했고, 왜군은 한양으로 물러났다가 경상도로 후퇴하여 성을 쌓고 장기전으로 들어갔다.

임란 초 선조는 첫째 서자(庶子)인 임해군(臨海君) 이진(李珒)에게 함경도로 가서 근왕병을 모집할 것을 명했다. 임해군은 그 아우인 선조의 여섯째 왕자 순화군(順和君) 이보(李玒)와 김귀영(金貴榮)·윤탁연(尹卓然) 등을 대동하고 함경도로 떠났다. 이때 황정욱은 호소사(號召使)가 되고 황혁은 호군(護軍)으로 등용되어 부자가 함께 임해군과 황혁의 사위인 순화군을 배종(陪從)하여 강원도를 거쳐 관동의 회령(會寧)으로 갔다.

그러나 임해군(臨海君)도 순화군도 백성들의 지지를 받지 못했다. 임해군은 성질이 난폭하여 아우인 광해군에게 세자 자리를 빼앗기고 세자(世子)에 책봉되지 못한 인물이다. 임란 후 1608년에 선조가 죽자 일부 대신들과 명나라가 왕으로 즉위시키자는 주장이 있자, 광해군이 영창대군·김제남과 함께 역모 죄로 진도에 유배하였다가 다시 강화의 교동으로 이배하였다가, 이듬해 사사한 인물이다. 순화군 역시 성질이 포악하여 임진왜란 후에 사람을 함부로 죽이고 재물을 약탈하는 등 불법을 저질러 양사의 탄핵을 받은 적이 있으며, 1601년에 군호(君號)까지 박탈당한 적이 있는 인물이다.**19)**

임해군은 관동에서 의병을 모집하는 격문을 돌리기도 했다. 그 격문은 황정욱이 기술한 것이다. 그러나 가토 기요마사(加藤淸正)가 지휘하는

---

19) 《선조실록》 209권, 1607년 3월 18일 3번째 기사. 이보의 졸기

1만여 명의 왜군이 관동까지 들어오자, 임해군 일행은 회령으로 들어갔다. 그러다가 그 지역민인 국경인(鞠景仁)[20]이 반역을 일으켜 임해군 일행을 사로잡아 왜군에게 넘겼다. 이때 임해군과 순화군, 그리고 그들을 호종하던 대신 김귀영(金貴榮)과 황정욱·황혁 부자, 남병사(南兵使) 이영(李瑛), 부사 문몽헌(文夢軒), 온성부사 이수(李銖) 등이 모두 왜군에 넘겨졌다. 임해군 일행은 왜군 포로가 되어 안변(安邊)에 감금되었다. 왜장 가토가 선조에게 보내는 항복 권유문(降伏勸誘文)을 쓰도록 황정욱에게 강요하자, 황정욱은 거절하였지만 손자와 왕자를 죽인다는 위협을 받자 황혁이 아버지를 대신하여 항복권유문을 썼다.[21] 이때 황정욱은 항복 권유문이 강요에 의해 쓴 것임을 소명하는 또 하나의 글을 써서 몰래 조정에 보냈으나 함경도 관찰사가 보내지 않아서 선조에게 전달되지 못하였다.[22]

1593년 4월 20일 선조가 이언우(李彦祐)·함인수(咸麟壽)·정석수(鄭石壽) 등을 참수했다. 그들은 함경도 회령부(會寧府)에서 국경인(鞠敬仁)과 함께 모의하여 자칭 3대장(三大將)이라 하며 두 왕자 일행을 왜군에게 넘겨 주고 국경인을 추대하여 왕을 삼으려고 한 인물들이다.

1593년 명나라 사신 심유경(沈惟敬)과 왜장 고니시 유키나가(小西行長)

20) 국경인은 전주 사람인데 죄를 지어 회령으로 유배되었다가 회령부의 아전이 되어 조정에 원한이 많았던 인물이다. 경성부의 아전으로 있던 작은아버지 국세필(鞠世弼), 명천 아전 정말수(鄭末守) 등과 함께 반란을 일으켰다. 이에 가토는 그에게 회령 통치를 맡겼고 이언우(李彦祐)·전언국(田彦國) 등과 함께 횡포를 자행하다가 북평사(北評事) 정문부(鄭文孚)가 일으킨 의병인 회령 유생 신세준(申世俊)과 오윤적(吳允迪)이 붙잡아 참살했다.

21) 《선조수정실록》 25년 임진 7월 1일.

22) 《谿谷集》, 권6, 序, 〈芝川集序〉

가 강화에 합의하자, 왜군이 부산으로 철수한 후 부산에서 두 왕자의 일행이 석방되었다. 황정욱·황혁 부자도 석방되었다. 돌아온 후 황혁은 항복권유문을 쓴 일로 남인의 탄핵을 받아 이산(理山; 평안북도 초산)에 유배되었다가 신천(信川; 황해도 신천)으로 이배(移配)되었다. 1597년에야 왕의 특명으로 석방되었다. 이때 계곡(谿谷) 장유(張維, 1587~1638)도 황혁의 손자 황상(黃裳)의 매서(妹壻) 로서 연좌되어 파직되었다.[23] 선조실록에 실린 황정욱·황혁에 대한 사간원의 탄핵 내용은 다음과 같다.

> 간원이 아뢰기를, "급제(及第: 문과 합격자) 황혁은 관동(關東)에서 북도(北道)로 옮겨갈 적에 군부(君父)의 어려움도 생각하지 않고 또 부탁한 중책도 잊고서 모든 행위가 다 패려(悖戾)하여 열읍(列邑)에서 공억(供億: 음식 접대)이 조금이라도 마음에 맞지 않으면 마구 매질을 하였는데, 지나는 곳마다 소란하여 마치 난리를 겪는 것 같으므로 민심이 원망하고 배반하여 끝내 임해군(臨海君)과 순화군(順和君) 두 왕자가 토적(土賊) 국경인(鞠景仁)에게 잡힌 회령(會寧)의 변고를 초래하였습니다. 적에게 잡힌 뒤에는 구차하게 목숨을 부지하려고 적에게 붙어 적의 지시라면 받들어 따르지 않은 것이 없어 처음에는 땅을 끊어 주고 강화(講和)할 것을 청하더니 뒤이어 신(臣) 자(字)를 쓰지 않고 적을 높이는 서장을 올렸습니다. 전후의 서장이 모두 그의 손에서 나온 것이고 보면 이는 실로 국가를 저버린 하나의 적(賊)이니 천지 사이에 살도록 용서할 수 없습니다. 잡아다가 추국(推鞫)하여 율에 의해 죄를 정하게 하소서."[24]

---

23) 《東溟集》, 제18권, 행장, 〈右相張公行狀〉

24) 《선조실록》, 1593년 8월 13일,

계사년 8월. 황정욱·황혁이 죄가 있어 삼성추국(三省推鞫)[25]을 받고 사형을 감하여 길주(吉州)로 정배되니 양사에서 법에 따라 죄를 정하도록 청하였으나 윤허하지 않았다. 대개 왜란 초기에 김귀영(金貴榮)은 임해군을 모시고 함경도로 가게 되었고, 황정욱은 순화군을 모시고 강원도로 가게 되었다. 두 행차가 모두 북도로 갔는데 그곳 사람들이 붙잡아 왜놈들에게 넘겼다. 황정욱과 황혁은 왜놈에게 신(臣)이라 일컬었으며 또 관백 전하(關白殿下)라 불렀는데 부산(釜山)에 도착하자 본국으로 풀어 보내주었으므로 이번 삼성추국이 있었던 것이다. 그런데 순화군의 처가라 하여 죽음을 면하였다. 왕자 순화군은 황혁의 사위이다.[26]

세 번째는 김직재(金直哉: 1554~1612)의 무옥(誣獄: 무고로 일어난 옥사) 사건에 연루되어 결국 죽음을 당한 일이다. 황혁은 이이첨(李爾瞻, 1560~1623)이 무고한 이 사건에 걸려 참혹한 죽음을 당했다. 이이첨은 선조 때 대북 영수로서 정인홍(鄭仁弘)과 함께 광해군의 왕위 계승을 적극 주장하였고, 광해군 즉위 후에는 소북파를 숙청한 인물이다.

김직재의 무옥 사건은 1612년(광해군 4) 2월에 일어난 무옥으로, 광해군 때 정권을 장악한 대북파(大北派) 이이첨 · 유인길(柳寅吉, 1554~?) 등이 광해군의 이복 동생 영창대군(永昌大君)을 지지하던 소북파 유영경(柳永慶, 1550~1608)의 잔여 세력을 제거하려고 조작하여 일으킨 옥사이다. 이 역모사건으로 모두 100여 명이 연루되어 억울하게 처벌받은 무옥이다.

---

25) 강상죄 등 중죄를 범한 죄인을 형조나 의금부·의정부·사헌부나 사간원인 대간 등 삼성이 합좌하여 국문하는 추국.

26) 《己丑錄》 상

이이첨은 1612년(광해군 4) 2월에 옥사(獄事)를 일으켜 김직재와 그 아들 김백함(金白緘) 등이 순화군의 아들 진릉군(晉陵君) 이태경(李泰慶)을 왕으로 추대하려 한다고 무고하여, 이 무고로 인해 김직재는 능지처사되었고, 김직재의 동생 김덕재(金德哉)·김강재(金降哉), 김덕재의 아들 김삼함(金三緘) 등도 사망하였다. 황혁 역시 국문을 받다가 옥사(獄死)하였다. 이 옥사는 당시 황해도 봉산군수(鳳山郡守) 신률(申慄; 1572~1613)이 황혁에게 지닌 원한으로 일으켰다. 신율은 병조(兵曹)의 공문서를 위조하여 과중한 군역을 피하려고 했던 환속 승려 김경립(金景立, 일명 김제세)을 체포했는데, 그 후 신률이 대북파의 사주를 받아 김제세(金濟世)를 심문하였고, 그는 혹독한 고문을 못이겨 김직재가 반역을 도모하였다고 인정하였다. 이로써 신율은 김직재와 그의 아들 김백함(金百緘)을 모역 주모자로 몰았다. 황해 병사 유공량(柳公亮)과 감사 윤훤(尹暄)이 이 사실을 조정에 아뢰고 김직재를 체포하여 조정으로 보냈다. 조정에서 김직재를 국문하자, 김직재·김백함 부자와 김직재의 사위 황보신(皇甫信) 등이 모진 고문을 받고, 김백함이 자기가 모역의 주모자이며 그들이 왕으로 추대한 인물은 진릉군이라고 인정했다. 이들은 고문에 못 이겨 "황혁 등과 함께 음모를 꾸며 왕의 형인 순화군(順和君; 선조의 6남)의 양자인 진릉군(晉陵君) 이태경(李泰慶)을 임금으로 추대하려고 하였다"라고 진술했다.

당시 김직재의 무옥 사건의 정황과 결과는 선조실록에 다음과 같이 기록되어 있다.

> 봉산 군수(鳳山郡守) 신율(申慄)이 도적을 잡아서 매우 혹독하게 국문하니, 도적이 죽음을 늦추려고 문관(文官) 김직재가 모반하였다고 하였다.

> 신율이 병사 유공량(柳公亮), 감사 윤훤(尹暄) 등을 통하여 조정에 알리고, 김직재를 묶어 올려보냈다. 그를 국문하니, 김직재가 황혁과 같이 모의하여 진릉군(晉陵君)을 추대하려 했다고 거짓으로 말하였다. 진릉군은 곧 순화군의 양자이며, 순화군의 부인은 황혁의 딸이다. 모두 잡아다가 국문했는데, 황혁은 곤장을 맞고 죽었다. 옥사가 끝나자, 유공량·신율 및 추관(推官)은 모두 녹훈(錄勳)되었다. 옥사가 신해년(1611)에 일어나 임자년(1612)에 끝났다. 《하담록(荷潭錄)》, 《명륜록(明倫錄)》.[27]

황혁의 딸은 순화군의 부인이고, 진릉군의 양모였다. 황혁은 곤장을 맞고 감옥에서 죽었다.[28] 이이첨은 당시에 순화군의 장인인 황혁이 신천(新川)에 유배되어 있었기에 진릉군이 역모에 가담했다고 의심하고 역모죄로 다스린 것이다. 황혁 가문은 그 외에도 그의 손자 황상(黃裳)·첩의 소생 황곤건(黃坤健) 등이 모진 신문을 받고 죽었다.[29]

이 사건에 소북파뿐만 아니라 소북파가 아니었던 이들도 많이 연루되어 고초를 겪었다. 서애(西厓) 류성룡(柳成龍)의 제자인 우복(愚伏) 정경세(鄭經世, 1563~1633)와 류성룡의 셋째 아들 수암(修巖) 류진(柳袗, 1582~1635)도 연루되었다. 류진이 지은 《임자록》은 '김직재옥'에 연루되어 투옥되었을 때 쓴 것이다. 또한 정호선(丁好善, 1571~1633)[30]·최유해(崔有

---

27) 《광해조일기》 1, 신해년(1611, 광해군 3)

28) 《광해조일기》 권1 참고.

29) 《逸史記聞》

30) 본관은 나주(羅州), 자는 사우(士優), 호는 동원(東園). 정경세·이준(李埈)과 교유하였다. 1601년(선조 34) 진사, 식년문과에 급제, 이조정랑·직강·사예·전적·지평·정언·수찬·응교 등을 역임. 1609년 승문원 판교, 1611년(광해군 3) 장령·사간을 거쳐

海, 1588~1641)[31] 등 많은 사림들이 옥사에 연루되어 국문(鞫問)을 당했으며, 수십 명이 연루되어 위리안치되거나 절도(絶島)에 유배되었다.[32]

당시에 많은 선비들의 신망과 존경을 받고 있던 황혁의 처남 풍옥헌(風玉軒) 조수륜(趙守倫, 1555~1612)·석주(石洲) 권필(權韠, 1569~1612)[33] 등 이름난 문사들도 고문을 받다가 옥사하였다. 조수륜은 황혁 처의 생질로서 황혁과 편지를 왕래했다는 죄목으로 연루되어 죽음을 당했다.[34]

조수륜은 우계(牛溪) 성혼(成渾, 1535~1598)의 제자로 성혼의 아들 성문준(成文濬, 1559~1626) 등과 함께 《우계집》을 편찬한 당대의 선비였다. 특히 김장생과의 교류로 훗날 조수륜의 자질(子姪)과 문인들 중에 이유겸·황일호 등 많은 이들이 김장생과 김집의 문인이 되기도 했다. 권필은 정철(鄭澈)의 문인으로, 관직에 나아가지 않고 강화에서 많은 문인을 배출했다. 조수륜의 집을 수색하다가 그의 시가 발견되어 국문을 받은 뒤 귀양을 가다가 사망했다. 훗날 우암(尤庵) 송시열(宋時烈)이 그의 묘갈을

강원도관찰사, 1613년 집의·전한을 지내고, 1616년 사인으로 천추사가 되어 명나라에 다녀왔다. 당시 대북파가 계축옥사를 일으켜 영창대군·김제남을 죽이고, 인목대비 폐모론이 대두되자 은퇴하였다가 인조반정 후 다시 안변부사가 되었다.

31) 본관은 해주(海州), 자는 대용(大容), 호는 묵수당(默守堂). 김현성(金玄成)·조수륜·최립(崔岦)·정구(鄭逑)의 문하에서 글을 배웠다. 1613년(광해군 5)에 생원, 그 해 증광문과에 병과로 급제. 홍문관 응교·훈련도감 낭청이 되었으며, 1617년에 평안도평사가 되었다가 대북파에 의해 삭직되었다가 1623년 인조반정으로 재등용되었다.

32) 《燃藜室記述》, 권19, 廢主光海君 古事本末

33) 본관은 안동(安東), 자는 여장(汝章), 호는 석주. 권벽(權擘)의 아들, 정철(鄭澈)의 문인. 이정귀(李廷龜)가 명나라 사신을 맞아 문사(文士)를 선발할 때 관직이 없었으나 뽑혀 문명을 떨쳤다. 광해군의 비(妃) 유씨(柳氏)의 아우 유희분(柳希奮) 등 척족들을 풍자한 〈궁류시(宮柳詩)〉를 지었는데, 광주(光州) 운암사(雲巖祠)에 배향. 문집은 《석주집》이다.

34) 《국역 연려실기술》, 권19, 폐주 광해군 고사본말.

찬하였다.

4. 맺는 말

황혁이 사망한 후에도 정국은 급변하였다. 1613년(광해군 5) 조령에서 잡힌 박순(朴淳)의 서자 박응서(朴應犀) 등이 영창대군의 어머니인 인목왕후의 친정 아버지 연흥부원군 김제남(金悌男) 등이 영창대군을 추대하여 역모를 꾀하려 했다고 거짓 진술하여, 유명 가문의 서자 7명이 연계된 이른바 "칠서지옥(七庶之獄)"이 일어났다. 대북파는 김제남 등 소북파를 처형하고 영창대군은 강화도에 위리안치하였다가 이듬해 살해했다.

1615년에 광해의 동생 능창군(綾昌君 李佺, 1599~1615)이 역모사건에 걸려 유배지에서 자결하였다. 1618년에는 대북파 이이첨 등이 폐모(廢母)를 건의하여 영창대군의 생모 인목대비(仁穆大妃)를 폐비하여 서궁(西宮; 경운궁 덕수궁)에 유폐시켰다. 이러한 폐모살제(廢母殺弟)라는 전대미문의 사태에 반발하여 1623년(인조 1) 김자점 등 서인이 주도하는 인조반정이 일어났다. 광해군은 강화도, 교동, 제주도 등으로 옮겨 가며 18년간 유폐하였다가 사망했다. 황혁은 인조반정 이후 복관되고, 좌찬성에 추증되었으며, 장천군(長川君)에 추봉(追封)되었다.

황혁과 그 가족이 당한 앙화(殃禍)에 대하여 이이첨이 행한 죄를 반포한 교서(敎書; 계해년 3월 15일 역적 괴수 이이첨 등을 정형하고 종묘에 고유한 뒤, 조당(朝堂)에 방(榜)을 게시하고 8도에 반포한 교서)에 다음과 같이 기술되어 있다.

(이이첨은) 역적의 옥사를 일으켜서 생살(生殺)의 권리를 독차지하고 역적 허균(許筠)·김개(金闓) 등 무뢰배들과 더불어 결탁하여 심복을 만들고 밤낮으로 모의하여, 처음에는 신율(申慄)을 봉산(鳳山)에서 사주하여 황혁 등 여러 사람의 무옥(誣獄)을 꾸며서 진릉군(晉陵君)의 옥사를 일으켰고, 다음은 정협(鄭浹)을 북도에서 유인하여 널리 한패의 사림들을 끌어다가 영창대군의 옥사를 날조하여 일으켰다. 추가로 형벌하는 것은 국구(國舅)에게까지 미쳤고, 핍박하여 죽인 참극은 어린 자식에게까지 미쳤다. 남몰래 유세증(兪世曾)을 보내서 해주 옥사를 일으켰고, 최기(崔沂)를 한 마디 충고한 것으로 연좌시켜 멸족해 버렸다. 이래서 죽은 사람이 수백 명이 넘었다.[35]

황혁의 묘역은 경기도 파주시 탄현면 금승리에 부친 황정욱 묘 아래에 있다. 인조반정 직후 1623년 3월에 인조는 관원을 보내 무옥(誣獄)에 의하여 억울하게 죽은 권필·조수륜·최기(崔沂)·황혁 등에게 치제(致祭)하도록 명하였다.[36] 그리고 이들을 복관하여 황혁은 이조 참판(吏曹參判)에 추증하였다. 최기(崔沂)는 이조 판서, 조수륜은 집의, 권필은 지평에 추증(追贈)되었다.[37] 황혁은 곧이어 또 좌찬성(左贊成)을 가증(加贈)하고 장계공(長溪公)의 공훈을 습작(襲爵)하여 장천공(長川君)에 추봉되었다.

35) 《大東野乘》, 계해정사록, 癸亥三月, 十五日.

36) 인조 1년 계해(1623) 4월 11일(경오); 국조보감, 제34권, 인조조 1년(계해, 1623)

37) 인조 1년 계해(1623) 4월 15일(갑술)

강한(江漢) 황경원(黃景源)의 詩世界

-세 편의 辭와 紀行詩를 중심으로-[1]

유영봉[2]

1. 머리말

江漢 黃景源(1709~1787)의 본관은 長水, 자는 大卿, 호는 江漢遺老이다. 黃暉의 증손으로, 할아버지는 호조정랑 黃處信이고, 아버지는 通德郎 黃璣이다. 李縡의 문인이다. 영조와 정조의 조정에서 두루 要職을 거치며 兩館의 大提學을 지낸 인물이다.

그가 남긴 《江漢集》은 총 32권 15책으로 상당한 분량이다. 이 가운데

1) 이 글은 (사)방촌황희선생사상연구소 주최, 방촌황희연구소 주관한 2019 제5회 방촌황희선생 정기학술대회, 서울 종로구 파고다어학원, 2019.11.02.)에서 발표하고, 〈강한(江漢) 황경원(黃景源)의 시세계(詩世界) -세 편의 사(辭)와 기행시(紀行詩)를 중심으로-〉, 우리한문학회, 《한문학보》 41권, 2019.게재한 논문이다.

2) 전주대학교 교수

산문이 30권을 점하니, 이는 對明義理를 固守한 文章家다운 업적이다. 실로 강한은 생전에 李廷燮에게 '300년 이래로 없었던 글'이라는 평가를 받았을 뿐만이 아니었다. 李奎象은 당대의 여덟 문장가로 강한을 포함해 吳瑗·李天輔·南有容·李德壽·趙最壽·趙龜命·林象元을 꼽았다. 金允植은 한 걸음 더 나아가 강한을 으뜸으로 치면서, "영조조에 남유용·이천보·오원·황경원 등 제공들이 번갈아 문단의 맹주가 되었지만, 더욱 강한을 대가로 추대할 수 있다. 그의 글은 전아하고 고고하면서 역사에 탁월한 재능[史才]을 갖추고 있으니, 옛날의 작자들과 더불어 첫 자리를 다툴만 하다."[3]라는 최고의 찬사를 아끼지 않았다. 그 바탕에 〈南明書〉와 〈明朝陪臣傳〉이 차지하고 있음은 누구나 널리 아는 사실이다.

강한의 韻文은 겨우 2권의 분량이지만, 이 또한 절대 수치로 보아 적은 양이 아니다. 권1에서는 3편의 賦가 머리를 장식한 다음, 聯句 1편을 제외한 52題 97首의 시가 전한다. 권2에는 연구 1편을 제외한 152제 193수의 시가 실렸다. 도합 3편의 辭와 2편의 연구, 204제 290수의 양이다. 이들은 모두 연도별로 깔끔하게 정리되었다.

그런데 賦를 제외하고 나머지 시작품들을 좀 더 자세히 들여다보면, 몇 가지 특이한 사항을 발견할 수 있다. 먼저 4句이나 8句로 이루어진 正格의 近體詩보다는 형식이 좀 더 자유스러운 古詩가 자주 눈에 띈다. 권1에는 39제 75수가, 권2에는 67제 72수가 실렸으니, 도합 106제 147수이다. 단지 편수만으로도 절반을 넘어가니, 분량으로는 더욱 따질 수가 없다. 6句로 이루어진 〈蟋蟀亭〉과 〈빗속에 유점사를 출발하여 성불령을 넘

---

3) 金允植,《雲養集》卷4,〈答人論靑邱文章源流〉英廟時 雷淵晉庵月谷江漢諸公迭主文盟 而尤推江漢爲大手筆 其文典雅高古 長於史才 可與古作者爭一席

다[雨中, 自楡岾踰成佛嶺]〉를 제외하면, 모두가 장편인 탓이다.

이에 비해, 활달한 문학적 교류를 보여 주는 次韻詩나 挽詩는 찾아보기가 어렵다. 차운시라는 제목을 붙인 작품은 〈10월 16일에 이의숙이 달밤에 서호에 배 띄우고 시를 지어 나에게 보내 주었기에 그 시에 차운하여 답하다[十月旣望, 李宜叔汎月西湖, 賦詩見投, 遂次其韻, 以酬之]〉에 실린 단 2수뿐이다. 만시는 〈윤성직을 곡하다[哭尹聖直]〉 4수와 〈김경부를 곡하다[哭金敬夫]〉 1수 외에 〈영종대왕 만장[英宗大王挽章]〉 12수와 〈문효세자 만장[文孝世子挽章]〉 3수로 그치는 형편이다.

2편의 연구도 따로 주목해 볼 수 있으니, 1737년에 지은 〈계정연구(谿亭聯句)〉와 함께 1776년에 지은 〈문효세자 책례일을 맞아 연구를 짓다[文孝世子册禮日聯句]〉가 각각 전한다. 특히 〈계정연구〉는 이천보·남유용·오원과 어울려 지은 무려 172구의 장편이다. 〈문효세자 책례일을 맞아 연구를 짓다〉는 正朝와 많은 신하들이 함께 모여 지은 84구의 작품이다. 당시 강한의 문학적인 순발력이 현실적으로 인정받았기에, 저절로 생성된 결과물이었음은 자명한 사실이다.

끝으로, 강한이 남긴 시들을 내용적으로 살펴보면 대부분 기행시에 속한다고 할 수 있다. 문집에 남은 그의 시는 23세가 되던 신해년(1731, 영조7)에 지은 〈태고정에서 이헌가·송사행과 모여서 짓다[太古亭, 會李獻可宋士行]〉로 시작하는데, 바로 뒤를 이어서 개성·단양과 제천·화양동·강원도 8군·평양·진주·금강산 일대를 유람한 기행시와 使行詩로 이어진다. 그리고 마침내 1762년 54세의 나이에 지리산 일대를 유람하며 지은 기행시들로 끝을 맺는 실정이다. 무려 25년 동안 스스로 시 짓기를 거부했다고 할 수밖에 없는 노년기이다. 그렇다면 이토록 독특한 여러 가지

현상들은 어찌해서 나타나는 것일까?

2. 세 편의 부(賦)

《강한집》의 첫머리는 〈弔長城賦〉·〈訟嶽賦〉·〈閔夏賦〉가 차지한다. 현실적인 여건이나 내용으로 보아, 강한이 47세 되던 1755년(영조31) 8월에 그가 進賀兼謝恩副使로 청나라에 갔을 때 지은 작품이라고 여겨진다.

본래 부(賦)는 사(辭)와 더불어 일반적인 한시들과 따로 취급한다. 기실 辭賦는 韻字와 對句를 운용하는 등 형식적인 측면에서 운문의 성격을 강하게 띠지만, 내용 전개의 측면에서는 다소 산문적인 요소를 지닌 특이한 문체다.

따라서 시가 지닌 서정성과 형식미를 바탕 삼아, 敍事와 議論의 전개를 동시에 갖추어야 한다. 대부분 개인의 서정을 고도의 수법으로 文飾하거나, 儒家의 이념 또는 자신의 역사인식 등을 論理와 衒學을 통해 풀어내야 하므로, 누구나 쉽게 접근할 수 있는 문체가 아니다. 이런 점을 한 눈으로 쉽게 살펴보기 좋은 책으로는 강한 보다 먼저 살다간 息庵 金錫冑 撰의 《海東辭賦》가 있다. 그 결과 조선 중기 이후로 많은 문인들이 사부를 지어 자신의 문집 안에 구색을 맞추기 위해 노력했지만, 거의가 실패한 것도 사실이다.

그렇다면 강한이 남긴 3편의 부를 실제로 살펴보자. 먼저 〈弔長城賦〉4)의 앞부분이다.

4) 黃景源, 《江漢集》 卷1, 〈弔長城賦〉

어찌하여 진나라 시황제는 망령이 나	何秦皇之狂妄兮
몽염 시켜 군대를 혹사시켰는가	命蒙恬而暴師
임조에서부터 줄지은 성가퀴가	自臨洮而列雉兮
대막을 가로질러 구불구불 이어졌도다	橫大幕以委蛇
높은 곳 깎고 깊은 곳 메꾸면서	塹其高而湮其深兮
지형의 험준함 이용하였으니	因地形之嶮巇
정장 세워 기련산으로 통하게 했고	亭障通於祁連兮
한해 둘러서 해자를 만들었도다	環瀚海而爲池
북가에서 운양에 이르기까지	據北假而達于雲陽兮
구복의 울타리가 장엄도 하다만	壯九服之藩籬
삼십만 백성들 고생시키고	勞赤子之三十萬兮
지맥 끊어 버려 귀신이 탄식했도다	絶地脈而鬼神咨

진시황이 만든 만리장성이 어디에서부터 어디까지, 어떻게 이어졌는가를 설명하는 대목이다. 강한은 자신이 알고 있는 지리적인 지식을 활용해 詩想을 전개하였다. 그리고는 다시 漢 太祖가 白登에서 흉노족에게 포위를 당한 일, 西晉의 懷帝와 愍帝가 살해된 일, 당 현종이 岷山으로 피난 간 일, 송나라 徽宗과 欽宗이 포로로 잡혀가 죽은 일, 원나라가 중국의 천하를 차지한 일, 명나라 永宗이 몽고족에게 사로잡힌 일, 崇禎帝가 승하하자 八旗軍이 쳐들어온 일 등등의 역사적인 지식으로 그 뒤를 이어 나갔다. 이 대목에서 30수로 구성된 〈中州感懷〉 또한 명나라의 역대 왕조에 관해 깊은 이해를 보여 주는 大作임을 따로 지적해 둔다.

자연의 경관을 세련되게 묘사하는 강한의 솜씨는 〈訟嶽賦〉[5]의 앞부분에서 볼 수 있다.

외로운 바위가 숲속에 우뚝하고	孤石竦於林間兮
신선 바위엔 폭포가 걸렸는데	有仙巖之懸淙
안개노을이 옛 각자를 품었으니	煙霞擁於古刻兮
여자산의 진면목 엄연하도다	儼呂子之眞容
한 길도 넘는 취운병 바위는	翠雲屛兮丈餘
구멍이 뚫린 채 수목이 우거졌고	穴相通兮木樅樅
그 위에 보천이라 새겨졌는데	鐫其上曰補天兮
고운 이슬 내려서 맑은 방울 맺히누나	芳露零而夜濃
복숭아꽃이 푸른 골짝 뒤덮어	桃花被於碧洞兮
짙은 향기가 깔린 이끼에 녹아드는데	繁香融於蘚縫
산꼭대기는 벌어져 문을 이루고	㕒㕒呀以成門兮
첩첩 봉우리 여섯 겹으로 둘러쌌도다	疊嶂繞於六重
날리는 폭포수는 바위 가에 쏟아지고	飛瀑瀉於巖際兮
시내 줄기 따스하여 겨울이 없나니	泉脉暖而無冬
시냇가의 층층 다락집에 올랐다가	登谿上之層閣兮
신선 골짝 기어오르며 지팡이 짚네	攀丹壑而移筇

의무려산을 형용한 대목이다. 의무려산은 遼寧省 北鎭縣 서쪽에 있는

5) 황경원,《강한집》권1,〈訟嶽賦〉

거대한 산으로, 陰山山脈의 支脈이다.《薊山紀程》의 〈渡灣〉 편에 "舜 임금이 冀州의 동북쪽을 나누어 幽州로 만들었는데, 이 산이 州의 鎭山으로 순 임금이 封한 열두 개의 산 가운데 하나다. 산세는 동쪽으로 비스듬히 기울고 서쪽으로 달려갔다. 동쪽으로 가서는 우리나라의 長白山이 되었고, 서쪽으로 가서는 山海關의 요해지가 되었다. 2,000리에 연달아 뻗어 있는데, 北鎭廟에 올라가면 그 전체를 볼 수 있다"라고 하였다.

강한이 북진묘에 올라가 이 시를 지었는지는 모르겠지만, 의무려산의 경관이 여실하게 묘사되었다. 그러나 이 시 역시 의무려산의 산신령이 도와주지 않아서 중국이 마침내 오랑캐 곧 청나라의 차지가 되었다고 한탄하면서 "높은 산 나무라며 비분강개하노라니, 바람이 소나무에 소슬히 불어오도다[訟喬嶽而慨慷兮 風颯颯於寒松]라는 구절로 매듭지었다. 그 한탄의 배경은 다시 〈閔夏賦〉[6]의 중반부에서도 묘사된다.

사냥개가 침전을 점거하였고 歇驕據寢兮
승냥이가 대궐문에 이르렀으니 豺貛臨閉
돼지 발굽이 중국 땅에 멋대로 날뛰고 豨蹢衡從於九州兮
뿔 굽은 양이 도읍에서 거드름 피우누나 羭偃蹇於上京
사대부들은 비린 음식 먹고 타락 마시며 士腥食而酪飮兮
이방인들과 더불어서 함께 행동하는데 與殊俗而偕行
젊은 여인들은 어여쁘게 단장해서 季女兮嬋娟
털가죽 옷 입고 나와서 맞이하고 氈裘兮來迎

6) 황경원,《강한집》 권1, 〈閔夏賦〉

어린이들은 방언에 익숙해져　　　　　　孺子之習於侏離兮
일찍부터 중국의 성음 모르는도다　　　　曾不知中國之聲

이상에서 살펴본 대로, 3편의 賦는 對明義理를 固守한 강한의 文章家다운 기색이 역력한 작품들이다. 따라서 이들은 앞서 김윤식의 지적처럼 탁월한 '史才'가 성공적으로 펼쳐진 작품들이라고 지적할 수 있으리라.

3. 제천(堤川)·단양(丹陽) 일대 기행시

지금은 제천에 포함된 淸風과 제천·단양 일대 유람은 그의 나이 26세 되던 1734년에 이루어졌다. 이때 그와 동행한 인물은 오원과 남유용이다. 첫 수가 〈백옥과 동쪽을 유람하다[與伯玉 東游]〉[7]이다. 그 전문이다.

나그네들이 꽃 핀 시절 아끼기에　　游人愛芳華
나란히 말 타고 단구로 들어왔으니　聯騎入丹丘
이미 한부를 지난 지 멀어졌고　　　已度漢阜遠
점점 그윽한 선암으로 향하네　　　漸向仙巖幽
우거진 잡풀엔 밝은 봄볕 어른대고　奧草藹熙陽
평평한 못에 세찬 물결 출렁이는데　平隰灩奔流
손잡고 푸른 숲 저 너머로 가　　　携手青林外
푸른 산의 모퉁이 한껏 바라보았네　縱目碧山陬

7) 황경원, 《강한집》 권1, 〈與伯玉 東游〉

오원은 글짓기를 좋아하여　　吳子喜詞章
역정에서 함께 시를 주고 받았으며　　驛亭共唱酬
말안장에 걸터앉아 《사기》 읽었고　　據鞍讀史記
모래섬에서 흰 갈매기 놀라게 했네　　中沚驚白鷗
연하의 유람 언약 지키기 위해　　爲赴煙霞約
닷새를 여주에서 기다렸으니　　五日滯驪州
아련한 구름 끝의 절이며　　依微雲際寺
아득한 호수가의 다락이여　　迢遞湖上樓
동쪽으로 네 군의 봉우리 바라보니　　東望四郡峰
울창하게 푸른 물가를 두르고 있어　　鬱鬱繞滄洲
종당에는 진정한 내 벗 이끌고　　終當引眞侶
함께 도담 향한 배에 오르리라　　偕登島潭舟

여행의 기대가 한껏 부푼 내용이다. 서울을 떠나 단양의 도담으로 향하는 행보와 길목의 풍광이 묘사되었다. 이 여정에서 오원과 시를 주고 받는 즐거움도 함께 담았다. 분명 남유용도 동행했는데, 그에 관해서는 이 시의 다음다음에 수록된 〈투호가[投壺歌]〉 안에서 한 번 등장하는 것으로 그치고 있다.

차제에 강한이 남긴 200여 편의 시 제목이나 내용에 등장하는 주변 인물들을 살펴보면, 그 빈도수에서 오원이 단연 으뜸이다. 열 차례가 넘는 때문이다. 그 다음은 宋文欽으로, 네 번 등장한다. 남유용의 경우는 윗 시와 더불어 〈이의숙·남덕재와 함께 오백옥의 청령각에서 잔치를 열고 짓다[與李宜叔 南有容 燕吳伯玉淸泠閣作]〉와 〈죽엽주를 앞에 두고 雷淵

南子를 생각하다[對竹葉酒 懷雷淵南子]〉에 세 번 등장한다. 그리고 스승 李縡와 더불어 申韶·洪梓·李天輔 등이 두 번으로 그치고 만다. 그 밖으로는 채 열 명 미만의 인물들이 한 번씩 등장할 뿐이다.

청풍 유람에서 빠뜨릴 수 없는 곳은 단연 玉笋峰이다. 이곳에서 강한의 붓 또한 내달렸다. 제목 역시 〈玉笋峰〉8)이다.

치솟은 바위들이 물가에 이어지고　　奔石連滄洲
구름 뚫고 신령스런 죽순 토했으니　　穿雲吐靈笋
높디높은 백옥의 기둥들이　　亭亭白玉楹
우뚝 솟아 어지러이 섞여 있네　　矗立相錯紾
밤새도록 밝은 달 걸려 있고　　終夜明月挂
온종일 떠다니는 운무 끌어들이네　　永晝游靄引
태산이 비록 진동한다 하더라도　　泰山雖云震
지주는 일찍이 무너진 적 없었으니　　底柱曾不隕
강 가운데 우리 배 대어 놓고　　中沚泊我舟
머리 들어 저 높은 산 바라보았네　　矯首望巉嶙
옆 사람이 기분 좋아 춤추려는 건　　旁人喜欲舞
반드시 영지버섯 때문만은 아니라네　　未必知仙菌
깎아지른 모습 정밀하고 교묘하니　　戌削精且巧
여기에서 조화가 극진하도다　　於茲造化盡
방황하다 어부에게 물어 보니　　彷徨問漁父
하늘의 소관 다 알려 말라 하네　　莫窮天所聯

8) 황경원, 《강한집》 권1, 〈玉笋峰〉

옥순봉은 오늘날 단양팔경의 하나로, 수많은 시인들이 즐겨 소재로 삼던 명승지이다. 오늘날에도 이곳을 구경하기 위해 청풍나루가 조성되었다. 강한의 걸음은 마침내 龜潭과 彩雲峰·島潭·石門을 거쳐 下仙巖·中仙巖·上仙巖을 거친다. 이 가운데 丹丘峽에서 지은 〈丹丘峽〉9)을 보기로 한다.

조각배 저어 세찬 여울 오르자니	移舫上飛湍
한낮이라 하늘 기운 말끔도 한데	亭午天氣淑
좁다란 골짝엔 봄 강이 깊었고	峽束春江深
양 언덕엔 꽃핀 나무들 둘러 있네	兩岸繞花木
저기 저쪽 가은암 바라다보니	瞻彼嘉隱巖
은자가 띠풀집 엮었는데	靜者結茅屋
산곽엔 구름 아직 끼었고	山郭雲猶封
석천엔 바람 마침 따스하네	石泉風正穆
때때로 박달나무 베는 소리	時聞伐檀聲
쿵쿵쿵 텅 빈 골짝에서 나니	坎坎出空谷
저 사람 비록 집에 있지만	伊人雖在堂
일찍이 벼슬은 생각지도 않으리라	曾不思爵祿
기름진 밭에 비 새로 흠씬 해서	澤田新雨多
다만 스스로 올벼와 늦벼 심겠지만	唯自藝穜稑
맑은 조정에서 어진 인재 구한다면	淸朝求俊良
무슨 일로 고요한 삶 지킬 건가	何事守幽獨

9) 황경원, 《강한집》 권1, 〈丹丘峽〉

嘉隱巖은 문경의 가은면 갈전리 산수골에 있는 바위 이름이다. 藥圃 鄭琢이 임진왜란 이후 벼슬을 내놓고 이곳에 살려고 했다는 전설이 깃든 곳이다. 강한이 방문했을 당시에도 사람들이 묻혀 살고 있었지만, 강한은 시의 말미에서 出處觀이 이들과 다름을 드러내었다. 그의 선택은 역시 經綸이었다.

아무튼 이 여행에서 강한은 도합 31수의 작품을 남겼다. 이 가운데 근체시의 형식은 7수에 지나지 않는다. 24수가 장편의 고시에 속한다. 젊은 시절의 거침없는 열정이 밀고 나간 현상이다. 내용적으로는 거의가 山水간의 풍광을 담은 景物詩에 속한다.

4. 금강산(金剛山) 기행시

1754년 강한은 46세의 나이에 安邊府使로 부임한다. 이때 지녔던 그의 각오는 〈鐵嶺〉에서 퇴락한 關門의 복원으로 드러난다. 강한은 부임 도중 금강산을 유람하였다고 여겨진다. 한양에서 출발하여 철령을 거친 그의 행보는 마침내 금강산 입구로 여겨지던 和川에 닿았다. 그 심회가 〈화천을 출발하다[發和川]〉**10)**에 담겼다.

부임한 지 스무날도 되지 않아	赴官未二旬
운림 속에 문득 노닐게 되었으니	雲林便自恣
이 좋은 계절에 홀로 길을 떠나	良辰聊獨往

10) 황경원, 《강한집》 권2, 〈發和川〉

벼슬살이 구속에서 벗어나누나　　脫此簪組累
아침 일찍 화천을 출발하니　　朝發和川上
좁은 길 그윽하고 또 깊숙한데　　硤路幽且邃
된서리 맞은 고목은 잎 성글고　　霜重古木疎
짙은 안개 속 차가운 시냇물 내달리네　　霧深寒流駛
군자가 좋은 때를 만나지 못해　　君子不遇時
자연 속을 거닐며 유유자적하는 함이　　逍遙以適意
어찌 태평성대에　　豈如明盛世
산수 간에 흐뭇한 관리됨만 같으랴　　山水爲傲吏
오늘 저녁은 봉래산에서 묵으리니　　今夕宿蓬萊
그윽한 유람 또한 임금의 내리심에랴　　幽賞亦君賜
아 저 속세의 어리석은 이들은　　咄彼塵昏人
나를 보고 심지 잃었다고 이르겠지　　謂我失其志

벼슬길의 여가에서 맞이한 유람이다. 그의 발걸음은 풍광의 유람에서 그치지 않는다. 옛 사적지에 관심을 표하기도 하였으니, 〈玉鏡潭에서 신라 왕자의 옛 성을 바라보다[玉鏡潭 望新羅王子故城]〉**11)**를 보도록 한다.

적막하여라 구름은 소나무를 덮고　　寂寂雲覆松
어둑하여라 새는 나무에서 우는데　　冥冥鳥啼樹
그 옛날 신라의 왕자 생각하니　　念昔羅王子

11) 황경원, 《강한집》 권2, 〈王鏡潭 望新羅王子故城〉

곧은 절개로 숲속에 깃들었구려　　耿介中林寓
향거는 떠나가 돌아오지 않고　　香車去不還
마의태자 홀로 머물게 되었는데　　麻衣遂獨住
이제 가시덤불만 옛 터에 가득하고　　荊榛滿古墟
성가퀴엔 맑은 이슬 엉기었도다　　睥睨凝白露
초읍은 그 옛날 다 타고 재만 남았을 때　　楚邑昔灰燼
단 세 집이 모두 슬퍼하며 사모하였는데　　三戶皆悲慕
하물며 저 군자의 나라는　　況彼君子國
남은 군사 아직 불러 모을 수 있었도다　　遺士尙可聚
그런데 어찌하여 빈 골짜기에 숨어서　　如何遁空谷
산의 성곽 속에 스스로를 가두었나　　山郭以自固
물가에 서서 하염없이 슬퍼하니　　臨流一惻愴
아득한 놀 속에 온 숲이 저물어가네　　杳靄千林暮

도합 16구절로 이루어진 고시의 형식이다. 비운의 麻衣太子가 머물렀다는 옛 성을 바라보며 지은 懷古의 情調 지닌 詠史詩다.

강한의 금강산 기행시가 〈鐵嶺〉에서부터 시작한다고 치면, 〈학포에 예전에 원수대가 있었는데 사람들에 의해 불에 탔다[鶴浦舊有元帥臺 爲人所燒]〉에 이르기까지 도합 54제 81수에 이른다. 그 가운데 고시는 13제 13수로 그친다. 41제 68수가 근체시에 해당한다, 이 점을 염두에 두고, 지금부터는 근체시에 해당하는 작품을 몇 수 더 보기로 한다. 〈明鏡臺〉12란 작품으로, 오언율시의 형식이다.

사방 절벽이 모두 다 천 길이라　四壁俱千仞
높은 대에 겨우 한 번 올라보니　高臺聊一攀
맑은 못은 떠오르는 해 머금었고　澄潭含旭日
남은 아지랑이 가을 산에 흩어지네　餘靄散秋山
옛 성곽엔 인가의 연기 끊어지고　古郭人煙斷
낭떠러지엔 조도가 둘렀으나　懸崖鳥道環
영원암 응당 멀지 않으리니　靈源應未遠
한가로이 걸어 구름 낀 관문 들리라　閒步入雲關

명경대는 내금강에 속한 명소다. 황천강 골짜기의 백천동에 자리잡은 선돌 형태의 巖柱로, 수평절리와 수직절리가 잘 발달한 곳이다. 높이는 50~60m 정도이고, 너비는 10m 이상이라고 한다. 바위 단면이 갈아 댄 양 반들거려 마치 큰 경대를 세워놓은 것 같다고 하여 붙여진 이름인데, 이곳에서 황천강을 따라 더 오르면 靈源菴이다.

다음에 소개하는 시의 제목은 〈萬瀑洞〉13)으로, 칠언절구의 형식이다.

우수수 낙엽 지는 소리 먼 데 종소리에 섞여　落木蕭蕭雜遠鐘
그 소리 일만 이천 봉우리에 퍼져 가네　聲連一萬二千峰
맑은 밤 벽하담 달빛 아래 홀로 앉아　淸宵獨坐霞潭月
옥돌 같고 흰 눈 같은 중향성 올려다보네　仰見香城玉雪容

12) 황경원, 《강한집》 권2, 〈明鏡臺〉
13) 황경원, 《강한집》 권2, 〈萬瀑洞〉

낙엽 지는 가을이었던 모양이다. 가랑잎 날리는 소리가 먼 절간의 종소리에 실려 일만 이천의 금강산 봉우리에 이어진단다. 게다가 시간은 맑은 밤이오, 달빛 아래 홀로 앉은 나그네 신세다. 앞으로 가야할 곳 衆香城이 바라보이는 자리이다.

마침내 중향성에 다다른 강한은 오언절구의 형식으로 지어진 〈衆香城〉14) 8수를 連作한다. 다음은 그중에서 일곱 번째 작품이다. 절묘한 풍광 묘사가 눈길을 끈다.

홀연 두어 봉우리 열리는가 싶더니	倏忽數莖開
잠깐 새 비녀 반쪽이 어둑해지네	須臾半簪晦
흰 구름은 아득하여 끝이 없는데	白雲杳無垠
그림자만 옥 봉우리 안에 떠 있네	影泛珪璋內

금강산 기행시의 대미를 장식하는 작품은 〈학포에 옛날 원수대가 있었는데 사람들에 의해 불에 탔다[鶴浦舊有元帥臺 爲人所燒]〉15)다. 이 또한 오언절구의 형식이다.

주민들은 손님맞이가 고역이라	居人苦迎客
누대가 자주 잿더미로 변했다네	臺榭屢成灰
호수와 산은 불태울 수 없기에	湖山燒不得
가을 달 아래 나그네 절로 찾네	秋月客自來

14) 황경원, 《강한집》 권2, 〈衆香城〉

15) 황경원, 《강한집》 권2, 〈鶴浦舊有元帥臺 爲人所燒〉

전언한대로 금강산 기행 도중 지어진 강한의 시는 내용적으로 보아 자연 경관의 아름다움을 노래한 작품들이 주를 이룬다. 형식적으로는 근체시가 대다수를 차지한다. 정확하게 알 수 없지만, 이는 아마도 여행 도중에 樓亭 등에 걸린 懸板이나 바위 등에 刻字된 先進들의 시 작품에서 영향을 받았는지도 모를 일이다.

5. 사행시(使行詩)

강한의 使行은 1755년에 이루어진다. 그의 나이 47세 때였다. 이 여정은 廣寧으로 그치는데, 이는 호조참판에 새롭게 임명된 탓으로 여겨진다.

강한이 사행 도중 지은 작품은 도합 24편이 전하는데, 연작시는 없다. 먼저 첫째 작품에 해당하는 〈九連城에서 묵는데 숲 가득히 눈이 쌓여 고요히 인적이라곤 없다[宿九連城 積雪滿林 悄無人跡]〉16)라는 작품이다.

새벽에 길을 나서 추위를 무릅쓰고　　夙駕凌玄氷
수레를 달려 거친 땅으로 들어오니　　飛盖入大荒
머나 먼 요동의 남쪽 산봉우리에　　迢迢遼南岫
새벽 놀빛이 희미하게 보이누나　　微見曙霞光
놀란 노루는 텅 빈 골짝에서 울고　　驚麕號空壑
깃든 매는 오래된 담장을 지키나니　　棲鶻守古墻

16) 황경원, 《강한집》 권2, 〈宿九連城 積雪滿林 悄無人跡〉

그 옛날 성대하던 시절에는 往者盛明時
인가 연기가 사방에 이르렀으리라 人煙達四方
백 년 넘게 전쟁에 시달려 干戈百年餘
변방의 백성 모두 흩어졌기에 邊民盡流亡
사신들이 가시덤불 헤치고 노숙하니 使价披榛宿
호랑이 표범 한밤의 침상 맴도누나 虎豹繞夜牀
고향 생각하니 오직 눈물 흐르고 思鄕惟霣涕
국경 나서니 애 더욱 끊어지나니 出疆更斷腸
어느 때나 고향으로 돌아가서 何時歸舊里
푸른 시내 북쪽에 낚싯대 드리울까 垂釣靑溪陽

이역만리 먼 길 떠나는 나그네의 심정이 오죽하였으랴? 낯선 풍광에 고생스러운 사신 길이다. 고향 생각이 절로 이니, 언제나 고향으로 돌아가 한가로이 낚싯대를 드릴까 하는 심정이다.

강한은 九連城을 지나 連山關·狼子山·冷井·遼東 벌판·遼陽 등등을 거친다. 다른 사행들과 동일한 노정이다. 그러나 명나라의 역사에 밝았던 강한의 시들은 여느 사행들이 남긴 작품들 보다 對明義理를 더욱 강하게 드러낸다. 아는 만큼 보이기에, 아는 만큼 서술한 탓이다. 그 중에 하나가 婁國安을 노래한 장편 영사시 〈장사 누국안이 서울로 돌아온 것을 노래하다[婁壯士國安歸京師歌]〉17)이다.

17) 황경원, 《강한집》 권2, 〈婁壯士國安歸京師歌〉

돌아보건대 옛날 현황제가	念昔顯皇帝
보위에 오른 지 20년 만에	踐阼二十載
왜노가 부산을 침범하니	倭奴犯釜山
살기가 산하에 이어졌네	殺氣連海岱
드디어 두 왕자 잡아가니	遂執王二子
함경도의 해와 달 캄캄해졌고	咸關日月晦
아 우리 문정공께서도	嗟我文貞公
북쪽 변방에서 피랍되셨네	被縶自北塞
서슬 퍼런 흰 칼날 앞에	白刃凜閃閃
처자식 마주보고 울었는데	妻子泣相對
이천 리 먼 곳에 포로로 잡혀가	俘囚二千里
조석으로 처형 기다리게 되었네	朝夕待斬刈
천자께서 이에 진노하사	天子乃震怒
조서 내려 군사 내셨으니	下詔出兵鎧
날 듯한 태을군과	飛騰太乙軍
펄펄 뛰는 현무대라네	踊躍玄武隊
모두 요해 남쪽으로 갔으니	俱赴遼海南
누가 충절 떨칠 수 있을까	誰能奮忠槩
빛나고 빛나는 대장군이	赫赫大將軍
패수 가에 더러운 무리 쓸어 냈네	浿上掃羣穢
천자의 군대가 개선가 울려	六師奏凱歌
다시는 병란을 근심하지 않았는데	不復憂彗孛
어찌하여 왜노의 병사들	如何倭奴兵

개미처럼 진 치고 끝내 물러나지 않는가	蟻屯終不退
공자와 배신들이	公子與陪臣
바닷가에 억류되자	縶纍海上在
황제께서 더욱 분노하사	帝心益發憤
사신 두어 명 보내셨네	遣使二三輩
진중에서 황제의 친서 받들고	軍中奉璽書
비분강개하지 않는 이 없었는데	莫不懷慷慨
열렬한 누 장사	烈烈婁壯士
곧바로 호랑이 굴로 들어갔네	直入虎穴內
우리 왕자 둘 빼앗아 왔으니	奪我二王子
의로운 명성 만대에 전하리라	義聲傳萬代
문정공 또한 그 뒤를 따라 돌아왔으니	文貞亦從還
덕음 또한 후대까지 미쳤네	德音又下逮
대대로 오랑캐가 됨을 면하였으니	世世不雕題
황제께서 내리지 않으신 것 없도다	莫非帝所賚
만력의 연대 이미 멀어졌지만	萬曆雖已遠
지금도 감사히 여겨 떠받든다오	至今猶感戴

누국안은 명나라 장수 李如松의 家丁이었다. 임진왜란 당시 함경도로 침입한 加藤淸正의 군사가 함경감사 柳永立을 체포하자, 會寧 사람들이 반란을 일으켜 臨海君과 順和君 두 왕자와 宰臣들을 붙잡아 적에게 넘겨주고 항복한 일이 있었다. 이때 누국안은 이여송의 명령을 받아 부산에 주둔한 왜적들의 진영으로 가서, 포로로 잡혀 있던 임해군과 순화군

두 왕자 및 陪臣들을 데리고 돌아온 인물이다. 당시 포로 중의 하나였던 文貞公은 강한의 8대조 黃廷彧이다.

강한의 대명의리가 선연한 영사시로는 명나라 장수 麻貴가 島山城 전투에 참여하여 활약한 상황을 노래한 〈마 대장군이 변방으로 출정함을 노래하다[麻大將軍出塞歌]〉에다 麻貴·劉綎·董一元·陳璘의 戰功을 노래한 〈台矛行〉과, 劉綎의 용맹스러움을 담은 〈深河行〉이 우선 등장한다. 그리고 〈北館行〉과 〈南館行〉이 연잇는다. 먼저 〈북관행〉18)이다.

현자 있어 순수 행하였으니	有賢人兮行純粹
천하 위해 대의를 밝혔다네	爲天下兮明大義
남한산성 포위되었는데 원병 이르지 않아	南漢被圍兮援不至
모신이 붓 잡고 화의 주장하였네	謀臣操筆兮主和議
문정공이 편지 찢고 피눈물 뿌리며	文正裂書兮灑血淚
엿새 동안 먹지 않고 또 목을 맸다네	六日不食兮又自縊
학가산에 들어가니 안개와 놀 깊은데	入鶴駕山兮煙霞秘
높은 관직 마다하길 짚신 벗어 버리듯 하였네	遺外軒冕兮如脫屣
서쪽으로 개주 바라보며 분노 이기지 못하고	西望盖州兮不勝恚
원병 보내지 말라 힘써 간해 죽음 피할 수 없었네	力諫助兵兮死不避
동관에 갇히니 다시 무엇이 부끄럽겠는가	逮繫東館兮復何媿
북관으로 옮겨져 온갖 곤액 다 겪었네	遷之北館兮困厄備
군자의 충성과 신의가 천지를 감동시키니	君子忠信兮感天地

18) 황경원, 《강한집》 권2, 〈北館行〉

적국이 경복하여 남관에 두었네　敵國敬服兮南館置
다음해에 풀려나 재상의 자리 오르니　明年釋還兮登台位
만년에 한 번 나가 어질고 지혜로운 이 천거하셨네　晩節一就兮薦賢智
거유가 임금의 부름에 나아가 아침저녁 모시며　鴻儒赴召兮朝夕侍
의로운 명성 천하에 날렸으니 누가 주신 은혜인가　義聲布揚兮其誰賜

北館은 瀋陽에 있는 館所의 하나로, 金尙憲이 억류되었던 곳이다. 〈北館行〉은 심양에 다다른 강한이 김상헌 억류 사태의 전말을 읊은 작품이다.

병자호란이 일어난 이듬해 1637년의 일이다. 崔鳴吉이 後金과의 강화를 주장하는 글을 짓자, 김상헌이 그 글을 읽다가 격분해서 마침내 통곡하고 찢어 버렸다. 마침내 항복을 결정하자 김상헌은 목을 맸다. 스스로 죽지도 못한 그는 결국 인조의 항복을 보고 고향 安東의 鶴駕山으로 들어갔다. 그리고 1639년 청나라가 명나라를 공격하기 위해 조선에 출병을 요구하자 조정에서는 군대를 보내기로 하였는데, 김상헌은 원병을 반대하는 상소를 올렸다. 그리하여 이듬해 瀋陽으로 압송되었다가 6년 후인 1645년에야 겨우 풀려나 귀국하였다.

다음은 〈남관행〉[19]이다.

배신이 옥에 갇히자 모두들 기뻐하며　陪臣繫獄皆忻忻
한 번 죽어 명 황제의 은덕 갚고자 했으니　願得一死酬帝德

19) 황경원, 《강한집》 권2, 〈南館行〉

황제의 은덕은 천지와 같이 크고 넓어　帝德蕩蕩如天地
평생 갚을 수 없을까만 두려워했다네　唯懼百年酬不得
이 문정공은 크나큰 절개 있어　文貞李公有大節
젊어서 유악에 올라 충직을 다했으니　少登帷幄竭忠直
열제께서 사직 위해 목숨 바친 이후로　一自烈帝死社稷
복수 의리 먼저 말해 인륜의 표준 세웠네　首陳復讎立人極
종신토록 풍악 소리 듣지 않으며　終身不聞絲竹聲
오직 서쪽 향해 길게 탄식하였네　唯自西向長歎息
스스로 망국의 외로운 신하라고 일컬으면서　自稱亡國一孤臣
전각 오를 때마다 눈물 흘려 옷자락 적셨네　上殿涕淚霑衣裓
심양에서 처음 명나라 유민 수색할 때　瀋陽初括明遺民
영남 관찰사인 공만이 홀로 가엽게 여겼네　公按嶺南獨悲惻
항의하며 끝내 한 사람도 보내지 않았으니　抗言竟不送一人
남은 백성 보호하며 국경 못 넘게 하였네　保此餘氓不出閾
심양에서 참소하는 이의 말 그릇되게 듣고　瀋陽過聽讒人言
몇 달 잡아 두었다가 고국으로 돌려보냈네　囚羈數月還故國
사신 행차 머나먼 길 심양으로 들어가니　冠盖迢迢入瀋陽
마음속의 지극한 통한 누가 알리오　至痛在心人誰識
예로부터 빙문은 빈례이니　自古聘問是賓禮
명 받들고 가며 부끄러운 기색 없었다네　奉命庶幾無愧色

〈南館行〉의 주인공은 李敬輿다. 1637년 명나라의 遺臣임을 자임하고 매사에 근신하며 지내던 그가 경상관찰사가 되었을 때다. 淸人들이 명나라 유민을 대대적으로 수색하자, "중국의 자제들을 묶어서 오랑캐들에게 보내는 짓을 신은 차마 할 수가 없습니다'라고 하며 끝내 한 사람의 유민도 보내지 않았다. 그리고 1642년에 청나라 연호 崇德을 사용하지 않는다는 李烓의 밀고로, 김상헌 · 최명길 등의 조정 대신들과 함께 심양에 잡혀가 1년 반 동안 구금된 바 있다. 1644년에는 謝恩使로 다시 청나라에 갔는데, 이때 청나라 황제가 "경여가 전에 죄가 있는 것을 사면하여 내보냈는데, 벼슬을 승진시켜 정승을 삼은 것은 옳지 않다"라고 하며, 그를 다시 억류하였다. 이경여는 1645년 세자의 상소로 겨우 귀국할 수 있었다.

이상에서 검토해본 바 〈북관행〉과 〈남관행〉은 대명의리의 상징인 김상헌과 이경여를 내세운 작품이다. 〈북관행〉은 18구로, 〈남관행〉은 22구로 이루어진 장편의 고시이자, 영사시이다. 아울러 본고에서 다루지 않은 〈高麗屯歌〉와 〈羅大夫歌〉 역시 대명의리를 내세운 장편의 고시이자, 영사시임을 밝혀 둔다. 논의는 약하도록 한다.

6. 맺음말

다음은 《朝鮮王朝實錄》 정조 11년(1787) 2월 25일자에 수록된 황경원의 卒記 가운데 일부이다.

> (황경원은) 어려서부터 학문에 힘을 써서, 三禮를 깊이 알았다. 古文을 힘써 배워 오원·이천보·남유용과 서로 밀어 주고 끌어 주고 하였는데, 황경원이 특히 이 무리 가운데서 뛰어났다. 그의 저작은 대부분 兩漢 시대의 字句를 표준으로 삼았으며, 이따금 옛 것을 사모하고 옛 것으로 나

아갔으므로, 한 시대에 일제히 宗匠으로 일컬어지게 되었다. 그러나 또한 답습하는 데에서 큰 잘못이 생겼으며, 詩도 공교하지 못해 식자들이 한스럽게 여겼다.[20]

누구의 붓끝인지 알 수 없지만, 그는 칭찬의 말미에서 슬쩍 강한을 깎아 내렸다. 강한의 약점이라고 할 수 있는 作詩 능력을 또 하나의 문제로 삼은 것이다. 물론 이 평가가 전연 틀렸다고만은 할 수 없다. 산문과 운문의 창작은 동일선상에서 볼 수 없기 때문이다. 예를 들어 김부식이 시를 잘 지었던가? 거꾸로 정지상은 글줄을 잘 지었던가? 사람은 누구나 약점이 있게 마련이다. 그러나 이런 약점에도 강한은 300수 가까운 시들을 문집에 남겼다.

다음은 강한이 남긴 〈도담창화시에 붙인 서문[島潭唱和詩序]〉의 앞부분이다.

경원은 젊었을 적에 海州 吳瑗 伯玉과 宜寧 南有容 德哉 두 사람을 따라 단양군으로부터 도담에 들어가 강가에서 잠을 잔 적이 있다. 두 사람은 문장을 잘하고 산수를 좋아하여, 밤중에 강 한복판으로 배를 끌고 가 띄웠다. 도담삼봉에 올라가 오래도록 바람과 이슬을 맞고 앉아 구름과 달을 노래하면서, 새벽이 될 때까지도 돌아오지 않았다. 그리하여 결국 술을 실컷 마시고 백옥은 먼저 취하여 배 위에 드러누웠고, 덕재는 더 마시고도 오히려 취하지 않았다.

20) 《朝鮮王朝實錄》, 正朝 11년 丁未 2월 25일 癸亥 기사. 少彊學 深於三禮 力治古文 與吳瑗李天輔南有容互相推引 而景源獨超絶不群 其著作 大率以兩漢字句 爲準 往往慕古卽古 一時翕然稱宗匠 然亦太失蹈襲 詩復不工 識者恨之

이윽고 운을 내어 詩歌를 짓고 서로 唱酬하여 古詩와 絶句·律詩 도합 20편을 이루었다. 시어의 정밀하고 거칢과 辭의 완만하고 촉급함이 비록 서로 같지 않았으나, 모두 性情의 진실함에서 나온 것이라서 彫琢이나 修飾을 한 것이 아니었다.21)

이 글로 미루어 강한은 평생을 함께한 두 친구와 더불어 따로《島潭唱和詩》라는 창화시집을 만들었음을 알 수 있으니, 앞서 논의한 3장의 堤川·丹陽 유람에서 주고받은 古詩와 絶句·律詩 도합 20편으로 구성되었다고 한다. 물론 강한의 문집에는 이때 지었다고 하는 고시 31수와 절구 및 율시 7수가 실렸지만, 제목 안에 창화라는 표현이 전연 나오지 않을뿐더러, 시의 편수가 다르다. 그러므로《도담창화시》는 문집 소재의 작품들과 구별해서 따로 묶은 것이라고 추정된다.

강한은《도담창화시》에 수록된 20편의 시가 모두 性情의 진실함에서 나온 것이라서, 彫琢이나 修飾을 한 것이 아니라고 하였다. 바로 이 언급에 주목한다면, 강한이 평생에 걸쳐 고시를 위주로 창작한 것은 당연한 귀결이라고 하겠다. 완강한 외형적인 틀 안에 彫琢이나 修飾을 가하는 것이 근체시의 특징인 까닭이다. 아울러 강한은 산수를 노래한 景物詩에 다음과 같이 무게를 얹었다.

21) 황경원,《강한집》권8,〈島潭唱和詩序〉景源少時 從海州吳瑗伯玉宜寧南有容德哉二人者 自丹陽郡入島潭 宿于江上 二人者工於文章 喜山水 夜半挐舟汎中流 攀躋三峰者久之 坐風露 弄雲月 至曙不還 遂縱酒 伯玉先醉仆舟中 德哉益飲 猶不醉 已而出韻爲歌詩 與相唱酬 得古詩絶句律詩合二十篇 言之精粗與辭之遲疾 雖有所不相類者 而皆出於性情之眞 非雕飾也

예로부터 詩歌는 많고 성대하지 않음이 없었으나, 산수의 즐거움을 다하여 오묘함을 잘 드러낸 작품은 얼마 되지 않는다. 지금 두 사람은 문장으로 사방에 이름이 알려졌고, 산수에 대해서 사랑하지 않는 바가 없다. 그 가운데 도담의 삼봉을 더욱 사랑하였으니, 시가로 표현하여 산수의 오묘함을 형용한 것 역시 훌륭하다. 나 경원은 비록 어리석고 비루하여 두 사람과 비교하기에는 부족하다. 그러나 두 사람이 문장에서 나와 선후를 다투는 것을 즐겨하니, 어찌 聲氣가 感通한 바 있어서가 아니겠는가.22)

강한에게 오원과 남유용은 平生의 知己였다. 대등한 문장 솜씨로 이들은 한 시대를 풍미했지만, 역시 산문에서는 강한이 두각을 드러냈다. 이에 비해 두 친구는 운문에서 남음이 있었으니, 그 여파로 강한은 살아서부터 운문이 아쉽다는 평을 들었던 것이다.

이에 강한은 고문가로서의 명성에 걸맞게 형식과 수사적인 부분에서 보다 자유로운 古詩를 선택하였을 것이고, 평소 자신의 작품을 남에게 내보이길 꺼렸으리라 짐작된다. 연유에서 그는 근체시 형식을 위주로 하는 和韻詩나 挽詩의 創作을 가능한 한 기피하였을 것이다. 늘그막에는 25년 동안이나 시 창작을 스스로 거부하지 않았던가? 그렇지만 젊은 나날에는 여행 중에 아름다운 풍광을 보고 느낀 순간적인 충격은 기꺼이 고시의 양식에 담았다고 여겨진다. 덧붙여 강한이 왜 고시 형식의 詠史

22) 上記한 註와 동일한 곳. 自古歌詩未嘗不盛且多也 而能窮山水之樂 以發其妙者幾希矣 今二人者 以文章知名四方 於山水 無所不愛 而尤愛島潭三峰 其所以發爲歌詩 而形容山水之妙者 亦至矣 景源愚陋 不足與二人者比 然二人者 於文章 樂與景源相先後 豈其聲氣有所感歟

詩를 즐겨지었는가 하는 점은 더 이상의 논의가 필요 없다고 하겠다.

요약하면, 강한은 고문가답게 형식적으로는 고시 형식을 선호하였다. 그리하여 史才 넘치던 인물답게, 역사를 소재로 삼은 辭와 영사시의 창작에 기량을 드러냈다. 뿐만 아니라 두 편의 聯句詩에서 보여 주는 문학적인 순발력을 기반으로, 젊은 시절에 자신의 소신에 따라 긴 호흡으로 山水詩와 紀行詩에 주력한 인물이라고 할 수 있겠다. 바로 이런 점들이 강한만의 독특한 시세계이자, 강한의 시들이 지닌 고유한 가치라고 하겠다.

부록 1. 방촌황희선생 연보(年譜)

1363년(공민왕 12)

2월 10일 송경(松京) 가조리에서 황군서의 아들로 탄생하다.

1376년(우왕 2년, 14세)

음서로 복안궁(福安宮) 녹사(錄事)에 제수되다.

1379년(우왕 5년, 17세)

판사복시사 최안(崔安)의 딸과 혼인하다.

1383년(우왕 9년, 22세)

사마시에 합격하다.

1385년(우왕 11년, 24세)

진사시에 합격하다.

1386년(우왕 12년, 25세)

최씨 부인이 세상을 떠나다.

1388년(우왕 14년, 27세)

공조 전서 양진의 딸 청주 양씨와 재혼하다.

1389년(공양왕 원년, 28세)

문과 제14인으로 급제하다.

1390년(공양왕 2년, 29세)

성균관 학관에 보임되다.

1392년(태조 1년, 31세)

태조가 경명행수지사(經明行修之士)로서 세자우정자에 임명하다.

1395년(태조 4년, 34세)

직예문 춘추관에서 사헌 감찰, 우습유로 옮겨 가다.

1397년(태조 6년, 36세)

장자 황치신이 태어나다.

11월 29일, 선공감 정란(鄭蘭)의 기복첩에 서경(署經)하지 않다가 습유직을 파면당하다.

1398년(태조 7년, 37세)

3월 7일 정자 우습유(正字 右拾遺)로서 강은(姜隱)과 민안인(閔安仁)을 탄핵해, 이로 인해 7월 5일 경원 교수관으로 좌천되다.

1399년(정종 1년, 38세)

1월 10일, 습유로 불려 올라왔으나 언사(言事)로 우보궐(右補闕)로 옮기다.

1401년(태종 1년, 39세)

차자 황보신이 출생하다.

1402년(태종 2년, 40세)

아버지 판강릉대도호부사 황군서 졸하다. 기복(起復)되어 대호군(大護軍)에 임명되다.

1404년(태종 4년, 42세)

우사간대부, 좌부대언을 역임하다.

1405년(태종 5년, 43세)

승정원 도승지가 됨

12월 6일, 박석명의 추천으로 지신사가 되다.

1406년(태종 6년, 44세)

5월 27일, 내불당 짓는 것을 반대하다.

1407년(태종 7년, 45세)

1월 19일, 삼남 황수신 출생하다.

9월 25일, 밀지를 받아 이숙번·이응·조영무·유량 등과 함께 민무구·민무질을 제거하다.

11월 11일, 하륜에게 전지(傳旨)해 민씨들 직첩을 거두고 목숨만 부지케 하다.

1408년(태종 8년, 46세)

1월 29일, 생원시관(生員試官)이 되다.

12월 5일, 조대림 사건에 걸린 조용을 구제하다.

12월 11일, 대사헌 맹사성, 우정언 박안신을 구원하다.

1409년(태종 9년, 47세)

8월 10일, 참지의정부사가 되다.

12월 6일, 형조판서가 되다.

1410년(태종 10년, 48세)

2월 13일, 지의정(知義政) 겸 대사헌이 되다.

4월 18일, 이천우, 조영무 등과 더불어 오랑캐 침입에 대한 대책을 논의하다.

10월 26일, 종상법(種桑法)을 장려할 것을 청하다.

1411년(태종 11년, 49세)

7월 20일, 병조판서가 되다. 예조판서 역임.

8월 19일, 사은사(謝恩使)로 명나라에 가다.

1412년(태종 12년, 50세)

4월 14일, 《경제육전》을 개정해 올리다.

9월 24일, 태종이 황치신의 이름을 동(董)으로 지어 주다.

1413년(태종 13년, 51세)

3월 22일, 《고려실록》을 개수할 것을 청하다.

4월 7일, 예조판서가 되다.

1414년(태종 14년, 52세)

2월 13일, 병으로 예조판서직을 사직하다.

3월 6일, 황희의 병을 고쳐 준 내의 양홍달. 조청에게 임금이 저화 각 100 장씩을 주다.

5월 18일, 의정부 찬성사가 되다.

6월 12일, 다시 예조판서가 되다.

8월 7일, 왜를 막을 방책을 의논하다.

1415년(태종 15년, 53세)

5월 17일, 이조판서가 되다.

6월 19일, 이조판서 황희와 호조판서 심온이 벼슬을 파면하다.

11월 7일, 의정부 참찬이 되다.

12월 28일, 호조판서가 되다.

1416년(태종 16년, 54세)

3월 16일, 다시 이조판서가 되다.

11월 2일, 세자의 실덕(失德)을 변호하다가 공조판서로 좌천되다.

1417년(태종 17년, 55세)

2월 22일, 평안도 도순문사 겸 평양윤으로 나가다.

6월 29일, 명사 황엄에게 평양 빈관에서 잔치를 베풀다.

12월 3일, 형조판서로 재임용되다.

1418년(태종 18년, 56세)

1월 11일, 판한성부사가 되다.

5월 10일, 송도 행재소에 붙들려 가서 국문을 받다.
5월 11일, 폐서인 되어 교하로 귀양 가다.
5월 27일, 남원부로 귀양 가다.

1422년(세종 4년, 60세)
2월 19일, 남원에서 서울로 돌아와 직첩을 돌려받다.
3월 18일, 과전을 돌려받다.
10월, 13일, 경시서 제조가 되다.
10월 28일, 의정부 참찬이 되다.

1423년(세종 5년, 61세)
3월 8일, 명나라 사신 유경과 양선을 맞이하는 원접사가 되다.
5월 27일, 다시 예조판서가 되다.
7월 16일, 강원도 도관찰사가 되어 굶주림을 해결해 줘 백성들이 소공대를 쌓았다.

1424년(세종 6년, 62세)
6월 12일, 한양으로 들어와 찬성이 되다.

1425년(세종 7년, 63세)
5월 21일, 의정부 찬성사가 되다.

1426년(세종 8년, 64세)
2월 10일, 다시 이조판서가 되다.
5월 13일, 우의정으로 승진하다.

1427년(세종 9년, 65세)
1월 25일, 좌의정으로 승진하다.
5월 11일, 양녕대군을 불러 보지 말라고 청하다.
6월 17일, 사위 서달이 신창 아전을 죽인 옥사에 연루되다.

6월 21일, 좌의정직에서 파면되다.

7월 4일, 다시 좌의정에 임명되다.

7월 15일, 어머니가 졸하다.

10월 7일, 세자가 명나라에 가는 것을 보좌하기 위해 좌의정으로 기복출사하다.

10월 28일, 세자가 명나라에 가지 않게 되다.

1428년(세종 10년, 66세)

10월 23일, 평안도 도체찰사가 되어 성보(城堡)를 순심(巡審)하다.

11월 29일, 《육전등록(六典謄錄)》을 찬진하다.

1429년(세종 11년, 67세)

9월 11일, 《선원록》을 편찬하도록 왕명을 받다.

9월 24일, 동맹가첩목아가 입조하는 것에 대한 대책을 논의하다.

1430년(세종 12년, 68세)

4월 10일, 조준(趙俊)의 《방언육전(方言六典)》을 택해 쓰도록 건의하다.

4월 25일, 《태종실록》을 감수하다.

8월 10일, 공법에 대한 여론 조사를 실시하다. 가(可) 7만 4149인. 불가(不可) 9만 8657인.

11월 3일, 제주 감목관 태석균이 말을 많이 죽였는데, 황희가 봐주라고 했다고 사헌부에서 파직하라는 상소가 올라왔다. 그러나 세종은 대신을 경솔히 대할 수 없다고 불문에 부쳤다.

11월 24일, 사헌부의 탄핵이 계속되어 좌의정에서 물러나 파주 반구정에서 휴양하다.

1431년(세종 13년, 69세)

9월 3일, 다시 복직되어 영의정으로 승진하다.

1432년(세종 14년, 70세)

3월 6일, 경원성(慶源城)을 옮겨서 설치하는 문제를 의논하다.

4월 12일, 경원, 용성 등에 성 쌓는 일을 건의하다.

4월 25일, 궤장을 받다.

9월 7일, 영의정부사로 승진하다.

9월 17일, 동맹가첩목아 등을 이거하는 문제를 논의하다.

12월 22일, 야인 방어책을 논의하다.

1433년(세종 15년, 71세)

1월 11일, 서북 야인방어책을 논의하다.

1월 15일, 화포 사용법을 건의하다.

7월 12일, 풍수학 도제조를 겸임하다.

9월 16일, 장영실에게 벼슬을 제수하는 일을 의정하다.

함경도도체찰사로서 영변의 약산산성축조를 감독하고 영변대도호부를 설치하게 하다.

1434년(세종 16년, 72세)

1월 6일, 영북진 통치책을 의진(議陳: 의논)하다.

6월 1일, 만포성을 쌓는 일과 삭주, 창성의 관을 바꾸는 일을 아뢰다.

8월 5일, 영북, 회령을 서로 바꾸는 계책을 아뢰다. 내이포 거류 왜인 처치책을 상신하다.

8월 26일, 최윤덕을 파송하는 일과 명나라 사람에게 수응하는 계책을 건의하다.

9월 11일, 염초를 무역하는 계책을 계진하다.

12월 15일, 삼수 무로구자에 읍을 설치하고 수령을 두는 문제를 건의하다.

1435년(세종 17년, 73세)

7월 25일, 야인 방어책을 건의하다.

8월 10일, 왜인 만도노 등을 나누어 두는 계책을 건의하다.

11월 19일, 상정소(詳定所)를 없애다.

1436년(세종 18년, 74세)

5월 21일, 공법 실행책을 아뢰다.

7월 21일, 구황평조법을 건의하다.

10월 26일, 세자빈 폐출을 진대하다.

1437년(세종 19년, 75세)

1월 14일, 새 왕세자빈을 책봉하는 의주를 올리다.

4월 1일, 세자 섭정을 반대하다.

4월 13일, 사민의 판적에 대해 의논하다. 종성을 옮겨 설치하지 말기를 아뢰다.

5월 16일, 이만주 토벌책을 건의하다.

1438년(세종 20년, 76세)

3월 2일, 세종이 《태종실록》을 보려고 하는 것을 말리다.

4월 24일, 과거은사(科擧恩賜) 제도를 혁파하다.

9월 12일, 대마도 왜인의 접대 사목을 정하다.

1439년(세종 21년, 77세)

2월 12일, 각 도의 군기를 엄하게 해 왜변을 막을 것을 주장하다.

2월 28일, 향화 야인, 왜인 급료를 주는 대책을 건의하다.

3월 3일, 초헌(軺軒)을 하사받다.

6월 1일, 함길도 도절제사로 김종서 대신 김세형을 추천하다.

벼슬을 사양하고 물러남.

1441년(세종 23년, 79세)

3월 10일, 전지매매법을 계진하다.

5월 18일, 하삼도민 1600호를 함길도로 사민하기를 청하다.

1442년(세종 24년, 80세)

1월 14일, 함길도에 입주한 사람이 도망치는 것을 방지하는 계책을 올리다.

2월 6일, 각 도민 3000호를 평안도로 뽑아 보내 변경을 튼튼히 하자고 건의하다.

5월 3일, 세자가 섭정하지 말기를 청하다.

6월 5일, 야인 망가를 처치하는 방도를 아뢰다.

1445년(세종 27년, 83세)

2월 8일, 대마도 종정성의 무역선 수를 정하기를 청하다.

3월 13일, 압록강 가운데 있는 섬을 경작하는 것을 금하지 말자고 하다.

4월 11일, 왜인과 서로 교역하는 대책을 의논하다.

5월 12일, 승정원이 동궁에 신달(申達)하는 제도를 아뢰다.

1446년(세종 28년, 84세)

3월 30일, 귀화한 왜인을 외방에 분치하기를 청하다.

5월 5일, 영릉(英陵) 수호군을 별도로 두다.

1448년(세종 30년, 86세)

3월 28일, 정경부인 양씨(楊氏)가 졸하다.

7월 22일, 내불당을 세우는 일을 그만두라고 상소하다.

1449년(세종 31년, 87세)

10월 5일, 영의정부사를 내놓고 치사(나이가 많아 벼슬을 사양하고 물러나는 것)하다. 종신토록 2품록을 주다.

1450년(세종 32년, 88세)

2월 세종대왕이 영응대군 집에서 승하하다.

2월 2일, 중자 황철신의 직첩을 돌려받고, 고신도 돌려주다.

1451년(문종 1년, 89세)

2월 7일, 기로소 녹사로 하여금 치사한 대신이 출입할 때 조예(皂隸)를 주라고 전지하다.

1452년(문종 2년, 90세)

2월 8일, 졸하다.

2월 12일, 세종 묘정에 배향하고, 시호를 익성(翼成)으로 정했으며, 승지 강맹경(姜孟卿)을 보내 사당에 제사를 지내다.

부록 2. 방촌황희 학술연구 목록

1. 문집 소재 황희 관련 자료

《松隱先生文集》 권2, 〈附〉, 墓表[黃喜], 建文二年白龍孟夏上澣, 長水黃喜撰

《三峯集》 권14, 〈附錄〉

《浩亭先生文集》 권2, 〈序〉, 禮記淺見錄序, 奉敎作, 附錄 摭錄(2)

《春亭先生續集》 권2, 〈附錄〉, 年譜

《李評事集》 권2, 〈策〉, [人才得失] 燕山乙卯

《冲齋先生文集》 권5, 〈日記〉, 十月一日, 至庚午 三月三十日 在堂后時

《靜菴先生文集》 권3, 〈經筵陳啓〉, 侍讀官時啓八, 參贊官時啓二 因論東漢黨錮事進啓, 參贊官時啓三, 筵中記事一, 戊寅 十月五日

《松齋先生文集》 권2, 〈經筵陳啓〉, 參贊官時啓 四

《東皐先生遺稿》〈附錄〉, 行狀, 李尙書 堅松窩雜記凡五

《忍齋先生文集》 권5, 〈求退錄〉, 辭右議政疏

《河西先生全集》 권12, 〈墓誌銘〉, 貞夫人申氏墓誌銘 幷序

《眉巖先生集》 권17, 〈經筵日記〉, 甲戌 四月 28일

《思菴先生文集》 권7, 〈附錄〉, 諸家記述

《省菴先生遺稿》 권2, 〈策六卿盡職〉

《栗谷先生全書》 권15, 〈雜著 二〉, 東湖問答 己巳 月課

《東岡先生文集》 권7, 〈箚〉, 玉堂請頻接臣僚箚 己卯十月

《晩全先生文集》 권3, 〈疏〉, 賊退後封事 癸巳

《西厓先生文集》 권18, 〈跋〉, 題東國名臣言行錄

《重峯先生文集》 권5, 〈疏〉, 辨師誣兼論學政疏 丙戌十月公州提督時

《梧里先生別集》 권12

《梧里先生續集》〈附錄〉, 권1, 年譜

《梧里先生續集》〈附錄〉, 권2, 行狀 行狀[權愈]

《知退堂集》 권6, 〈東閣雜記乾〉, 本朝璿源寶錄 璿系李氏出于全州府 卽百濟時完山郡 [太宗], 本朝璿源寶錄 [世宗]

《於于集後集》 권1, 〈詩〉, 關東錄 關東紀行二百韻 關東錄, 庚寅

《惺所覆瓿稿》 권23, 〈說部二〉, 惺翁識小錄中 [黃喜詰金宗瑞之私饋]

《惺所覆瓿稿》 권23, 〈說部二〉, 惺翁識小錄中 [黃喜玉成金宗瑞]

《隱峯全書》 권11, 〈己卯遺蹟〉, 正言趙光祖特拜弘文館修撰; 隱峯全書 卷十二 己卯遺蹟 典翰趙光祖特拜副提學 辭不許: 隱峯全書 卷十二 己卯遺蹟 副提學趙光祖移拜同副承旨俄還拜副提學: 隱峯全書卷十九 混定編錄前集 宣廟朝: 隱峯全書卷二十二 混定編 錄前集 [宣廟朝]: 龍洲先生遺稿 卷之六 疏 司諫應旨疏

《龍洲先生遺稿》 권6, 〈疏〉, 司諫應旨疏

《記言》 권62, 續集, 〈敍述 五〉, 天地日月星辰三: 記言別集卷之四 疏箚 辭造給居室之命箚[再箚]

《宋子大全 附錄》 권12, 〈年譜〉, 年譜[十一][崇禎百四十九年丙申] 一百四十九年丙申 今上卽位之年 四月

《市南先生文集》 권11, 〈箚〉, 八首 玉堂請還收徐必遠罷職之命箚

《滄洲先生遺稿》 권8, 〈封事〉, 甲午封事

《白湖先生文集 附錄》, 〈年譜〉, 二年丙辰 先生六十歲 正月

《愚潭先生文集》 권2, 〈疏〉, 辭進善兼陳所懷六條疏 庚午九月 呈縣道未達 十二月更呈辛未正月始達

《退憂堂集》 권3, 〈疏箚〉, 辭獻納°仍陳所懷疏: 退憂堂集 卷之三 疏箚 陳時弊疏 辛丑: 退憂堂集 卷之六 疏箚 陳所懷箚

《藥泉集》 제3, 〈疏箚〉,玉堂陳戒箚 八月四日: 藥泉集 第八 疏箚 因臺啓儒疏辭職再疏 十一月二十六日

《文谷集》 권9, 〈疏箚〉, 二十三首 辭吏曹判書兼陳北路弊瘼疏

《南溪先生朴文純公文正集》 권77, 〈墓誌銘〉, 議政府左議政原平府院君元公墓誌銘 丙

辰 六月二十七日: 南溪先生朴文純公文外集 卷第十五 行狀 知中樞府事玄谷趙公行狀 代趙南平作 癸卯六月二十二日

《芝湖集》 권7, 〈墓誌〉, 自誌補

《水村集》 권11, 〈行狀〉, 先考今是堂府君行狀

《西坡集》 권24, 〈諡狀〉, 右議政晩菴李公諡狀

《睡谷先生集》 권7, 〈疏箚〉, 論臺官徐命遇譏搆諸臣箚: 睡谷先生集卷之十三 行狀 先季父議政府左議政府君行狀: 睡谷先生集卷之十六 諡狀 原平府院君元公諡狀

《明谷集》 권16, 〈疏箚〉, 辭左議政疏[五疏]: 明谷集卷之十九 疏箚 左相再疏後 更情勢疏 [十三疏]: 明谷集卷之三十四 諡狀 右議政李公諡狀

《瓶窩先生文集》 권3, 〈墓誌〉, 十代祖孝寧大君靖孝公墓誌

《踈齋集》 권17, 〈行狀〉, 左參贊竹泉金公行狀

《竹泉集》 권7, 〈筵奏〉, 同日奏辭: 竹泉集附錄卷之一 [行狀] 行狀[李頤命]

《陶谷集》 권28, 〈雜著〉, 陶峽叢說 一百四則

《陶谷集》 권28, 〈雜著〉, 國朝相臣

《圃巖集》 권22, 〈諡狀〉, 議政府左議政畏齋李公諡狀

《老村集》 권2, 〈疏箚〉, 還鄕後辭職 兼論時事疏

《夢囈集坤》, 〈宜寧南克寬伯居著 雜著〉, 謝施子 百九十二則

《雷淵集》 권26, 〈諡狀〉, 禮曹判書竹泉金公諡狀

《渼湖集》 권16, 〈神道碑銘〉, 原平府院君元公神道碑銘 幷序

《素谷先生遺稿》 권12, 〈先蹟記述〉, 先祖昭靖公行狀後記 戊辰 金益熙

《樊巖先生集》 권23, 〈疏箚[四]〉, 翰圈後辨崔景岳疏 仍論朝儀箚

《頤齋遺藁》 권22, 〈行狀〉, 使陽山金公行狀, 頤齋遺藁 卷之二十二 傳 高麗義士朴公 傳: 頤齋遺藁卷之二十六 雜著

《無名子集文稿》 책12, 〈[文] 井上閒話〉, 五十一 下又有十九條 [黃喜貽書交河倅請買田]: 嗣世祖大王 昭憲王后誕生 序居第二

《靑莊館全書》 권49, 〈完山李德懋懋官著男光葵奉杲編輯德水李畹秀蕙隣校訂 耳目口

心 書[二]〉: 青莊館全書卷之五十九 完山李德懋懋官著男光葵奉杲編輯德水李畹秀蕙隣 校訂 盎葉記[六] 國朝名臣言行錄: 青莊館全書卷之六十八 完山李德懋懋官著男光 葵奉杲編輯德水李畹秀蕙隣校訂 寒竹堂涉筆[上] 相臣三百一人

《海石遺稿》 권12, 〈諡狀〉, 奉朝賀李公 命植 諡狀

《弘齋全書》 권21, 〈祭文三〉, 翼成公黃喜墓致祭文: 弘齋全書卷二十六 綸音一 先正文正公宋時烈追配孝宗大王室廟庭綸音: 弘齋全書卷百三十四 故寔六 羣書標記一 御定[一] 詩樂和聲十卷 寫本

《屐園遺稿》 권70, 〈玉局集 行狀 健陵行狀〉

《金陵集》 권7, 〈宜寧南公轍元平著 疏箚〉, 辭弘文館副校理兼奎章閣直閣疏

《潁翁續藁》 권2, 〈啓〉, 乞致仕上殿啓

《研經齋全集》 권58, 〈蘭室史料一 故實考異 金子粹〉, 研經齋全集外集 卷三十九 傳記類 建州征討錄: 研經齋全集外集 卷四十六 地理類 六鎭開拓記: 研經齋全集外集卷五十三 故事類 唐制攷: 第五集政法集 第十二 卷 經世遺表卷十二 地官修制倉廩之儲一: 第六集地理集第六卷 大東水經 大東水經其二 滿水一

《碩齋稿》 권7, 〈書〉, 答洪和仲 大協

《俛宇先生文集》 卷首, 〈疏〉, 辭賜第疏 九月四日

《梅泉集》 권7, 〈長水黃玹雲卿著 疏〉, 言事疏 代人

《勿齋集》 권2, 〈疏〉, 請勿稱下功臣疏

《西浦先生集》 권7, 〈西浦日錄〉, [詩話]

《悠然堂先生文集》 권2, 〈疏〉, 請恢復救難疏

《林谷先生文集》 권7, 〈行狀〉, 濯溪全公 致遠 行狀

《秋潭集》 卷貞, 〈墓誌銘〉, 行副護軍望岳奉公墓誌銘

《石洞先生遺稿》 권6, 〈雜著〉, 謾記[下]

《損菴集》 권3, 〈書牘〉, 上尤齋先生 丙辰

《儉齋集》 권31, 〈雜著〉, 丁戊瑣錄

《儉齋集》 권32, 〈雜著〉, 己庚瑣錄 己丑庚寅

《晦隱集》 제5, 〈雜說 禮制〉

《朴正字遺稿》 권2, 〈文, 擬上萬言草三〉

《花溪先生文集》 권1, 〈詩〉, 七言絶句

《雲谷先生文集》 권18, 〈國朝故寔〉, 世宗朝深以閭閻侈風,爲憂時,則有若相臣黃喜

2. 역사서 관련 황희 자료

《紀年便攷》 권7, 〈黃喜〉

《大東野乘》 권25, 〈太宗一日召黃喜至政院〉

《國朝人物志》 권1, 〈(世宗朝)黃喜〉

《海東臣鑑》 권1, 〈黃喜〉

《純齋稿》 권6, 〈翼成公黃喜祀孫秫登科後致祭祭文[주:乙酉]〉

《青野漫集》(李喜謙) 권1, 〈黃喜〉

《大事編年》 권2, 〈召還黃喜〉

《東國名儒錄》 권1, 〈黃喜〉

《厖村先生遺蹟日錄》 권1

《德菴文集》 권2

《東文選》 권22, 〈七言絶句〉, 癸亥元日 會禮宴 [黃喜]

《丙辰丁巳錄》(任輔臣撰)

《海東雜錄》(權鼈) 6, 〈黃喜〉

《惺所覆瓿稿》 권23, 〈國初名相黃喜許稠〉

《經世遺表》 제5집, 〈政法集〉, 제12권, 經世遺表卷十二 地官修制倉廩之儲一

《고식 (故寔)》 〈國朝故事講義〉, 翼成公臣黃喜,

《梅泉野錄》 권1, 〈甲午以前 上〉, 조선 3대 명신

《心山遺稿》 권3, 〈伴鷗亭重建記〉, 庬村 黃喜, 黃義敦

《輿地圖書》 上, 京畿道 交河 塚墓·風俗·古跡: 黃海道, 兎山, 古蹟: 咸鏡道(關北邑誌) 咸鏡北道吉州牧邑誌, 公廨: 慶尙道, 尙州, 壇廟: 慶尙道, 河陽, 人物: 全羅道, 長水,

人物: 咸鏡道(關北邑誌), 咸鏡北道吉州牧邑誌, 公廨: 補遺篇 (全羅道), 完山 誌卷(下), 樓亭

《龍湖閒錄》(한국사료총서 제25집), 第一册 六五, 柳鼎養雷異疏: 第六册, 三一六, 太 廟配享篇 三一六, 太廟配享篇: 第二十一册, 一○七五, 額院當存處,

《羅巖隨錄》(한국사료총서 제27집), 羅巖隨錄 第一冊 62. 各地祠院撤存表, 翼成 黃喜, 尙州玉洞書院 毁

《東史約》上(한국사료총서 제33집), 紀年東史約卷之十 朝鮮茅亭李源益, 編 本朝紀 丙戌六年, 戊子八年, 庚寅十年, 辛卯十一年, 丁未九年, 己酉十一年, 癸丑十五年, 甲寅十六年, 丙辰十八年, 戊午二十年, 己未二十一年, 庚午三十二年二月,十七日, 壬申二年,

《戒逸軒日記》 42집, 導哉日記, 戒逸軒日記, 雜記, 戒逸軒日記, 庚辰

3. 방촌황희 관련 연구서

1) 문집류

《조선왕조실록》, 《승정원일기》, 《일성록》

《민족문학대계전집》 권13, 한국문화예술진흥원.

《厖村黃喜先生文集》, 황의돈, 厖村黃喜先生文集刊行委員會, 1980.

《영남문집해제:〈방촌집〉》, 민족문화연구소자료총서4, 영남대민족문화연구소, 1988.

《厖村黃喜先生文集》, 방촌 황희선생 문집간행위원회, 長水黃氏大宗會, 2001.

2) 단행본

(1) 연구서

박진아, 박성희 공저, 《대화의 달인 황희에게 배우는 소통의 철학》, 학지사, 2015.

이성무, 《방촌 황희 평전: 조선의 기틀을 다진 탁월한 행정가이자 외교가》, 민음사, 2014.

조수익, 《국조인물고 32 -홍유손부터 황희까지-》, 세종대왕기념사업회, 2006.

황영선, 《황희의 생애와 사상》, 국학자료원, 1998.

(사)방촌황희선생사상연구회 편저, 《백성의 신 황희와 그 후예들》, 방촌학술논총 제3집, 책미래, 2018.

(사)방촌황희선생사상연구회 편저, 《방촌 황희의 학문과 사상》, 방촌학술논총 제2집, 책미래, 2017.

(사)방촌황희선생사상연구회 편저, 《방촌 황희 묘역의 문화적 가치》, 방촌학술총서 제1집, 보림에스앤피, 2017.

(2) 교양서

강태희, 《황희》, 뉴턴코리아, 2003.

권미자, 《황희》, 훈민출판사, 2007.

권태문, 《(청렴한 정승)황희》, 한국독서지도회, 2002.

고제희, 《한국 36 인물유산 파워스폿(서울 수도권)》, 문예마당, 2012.

과학기술부, 《황희 정승의 후예들》, 과학기술부 감사관실, 2005.

국가기록원, 《역사 속 염근리 이야기》, 국가기록원, 2011.

국가기록원, 《역사 속 염근리 이야기》, 휴먼컬처아리랑, 2015.

경기도사편찬위원회, 《내 고장 경기도의 인물3 -이수록~황희-》, 경기도사편찬위원회, 2005.

계몽사, 《어린이 그림 위인전기 9 -황희-》, 계몽사, 1997.

김국태, 《세종, 황희, 성삼문, 장영실: 정도전 외 13명》, 국민서관, 1976.

김선, 《황희 정승》, 眞華堂, 1993. 교육출판공사, 《한국위인특대전집》 17, 교육출판공사, 1980.

김선, 《황희정승과 청백리》, 빛샘, 1997.

김선태, 《황희》, 리더교육, 2000.

김영이, 《황희, 김시습, 최익현》, 교육문화사, 1993.

김영·이창현·김양숙, 《동아시아식 생활학회 학술발표대회 논문집》 5, 2015

김인호, 《21세기 눈으로 조선시대를 바라본다》, 경인문화사, 2009.

김종명 외, 《세종과 재상 그들의 리더십》, 서해문집, 2010.

김종성, 《조선왕조의 건국과 양반사회의 성립》, 문예마당, 2004.

김종성, 《조선사 클리닉》, 추수밭, 2008.

김진섭, 《세종시대 재상열전 -朝鮮의 아침을 꿈꾸던 사람들-》, 하우, 2008.

김형광, 《조선인물전(傳)》, 시아출판사, 2007.

김형광, 《이야기 조선야사 -역사 속의 또 다른 역사-》, 시아출판사, 2008.

김형광, 《인물로 보는 조선사》, 시아, 2009.

김형광, 《역사 속의 또 다른 역사 -한국의 야사-》, 시아, 2009.

김형광, 《인물로 보는 조선사(보급판)》, 시아출판사, 2011.

노병룡, 〈청백리열전(5)〉, 《地方行政》 34-382, 1985.

림청풍, 〈야담: 황희정승과 대추나무〉, 《地方行政》 8-75, 1959.

문화공보실, 《坡州先賢의 思想과 얼: 황희정승》, 坡州郡, 1990.

文化體育部 편, 《韓國人의 再發見》, 大韓教科書, 1994.

民族文化社, 《申崇謙, 文益漸, 黃喜, 李元》 1, 民族文化社, 1987.

박성수, 《부패의 역사 -부정부패의 뿌리, 조선을 국문한다-》, 모시는 사람들, 2009.

박성연, 《왕의 비선과 책사》, 글로북스, 2015.

박성희, 《황희처럼 듣고 서희처럼 말하라》, 이너북스, 2007.

박시백, 《박시백의 조선왕조실록 4-세종·문종실록 (개정판)-), 휴머니스트, 2015.

박시백, 《박시백의 조선왕조실록 인물 사전》, 휴머니스트, 2015.

박영규, 《세종대왕과 그의 인재들》, 들녘, 2002.

백유선, 《한국사 콘서트》, 두리미디어, 2008.

박진아, 《대화의 달인 황희에게 배우는 소통의 철학》, 학지사, 2015.

박현모, 《세종, 실록 밖으로 행차하다 -조선의 정치가 9인이 본 세종-》, 푸른역사, 2007

삼성당, 《세종대왕. 성삼문. 황희》 41, 삼성당, 1981.

서근배, 《黃喜政丞 放浪의 巨人/日暈》, 同和出版公社, 1975.

성현, 《용재총화》, 서해문집, 2012.

손종흠, 《조선남녀상열지사》, 앨피, 2008.

송종호, 《황희: 곧고 깨끗한 조선의 정승》, 한국퍼킨스, 2009.

신동준, 《왕의 남자들》, 브리즈, 2009.

신연우 외, 《제왕들의 책사 –조선시대편-》, 생각하는 백성, 2001.

信和出版社 편, 《歷代人物韓國史》 4, 信和出版社, 1979.

오기수, 《백성의 신, 황희》, 어울림, 2018

오기수, 《민본시대를 이끈 행복한 2인자 황희》, 고반, 2017.

유인옥, 《황희》, 계림문고, 1994.

윤용철, 《살기를 탐하고 죽기를 두려워하며》, 말글빛냄, 2008.

윤재운, 장희흥, 《한국사를 움직인 100인 -단군부터 전태일까지 한국을 바꾼 사람들-》, 청아출판사, 2010.

이기, 《간옹우묵》, 한국학중앙연구원, 2010.

이상각, 《이도 세종대왕 -조선의 크리에이터-》, 추수밭, 2008.

이성무, 《재상 열전 -조선을 이끈 사람들-》, 청아출판사, 2010.

이성주, 《발칙한 조선인물 실록 -역사적 인물들, 인간적으로 거들떠보기-》, 추수밭, 2009.

日新閣 편, 《歷史의 人物》 3, 日新閣. 1979.

이영관, 《조선의 리더십을 탐하라》, 이콘, 2012.

이영관, 《조선견문록 -500년 역사를 둘러보는 시간의 발걸음-》, 청아출판사, 2006.

이영춘 · 이상태 · 고혜령 · 김용곤 · 박한남 · 고성훈 · 신명호 · 류주희, 《조선의 청백리-조선시대 대표 청백리 34인-》, 가람기획, 2003.

이원태, 〈2월의 인물〉 영원한 청백리의 표상 황희〉, 《地方行政》 43-484, 1994.

이이화, 《이야기 인물한국사 3 -제왕의 길 치국의 도-》, 한길사, 1993.

이이화, 《이야기 인물한국사 5 -역사상의 라이벌과 동반자-》, 한길사, 1993.

이이화, 《왕의 나라 신하의 나라 -누가 왕이고 누가 신하인가-》, 김영사, 2008.

이청승, 《세종에게 길을 묻다》, 일진사. 2011.

이한,《나는 조선이다 -조선의 태평성대를 이룩한 대왕 세종-》, 청아출판사, 2007.
이호선,《왕에게 고하라 -상소문에 비친 조선의 자화상-》, 평단문화사, 2010.
이효성,《황희》, 견지사, 1995
조풍연,《황희》 23, 계몽사, 1987.
장수황씨대전연지회,《황희정승 방촌선생 일화집》, 장수황씨대전연지회, 1994.
전우용,《오늘 역사가 말하다》, 투비북스, 2012.
전윤호,〈개혁에 성공한 사람들(2)-황희-〉,《地方行政》 42-480, 1993.
鄭杜熙,《朝鮮時代 人物의 再發見》, 일조각, 1997.
정옥자,《지식기반 문화대국 조선 -조선사에서 법고창신의 길을 찾다-》, 돌베개, 2012.
정진권,〈한시가 있는 에세이(86): 황희정승의 시 -경포대-〉,《한글한자문화》 86, 2006.
朝鮮日報社 편,《조선명인전 상 · 하》, 朝鮮日報社, 1988.
조성린,《조선시대 사관이 쓴 인물평가》, 수서원, 2004.
조성린,《조선의 청백리 222》, 조은, 2012.
최동군,《문화재 속 숨어 있는 역사》, 담디, 2015.
파주문화원,《명재상 방촌황희의 삶과 사상》, 2008.
한국어읽기연구회,《오성과 한음의 용기와 우정, 억울한 홍 부자를 살린 어사 박문수, 존경받은 정승 황희》, 학이시습, 2013.
황광수,《황희 정승의 후예들》, 새벽, 1997.
황대연,《(조선왕조실록에서 가려 뽑은) 황희 정승》, 공옥출판사, 2010.
황원갑,《한국사를 바꾼 리더십》, 황금물고기, 2014.
황진하,《黃震夏 回顧錄: 나는 황희 정승 21대손 파주 토박이다》, 연장통, 2012.
《황희: 이조 이름 높은 재상》, 世明文化社, 1973.

(3) 논문

가. 학위논문 - 석사

김정남,〈강원 지역 역사인물 설화의 전승양상 연구〉, 한국교원대학교 대학원 석사학위논문, 2015.
박진아, 〈방촌 황희의 소통방식 연구〉, 청주교육대학교 교육대학원 석사학위논문, 2014.
이연재, 〈題詠에 나타난 神仙思想 硏究 -東國輿地勝覽의 題詠을 中心으로-〉, 漢陽 大學校 大學院 석사학위논문, 1980.
최종복, 〈坡州 三賢 '얼' 繼承 敎育에 대한 硏究〉, 고려대 교육대학원 역사교육과 석 사 학위논문, 1998.

나. 학위논문 -박사

박천식, 〈朝鮮 建國功臣의 硏究 -政治勢力 규명의 일환으로-〉, 전남대학교 대학원 박사학위논문, 1985,

다. 일반논문

곽신환, 〈겸선(兼善)의 유자(儒者) 황희〉, 《백성의 臣 황희와 후예들》, 방촌학술총서 제3집, 책미래, 2018.
곽호제, 〈율촌 박배의 생애와 학문〉, 《방촌황희와 서원(書院)》, 방촌학술총서 제4집, 책미래, 2020.
권태을, 〈옥동서원의 존재의의〉, 《백성의 臣 황희와 후예들》, 방촌학술총서 제3집, 책미래, 2018.
권효숙, 〈방촌황희선생의 묘의 제향의례〉, 《방촌황희 묘역의 문화적 가치》, 방촌학술총서 제1집, 보림s&p, 2017.
김경수, 〈황희의 생애와 현실인식〉, 《韓國史學史學報》 36호, 한국사학사학회, 2017.
김경수, 〈지천 황정욱의 생애와 현실인식〉, 충남대학교유학연구소, 《유학연구》 49권, 2019.
김낙효, 〈황희 설화의 전승양상과 역사적 의미〉, 《비교민속학》14, 비교민속학회, 2000.
김문준, 〈독석 황혁의 시대상황과 생애〉, 《방촌황희와 서원(書院)》, 방촌학술총서 제4집, 책미래, 2020.
림청풍, 〈야담 -황희정승과 대추나무-〉, 《地方行政》8, 대한지방행정공제회, 1959.

박현모, 〈방촌 황희의 정승리더십 연구〉,《방촌황희와 서원(書院)》, 방촌학술총서 제4집, 책미래, 2020.

성봉현, 〈방촌황희 연구의 동향과 연구자료 검토〉,《방촌황희 묘역의 문화적 가치》, 방촌학술총서 제1집, 보림s&p, 2017.

성봉현, 〈반간(槃澗)황뉴(黃紐)의 학문과 사상〉,《백성의 臣 황희와 후예들》, 방촌학술총서 제3집, 책미래, 2018.

소종, 〈朝鮮 太宗代 厖村 黃喜의 정치적 활동〉,《역사와 세계》47, 효원사학회 2015.

송재혁, 〈헌장(憲章)의 수호자: 세종시대 황희(黃喜)의 정치적 역할〉, 한국정치사상학회,《정치사상연구》25(2)호, 2019.

신익철, 〈반구정의 역사와 관련 시문에 대한 고찰〉,《방촌황희 묘역의 문화적 가치》, 방촌학술총서 제1집, 보림s&p, 2017.

신동욱, 〈한국인의 표정 -황희 정승의 덕-〉,《北韓》197, 북한연구소, 1988.

申學均, 〈淸白吏의 龜鑑 黃喜〉,《人物韓國史》3:榮光의 星座, 人物韓國史編纂會, 博友社, 1965.

오기수, 〈경세가 방촌황희-백성을 위한 왕실제사의 소선(素膳)〉,《백성의 臣 황희와 후예들》, 방촌학술총서 제3집, 책미래, 2018.

오기수, 〈조세의 중립과 공평을 추구한 황희의 위민(爲民) 사상〉,《조세연구》14, 한국조세연구포럼, 2014.

오병무, 〈朝鮮朝의 名宰相 厖村 黃喜의 生涯와 思想〉,《全羅文化硏究》제10집, 全北 鄕土文化硏究會, 1998.

유영봉, 〈강한(江漢) 황경원(黃景源)의 시세계(詩世界) -세 편의 사(辭)와 기행시(紀行詩)를 중심으로-〉, 우리한문학회,《한문학보》41권, 2019.

이민우, 〈세종대 공법제정에서 황희의 역할〉,《방촌황희의 학문과 사상》, 방촌학술총서 제2집, 책미래, 2017.

이민정, 〈조선 세종대 정치문화와 재상 황희의 역할 -군신공치론을 중심으로-〉,《방촌

황희의 학문과 사상》, 방촌학술총서 제2집, 책미래, 2017.
이완우, 〈황희 신도비에 대하여〉,《방촌황희 묘역의 문화적 가치》, 방촌학술총서 제1집, 보림s&p, 2017.
李廷卓, 〈時調史 硏究〈Ⅱ〉 -時調의 발전기를 중심으로-〉,《論文集》12, 安東大學 校, 1989.
이영자, 〈방촌 황희의 경세사상과 그 의의〉,《동서철학연구》65, 동서철학학회, 2012.
이영춘, 〈방촌황희의 청백리 논란에 대한 재검토〉,《방촌황희의 학문과 사상》, 방촌학술총서 제2집, 책미래, 2017.
이윤희, 〈파주와 방촌황희〉,《방촌황희 묘역의 문화적 가치》, 방촌학술총서 제1집, 보림s&p, 2017.
이재숙, 〈지천 황정욱 문학에 나타나는 강건에 대하여〉, 한국한문고전학회,《漢文古典硏究》 39집, 2019.
이해준, 〈옥동서원의 학맥과 학풍〉,《방촌황희와 서원(書院)》, 방촌학술총서 제4집, 책미래, 2020.
이해준, 〈태악서원의 역사와 그 의의〉,《방촌황희와 서원(書院)》, 방촌학술총서 제4집, 책미래, 2020.
이현수, 〈방촌황희의 생애와 사상〉,《방촌황희 묘역의 문화적 가치》, 방촌학술총서 제1집, 보림s&p, 2017.
이형권, 〈황희 정승이 짓고 송강이 보수한 광한루〉,《한국인》14, 1995.
임선빈, 〈통신부사 황선(黃瑄)의 사환(仕宦)과 업적〉,《백성의 臣 황희와 후예들》, 방촌학술총서 제3집, 책미래, 2018.
임주탁, 〈조선시대 사족층의 시조와 일상성 담론〉,《한국시가연구》29, 한국시가학회, 2010.
鄭杜熙, 〈朝鮮初期 黃喜의 政治的 役割〉,《吉玄益教授停年紀念史學論叢》, 吉玄益教授停年紀念史學論叢 刊行委員會, 1996.
정구복, 〈경인통신사 황윤길의 역사적 재조명〉,《백성의 臣 황희와 후예들》, 방촌학술총서 제3집, 책미래, 2018.

정종수, 〈방촌황희 묘제(墓制)의 특성과 문화적 가치〉, 《방촌황희 묘역의 문화적 가치》, 방촌학술총서 제1집, 보림s&p, 2017.

정종수, 〈조선 전기 방촌 황희 묘제의 특징과 요(凹) 자형 봉분 사례 연구〉, 《민속학연구》 43호, 2018.

조성래, 〈〈강호사시가〉와 〈사시가〉의 서정양상〉, 《방촌황희의 학문과 사상》, 방촌학술총서 제2집, 책미래, 2017.

지두환, 〈방촌황희의 경세사상〉, 《백성의 臣 황희와 후예들》, 방촌학술총서 제3집, 책미래, 2018.

최래옥, 〈民譚의 사료적 성격과 사회사적 의미〉, 《說話와 歷史》, 集文堂, 2000.

최영성, 〈黃喜, 그 역사적 평가와 위상에 대한 一考察 -실록(實錄)의 사신평(史臣評)과 관련하여-〉, 《동양고전연구》73집, 동양고전학회, 2018.

최영찬, 〈오늘의 한국사회와 방촌 황희〉, 《백성의 臣 황희와 후예들》, 방촌학술총서 제3집, 책미래, 2018.

하태규, 〈무민공 황진(黃進)장군의 생애와 구국활동〉, 《백성의 臣 황희와 후예들》, 방촌학술총서 제3집, 책미래, 2018.

한기범, 〈방촌황희의 예인식과 현대사회〉, 《방촌황희와 서원(書院)》, 방촌학술총서 제4집, 책미래, 2020.

한종만, 〈韓國 淸白吏像 硏究 -李朝의 代表的 淸白吏를 중심으로-〉, 《원광대학교 논문집》 제11집, 인문과학, 원광대학교, 1977.

홍영기, 〈충의지사 매천 황현(黃玹)과 석정(石庭)황석의 생애와 활동〉, 《백성의 臣 황희와 후예들》, 방촌학술총서 제3집, 책미래, 2018.

황만기, 〈화재 황익재(黃翼再)의 삶과 학문경향〉, 《한문학논집》51집, 근역한문학회, 2018.

황의동, 〈방촌 부조묘 영신원의 유래와 그 문화적 가치〉, 《방촌황희 묘역의 문화적 가치》, 방촌학술총서 제1집, 보림s&p, 2017.

황의동, 〈인간 黃喜〉, 《백성의 臣 황희와 후예들》, 방촌학술총서 제3집, 책미래, 2018.
황의동, 〈黃喜와 儒敎〉, 《방촌황희와 서원(書院)》, 방촌학술총서 제4집, 책미래, 2020.
황의열, 〈당촌 황위(黃暐)의 생애와 학문〉, 《백성의 신 황희와 후예들》, 방촌학술총서 제3집, 책미래, 2018.
황의천, 〈長水黃氏 保寧入鄕考〉, 《保寧文化》16, 보령문화연구회, 2007.
황인덕, 〈황희 정승 납거미유언 설화고〉, 충남대학교인문과학연구소, 《인문학연구》 110권, 2018.
지두환, 〈방촌황희의 경세사상〉, 《방촌황희 묘역의 문화적 가치》, 방촌학술총서 제1집, 보림s&p, 2017.

(4) 미디어 자료

'세종대왕, 황희', 삼성당, 1992.
'역사의 라이벌 . 24 , 황희와 맹사성:청백리도 등급이 있소이다!', KBS미디어, 1995.
'역사의 라이벌 27, 황희와 맹사성', 한국방송공사, KBS 미디어, 2005.
'구설수에만 올라도 물어날 줄 아는 선비: 황희', EBS, 2006.
'역사극장 8 -구설수만 올라도 물러날 줄 아는 선비, 황희-', EBS 교육방송, 2007.
'역사극장 8 -구설수만 올라도 물러날 줄 아는 선비, 황희-', EBS 교육방송, 2011.
'황희와 맹사성', KBS Media, 2007.

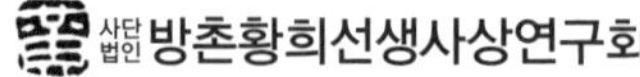

우(03120) 서울특별시 종로구 종로54길 45. 501호(창신동. 장수황씨회관)
전화: 02-741-0735 / Fax: 02) 2266-0394
홈페이지: bangchon.or.kr

방촌 황희와 서원

발행일 | 1판 1쇄 2020년 2월 20일

편　저 | (사)방촌황희선생사상연구
주　간 | 정재승
편　집 | 김창경
교　정 | 홍영숙
디자인 | 배경태
펴낸이 | 배규호
펴낸곳 | 책미래

출판등록 | 제2010-000289호
주　소 | 서울시 마포구 공덕동 463 현대하이엘 1728호
전　화 | 02-3471-8080
팩　스 | 02-6008-1965
이메일 | liveblue@hanmail.net

ISBN 979-11-85134-55-0 93130

이 도서의 국립중앙도서관 출판예정도서목록(CIP)은 서지정보유통지원시스템 홈페이지(http://seoji.nl.go.kr)와 국가자료종합목록 구축시스템(http://kolis-net.nl.go.kr)에서 이용하실 수 있습니다.(CIP제어번호: CIP2020005477)